全国农村合作金融机构业务培训教材

客户经理管理

主　编　满玉华
副主编　柳　欣　伏琳娜

中国金融出版社

责任编辑：罗邦敏　夏　鸿
责任校对：张志文
责任印制：陈晓川

图书在版编目（CIP）数据

客户经理管理（Kehu Jingli Guanli）/满玉华主编．—北京：中国金融出版社，2011.12
（全国农村合作金融机构业务培训教材）
ISBN 978－7－5049－6077－1

Ⅰ．①客…　Ⅱ．①满…　Ⅲ．①金融机构—销售管理　Ⅳ．①F830.3

中国版本图书馆CIP数据核字（2011）第175947号

出版发行　中国金融出版社
社址　北京市丰台区益泽路2号
市场开发部　（010）63266347，63805472，63439533（传真）
网上书店　http：//www.chinafph.com
（010）63286832，63365686（传真）
读者服务部　（010）66070833，62568380
邮编　100071
经销　新华书店
印刷　保利达印务有限公司
尺寸　185毫米×260毫米
印张　18.5
字数　406千
版次　2011年12月第1版
印次　2014年7月第5次印刷
定价　35.00元
ISBN 978－7－5049－6077－1/F.5637
如出现印装错误本社负责调换　联系电话（010）63263947

《全国农村合作金融机构业务培训教材》
丛书编委会

总　　序

农村信用社自1951年成立以来，历经60年艰辛发展历程，走过了一条不平凡的发展之路。在党中央、国务院正确领导下，农村信用社以服务“三农”为宗旨，自身实力迅速壮大，已成为我国金融系统的重要力量，是名副其实的农村金融主力军。特别是以2003年6月国务院颁布《深化农村信用社改革试点方案》为标志，新一轮农村信用社改革全面展开，农村信用社深化改革和经营发展进入了快车道。几年来，以产权制度为核心的改革成绩斐然，农村信用社、农村合作银行、农村商业银行（以下简称农村合作金融机构）并存，声名鹊起，共襄盛举，共同发展，共同繁荣。

截至2011年6月末，全国农村合作金融机构营业网点近8万家，从业人员78万人，资产12.04万亿元，负债11.37万亿元，存款9.58万亿元，贷款6.43万亿元。存款、贷款规模攀居全国银行业金融机构第4位和第2位，成为我国城乡金融机构网点最多、分布最广、“三农”贷款投放最多、农村普惠金融服务贡献度最大的金融机构。

银行业的竞争和发展，归根结底是人才的问题，才兴业兴，才尽业衰，已昭示了银行发展的永恒真理。伴随农村合作金融机构发展的突飞猛进，面对经营管理、创新的多重压力，员工素质、能力不适应的矛盾日益突出，已成为农村合作金融机构走向现代银行之路的瓶颈，“短板效应”为业界所共识。但是，囿于现有管理体制的现状，员工培训合力不够，层次不高，且缺乏系统性和全面性，培训效果不佳，难以达到规范化、标准化。针对这种现状，我们以服务股东及成员单位为宗旨，充分利用自身优势，组织全国部分高等院校专家、教授，编写《全国农村合作金融机构业务培训教材》丛书（以下简称《丛书》）一套18种。该《丛书》具有以下几个特点：一是覆盖面广。《丛书》内容涉及会计、信贷、财务、管理、审计、营销、法律、科技、新兴业务、人力资源、服务礼仪、应用写作等各专业、各个方面，可谓包罗万象，几近百科。二是实用性强。《丛书》体例新颖，线条清晰，通俗易懂，适合农村合作金融机构员工自学和培训，特别是每种教材附有若干套试题，存放于农信银远程学习系统，供员工自学与培训时自考自检。三是方便自学。《丛书》课件在农信银远程学习系统上将陆续推出，员工登录系统后即可学习，不受时间和场地限制，解决了员工自学培训中的工学矛盾。

汇通城乡，服务股东，普惠“三农”，成就梦想，是农信银资金清算中心永恒不变的价值理念。组织编写《丛书》是我们所尽的菲薄之力，相信它是撬动支点之力，必将推动全国农村合作金融机构的诺亚方舟。让员工培训、人才培养的大戏高潮迭起，演绎辉煌！

《全国农村合作金融机构业务培训教材》丛书编委会

2011年11月25日

前　言

客户经理制是商业银行服务理念和经营机制的创新。客户经理制能够适应金融市场激烈竞争的需要，适应商业银行市场营销观念发展的需要，适应金融创新的需要，适应强化金融风险管理的需要，适应商业银行企业文化和行为价值提高的需要。客户经理制已经成为当今农村合作金融机构的基本营销制度，客户经理发挥作用的大小直接影响其市场拓展的效果与经营绩效。因此，如何提高客户经理的素质与能力就成为农村合作金融机构持续关注的重要课题。尤其是在目前中国的村镇银行正日益成为外资银行觊觎的"蛋糕"和内资银行"抢滩"目标之际，谁能拥有更多的优质客户资源，谁就能抢占市场先机，在竞争中处于有利地位。可见，对优质客户的营销必然成为内、外资银行共同关注的焦点。这就迫切需要农村合作金融机构培养造就一支高素质的客户经理队伍，以适应激烈的市场竞争和客户需求变化的需要，这也是竞争中求生存，危机中求发展的必由之路。

客户经理工作的重点在于营销产品，难点在于维护客户关系，关键在于提高自身素质。与时俱进，在变革中不断学习和提高，是客户经理应该奉行的行为准则。获取一本适用的专业书籍，无疑将对客户经理的学习和成长大有裨益。

为配合客户经理制的实施，满足农村合作金融机构培养高素质金融人才——客户经理的需要，由农信银资金清算中心组织全国相关经济、金融类院校长期从事金融教学科研的一线教师编写了全国农村合作金融机构业务培训教材之《客户经理管理》。

本书遵循"精练、必需、适用"原则，详略得当，取舍有度。力求做到理论联系实际，内容务实新颖，通俗易懂；结构安排合理，详略得当；经典案例等栏目生动鲜活，贴近客户经理工作实际，其突出特点是：

第一，全面系统性。本书系统地介绍了客户经理制的组织架构与管理体系；全面阐述了客户经理的工作职责、工作原理、职能作用以及客户经理管理的最新发展；重点突出了客户经理的营销理念、营销技能与技巧；着重详尽介绍了客户关系管理与维护的方法；阐述了客户风险管理的内容与策略；介绍了客户服务文化与客户经理的营销礼仪；并始终贯穿"以客户为中心，以市场为导向"的经营理念，强调客户经理在实施客户经理制中的重要地位和关键作用。

第二，实践性。根据农村合作金融机构的特点和对人才需求的实际，本书侧重于对基本理论、基本方法、实务操作能力的培养和提升，配有案例专栏和模拟实训内容，以便更好地帮助读者消化理解并掌握客户经理必备的知识与技能，增强本书的参照与指导意义。

第三，前沿性。本书吸取了同类专业教材的改革成果，吸纳了商业银行实施客户经理制的成功经验。在教材结构设计上，力求知识的稳定性与内容的前沿性相结合，将金融领域最新的研究成果纳入其中。

本书由哈尔滨金融学院金融系教授满玉华担任主编，哈尔滨金融学院管理系副教授柳欣、辽宁金融职业学院讲师伏琳娜担任副主编。参加编写的有山西金融职业学院金融系副教授侯迎春、哈尔滨金融学院金融系讲师王葳。本书共十章内容，各章编写分工如下：满玉华编写第一章、第四章和第九章，柳欣编写第二章和第五章，侯迎春编写第三章，伏琳娜编写第六章和第七章，王葳编写第八章和第十章。满玉华负责全书的修改、总纂并定稿。

本书在编写过程中，参考了大量的相关文献资料和论著，并吸收了其中的部分研究成果；亦得到了农信银资金清算中心和中国金融出版社的支持与帮助，得到了一些从事金融教育的专家学者以及银行专业人士的赐教和指点。值此，本书编写组全体成员一并表示诚挚的敬意和衷心的感谢！

本书与客户经理业务紧密相连，实务性颇强，涉及范围较广，但由于编者水平和编写时间有限，书中难免存在纰漏，敬请业内专家学者和读者提出宝贵意见和建议，以便进一步改进和完善，谢谢。

衷心祝愿农村合作金融机构高素质的客户经理队伍不断发展壮大！让客户经理的理想在农村这片广袤的希望田野上结出累累硕果！我们深信，经过各位客户经理的辛勤工作和不懈努力，必将创造中国农村金融事业愈加光辉灿烂的未来！

编者

2011 年 10 月

目　录

1　第一章　客户经理概论
2　第一节　客户经理概述
2　一、客户经理的内涵
7　二、客户经理与客户经理制
20　第二节　客户经理的核心理念与职能作用
20　一、客户经理的核心理念
22　二、客户经理的职能作用
23　三、客户经理的职责
24　第三节　客户经理的职业素养
25　一、客户经理的职业道德
25　二、客户经理的职业意识
25　三、客户经理的职业行为习惯
25　四、客户经理的职业技能

38　第二章　市场战略计划与市场定位
39　第一节　市场战略计划
39　一、市场战略计划的概念和特点
41　二、市场战略计划的分类
45　三、市场战略计划的制订步骤
46　四、市场战略转型与创新
47　第二节　市场定位
47　一、市场调研与预测
50　二、市场细分与市场定位

57　第三章　客户分类与客户价值评价
58　第一节　客户分类
59　一、客户概述
60　二、客户的分类
65　三、商业银行的客户
76　第二节　目标客户的确定与客户价值评价

76 一、目标客户的含义
77 二、目标客户的生命周期与价值评价
82 三、目标客户价值评价的标准

95 **第四章 目标客户的选择与开发**
96 第一节 目标客户的选择
97 一、目标客户的选择
100 二、目标客户的确定
107 第二节 目标客户的开发
107 一、目标客户开发的方式与方法
109 二、目标客户开发流程

127 **第五章 市场营销**
128 第一节 市场营销概述
128 一、市场营销的内涵
129 二、市场营销的产品与服务
131 第二节 市场营销策略
131 一、产品策略
139 二、产品的定价策略
143 三、营销渠道策略
145 四、促销策略

154 **第六章 客户关系管理与维护**
155 第一节 客户关系管理概述
155 一、客户关系管理的内涵
158 二、客户关系管理的基本原理
161 三、客户关系管理的基本流程
162 四、客户关系管理方法
164 五、客户关系管理信息系统
166 第二节 客户关系维护
166 一、客户关系维护概述
170 二、客户关系维护的内容
171 三、客户关系维护的基本方式
173 四、培育忠诚客户
176 五、客户投诉管理
182 六、客户的退出机制

189 第七章　客户风险管理
190 第一节　客户风险概述
191 一、客户风险的含义
192 二、客户风险的特点
193 三、客户风险的分析与识别
199 第二节　客户风险的管理
199 一、客户风险管理内容
202 二、客户风险管理流程
204 三、客户风险管理策略

208 第八章　客户服务文化与客户经理的营销礼仪
209 第一节　客户服务文化概述
209 一、服务文化的含义
210 二、服务文化的特征
213 三、服务价值理念
214 四、服务文化传播
218 第二节　客户经理的营销礼仪
219 一、营销礼仪的重要意义
219 二、客户经理服务理念
220 三、客户经理个人礼仪修养
224 四、客户经理服务礼仪
226 五、客户经理营销礼仪

234 第九章　客户经理的管理与培训
235 第一节　客户经理管理概述
235 一、客户经理的基本任职资格管理
237 二、客户经理的选聘
239 三、客户经理的资格认证
239 四、客户经理的岗位设置与管理
242 五、客户经理的工作制度
245 第二节　客户经理考核与激励
245 一、客户经理的考核
246 二、客户经理考核的方法
249 三、客户经理的激励
255 第三节　客户经理的培训
255 一、客户经理培训的意义
256 二、客户经理培训的内容

257 三、客户经理培训的途径与方法

261 第十章 营销团队建设与管理
262 第一节 营销团队建设概述
262 一、营销团队建设概述
267 二、营销团队建设的意义
268 三、营销团队建设的途径和方法
271 第二节 营销团队管理
271 一、营销团队精神培育
274 二、营销团队领导力训练
277 三、营销团队沟通技巧
279 四、营销团队冲突管理
280 五、营销团队激励策略

全书架构图

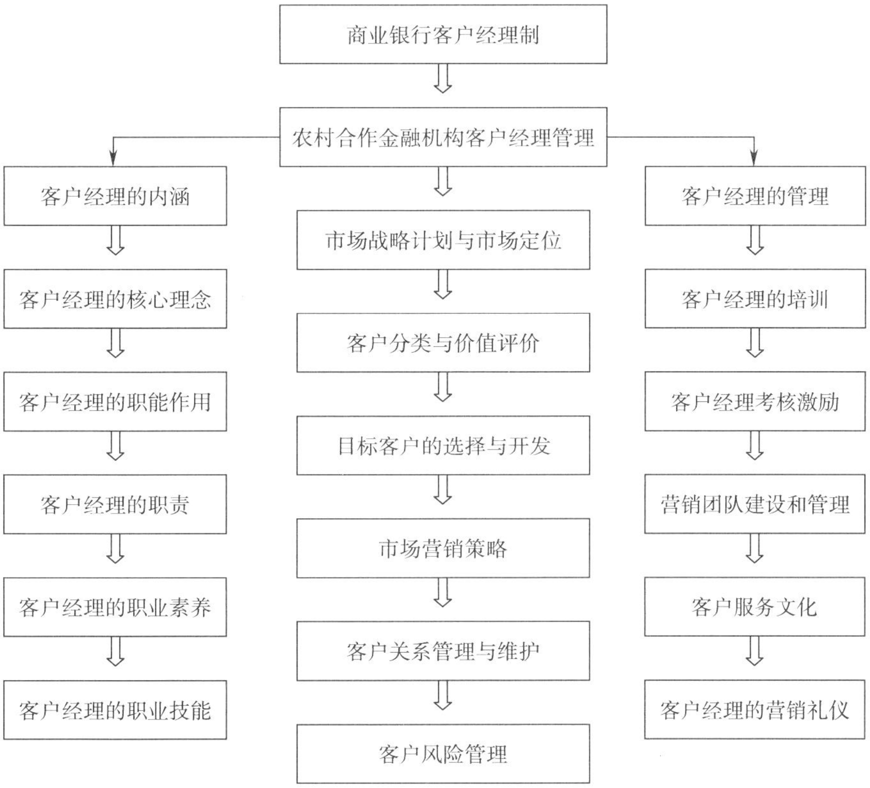
商业银行客户经理制
农村合作金融机构客户经理管理
客户经理的内涵
客户经理的核心理念
客户经理的职能作用
客户经理的职责
客户经理的职业素养
客户经理的职业技能
市场战略计划与市场定位
客户分类与价值评价
目标客户的选择与开发
市场营销策略
客户关系管理与维护
客户风险管理
客户经理的管理
客户经理的培训
客户经理考核激励
营销团队建设和管理
客户服务文化
客户经理的营销礼仪

第一章　客户经理概论

【本章概要】

客户经理制是在20世纪50年代西方商业银行为适应外部经营环境的变化、引入市场营销理念的过程中孕育和发展起来的，是商业银行服务理念和机制的创新。本章概括地介绍了商业银行客户经理制的产生与发展，以及客户经理制的组织架构，以加深理解实施客户经理制的意义，明确客户经理的职责和岗位能力的要求，从而树立“以客户为中心”的核心理念，提高客户经理的职业素养，充分发挥客户经理的职能作用。

【要点提示】

1. 客户经理的含义、特征、类型；
2. 客户经理制的内涵、意义；
3. 客户经理的核心理念与职能作用。

【本章架构图】

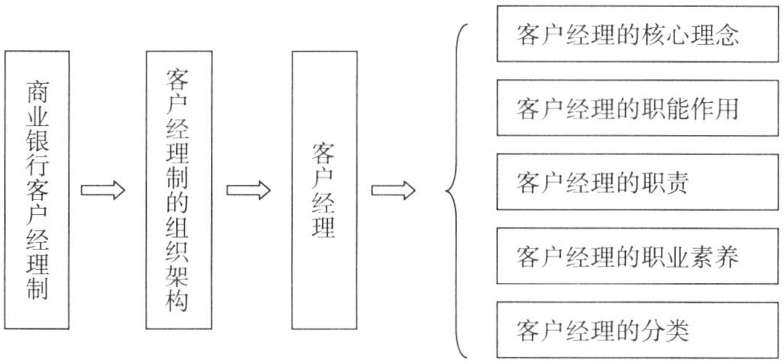

【章前引例及分析】

美国花旗银行客户经理制借鉴

20世纪90年代以来，西方现代商业银行经历了从以产品为中心向以客户为中心的转变。客户经理制正是在这种情况下以美国花旗银行为先导，率先采用的一种竞争优质客户、推销银行产品和服务、防范金融风险、增加盈利的业务体制。客户经理制就是银行以客户为中心，围绕客户经理建立前台、后台统一的业务流程、组织框架、选拔、培训、考核和激励机制，为客户提供综合性、高质量、高效率和全方位的金融服务。金融市场激烈的竞争产生了客户经理制，由此推动了美国金融业务整体服务水平的提高。

花旗银行的分支机构普遍设有公关部，实行客户经理制。公关部是银行专门负责联系客户的部门，它为每个重要客户配有专职的客户经理。客户有任何金融产品和服务需求，只需与客户经理联系，如有必要，再由客户经理与银行有关部门联系处理。客户经理负责与客户的联系，跟踪客户的生产、经营、财务、发展等情况，协调和争取银行的各项资源（产品），及时了解并受理客户的服务需求，负责银行业务拓展、宣传以及信息收集。相当一部分花旗银行分行把原在一层的营业厅改为公关部，以方便客户咨询与联系，更好地为客户服务。花旗银行在这方面非常成功的经验是：代替统一服务的是那种能满足每一个单独顾客需要的服务。

分析：花旗银行之所以能成为西方先进商业银行的杰出代表，是因为其敏锐地洞悉了由于激烈的市场竞争引起的客户与银行关系的变化，并且积极主动地适应这一变化，实行“关系营销”，再造业务流程，实行客户经理制。

第一节　客户经理概述

商业银行客户经理是在20世纪50年代中后期，由于客户需求发生变化、金融市场竞争加剧、西方商业银行导入市场营销的理念指导商业银行经营管理活动的条件下产生和发展起来的。客户经理的出现，既有效地提高了商业银行的市场营销效率、密切了商业银行与客户之间的互利合作关系，同时也对从事客户经理这一专业岗位的银行员工提出了更高的要求。培养和造就一支高素质的客户经理队伍，是商业银行在经济金融全球化背景下在竞争中求生存、危机中求发展的必由之路。

一、客户经理的内涵

（一）客户经理的含义

1. 客户经理有广义和狭义之分。广义的商业银行客户经理从最宽泛的角度讲，凡是接触客户、营销金融产品的商业银行员工，都可以被称为客户经理——这不仅仅限于每天西装革履穿梭于商业银行各类客户之间的业务人员，亦包括各种业务窗口的柜台人员，还包括拥有大量客户资源的支行、分行的行长，从面对客户这一业务特性而言，他们均可被称为客户经理。

狭义的商业银行客户经理是指负责市场开发、管理与协调客户关系、营销金融产品、为客户提供全方位金融服务的专职营销人员。在西方商业银行，客户经理亦被称为“客户关系经理”、“客户服务代表”或“理财顾问”等。

农村合作金融机构的客户经理是市场营销的一线人员，是农村合作金融机构面对客户的最直接、最权威的业务代表，全面负责农村合作金融机构金融产品和服务的营销工作。

客户对银行的各种金融需求和服务，首先是通过客户经理得到解释和初步解决。当然，客户经理不可能具备解决客户提出的所有要求和问题的能力和权限，对那些需要产品部门和后台保障部门解决的，在程序上要通过客户经理反馈到银行本部，使其又同时发挥银行业务“采购员”的作用。

客户经理作为银行对外服务的窗口，代表银行通过为客户办理存款、贷款、中间业务、量身设计理财方案等，为客户提供个性化、专业化、精细化的贴身服务。客户经理肩负着开拓市场、开发客户、营销金融产品与服务、管理与维护客户关系、反馈与传递市场信息、引导金融消费的职责，客户经理充当着银行与客户之间的桥梁和纽带。

2. 客户经理与信贷员的区别。值得注意的是，客户经理既不是传统意义上的银行信贷员的变型和别称，也不是一般意义上的产品推销员，而是金融制度创新的结果，二者的区别主要表现在：

一是经营理念方面，信贷员制是以银行为中心，体现了银行对客户支持的理念；客户经理制是以客户为中心，体现了银行为客户服务的理念。

二是在具体运作方式上，信贷员制是使银行得到最大方便，客户经理制则是使客户得到最大方便。

三是职能方面，信贷员的职能是管理，客户经理的职能是营销。

四是工作内容方面，信贷员只对客户提供单一的服务品种，即贷款，不能将银行的多种金融产品有机地结合起来；客户经理制采购客户所有的需求，挖掘客户潜在需求，发现市场机会，进而去挖掘市场，为客户提供全方位的金融服务，争得更大的市场份额。

3. 客户经理的角色定位。**客户经理的角色定位可以概括为：一是银行与客户之间关系的联络员；二是客户需求与市场信息的情报员；三是客户金融业务的经办员；四是金融产品的导购员；五是金融新产品、新服务、新理念的推销员。**

总之，客户经理要对银行和客户双方负责，而且是将这两种职责相统一，相结合，既负责采购又要负责营销；既要拓展市场，又要控制风险，这就对客户经理的素质提出了较高的要求。

因此，客户经理的工作是一份极富挑战性的工作；是一份有利于实现自我价值的工作；是一份交际广、辐射面大的工作；是一份需要综合性业务能力和高超营销技巧的工作。这就要求客户经理要牢固树立“以客户为中心，以市场为导向”的经营理念，在为客户提供全方位的金融服务工作中，不断提高综合业务素质，加强团队协作，以高度的职业精神，做好银行的“形象大使”工作，为客户提供满意的服务，实现银行与客户的互利双赢。

【经典案例 1－1】

英国巴克莱银行为重要顾客配备客户经理

英国巴克莱银行为重要个人顾客（收入或金融资产 5 万英镑以上）配备了客户经理，为特大型顾客（收入或金融资产 25 万英镑以上）设立了私人银行部。该行在英国设立了 42 个与分行并行的重要客户中心，配备了 700 多名客户经理，每人配一名助理，每个客户经理大约负责300名重要的顾客，为重要顾客提供全面的金融服务。

（资料来源：http：//www. cmo. com. cn）

（二）客户经理的特征

银行客户经理岗位的特殊性，决定了客户经理的基本特征。**客户经理的基本特征主要表现为业务素质的综合性、客户服务的全面性、市场营销的开拓性、团队合作的协调性。**

1. 业务素质的综合性。银行实行客户经理制，从根本上打破了银行传统的按行业分工，按产品划线的格局。而对客户采取“一站式”金融服务，满足客户个性化、多元化的金融需求，则对银行客户经理提出了更高的要求。这是因为：其一，银行服务的对象具有多样性特点，即服务于各行各业、各种类型的公司客户、机构客户和个人客户，而农村合作金融机构尤其是以广大的农户为主。其二，客户金融需求具有多样性特点，即不同类型的客户其金融需求不同；同种类型的客户其金融需求亦不同。银行客户经理要满足不同客户的不同金融需求，为客户提供“一站式”金融服务，则应具备综合性业务素质。

2. 客户服务的全面性。从个体来看，客户的金融需求呈现多样性特点。而从整体来看，客户的金融需求又呈现综合性特点。这就要求银行客户经理要“以客户为中心”。首先，服务理念要先进，即以客户的需要为己任，以满足客户的需要为出发点和终极目标，并深化为服务内涵。其次，服务内容要全面，客户经理为客户所提供的服务现已不仅仅是传统的存款、贷款、中间业务的延伸和更新，还包括金融产品的创新组合以及混业经营模式下的金融套餐式服务。最后，服务手段要现代化，即采用先进的电子化技术结合互联网，为客户提供柜台服务与远程服务相结合、静态服务与动态服务相匹配的全方位金融服务。

3. 市场营销的开拓性。客户经理身处同业市场竞争的前沿，而市场竞争的法则是适者生存，优胜劣汰。银行要生存，要发展，就要不断开拓市场，扩大市场份额；银行要在竞争中处于优势地位，就要不断培植和扩大优质客户资源，为客户提供满意的超值服务，提高客户的忠诚度。这就要求银行客户经理要有强烈的竞争意识，求胜的欲望和必胜的信心，非凡的勇气和智慧，敏锐洞察市场的能力，高超的营销技能和技巧，真诚的合作态度，优质的金融产品和服务，与同行同场竞技，强中取胜。

4. 团队合作的协调性。团队合作是实现高效运作的重要途径。客户经理作为银行的服务中心和营销前台，需要中台的风险管理和财务管理，以及后台的监督保障。这就要求不同岗位、不同级别的客户经理要为“行兴我荣”的共同目标，整合银行的内部资源，发挥团队合作精神，相互支持，相互协作，提高工作效率。

（三）客户经理的分类

按照人力资源级别要求与客户经理的素质结构，可对银行客户经理进行如下分类：

1. 按主体经营机构划分。**按银行的经营主体可将客户经理划分为总行级客户经理、分行级客户经理、经办行级客户经理。**

（1）总行级客户经理。总行级客户经理面向的是行业或产业领域中全国性、集团性的客户群体，因此在人力资源的配置上对级别、素质要求最高。其主要侧重于对市场分析能力、客户预测能力、客户顾问能力和对相关产业、行业熟知程度等方面，对学历、经验水平的要求也相应较高。

（2）分行级客户经理。分行级客户经理服务对象是地区性企业，其人力资源配置在级别和素质上与总行级客户经理比较相对较低。其素质权重也向实际业务操作能力素质方向倾斜。

（3）经办行级客户经理。经办行级客户经理面对的是客户较为具体的操作性需求，是金融产品的最终营销者。其综合素质较低，但更加侧重公关能力和对银行岗位知识的掌握。

2. 按客户经理等级划分。**按银行客户经理等级可将客户经理划分为资深级客户经理、高级客户经理、客户经理、客户经理助理。**

（1）资深级客户经理。资深级客户经理应具有大学本科以上学历，熟练掌握一门外语，从事信贷、结算、资金计划等相关业务工作 12 年以上，从事过两个以上的银行专业工作岗位，或在高级客户经理的工作岗位上工作 5 年以上，有能力达到本级应有的目标业绩，具有很高的风险防范和识别能力、业务开拓能力、客户关系管理能力、组织和协调能力。

（2）高级客户经理。高级客户经理具有大学专科以上学历，有一定的外语水平，从事信贷、结算、资金计划等相关业务工作 8 年以上，从事过两个以上的银行专业工作岗位，或在中级客户经理的工作岗位上工作 5 年以上，有能力达到本级应有的目标业绩，具有较高的风险防范和识别能力、业务开拓能力、客户关系管理能力、组织和协调能力。

（3）客户经理（中级）。从事信贷、结算、资金计划等相关业务工作 5 年以上，从事过两个以上的银行专业工作岗位，或在中级客户经理的工作岗位上工作 5 年以上，有能力达到本级应有的目标业绩，具有一定的风险防范和识别能力、业务开拓能力、客户关系管理能力、组织和协调能力。

（4）客户经理助理（初级）。实习期满合格，有能力达到本级应有的目标业绩，具有一定的风险防范和识别能力、业务开拓能力、客户关系管理能力、组织和协调能力。

除了按人力资源级别要求与客户经理的素质结构划分以外，还可以按其业务对象划分。

3. 按客户经理的业务对象划分。**按照银行客户经理的业务对象不同，可将客户经理划分为零售客户经理、对公客户经理、信贷客户经理、理财经理、大堂经理、产品经理。**

（1）零售客户经理。零售客户经理是指在银行从事个人客户开发、客户关系管理和维护、产品销售、市场拓展等工作的人员。

（2）对公客户经理。对公客户经理是指具备相应任职资格和能力，从事银行对公客户关系管理、营销方案策划与实施，为行政企事业单位、同业等客户提供存款、支付结算、代收代付等金融服务的营销人员。

（3）信贷客户经理。信贷客户经理是指在银行从事信贷客户开发、客户管理和维护、产品销售、市场拓展等工作的人员。

（4）理财经理。理财经理是指具备相应任职资格和能力，从事银行个人客户关系管理、营销方案策划与实施，为个人客户提供各种财务分析、规划或投资建议、销售理财计划及投资性产品的营销人员。主要从事代销基金、国债、保险、本外币理财产品、第三方存管等产品销售工作。

（5）大堂经理。大堂经理是指在银行网点识别并引导客户、挖掘优质客户资源、推介销售金融产品、提供业务咨询和服务的营销人员。

（6）产品经理。产品经理是指负责组织（或参与）银行某一金融产品或产品线的创新设计、生产营销、管理服务和应用实施工作的营销人员。主要负责从环境分析、产品策划、产品设计开发到产品营销、推广、维护、改进和市场效果评价的全过程管理和服务支撑工作。

【相关链接1-1】

中国民生银行关怀无微不至　贵宾享受全方位至尊服务

零售业务一直以来都是中国民生银行发展战略的重要组成部分，成都分行也一直致力于包括贵宾客户服务体系在内的零售业务的构建，积极打造全面的、独具特色的贵宾服务平台，力求让大家感受到“以客为尊”的服务理念。

民生银行的贵宾服务项目涉及交通、运动、医疗等方面。在机场，除了在民生银行贵宾厅休息，享受免费茶水糖果和市话、上网服务外，还有代客办理登机手续、托运行李、专人导乘，而且在部分机场还享有贵宾专用的安检通道。

通过民生银行的医疗健康贵宾通道，则可享受名院名医预约挂号、专人导医、优先就诊和贵宾厅休息等一系列服务，让尊贵客户不必担心在繁杂的医院内迷失方向，无须焦急地奔忙办理各种手续，需要做的就是早日恢复健康。

而在民生银行颇具特色的高尔夫俱乐部，客户可以享受全国189家优惠球场预定，其中104家球场低于或等于嘉宾价格，每季度还推出11个以上球场的特惠击打机会。对于民生银行的贵宾来讲，每年举办的非凡财富杯高尔夫巡回赛，更是成为众多高球爱好者的年度盛宴。

截至目前，成都分行已有合作贵宾服务提供商14家，特约（特惠）商户约200家，初步形成了机场、火车站、高尔夫、医疗四大贵宾平台为基础，运动、健身服务平台和健身、休闲、娱乐、餐饮特惠（特约）商户为辅助的强大零售增值服务体系。同时，作为贵宾服务体系的延伸，民生银行还将举办健康讲座、财富课堂、小小银行家等一系列的活动，为贵宾客户提供各类增值服务。此外，民生银行还推出了全国24小时汽车道路救援服务。

（资料来源：吴宇宸，四川新闻网——成都商报，2009-07-13）

二、客户经理与客户经理制

（一）客户经理制的产生和发展

从理论的层面看，客户经理制的产生和发展与银行业市场化改革息息相关。在银行业市场化的背景下，商业银行的竞争策略开始注重通过为客户安排客户经理来维护与发展客户关系。**“关系发展”成为商业银行对客户关系管理的核心理念，并最终诱导了客户经理制度的形成。**客户经理制的实施正是银行改进管理的一个极为重要的环节，它是市场化环境下商业银行经营机制的再造和整合。从商业银行客户经理的产生和发展的条件来看，它是金融市场发展到一定阶段的必然产物。

银行界对市场营销的认识及策略的应用远比工商业落后和缓慢。20 世纪 50 年代中期以前，银行家们极少了解和关心市场营销。随着第二次世界大战后第三次科技革命浪潮而来的是，西方经济迅猛发展，而服务业又是发展最快的行业，银行业作为服务业的重要组成部分，到 20 世纪 50 年代后期，也迎来了自由竞争和迅速发展的黄金时期，金融银行业竞争日益激烈。由于金融市场的快速发展和客户需求的变化，商业银行的垄断地位发生了动摇。日益激烈的竞争使商业银行的市场份额迅速下降，资产增长缓慢，盈利空间缩小；客户需求的多样化和购买行为的变化，导致商业银行客户流失严重。商业银行等客上门的传统经营方式已不能适应经营环境所发生的变化，其经营陷入困境。在此情况下，商业银行开始借鉴工商企业的做法，把市场营销的理念导入商业银行经营管理活动。但当时人们普遍认为银行营销就是“广告与公共关系”的代名词。直到 20 世纪 70 年代商业银行家们才真正意识到实施营销管理对商业银行的生存和发展有多么重要。以美国花旗银行为代表的银行业率先引领服务营销的潮流。在 1958 年举行的全美银行协会会议上，第一次公开提出了银行业应该树立市场营销观念，对银行业经营管理方式的这种变革，被人们称为银行价值观的革命。以美国花旗银行和美国银行为代表的跨国银行引领着服务营销的新潮流，将银行的营销观念从产品营销推进到关系营销的新阶段。由此，以关系营销为主导的客户经理制得以逐步建立并蓬勃发展起来。而在 20 世纪 90 年代末期，花旗银行推出的“直销员”队伍，则赋予了商业银行客户经理制更丰富的内涵。

经过几十年的探索实践，商业银行客户经理制不论从管理制度体系还是营销服务体系都日臻完善和成熟，已成为西方商业银行经营管理体制的重要组成部分。随着 IT 技术和网络应用的迅速发展，使银行业务运作流程实现自动化及获得先进技术平台的支持；而客户关系管理（CRM）系统的建立，实现了客户信息集成、综合各类客户接触点的进一步提升。西方商业银行在管理理念和经营方式上的变革，被人们称为“银行价值观的革命”。追溯西方商业银行营销观念的发展历程，主要经历了广告与促销阶段、“友好服务”阶段、产品创新阶段、形象定位阶段、营销策划阶段和“一对一营销”阶段。

20 世纪 90 年代以来，西方现代商业银行经历了从以产品为中心向以客户为中心的转变。这是现代西方商业银行经营管理体制带有根本性的转变，这一转变体现在银行经营管理体制的各个方面，其中一个重要内容就是：西方发达国家商业银行积极改革传统的营销模式，普遍实行了客户经理制。从管理体制和组织结构上进行了较大变革，逐步把以产品主导型组织结构和经营布局调整成为客户导向的以客户、行业、地区和产品为线索的网状矩阵式组织和经营模式，集中营销资源，按照客户类型和金融需求进行排布，以最大程度地适应市场和客户需求变化，形成前台营销、中间风险控制和后台产品处理，既相互区别，又紧密联系的营销组织管理系统。

经过不断的探索实践，时至今日，西方现代商业银行客户经理制普遍盛行并不断发展完善，而且其他国家和地区商业银行客户经理制已日益走向成熟，在商业银行业务经营与管理中，不断丰富着其内涵。

1. 国外商业银行实施客户经理制的理论与实践。

（1）国外商业银行实施客户经理制的理论依据。西方商业银行是最早建立的客户经理营销管理体制的表率。纵观客户经理制的产生和发展，可见以美欧银行为代表的西方商业银行实施客户经理制的理论依据有：业务流程再造理论、关系营销理论、客户关系管理（CRM）理论、80/20 原则等。

①业务流程再造理论。业务流程再造理论是 1993 年由美国麻省理工学院的哈默教授等人提出的企业管理理论。该理论以其思想的先进性和变革的彻底性立刻成为欧美乃至世界瞩目的焦点，掀起了一场世界性的再造运动。由此，商业银行也加入其中。

客户经理制乃是商业银行经营机制再造的范例。尽管各国银行再造的内容不尽相同，但一般都包括：第一，以客户为中心是商业银行再造的原动力；第二，以业务流程再造为核心，实现科学的集约化经营；第三，创造性地运用信息技术。美国银行业再造的效果是极其显著的，据统计，美国银行业再造后，平均资产收益率上升了 50%；平均资本收益率上升了 33%；平均效率比率（成本/收益）提高了 15% 至 20%。其结果是客户服务质量得到提高，银行再造成为美国各大银行提高竞争力的首选。

②关系营销理论。关系营销是指企业与客户建立一种长期、信任、互惠的关系。关系营销的实质和核心是在买卖关系的基础上建立非交易关系，以保证交易关系能够持续不断地确立和发生。因此，美国花旗银行选派最优秀的员工以及高层管理人员不惜花费大量的时间成本拜访客户，加强与客户的联系与沟通，博得了客户的赞誉，提高了客户的忠诚度。

③客户关系管理（CRM）理论。客户关系管理指的是营销主体通过富有意义的交流沟通，理解并影响客户行为，最终实现提高客户获得、客户保留、客户忠诚和客户创利的目的。基于该理论，银行家们将客户关系管理理论先进的思想与建立客户经理制的最佳实践具体化，通过采用多种先进技术手段，最终实现以上目标。

④80/20 原则。80/20 原则的典型的情况是：企业 80% 的收益来自 20% 的客户，其他 80% 的客户只带来 20% 的收益。银行家们将此原则运用于银行经营管理之中，建立客户经理制，配备专职客户经理，努力营销 20% 的高价值客户，为商业银行带来 80% 的回报，其效果显著。

（2）国外商业银行实施客户经理制的实践。西方商业银行客户服务的一个重要特点就是内容丰富，特别是对富豪级客户的服务可谓无所不包，涉及家庭、生活、工作的方方面面。而对中产阶级则特别提供了快速理财的综合服务。**在高端客户服务方面，西方商业银行秉承了五个重要理念：**

一是**为客户提供一对一的客户服务，如产品团队、技术服务。**这是指西方商业银行的服务是由团队支持的服务。“一对一”的客户服务背后包含了团队的支持，包括产品团队、技术支持团队等。

二是**让客户了解自己能承受的风险程度和生活需要，从而选择适当的投资方式。**这是指商业银行的理财工具。西方商业银行在让客户充分了解自己能承受的风险程度和生活需要后，再为客户选择与其自身情况相适应的投资方式。

三是**全球领先的产品开发，务求使产品开发达到全球领先水平。**这是指西方商业银行的产品开发。以花旗银行为代表的西方商业银行不断进行产品创新，从大额可转让定期存单（CDs）、先进的网上银行到电子商务，这些全球领先的产品和服务为西方商业银行的发展创造了不竭的动力。

四是**对货币、股市、债券等进行全面调研，获取全球资讯。**这是指西方商业银行的调研。如花旗银行的市场调查团队遍布全球，包括在货币、股市、债券等方面，通过每周一次的电话会议，使理财专家可以获得全球的信息。除此之外，花旗银行每天都有这样的信息传递给理财专家，为其提供有力的信息支持。

五是**给予客户各种优惠，为高端客户提供活动参与机会和奖励计划。**这是指西方商业银行的客户待遇和优惠。西方商业银行为高端客户提供参与娱乐活动的机会和奖励计划，通过这一举措来提升客户的忠诚度和满意度，以此加深和巩固与客户的感情和关系。

在客户服务理论方面，西方商业银行高度重视对客户的心理研究。例如，20 世纪 90 年代初期，花旗银行开始采用“顾客活动周期管理”实现“花旗银行业务”使命。研究表明，顾客在跨越国界管理时往往力不从心。因此，花旗银行决心通过该使命，为顾客提供连续的全球服务，使顾客无论是在家里还是在办公室，在慕尼黑还是在东京，都能享受花旗银行的全球服务。

在客户关系管理方面，西方商业银行实行四个关键原则性制度，即保证实现保持与客户持续联系制度、提供全面服务制度、提供个性化服务制度和实行客户经理制度。

第一，保持与客户持续联系制度。为了获得客户的忠诚，西方商业银行选派最好的员工加强与客户的联系；高层管理人员不惜花费大量的时间拜访客户；并通过各种活动，和客户进行交流。

第二，为客户提供全面服务制度。西方商业银行对个人客户能提供全面的商业银行各类服务，包括资产管理、保险、个人理财、咨询顾问，甚至旅游服务等。

第三，为客户提供个性化服务制度。西方商业银行已实现从出售产品向出售方案的转变，客户不再是商业银行某一产品和服务的接受者，而是商业银行提供方案的订购者；银行也不仅为客户提供单项产品和服务，而是客户的长期支持者和伙伴。例如，花旗银行对客户市场进行细分，即根据客户的年龄、性别、地域、偏好、职业、受教育程度、收入、资产等标准进行分类，在此基础上，实施有效的市场定位，针对不同层次的客户提供适合他们需求的金融产品和服务，使商业银行服务由统一化、大众化向层次化、个性化转变。花旗银行的口号是：代替统一服务的是那种能满足每一个单独顾客需要的服务。

第四，实行客户经理制度。西方商业银行分支机构普遍设有公关部，实行客户经理制度。公关部是银行专门负责联系客户的部门，每个重要客户在公关部都有专职的客户经理，客户有任何产品和服务需求，只需与客户经理联系，如有必要，再由客户经理与银行有关部门联系处理。客户经理负责与客户的联系，跟踪客户的生产、经营、财务、发展等情况，协调和争取商业银行的各项资源，及时了解并受理客户的服务需求，负责银行业务拓展、宣传以及信息收集。相当一部分西方商业银行把原在一层的营业厅改为公关部，以方便客户咨询与联系，更好地为客户服务。

从西方商业银行个人金融业务的特点可以看出，按照营销管理的思想，西方商业银行以差别化服务为特色，以先进的计算机技术为依托，由银行专家型人才根据客户需求，对各种个人金融产品进行有针对性的业务组合和创新，产生出了满足高端客户资产的保值、增值以及安全、方便投资需求的个人综合金融产品。其针对高端客户的服务模式的确令人称道，也值得其他商业银行进行研究探讨与借鉴。

2. 我国商业银行客户经理制的引入与实施。由于体制的原因，在过去很长一段时间内，我国商业银行与客户之间的关系主要体现为信贷关系，并且客户只能被动地接受银行提供的产品。被称为“信贷员”的银行外勤人员，其任务也只是信贷管理。因此，客户经理在我国传统银行体制中并不存在。

我国银行业客户经理的出现是在20世纪90年代末期。在此之前，我国银行业是垄断经营，市场竞争格局尚未形成，因此，银行产品不需要营销，自然不存在专职的营销人员。1992年，我国提出了建立社会主义市场经济体制的改革目标，为银行业的市场化经营奠定了制度基础。尤其是1995年《中华人民共和国商业银行法》颁布以后，我国商业银行体系逐步完善。国家专业银行开始向商业银行转轨，中小股份制银行以及其他非银行金融机构发展迅速，资本市场融资规模不断扩大，银行业垄断状况开始改变，同业竞争的格局开始出现。随着银行体系主题多元化，竞争格局的形成和资本市场功能的完善，对优质客户的争夺成为同业竞争的焦点。同时，银行客户需求的多样化也给商业银行经营提出了更高的要求，各家商业银行不得不改变过去的经营作风，争相推出微笑服务、限时服务、“一米线”服务、电话预约服务等特色服务手段。更加注重客户需求的研究，与客户建立互动的双向沟通关系，以客户满意度为宗旨注重培育客户的忠诚度。银行主动上门服务，重视客户需求的市场营销意识逐步增强。同时，商业银行还致力于转换经营机制，改革业务操作流程，改变过去“多个部门对多个客户”的做法，设立客户部门和客户经理，为客户提供“一对一营销”和“一揽子”服务解决方案。随着我国与国际金融市场的逐渐接轨以及我国商业银行对高端客户的客户关系管理的全面展开，1995年，中国农业银行广东省顺德市支行率先实行客户经理制。尽管当时无论在认识水平、营销思想，还是组织模式、支持条件上都处于比较低的起点，却犹似“忽如一夜春风来，千树万树梨花开”，其影响和所产生的意义非同寻常。相继，中国建设银行厦门市分行于1997年推出了客户经理制，随后国内各个商业银行亦纷纷实行了客户经理制。中国银行在1998年专门成立了从事客户开发的公司银行部、金融机构部和私人银行部。1999年，中国农业银行、中国建设银行、中国银行和中国光大银行、华夏银行等商业银行制定了客户经理管理办法，全面推行客户经理制。客户经理这一岗位名称在中国银行业开始流行起来。

进入21世纪，银行经营范围更加广泛，客户经理为客户提供的产品和服务更加完善；计算机技术的发展也给银行收集、分析客户提供了便利，在分析客户利润贡献度方面，银行利用计算机软件，帮助客户经理进行产品利润度分析、客户利润度分析、重点客户的识别等工作。银行产品专家也定期以一定形式向银行的客户经理介绍新产品知识，形成客户经理和产品经理结合，发挥团队精神，满足客户多元化需求。

客户经理制作为一种营销机制的创新，是商业银行经营管理机制变革的发展方向和必然选择，是客户营销体制和客户关系管理的全新尝试，是实施客户发展战略的重大突破，必将对我国商业银行的改革和发展产生重大而深远的影响。

（二）客户经理制的内涵

客户经理制是指从制度上、人力资源安排上、服务内容上确保银行营销人员与特定的客户保持明确、稳定和长期的服务对应关系，并以客户经理的形式联系客户，专门负责对客户提供全方位金融服务的一种客户管理制度。具体而言，是由银行专门配备的客户经理对客户提供“一对一”、“面对面”、“一站式”的金融服务。

客户经理制的核心是“以客户为中心，以市场为导向”，以客户经理为主体，为客户提供全方位的金融服务。

银行实施客户经理制的根本目的，是为了实现开拓市场、争取目标客户、营销金融产品和服务、规避金融风险、实现利润最大化和股东权益最大化的经营目标。

客户经理制要求银行必须将原来分散在各个网点和产品部门的营销资源——包括客户经理资源、客户资源、市场信息资源、开发硬件资源等进行集中和整合，站在全局的高度，进行营销资源的统筹规划和使用；对内建立以客户经理为服务中心的营销前台，即“前台营销扩展，中台风险管理和财务管理，后台监督保障”的全行联动的、适应市场竞争的机制；并制定相适应的考核激励管理体系和规章制度，以最大限度地鼓励客户经理努力拓展市场，促进银行资源与客户资源的优化配置，培养高素质的营销队伍，加强风险控制，从而提高银行的核心竞争力。

【相关链接1－2】

重新定位网点功能

随着银行业务类型的增加，消费者对银行服务的需求已经不再局限于存取款业务等简单的交易型业务，需要银行提供更多的高附加值的销售和咨询服务。因此，世界范围内形成了一股银行营业网点纷纷由单纯的交易地点向提供高附加值销售及咨询的金融中心转变的浪潮。

国外银行对网点职能进行定位的重点是把传统的出纳网点再造为产品销售中心和利润中心。在网点转型过程中，首先是将多数交易性业务导向自助机具，将后台操作集中到后台处理中心，由此形成“无负载”分支，降低运营成本、减少员工数量，使分支网点可以专门交叉销售有利润的产品和附加服务。

为了将网点转型成销售和服务中心，银行需要更新原有的网络基础设施。同时，银行也要增加在客户关系管理上的投资，这样使得出纳可以访问所有相关销售和服务工具的访问通路，以及所有客户资料以及产品信息。

花旗银行将整个组织架构分为前中后台，又将前台具体业务分为前后台，前台主要和客户接触，后台集中处理各项具体业务。每项业务基本上像生产车间一样进行标准化、程序化生产，最终取得ISO认证。香港的银行也引入前中后台的分工概念：前台直接为客户提供一站式、全方位服务；中台为前台提供宏观性、专业性的管理和指导；后台为全行提供后勤支援和中央化操作服务。

［资料来源：周冬青、周宇：《从排队问题看银行网点转型》，载《市场研究》，2007（9）］

（三）客户经理制的特点

客户经理制是银行服务理念和制度的创新，客户经理制能够适应金融市场激烈竞争的需要，适应经济全球化的需要，适应市场营销观念发展的需要，适应金融创新的需要，适应金融风险管理强化的需要，适应银行企业文化和行为价值提高的需要。与传统的经营机制相比，客户经理制具有如下创新特点：

1. 一职多能，业务全面。客户经理是代表整体银行去满足客户的各种金融需求的，包括存款、贷款、结算、信用卡、外汇买卖以及其他各种中间业务，为客户提供全方位金融服务。

2. 助客理财，控制风险。客户经理对客户的财务收支、投资方向、持币种类、债务期限结构、资产负债比例和资金平衡、营销策略、风险防范、债务重组以及增资与扩股等，都要有比较深入的了解，一方面，能够提出负责任的建议方案，给客户以有效的帮助；另一方面，对存在的风险能够有准确的估计和严密的监控。

3. 优化业务，提高效益。客户经理有寻找、开发、培植和发展客户的职能，保留和增加有潜质、有前景的优质客户，淘汰有劣迹或无前途的客户，并且由一个客户扩大为行业客户、集团客户和相关联客户，由单一零星客户发展为客户群，对稳定银行业务，保持和扩大市场份额，实现经济效益起到决定性的作用，并负有重要责任。

4. 推介金融产品，刺激市场需求。客户经理负有营销银行产品的职责，特别是推介不断创新的金融产品，如网上银行、银证转账、个人外汇买卖、金融衍生工具等，激发客户的购买欲望，刺激市场需求。

5. 提高效益，方便客户。客户经理不仅活动于客户与银行之间，而且与银行各职能部门联系频繁，人脉广泛，具有受理与代理客户各种金融业务的便利条件，客户经理可以充分发挥自身优势，搭建银行与客户的桥梁，快捷、高效地为客户提供满意的服务。

【相关链接1-3】

中国银行黑龙江私人银行为客户提供“1+1+1”的服务模式

中国银行黑龙江私人银行分部秉承“客户至上、市场主导、变革创新、精细服务”的长期经营理念，发挥中国银行国际化、多元化的业务平台优势，对客户实行“1+1+1”的专业化服务模式，即一位贴身的客户经理（PB）+一位经验独到的投资顾问（IC）+一位客户经理助理（PBO），共同为客户提供专业化、个性化的金融资产管理服务。客户经理不仅是客户全天候的咨询师，更如一位朋友一样倾听客户所想，了解客户所需，达成客户所愿，也可以根据客户预约，提供上门服务和“管家式服务”。

该行主要以个人金融资产雄厚的高端客户为服务对象，该行的客户可享有5大服务特点，即自主和私密性、个性化的服务、诚挚的建议、长远的规划以及专家级财富管理。其服务特点是私密、专享、高品质；服务内容是全方位的国际专业化服务。

1. 综合账户服务——银行接受客户委托，执行客户金融投资决策的私人银行客户专属金融服务。将客户所有账户归于一个管理平台——“综合账户服务平台”，从而实现“化繁为简，远程交易”的功能。

2. 顾问咨询服务——包括家庭理财规划/税务筹划/房地产投资/法律事务/融资规划。

3. 投资资讯服务——家庭投资规划、专属投资资讯及证券、外汇、黄金期货等投资策略报告会。

4. 专享增值服务——国内、国际机场贵宾通道；甲等名流医疗健康服务；畅享高尔夫生活；个性化的休闲户外活动预约、安排等；包括餐饮、酒店、会所、名品名店、演出订票、健身俱乐部、美容美体会所、购物场所等商户的特惠服务；定制专属高端杂志；子女留学服务；中银白金私人秘书，悉心照料客户点点滴滴；全球海外紧急接送、当地旅行服务预订、代订酒店服务、中文金融服务咨询等服务；各种与其生活品位相匹配的主题活动，包括私人酒会、西洋油画鉴赏等。

该行致力于研究客户感兴趣的领域，协助客户作出符合目标及风险偏好的投资决策，考虑客户的实际所需而为其量身定制专属产品，根据客户的需求变化，为客户提供更贴近理想中的财富规划，为客户创造一个综合的资产管理平台，满足客户的各种金融需求。

（资料来源：黑龙江新闻网——黑龙江日报，2010-10-18）

（四）客户经理制的意义

客户经理制的建立是现代商业银行在金融管理制度上的创新和经营理念的提升，也是正向现代商业银行演绎的农村合作金融机构对客户提供金融产品和金融服务方式的重大变革。客户经理制为银行业务经营注入了新的活力，它必将对银行经营管理水平的提高产生巨大的推动作用，成为银行赢得市场竞争的重要法宝。而银行的客户经理以其具有的综合性、服务性、专业性，为不同客户提供着个性化、精细化的贴身服务，在业务拓展中发挥着极其重要的作用。

客户经理制的建立不论是对社会、对银行，还是对客户、对客户经理都具有十分重要的现实意义。

1. 建立客户经理制对社会的意义。对社会而言，客户经理制的建立，有利于提高金融业务效率，加速整体经济发展；有利于加快金融产品创新，满足社会经济发展需要；有利于培养金融业营销、理财专家，更好地服务于社会。

2. 建立客户经理制对银行的意义。对银行而言，客户经理制的建立，有利于资源优化配置。通过对客户资源和银行内部人才、信息、技术等资源优势进行不断整合、创新，始终使内外资源处于一种最佳配置状态，从而使银行自身的活力能够得到充分的发挥；有利于增强客户关系管理能力，提高金融资产质量，防范经营风险；有利于有效地开发和巩固市场，扩大市场份额，提高竞争能力，增强盈利能力；有利于树立品牌形象，提高银行综合效益。

3. 建立客户经理制对客户的意义。对客户而言，客户经理制的建立，有利于客户在日益复杂的需求中获得银行更多的关注和满足；有利于客户更快捷方便地办理金融业务，享受一站式银行服务；有利于客户与银行建立稳定的关系，进行长期合作。

4. 建立客户经理制对客户经理的意义。对客户经理而言，客户经理制的建立，有利于客户经理在更大自主权的全盘管理中获得满足感；有利于客户经理在更富有挑战性的工作中获得成就感；有利于客户经理职业生涯规划和个人价值的实现；有利于客户经理在与业绩表现挂钩的奖励中获得实质性经济利益。

【经典案例 1－2】

体制创新　保障香港商业银行客户经理制实施

体制创新是客户经理制度运行的前提条件。香港商业银行主要从三个方面入手为推行客户经理制提供体制配合：一是在银行文化（企业文化或公司文化）方面实现了从业务导向客户的转变。特征有：一是建立固定的客户联系界面；二是各部门相互协调；三是以重点及目标客户为基础进行决策；四是以客户需求的综合满意度为目标。这种以客户为导向的银行文化使决策更为明智，规模效益更为明显，业务经营更为安全，部门关系更为协调，产品创新更有特色。

香港商业银行在业务发展体系上实现了从各部门相互扯皮向相互协调、整体联动的转变。全行以客户为中心，各个部门以客户部门为中心，为客户部门提供各种后台支援。

香港商业银行在内部业务流程上实现了从各分支行营业网点分散运作向总、分行中心化管理的转变。成立了押汇中心、放款中心、信用卡中心、汇款中心、信息档案中心、客户服务中心等，使银行实现了“四集中一优化”，即专业人员集中、技术设备集中、业务操作集中和业务管理集中，劳动组合优化。

（资料来源：潘良、龚兵：《香港银行客户经理制的借鉴与思考》，http：//www. bank. hexun. com/，2006－02－23）

（五）客户经理制的组织架构和组织模式

组织架构即层系，是一个多元素的结构模式。每个银行内部的架构（层系）管理系统即为该银行的组织架构。一个架构内部不同层次的组合及不同层次内部元素的不同组合就形成了银行内部组织架构的不同模式。

1. 客户经理制的组织架构。客户经理制的组织架构是指对于客户经理工作任务如何进行分工、分组和协调合作。

客户经理制的组织架构一般分为三层：一是组织模式，二是客户部门与其他部门之间的关系，三是客户经理的职级架构。在客户经理制的组织架构建设上，可根据本行发展战略和实际情况进行选择。

（1）客户经理制的组织架构模式。客户经理制的组织架构通常有四种：

第一种是扩大工作范围，由银行各业务岗位的主管人员和员工分别兼管一些重要客户并承担直接责任，如图 1－1 所示。

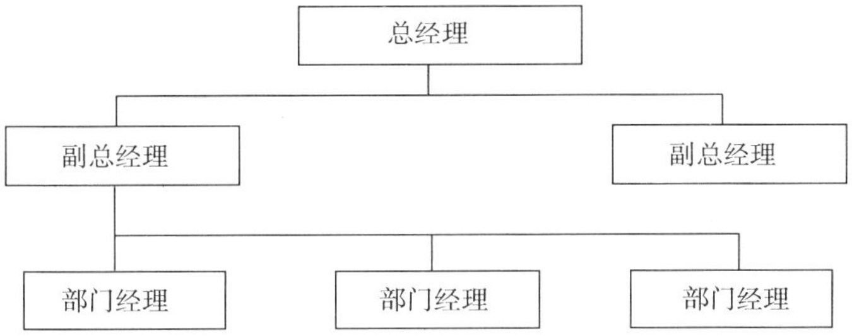

图 1－1

这种组织架构的优点是：最大限度地节约了商业银行投入的资源，并在短时间内即可实行客户经理制，还可调动全员来参与和承担新的工作任务。其不足是：每个客户经理虽然各有所长，但是并非每个人都能胜任客户经理的工作；经理们由于身兼数职，其时间和精力有限，很难全情投入。

这种组织架构通常适用于规模不大、业务覆盖的范围较少、人员配置的弹性较低、客户的需求比较单一的银行。

第二种是增设独立岗位，在银行的岗位设置中新增客户经理这一工作岗位，如图 1－2所示。

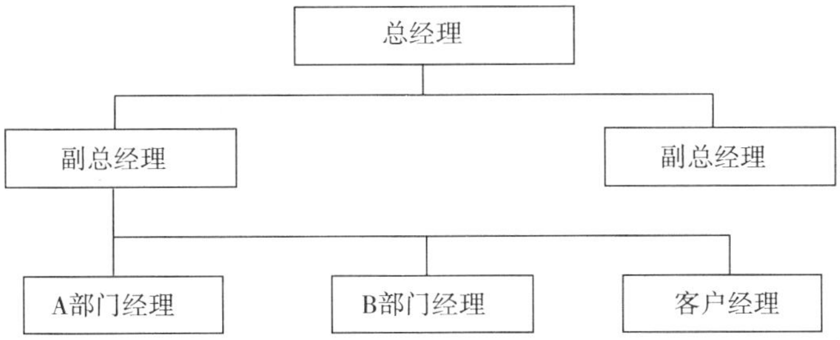

图 1－2

这种组织架构的优点是：专人专职，可全面管理客户关系，由于是独立岗位，其工作目标和考核指标都非常明确。其不足是：需要对从业人员进行长时间的培训等前期工作，同时客户经理的协作意识及客户关系推进能力都将影响银行客户资源的走向。

这种组织架构通常适用于业务覆盖范围较大、人员配置弹性相对较高、客户基数大、需求多样的银行。

第三种是增设独立部门，在银行的组织结构中增设专门的客户管理部门，如图 1－3 所示。

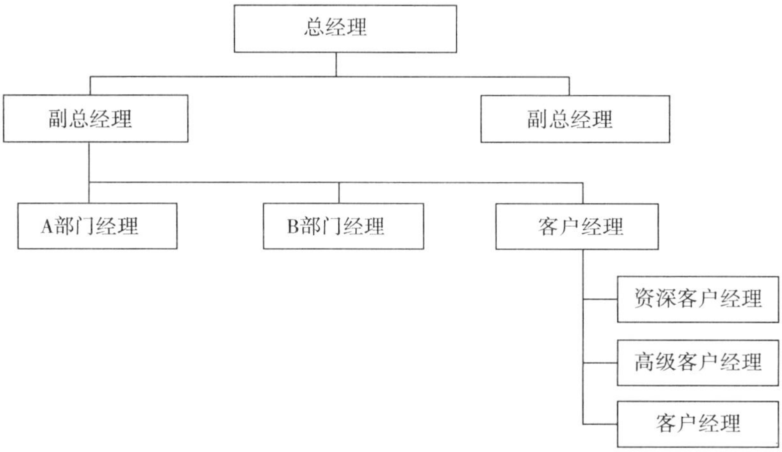

图 1－3

这种组织架构的优点是：独立的客户管理部门统一管理集团层面的所有客户，可以快速、高效地贯彻银行客户管理战略，对跨业务线的客户可以全面提供服务，同时有利于培养专业的客户经理队伍。其不足是：需要投入大量的资源成本和时间成本，而且新部门的设立必然涉及与其他部门和业务线的协作问题，消耗更多的管理成本。

这种组织架构通常适用于规模比较大、管理资源相对丰富、业务线的范围也较广、客户数量巨大、需求复杂程度高的银行。

第四种是不仅在银行的组织结构中增设专门的客户管理部门，还在客户管理部门下设独立的操作部门，如图 1－4 所示。

这种组织架构的优点是：客户经理非常独立，全面掌握服务技能，对市场变化作出实时的反应和调整，便于银行对客户经理进行更精准的业绩考核。其不足是：成本高，不能充分发挥规模效益，较难发挥部门的相互制衡作用。

这种组织架构通常适用于大型企业，利润贡献巨大的客户群，需要特别的专业知识处理的客户群，需要特别注意、隔离、保密的客户群。

（2）客户经理制组织架构的决定因素。客户经理制组织架构的设计与选择关键在于有利于管理者经营目标的实现，关键看是否适应银行自身经营状况和外部经营环境。银行选择何种形式的客户经理制组织架构，一般需要考虑以下几个方面的问题：

①资源是否有效配置及资源的统筹调动利用能力。应该选择能够最有效地调动、配

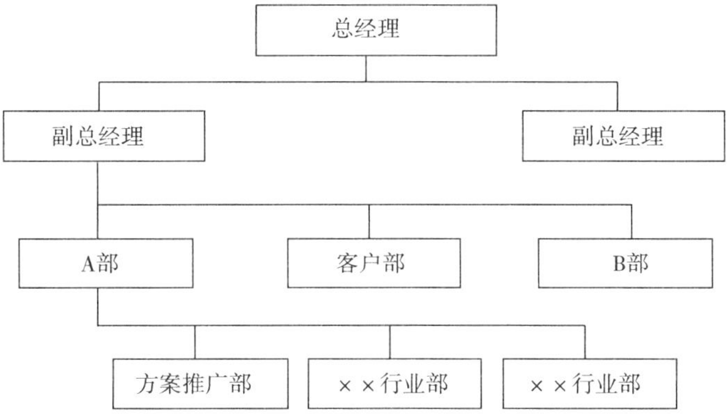

图1－4

置资源特别是人力资源、资金资源的组织架构。

②风险的管理和控制水平。银行是高风险行业，建立健全有效的风险管理控制体系，应该是选择组织架构模式首先要考虑的因素之一。

③对市场环境的适应性。作为企业，市场的需求、客户的需求、经营环境的变化是组织架构选择必须要考虑的问题。组织架构模式一定要有利于客户服务，有利于市场竞争。

④银行自身的科技水平。任何一种形式的组织架构，在当今科技信息时代，都必须有与之相适应的信息科技系统来支撑。企业自身科技水平也决定了选择什么形式的组织架构。

⑤员工潜能的发挥。银行作为竞争性很强的风险行业，员工潜能的发挥和员工整体素质也直接决定了选择什么形式的组织架构。

（3）客户经理制的组织模式。**客户经理制的组织模式大致按服务区域分类设置、按客户行业分类设置、按业务量分类设置、按产品分类设置、按综合型分类设置等。**

一是按服务区域分类设置，即设立若干个客户经理中心，实行中心化管理。

二是按客户行业分类设置，即由一个或若干个客户经理专门负责一个行业的市场拓展工作。

三是按业务量分类设置，例如，将对存款余额达到3亿元以上的大型客户作为重点客户，由总行、分行的资深客户经理负责开发和服务；而对中小型客户则交由支行开发和服务。

四是按产品分类设置，即总分行直接领导销售队伍，按不同产品种类分成若干个销售队伍，以销售产品为主要职责，其他后台业务操作由相关业务部门负责办理。

五是按综合型分类设置，如按客户行业结合银行服务产品分类，按区域分类再加其他种类搭配等。

2. 客户部门与其他部门的关系。**客户部门与其他部门的关系主要有线性关系、直属关系、制衡关系三种。**

（1）线性关系。客户部门是前台，其他部门为其提供服务和各种支援，在部门关系中，客户部门发挥着协调者的作用。

（2）直属关系。分支行行长兼做客户部门主管，客户经理直属于分支行行长领导。

（3）制衡关系。如在信贷管理上实行审贷分离，防范风险。客户部门负责信贷客户的开发，授信报告的提出；信贷管理部门负责审查。审查后再交信贷管理委员会审批，最后交客户部门发放贷款，进行贷后管理。

【相关链接1－4】

香港商业银行客户经理的组织架构

香港商业银行客户经理的组织架构一般分为三层：一层是客户经理的组织模式，二层是客户部门与其他部门之间的关系，三层是客户经理的职级架构。

1. 组织模式。各个银行有所不同，大体分为以下几类，一是以区域分类，在总行或分行架构内，设立若干个客户经理中心，实行中心化管理。二是以客户行业分类，如制造业、贸易、服务性行业等。一个或若干个客户经理专门负责一个行业的市场开发工作，对行业市场趋势能及时准确地把握，有利于对客户的监管，有利于对同类客户的连锁开发。三是以存贷款额分类。四是以产品分类，总分行直接领导销售队伍，按贸易融资、公司信贷、租赁、楼宇按揭、信用卡、消费贷款、个人银行服务、商人银行等产品种类分成若干个销售队伍，以销售产品为主要职责，其他后台业务操作由有关业务部门负责办理。五是综合式组织，如按客户行业结合银行服务产品分类，按区域分类再加其他种类搭配等。

2. 部门关系。客户部门与其他部门的关系主要有三种：第一种是线性关系，客户部门是前台，其他部门为其提供服务和各种支援，有些部门还与客户部共同拓展业务。第二种是直属关系，分支行行长兼做高级客户经理，客户经理直属于分支行行长领导。第三种是制衡关系，实行审贷部门分离，防范经营风险。

3. 职级架构。香港商业银行客户经理的职级架构一般分为四级制和六级制两种。四级制是：客户经理主管、高级客户经理、客户经理、助理客户经理。六级制增加客户主任和助理客户主任。客户主任、助理客户主任一般没有自己直接服务的客户。

（资料来源：潘良平、龚兵：《香港银行客户经理制的借鉴与思考》，http：//www. bank. hexun. com/，2006－02－23）

3. 客户经理制的职级架构。**客户经理制的职级架构一般分为四级制和六级制两种。**

客户经理的四级制是：客户经理主管、高级客户经理、客户经理、助理客户经理。

客户经理的六级制是：客户经理主管、高级客户经理、客户经理、助理客户经理、客户主任、助理客户主任。客户主任和助理客户主任一般都没有自己直接服务的客户，而其他职级的客户经理，则必须拥有自己直接开发服务的客户。

构建以客户经理制为主要标志的商业银行组织架构，对同一高端客户实行一站式服务，即所有业务联系统一由客户经理负责；对内将对同一客户的调查、评估、信用评定、贷后检查、台账管理及综合授信等职能合并，避免多头管理，提高信息资源的利用效率与工作效率。建立与客户经理制相对应的产品经理制度与风险经理制度，在产品管理部门设置产品经理，在风险控制部门设置风险经理，为客户经理搭建工作平台。后台部门简化操作程序、提高审批效率，提供高效、优质的柜面结算和高科技金融服务手段，为客户经理提供业务支持。

【相关链接1－5】

美国银行组织架构与管理模式

美国银行是第二次世界大战后新兴的加利福尼亚财团的金融核心。为适应竞争和发展需要，建立了一套运行良好的组织架构与管理模式。

首先，从整体架构看，美国银行将核心业务划分为：个人与小企业业务、大公司与机构的金融服务、资本市场与投资银行、财富与投资管理四个基本业务单元。此外，还设有技术、风险、战略规划、人事、市场营销、产品开发与质量、财务等7个支持部门。部门与职责的划分以业务为单元，各个业务单元实行垂直管理。

其次，美国银行在总行之下的每个层面上，并不存在一个全面集中管理的机构，而是由各个业务单位或团队根据情况进行各自的设置，彼此并不是相互隶属而是合作关系。比如，被称为“商店”（store）的美国银行一线网点向上隶属于个人与小企业单元，即零售业务单元。

最后，美国银行的各级管理团队精干高效。各层管理团队的负责人不设副手，或者说，其副手直接就是下属各团队的负责人。“六西格玛管理模式”最初只是一种产品质量控制程序，如今已经演变为一套系统的业务改进方法体系，旨在持续改进企业业务流程，实现客户满意。美国银行用此办法来改善成本、服务、销售乃至合并整合的各个方面和所有环节。从2001年开始的3年间，通过节约开支和增加营业收入，美国银行的利润增加了数十亿美元，而且客户满意度迅猛提升。“六西格玛管理模式”在美国银行的应用产生了巨大的效益。

（资料来源：http：//study.788111.com/，2008－05－27）

第二节 客户经理的核心理念与职能作用

一、客户经理的核心理念

客户经理所肩负的特殊职责，决定了银行客户经理必须树立先进的理念。从国际经验看，**客户经理需具有客户导向理念、营销一体化理念、核心客户综合开发理念、个性化产品和服务理念、金融服务创新理念、深化金融服务技术内涵理念。**

（一）客户导向理念

“以客户为中心”，重视客户、尊重客户是客户经理制最核心的理念。“一切为了客户，为了客户一切，为了一切客户”是客户导向理念的根本出发点和落脚点。银行必须优先考虑客户的需求和利益，调动所有资源为客户服务，让客户感到满意，以客户的满意度作为评价工作质量和工作效果的标尺。应通过提供专业水准的、高品质的服务，降低其经营风险，提高运营效率，使客户资产价值增加，让客户享受超值服务，从而提高客户对银行的信赖度、依存度和忠诚度。

【相关链接 1－6】

“以客户为中心”　这个“中心”是什么？

“以客户为中心”这个“中心”是什么？这个“中心”就是客户的需求。以客户为中心，银行将通过对客户的深入分析来寻找、发现、挖掘客户的需求，并通过提供金融产品和服务来满足客户的需求。

但这一前提是客户的需求。心理学家研究表明，人类的一切心理活动以及行为都是由心理需求引起的。毫无疑问，客户的需要是其认识和行为的动因，也是其购买与使用的动因。因此，以客户为中心首先应该明确，银行的产品必须能够满足客户的需求，客户购买金融产品，不是因为我们有金融产品，而是金融产品与服务能够满足他们的需求。换言之，我们所做的一切必须围绕满足客户的需求这个“中心”来进行。其次，当满足客户需求成为我们金融产品的代名词时，客户需求就显得更为重要，它便成为银行进行市场细分的依据。再次，客户的需求是银行进行市场定位的基础。一个银行怎样立足于市场？准备做什么？将要做什么等，都取决银行自身的市场的定位。市场定位必须是建立在能够满足市场需求的基础上，只有这样银行才有生存的基础，以客户为中心才能落实到实处。最后，以客户为中心的最终目的就是为了留住客户，培养忠诚客户。而要达到此目的，就必须将满足客户的需求作为银行客户经理的第一职责，为客户提供优质的产品和服务，不断提高客户的满意度，从而增强客户的忠诚度。

可见，能否“以客户为中心”的关键就在于，是否能正确地认识客户，充分地了解客户的需求并给予满足。“以客户为中心”绝不是一句简单的口号，它有着其深刻的内涵。只有正确理解了“以客户为中心”的深刻内涵，从业的客户经理才能真正做到“以客户为中心”，并化作自觉的行动。

（二）营销一体化理念

目前，服务业的市场营销早已超越了产品的生产，范围扩展到市场调研、营销战略、营销组织、公共关系、技术指导、售后服务等诸多领域和环节。银行实施客户经理制，就是要把金融产品的营销作为一种专门化的事业，将各种营销资源进行整合，以满足各种营销活动要素，实现营销专业化。

（三）核心客户综合开发理念

根据“二八法则”，20%的客户创造80%的业务和利润。对贡献80%利润，且占客户总量20%的优质核心客户，银行必须给予高度重视和关注，为他们配备最高等级、最专业的客户经理，实行差别化的、一站式的服务，最大限度地满足他们的金融需求。只有核心客户的金融需求得到有效开发，才能更好地为客户提供高品位、专业化的金融服务，才能获得更大的经济效益。

（四）个性化产品和服务理念

客户经理不仅要能够提供标准单一产品的销售，而且必须能够综合运用各种知识和技能，根据客户的需求提供“量体裁衣”式的金融服务。通过对客户进行调查和评价，提供客户服务方案，在金融产品和各种可以借助的外部资源中进行组合设计，最大限度地为客户提供专业化服务。

（五）金融服务创新理念

客户经理制本身即是制度创新，客户经理则是金融产品创新的主体。作为联结银行与客户的桥梁和纽带，客户经理保持对客户的需求变化高度敏感，及时发现、提炼和总结，反馈到本行的产品部门，和产品部门联手进行产品创新的设计，以最快的速度把最新的金融产品提供给客户。

（六）深化金融服务技术内涵理念

金融创新的引领，促使银行不断在开发利用信息和通信技术上投入巨额资金，并依托这些新技术不断提高工作效率，推出新的金融产品和各种知识、技术含量较高的服务，使银行的服务成为更加方便客户的亲民金融服务平台，不断惠及产业和百姓，更加贴近百姓生活。

【相关链接1－7】

客户经理应坚决摒弃五个错误理念

1. 重发放，轻管理的管理理念；
2. 吃、拿、卡、要、报的服务理念；
3. 贪图省事，只想垒大户的经营理念；
4. 以我为中心，坐等客户上门的营销理念；
5. 不惜损害集体利益、损害农村合作金融机构形象，借工作之便谋取私利的价值理念。

（资料来源：农村信用合作社联合社：《客户经理规范细则》）

二、客户经理的职能作用

客户经理是银行实施客户经理制的重要载体，肩负着市场调研和开发、收集整理客户信息、联系拜访客户、营销金融产品、防范金融风险、协调内外部关系等职能。发挥着银行与客户之间关系的“联络员”，客户需求与市场信息的“情报员”，客户金融业务的“经办员”，金融产品的“导购员”，金融新产品、新服务、新理念的“推销员”等作用。

1. 市场调研和开发的职能作用。客户经理要积极进行市场调研和开发，分析市场形势、竞争者变化，研究客户的现状和发展趋势，调查客户现实金融需求，挖掘客户潜在的金融需求，将客户需求与银行的金融产品和服务有机地结合起来。主动寻找客户，尤其是高价值客户。

2. 收集整理客户信息的职能作用。客户经理要随时收集目标客户的各种信息，包括财务信息、生产信息、销售信息、管理资源信息、行业和产品市场信息等；对收集到的资料进行整理，及时录入客户信息管理系统，以此为基础建立和不断补充客户信息档案，保证客户信息档案的真实性、完整性和连续性，为银行营销决策提供可靠依据。

3. 联系拜访客户的职能作用。客户经理要适时、定期或不定期地联系拜访客户，尤其是高价值客户、未来发展潜力颇大的客户，建立和维护与目标客户的良好关系。根据客户现有业务量、未来发展和可能带来的综合业务收益，定期对客户价值作出判断和评价，对客户进行综合评价报告并提出业务建议。

4. 营销金融产品的职能作用。满足客户需求，营销金融产品是客户经理重要职责之一。客户经理要善于发现客户的金融需求，有针对性地向客户主动建议和推荐所需的金融产品和服务。客户经理营销金融产品可采取适时宣传、公关关系、金融产品博览会、推介会、说明会、理财沙龙等方式，广为宣传金融产品，激发客户的潜在需求和购买欲望。对客户新的金融需求，要及时向有关部门报告，研究探索为其开发专用金融产品的可能性和现实性，做好金融产品研发部门的参谋。

5. 防范金融风险的职能作用。客户经理在做好金融产品的售前、售中和售后服务工作的同时，还要反馈客户的动态信息，密切监测客户风险，发现问题，及时提出解决建议和方案并报告有关部门，防范金融风险。

6. 协调内外部关系的职能作用。客户经理是银行对外服务的窗口，而客户则像一面镜子，直接反映银行服务工作的优劣。客户在银行办理的每一笔业务，都需要银行所有相关部门通力协作，客户经理有责任协调内外部关系，协助引导客户的每一笔业务在银行中快捷、顺畅地完成，使客户高兴而来，满意而归。从而尽量减少客户投诉，最大限度地达到客户满意。

客户经理进行内部协调主要从以下四个方面入手：一是前台业务窗口与二线业务部门之间的协调，二是各专业部门之间的协调，三是上下级部门之间的协调，四是经营资源分配的协调。内部协调可以采用建立专门工作小组、健全一体化服务体系、及时反馈相关信息等方式进行。

三、客户经理的职责

（一）客户经理的岗位职责

一是负责银行客户关系的建立和维护；

二是负责完成相应银行产品和服务的销售指标；

三是负责售前和售后的协调工作；

四是负责与合作银行各相关机构建立并保持良好的合作关系；

五是负责参与与银行业务有关的会议、谈判以及事务协调；

六是负责收集用户信息，及时向产品开发部门提供建议；

七是负责配合或组织公司其他部门及成员完成银行产品项目的接入和实施；

八是负责草拟、签订相关的合同、协议等工作。

（二）客户经理的权限

为使客户经理顺利开展工作，必须赋予其一定权限：业务协调权、业务监督权、业务办理权、业务解释权、费用开支权。

1. 业务协调权。根据客户业务需求、建议或意见，客户经理有权协调本银行业务部门提供相应金融服务或解决方案。各业务部门必须协助客户经理，优质、高效满足客户需要。

2. 业务监督权。根据客户的意见和建议，客户经理有权监督本银行相关业务部门在规定时间内办理回复客户要求。

3. 业务办理权。根据本银行各项业务规章制度，客户经理可在本银行允许的权限范围内办理一定的业务。

4. 业务解释权。根据本银行文件规定和各种规章制度，解释本银行各类业务问题。

5. 费用开支权。为稳定和拓展与客户的关系，客户经理有权支配工作必需的一定限额费用，以及所在银行授予的其他权限。

（三）客户经理的工作内容

银行客户经理的工作内容可以归纳为：细分客户、访问客户、洽谈业务、办理业务、风险管理、客户关系管理、客户价值分析与评价、持续沟通客户关系等。

一是细分客户，即对客户进行富有成效的拜访、了解与观察。

二是访问客户，即确立目标市场和潜在客户。

三是洽谈业务，即与客户进行业务洽谈，营销金融产品。

四是办理业务，即代理客户在银行办理各项业务。

五是风险管理，即有效监测和控制客户风险。

六是客户关系管理，即保持与客户的联系和调动客户的资源。

七是客户价值分析与评价，即对客户进行各方面的分析与评价。

八是持续沟通客户关系，即利用有效的沟通手段和沟通策略持续沟通客户关系，保持与客户的长期稳定的合作，实现互利互惠。

【相关链接 1－8】

香港商业银行客户经理的职能定位

香港商业银行客户经理的工作类别主要分为四类：一是公司银行（亦称企业银行、工商银行），包括公司存款、工商贷款、贸易融资、外汇等四大核心业务；二是零售银行，包括消费信贷、存款业务、楼宇按揭、信用卡、保险、基金代理、保管箱等；三是商人银行，包括银团贷款、项目贷款、财务顾问、收购合并、外汇投资风险顾问；四是私人银行，包括离岸投资、资产管理、信托服务、个人理财等。

香港商业银行客户经理的职能主要有：

1. 开拓银行业务（基本职责）。
2. 维护现有客户，为客户提供一揽子服务。
3. 受理客户授信申请。
4. 参与审批工作。客户经理主管大都是贷款审查委员会委员，直接参与审批工作。
5. 搞好贷后监控工作。
6. 收集反馈信息。

（资料来源：潘良平、龚兵：《香港银行客户经理制的借鉴与思考》，http：//www. bank. hexun. com/，2006－02－23）

第三节　客户经理的职业素养

客户经理的工作性质决定了其必须具备良好的职业素养。**职业素养是人类在社会活动中需要遵守的行为规范。**个体行为的总和构成了自身的职业素养，其中专业是第一位的，而敬业和道德是必备的，体现到职场上就是职业素养。**概括地说，客户经理的职业素养包括：客户经理的职业道德、职业意识、职业行为习惯、职业技能。**

一、客户经理的职业道德

所谓职业道德，就是同人们的职业活动紧密联系的符合职业特点所要求的道德准则、道德情操与道德品质的总和。它既是对本职人员在职业活动中行为的要求，同时又是职业对社会所负的道德责任与义务。

银行客户经理的职业道德的内容主要包括：爱岗敬业、诚实守信、办事公道、服务客户、团队合作、奉献社会。

二、客户经理的职业意识

所谓职业意识是指客户经理对所从事的职业的认识、意向以及对职业所持的主要观点。职业意识是用法律、法规、行业自律、规章制度、企业条文来体现的，是约定俗成、师承父传的。它包括创新意识、竞争意识、协作意识和奉献意识等方面。

客户经理职业意识是职业道德、职业操守、职业行为等职业要素的总和，它是每一位银行客户经理最基本的职业素养和自我约束的准则。

三、客户经理的职业行为习惯

职业行为习惯是一种重复性的、通常为无意识的日常行为规律，它往往通过对某种行为的不断重复而获得。

良好职业习惯的养成需要一定的时间，需要客户经理个人、团队以及银行整体氛围的建设才能达到。将银行日常工作流程管理变成一种习惯，深深印入客户经理脑中，形成良好的操作习惯，并将其制度化，形成共识的企业文化，化为客户经理的自觉行动。

四、客户经理的职业技能

职业技能是指人在职业活动范围内需要掌握的技能。由于现代社会经济结构变化和技术进步的因素，银行客户经理的职业技能更多地是靠知识的运用、信息的掌握和人际关系的协调。

（一）客户经理需要掌握的知识

1. 客户经理需要掌握的相关知识。一是要掌握国家宏观经济政策、国家产业政策、国家财政金融政策、相关法律法规、银行的有关规章制度、具有广博的人文和社会知识；二是要懂得政治学、经济学、法学、民族学、宗教学、社会学、心理学等。

2. 客户经理需要掌握的专业知识。客户经理应掌握的专业知识非常广泛：金融学基础知识、管理学基础知识、会计学基础知识、市场营销学基础知识、公共关系基础知识、财政学基础知识、商务礼仪知识等。具体来说客户经理还要掌握行业知识、产品知识、市场知识、客户知识等。专业知识的积累和掌握意味着自身素质和能力的提高，有利于出色地履行客户经理的职责。

（二）客户经理需要具备的基本技能

为增强市场拓展能力，客户经理必须掌握的相关专业技能包括：客户经理的基本技能、展业技能、撰写分析报告的技能。

1. 客户经理的基本技能。

（1）客户调研技能。客户调研技能包括确定调研目标，制订调研计划和方案、选择调研方法、进行资料收集、分析调研资料、撰写调研报告等。一般来说，调查内容包括市场环境调查、市场需求及容量调查、客户调查、产品调查及银行产品使用情况调查等。

（2）客户评价技能。借助客户财务报表、规章制度、访谈资料、媒体报道、行业研究等资料对客户进行以法人评价、财务评价、市场评价为主要内容的全面评价，寻找和发现客户的核心价值和优势，作为培育此客户的依据。

（3）产品和服务组合设计技能。根据客户情况、客户需求、银行所能提供的产品以及所能调动的外部资源进行产品和服务的组合设计，为客户量身定做特别的一揽子金融服务，满足客户个性化的金融需求。

（4）客户维护与管理技能。运用各种工具维护并扩大客户和银行的合作关系，留住现有客户，增加回头客，发展新客户。

（5）营销技能。营销技能包括寻找和识别客户、说服客户、与客户达成合作意向、处理客户异议、维护客户关系、与客户谈判等。

（6）人际沟通技能。人际沟通包括人际交流、人际交往、人际沟通语言技巧，即接近他人的技巧、赞扬技巧、拒绝技巧、说服技巧、聆听艺术、言谈禁忌等，以及有效的肢体语言技巧等。

2. 客户经理的展业技能。

（1）银行在开展一项大的业务之前，一般应先建立专门机构、配备专业人员及客户经理，设立业务小组，并做好职责分工。

设立的业务小组有：业务规划与公共关系组、市场调研与报告撰写组、项目储备组、业务洽谈组和作业推进组。同时，在业务开展初期，配备 3 至 5 人，以做到精干有效，之后随业务展开可适当增加人手。此外，业务开展还要与制度建设相匹配，做到有章可循。展业一般需经过以下程序：

①展开市场调研，进行市场细分，确定目标市场，制订营销计划；

②储备项目资源，项目资源应具有信誉好、效益佳、发展潜力大的特点；

③开发银行优势，包括管理优势、经营优势、人才优势、业务开发优势；

④与潜在客户接洽，展开公关，对客户进行诊断，寻找突破口；

⑤签订合作合同或协议；

⑥设计运作方案，确定向客户提供何种服务；

⑦组建运作联盟（充当牵头人）以化解风险；

⑧开展具体操作；

⑨建立长期合作关系。

（2）基本作业方案完成以后，业务的具体操作步骤为：

①签订合作协议；

②安排债务转移；

③形成各方认可的重组方案，报有关部门批准；

④协调债权人的关系，确定债务剥离方案；

⑤对作业对象拟进入重组企业的资产进行评估；

⑥有关方出资到位，组建新公司。

（3）在开展业务时，如下技巧可供参考：

①在展业初期，要与地方政府有关部门和其他相关部门等搞好关系，力争它们的支持；

②在开展业务时，要注意交叉业务的拓展，向客户提供一揽子金融产品和服务，以达到全面合作的目的；

③在展业过程中要从长远的利益出发，注重培养稳定的核心客户，争取银行与客户双赢的局面，时刻维护和树立银行的品牌形象，以利于挖掘客户的长期价值。

3. 客户经理撰写分析报告的技能。撰写定期或不定期的分析报告，是客户经理的一项经常性工作。**客户经理需撰写的分析报告主要有五类：业务拓展报告（汇报）、重大事项专题报告、客户价值评价报告、工作总结与展望报告、行业分析报告。**

（1）业务拓展报告（汇报）。业务拓展报告用于客户经理向上级汇报自己的业务进展情况，一般是取得阶段性成果之后再进行撰写。业务拓展报告（汇报）的主要内容如下：

①题目：关于与××公司开展业务合作进展情况的报告（汇报）；

②客户基本情况介绍；

③介绍从不认识客户到同客户接触的来龙去脉；

④拓展此客户的意义，重点分析客户可能给银行带来的利益；

⑤同其他竞争者相比本银行在拓展此客户时的优势与劣势；

⑥至报告撰写时止的业务拓展情况总结；

⑦下一步工作面临的困难；

⑧下一步工作计划；

⑨需要领导或相关部门提供哪些支持；

⑩结束语。

（2）重大事项专题报告。重大事项专题报告是客户经理为反映客户拓展过程中的重大事项而撰写的专门报告。重大事项发生后，客户经理应尽快提交书面报告。报告应准确描述事件、分析事件，重点分析可能导致客户经理工作失败的因素，提出处理意见或建议。

客户经理在业务拓展中需作专项报告的重大事项主要有：

①可能对客户产生重大影响的政策出台；

②客户同其他银行签署了合作协议或合作洽谈取得了重大进展；

③客户本身在经营、管理等方面发生了重大变更，与之进行合作的基础不再存在；

④同客户的合作洽谈取得了重大进展或遇到了重大障碍且客户经理自身无法解决；

⑤需要银行高层领导同客户签订合作协议时，也需进行专门报告。

（3）客户价值评价报告。客户价值评价报告是客户经理在对客户的调研资料进行整理、分析的基础上撰写的，是客户经理在对客户进行调研、价值分析后的一个阶段性总结。据此报告可以分析判断银行同客户的合作潜力，是客户经理开展业务的一个基础资料。

客户价值评价报告的基本格式：

①封面、目录、提纲与摘要。封面上要注明客户名称、评价人员、评价时间、密级、有效期、编号等；摘要应将报告的主要结论、论证分析过程、采用的分析方法进行总结性阐述，在摘要中还可声明报告的使用条件、使用报告应注意的问题，目录应将报告中每一部分的名称、页码标出来供查阅。

②客户基本情况介绍。主要介绍客户名称、所属行业、注册地点、营业执照号、法人代表、联系电话、开户银行、历史沿革、业务范围、组织类型、注册资本、出资人、技术水平、管理水平、文化特点等企业基本情况。

③外部环境分析。主要包括行业分析和地区分析。行业分析主要侧重于技术、经济、政策方面，地区分析则主要侧重于地区发展等小环境方面。

④内在条件分析。主要包括法人评价、市场评价、财务评价和重大事件评价。市场评价主要分析国内外市场状况与前景、竞争优势与劣势、供应商顾客分析。财务评价主

要分为盈利、运营、偿债、发展潜力分析，客户在银行的负债情况和过去的经营记录以及与银行的业务往来。重大事件评价包括体制改革、法律诉讼、人事变动、经营决策等。然后，客户经理根据上述分析，初步测算授信额度及可能给银行带来的利益，并进行客户价值描述。

⑤与客户建立合作关系的具体设想。

⑥小结与附件。结论应精练、准确；报告中用到的原始资料可附在正文后面，注意对附件进行编号，以便查询。

【相关链接1－9】

零售银行客户忠诚度计划专题研究报告简介

一个成功的银行要发展必须拥有大量的高度满意的客户和忠诚客户。本报告从为什么需要从客户忠诚度出发，然后探讨如何赢得客户忠诚度，如何提升客户忠诚度，客户忠诚度计划，客户忠诚度与关系营销，客户忠诚度与客户满意度，客户忠诚度案例几方面内容。零售银行客户忠诚度计划专题研究报告框架：

一、为什么需要客户忠诚度

二、如何赢得客户忠诚度

三、如何提高客户忠诚度

四、客户忠诚度计划

五、客户忠诚度和关系营销

六、客户忠诚度与客户满意

七、客户忠诚度与市场营销

八、客户忠诚度与客户价值

九、客户忠诚度案例

（资料来源：编者根据《零售银行客户忠诚度计划理论与实务专题研究报告》整理）

（4）工作总结与展望报告。工作总结主要是总结过去一个阶段工作所取得的成绩与存在的不足，希望得到相关领导和部门的支持以及今后的工作计划和安排。工作总结的结构一般分为标题、主送机关、正文、署名四部分。

①标题。一般是根据中心内容、目的要求、总结方向来定。同一事物因总结的方向——侧重点不同其标题也就不同。总结标题有单标题，也有双标题。

②前言。即写在前面的话，工作总结起始的段落。其作用在于用简练的文字概括交代总结的问题，或者说明所要总结的问题、时间、地点、背景、事情的大致经过，或者将总结的中心内容——主要经验、成绩与效果等作概括的提示，或者将工作的过程、基本情况、突出的成绩作简洁的介绍。其目的在于让读者对总结的全貌有一个概括的了解，为阅读、理解全篇打下基础。

③正文。正文是工作总结的主体，一篇总结是否抓住了事情的本质，实事求是地反

映出了成绩与问题，科学地总结出了经验与教训，文章是否中心突出，重点明确、阐述透彻、逻辑性强、使人信，全靠主体部分的写作水平与质量。因此，一定要花大力气把主体部分的材料安排好、写好。正文的基本内容是做法和体会、成绩和缺点、经验和教训。

④结尾。一般写今后努力的方向，或者写今后的打算。这部分要精练、简洁。

⑤署名和日期。署名写在结尾的右下方，在署名下边写上工作总结的年、月、日，如想突出单位，把单位名称写在标题下边，则结尾只落上日期即可。

【相关链接 1-10】

2009 年某商业银行客户经理个人工作总结

一年来，在自己的不懈努力下，完成了各项工作任务。揽储 179 万元，营销基金 150 万元，营销国债 110 万元，营销保险 5 万元，营销外汇理财产品——汇财通 22 万元。营销理财金账户 25 个。现将本年度工作总结如下：

一、加强学习，提高自身素质

一年来，我能够认真学习各项金融法律法规，积极参加行里组织的各种学习活动，不断提高自己的理论素质和业务技能。特别是后来到了个人理财中心做客户经理，多问、多学、多练，通过学习“优质客户识别引导流程”能成功地识别优质客户。例如，10 月 21 日，王先生来我行取款，在排队等候和他的闲聊中了解到，他是我行的老客户，每天都要来银行办理业务，并诚恳地请他为我行提意见，同时还建议他开理财金账户，可以享受我行优质客户的服务，他很高兴地接受了我的建议，并留下了联系电话。我查询了他的存款在 80 万元左右。过了几天我打电话约他来我行开了理财金账户。

作为一名客户经理，我认为不但要善于学习，还要勤于思考。11 月我作为客户对交通银行、建设银行、招商银行、中信银行 4 家银行进行了走访，看看他们的金融产品和服务质量，走访后深有感触。从交通银行醒目的基金牌价表和各种金融产品的宣传资料、大堂经理和客户经理的优质服务，中信银行的人民币理财产品，招商银行为优质客户设置的绿色通道，找到了我行的差距，还感到了我个人知识的欠缺，回来后制订了系统的学习业务知识和理论知识的计划，同时提出了把基金牌价和放宣传资料的架子尽快到位，既服务客户又起到好的营销效果的建议。

二、勤奋务实，为我行建设和发展尽责尽职

一年来，我先后从事储蓄、客户经理等不同岗位工作。无论在哪一个岗位，我都能够立足本职、敬业爱岗、无私奉献，为我行建设和发展尽职尽责。在做客户经理时能主动收集优质客户资料，补登优质客户信息记录表 90 多份。作为客户经理深知我的一言一行，都代表我行的形象。所以，我对自己高标准、严要求，积极为客户着想，向客户宣传我行的新产品、新业务、新政策，扩大我行的知名度。在储蓄所工作时，能积极协同所主任搞好工作，利用自己掌握的知识，做好所内机具的保养和维修，保障业务的正常办理，营业前全面打扫所内卫生；营业终了，逐项检查好各项安全措施，关好水电等再离所，从没遭到客户投诉。在平时有客户对我们的工作有不同看法时，我也能把客户不明白的事情解释清楚，最终使客户满意而归。所里经常会有外地来的工人和学生办理个人汇款，有的人连所需要的凭条都不会填写，每次我都会十分细致地为他们讲解填写方法，一字一句地教他们，直到他们学会为止，并叮嘱他们收好所写的回单，以便下次再汇款时填写。当为客户每办理完一笔汇款业务时，他们都会不断地向我表示感谢。

在做好本职工作的同时，我还用多年来在储蓄工作中的经验来帮助其他的同志。而当我有问题时，会虚心向老同志请教。对待业务技能，我勤学苦练，努力提高自己的业务素质。

三、开拓市场，寻找新的利润增长点

只有不断开发优质客户，扩展业务，增加存款，才能提高效益。从朋友那里得知，王先生是大客户，但公司账户却不在我行。我便主动和王先生联系，进行营销。向他宣传了我行理财金账户专享的服务，第二天他就来我行开了一般账户，说等资金一到位就办理理财金账户。为搞好营销，扩大宣传力度，我通过电话或发短信联系客户，介绍我行新产品，并上门送宣传资料，收到良好效果。12 月 2 日利用去儿子学校的机会，给其老师介绍了汇财通和保险业务，老师们争先询问汇财通利率情况，有个老师来我行购买了 5 000 美元的汇财通。

新年伊始，作为客户经理，我为自己制定了新的工作目标：一是职业道德方面，作为客户经理在品德、责任感等方面必须要有较高的道德修养，强烈的事业心，作风正派，自律严格，洁身自爱。二是心理方面，客户经理心理要成熟、健康，经受过磨炼，能理智地对待挫折和失败。还要有积极主动和开拓进取精神。同时，还要有较强的交际沟通能力，语言、举止、形体、气质富有魅力。在性格上要热情开朗，在语言上要风趣幽默，在处理棘手问题上要灵活变通，在业务操作上要谨慎负责。三是营销方面，客户经理要成为市场营销的能手。既要掌握市场营销学的基本知识，又要身体力行，积极参与实践。掌握推销自我的技巧、演讲技巧、产品推介的技巧、与客户沟通的技巧、处理客户拒绝的技巧等。四是业务方面，客户经理要有系统、扎实的业务知识。首先要熟悉银行的贷款、存款、结算、中间业务知识。既要掌握主要业务知识，又要熟悉较为冷门的业务知识；既要有较高的政策理论水平，又要能具体地介绍各种业务的操作流程；既要熟悉传统业务，又要及时掌握新业务。其次，客户经理还要具备法律知识、经济知识，特别是要具备综合运用多种知识为客户提供多种可供选择的投资理财方案的能力。

某商业银行客户经理：××

2008 年 12 月 30 日

（资料来源：http：//www. xatvw. com/，2009 - 09 - 10）

（5）行业分析报告。撰写行业分析报告是客户经理从事客户培育的基础性工作，因为银行优质客户主要来源于成长性高的行业。把握了行业的总体态势，就为公司客户经理和机构客户经理指明了营销目标和方向。客户经理应结合自己的工作撰写行业分析报告，要找准行业客户的切入点，提出客户经理的对策建议：是否介入、何时介入、介入到什么程度、怎样介入。行业分析报告的基本结构包括：

①标题、报告摘要——摘录行业分析报告中的主要结论。

②行业的概念、特征、地位与分类。

③行业发展历史与现状、全球范围内（或发达国家和地区）该行业的发展状况。

④市场预测，包括原材料供应和产品需求的市场预测。发展前景展望，包括市场容量、技术水平、产品结构等。

⑤该行业在本国、本地区的发展现状与存在的问题，包括发展历程、产品进出口情况、行业的国际竞争力、发展政策及存在的主要问题。该行业在本国、本地区的发展前景，包括市场产品预测、行业总体发展态势、潜在市场分析等。

⑥外部因素（如加入世贸组织）对行业发展的影响，包括有利影响和不利影响。行业内部结构分析，包括主要企业介绍、所占市场份额、银行的市场机会。

⑦政府的主要优惠政策及行业融资方式。

⑧金融服务建议，包括该行业带给银行的机会与风险；其他银行的介入战略；向其中哪些企业提供服务并说明原因；提供哪些服务；介入的方式、时机、需创造的条件。

客户经理应重点选择与所负责客户相关的行业进行分析。需要注意的是，客户经理撰写的报告与专门研究机构撰写的报告侧重点不同，客户经理撰写行业报告的目的在于为自己的客户拓展服务。

【相关链接1－11】

2011—2015年中国生态农业行业分析报告正文框架

一、生态农业相关概述

二、2008—2009年中国生态农业发展的环境分析

三、国外生态农业发展状况分析

四、中国生态农业发展现状分析

五、2008—2009年中国肥料行业发展状况分析

六、中国生态饲料行业发展状况分析

七、中国生态食品行业发展状况分析

八、中国农业生态旅游行业发展分析

九、中国生态农业产业化现状分析

十、中国生态农业典型模式研究

十一、2008—2009年中国生态农业发展的区域分析

十二、中国生态农业重点企业分析

十三、2009—2012年中国生态农业发展前景和趋势预测

十四、2009—2012 年中国生态农业产业投资策略分析

（资料来源：http：//www. chinabgao. com/，2011－01－29）

【本章小结】

银行的客户经理是市场营销的一线人员，是银行面对客户最直接、最权威的业务代表，全面负责银行金融产品和服务的营销工作。

客户经理的基本特征主要表现为业务素质的综合性、客户服务的全面性、市场营销的开拓性、团队作战的协调性。

按银行的经营主体可将客户经理划分为：总行级客户经理、分行级客户经理、经办行级客户经理。按银行客户经理等级可将客户经理划分为：资深级客户经理、高级客户经理、客户经理、客户经理助理。按照银行客户经理的业务对象不同，可将客户经理划分为：零售客户经理、对公客户经理、信贷客户经理、理财经理、大堂经理、产品经理。

客户经理制源于商业银行营销观念的转变。西方商业银行的营销观念大致经历广告与促销阶段、友好服务阶段、产品创新阶段、形象定位阶段、营销策划阶段、“一对一营销”阶段。

客户经理制是指从制度上、人力资源安排上、服务内容上确保银行营销人员与特定的客户保持明确、稳定和长期的服务对应关系，并以客户经理的形式联系客户，专门负责给客户提供全方位金融服务的一种客户管理制度。具体而言，是由银行的各金融机构专门配备的客户经理对客户提供“一对一”、“面对面”、“一站式”的金融服务。

客户经理制的核心是“以客户为中心，以市场为导向”，以客户经理为主体，为客户提供全方位的金融服务。

客户经理制要求银行必须将原来分散在各个网点和产品部门的营销资源——包括客户经理资源、客户资源、市场信息资源、开发硬件资源等进行集中和整合，站在全局的高度，进行营销资源的统筹规划和使用；对内建立以客户经理为服务中心的营销前台，即“前台营销扩展，中台风险管理和财务管理，后台监督保障”的全行联动的、适应市场竞争的机制；并制定相适应的考核激励管理体系和规章制度，以最大限度地鼓励客户经理努力拓展农村金融市场，促进银行资源与客户资源的优化配置，培养高素质的营销队伍，加强风险控制，从而提高银行的核心竞争力。

客户经理制具有如下创新特点：一职多能，业务全面；助客理财，控制风险；优化业务，提高效益；推介金融产品，刺激市场需求；提高效益，方便客户。

客户经理制的建立不论是对社会、对商业银行，还是对客户、对客户经理都具有十分重要的现实意义。

客户经理制的组织架构是指对于客户经理工作任务如何进行分工、分组和协调合作。

客户经理制的组织模式大致按服务区域分类设置、按客户行业分类设置、按业务量分类设置、以产品分类设置、综合型分类设置等。

客户部门与其他部门的关系主要有线性关系、直属关系、制衡关系三种。

客户经理制的职级架构一般分为四级制和六级制两种。

客户经理的核心理念包括：客户导向理念、营销一体化理念、核心客户综合开发理念、个性化产品和服务理念、金融服务创新理念、深化金融服务技术内涵理念。

客户经理肩负着市场调研和开发、收集整理客户信息、联系拜访客户、营销金融产品、防范金融风险、协调内外部关系等职能，发挥着银行与客户之间关系的“联络员”，客户需求与市场信息的“情报员”，客户金融业务的“经办员”，金融产品的“导购员”，金融新产品、新服务、新理念的“推销员”等作用。

客户经理的工作内容为：细分客户、访问客户、洽谈业务、办理业务、风险管理、客户关系管理、客户价值分析与评价、持续沟通客户关系等。

客户经理的职业素养包括：客户经理的职业道德、职业意识、职业行为习惯、职业技能。

客户经理必须掌握的相关专业技能包括：客户经理的基本技能、展业技能、撰写分析报告的技能。

【重点概念】

客户经理　客户经理制

【复习思考题】

一、思考题

1. 如何理解客户经理与客户经理制？
2. 客户经理制具有哪些创新特点？
3. 试述西方商业银行营销观念的转变过程。
4. 客户经理的核心理念有哪些？
5. 试述客户经理的职能作用。
6. 试述客户经理的职责和权限。
7. 试述客户经理的工作内容。
8. 试述客户经理的职业素养和需要具备的基本技能。
9. 客户经理需学会撰写哪些分析报告？
10. 简述客户经理制的组织模式与架构。

二、案例分析题

案情　　客户经理的职业生涯与角色转型

镜头1：隆冬的早晨，某只基金在乌鲁木齐销售的第一天，室外零下30多度，某农村合作金融机构营业大厅却温暖如春，一队客户排在窗口前，充满好奇和期待。一位年轻的客户经理身着制服，举止文雅，亲切而专业地跟排队的客户聊天。客户也很愿意把自己的心里话告诉这位英俊儒雅的小伙子。

镜头2：九月的西安，雨不停地下着。某农村合作金融机构的一个营业网点客户不多，业务窗口的玻璃并没阻碍柜员跟客户的交流，客户存完款项又对利率不满意，拿着存折在不断询问；柜员耐心周到，笑容可掬，就像在跟朋友聊天似地介绍理财产品。后来，这位客户终于选到了自己中意的理财产品，满意而去。柜员还不忘叮嘱一句："外面下雨，小心路滑，您慢走。"

提示：随着客户经理制的实施，客户经理这一职业应运而生。作为农村合作金融机构的终端"触角"，同时又是客户了解农村合作金融机构最主要的途径，位于一线的柜员几乎就是客户对于农村合作金融机构认识的缩影。而竞争的加剧，新的金融产品的接连推出和客户需求的多样化，要求农村合作金融机构员工由简单销售金融产品转化为客户的金融顾问，变成真正意义上的金融理财服务，不仅可以在营销中获得主动，而且还会赢得客户的满意和尊重，提升农村合作金融机构的竞争能力。

分析解答问题：

(1) 农村合作金融机构柜员怎样才能实现由一般柜员向理财经理角色的转变？

(2) 农村合作金融机构客户经理怎样才能实现由一般营销向知识营销转化？

(3) 谈谈您对如何树立品牌形象，提升农村合作金融机构的核心竞争力的认识。

三、实训题

实训题一　　撰写《农村合作金融机构客户经理业务拓展报告》

[实训目的]《农村合作金融机构客户经理业务拓展报告》用于客户经理向上级汇报自己的业务进展情况，一般是取得阶段性成果之后再进行撰写。通过本案实训使学员了解《农村合作金融机构客户经理业务拓展报告》的格式，所包含的内容；掌握《农村合作金融机构客户经理业务拓展报告》写作技能与技巧。

[实训要求] 通过上网查资料或进行市场调研了解分析目标客户情况（包括客户的内外部环境），以及农村合作金融机构同业竞争环境等，从而撰写一份《农村合作金融机构客户经理业务拓展报告》。

[实训步骤]

1. 查找有关目标客户（如公司客户、机构客户、个人客户）资料，查找有关农村合作金融机构同业竞争状况资料；

2. 对所查找的资料进行归纳、整理、分析，并得出结论；

3. 按照要求的格式，书写一份《农村合作金融机构客户经理业务拓展报告》。

[操作流程]

1. 确定业务拓展目标，介绍其基本情况；

2. 分析目标客户的内外部环境；重点分析目标客户可能给农村合作金融机构带来的利益；

3. 分析本农村合作金融机构与同业竞争者的优势与劣势，以及为争取目标客户拟采取的竞争策略；

4. 拓展业务需要的支持条件；

5. 预期效果及补救措施。

实训题二 撰写《农村合作金融机构重大事项专题报告》

[实训目的]《农村合作金融机构重大事项专题报告》是客户经理为反映客户拓展过程中的重大事项而撰写的专门报告。重大事项发生后，客户经理应尽快提交书面报告。通过本案实训使学员了解《农村合作金融机构重大事项专题报告》的格式，所包含的内容；掌握《农村合作金融机构重大事项专题报告》的写作技能与技巧。

[实训要求] 首先应明确哪些事项对农村合作金融机构来说属于重大事项；其次应注意《农村合作金融机构重大事项专题报告》的实效性。上网查资料撰写一份《农村合作金融机构重大事项专题报告》。

[实训步骤]

1. 明确农村合作金融机构重大事项的概念；
2. 按照要求的格式，撰写一份《农村合作金融机构重大事项专题报告》。

[操作流程]

1. 选择某农村合作金融机构重大事项；
2. 准确描述事件、分析事件，重点查找导致事件发生的原因和责任者；
3. 提出补救措施或处理意见和建议；
4. 总结经验和教训。

实训题三 撰写《客户价值评价报告》

[实训目的]《客户价值评价报告》是客户经理在对客户的调研资料进行整理、分析的基础上撰写的，是客户经理在对客户进行调研、价值分析后的一个阶段性总结。通过实训使学员了解《客户价值评价报告》的格式，所包含的内容；掌握《客户价值评价报告》的写作技能与技巧。

[实训要求] 通过上网查资料或进行市场调研分析判断目标客户价值，撰写一份《客户价值评价报告》。

[实训步骤]

1. 查找有关目标客户（如公司客户、机构客户、个人客户）资料；
2. 分析判断目标客户价值，以及农村合作金融机构与客户的合作潜力；
3. 按照要求的格式，撰写一份《客户价值评价报告》。

[操作流程]

1. 搜索对农村合作金融机构有价值的目标客户，介绍其基本情况；
2. 分析判断目标客户价值，以及合作前景，可能给农村合作金融机构带来的利益；
3. 分析本农村合作金融机构与同业竞争者的优势与劣势，以及为争取目标客户拟采取的营销策略；
4. 争取目标客户需要的支持条件，以及与之建立合作关系的总体构想；
5. 预期效果展望。

实训题四　撰写《农村合作金融机构客户经理工作总结》

［实训目的］工作总结主要是总结过去一个阶段工作所取得的成绩与存在的不足，希望得到相关领导和部门支持以及今后的工作计划和安排。通过实训使学员了解《农村合作金融机构客户经理工作总结》的格式，所包含的内容；掌握《农村合作金融机构客户经理工作总结》的写作技能和技巧。

［实训要求］通过走访农村合作金融机构客户经理，了解其工作情况，从而撰写一份《农村合作金融机构客户经理工作总结》。

［实训步骤］

1. 客户经理根据自己的工作实际，列出工作总结提纲；
2. 按照要求的格式，撰写一份《农村合作金融机构客户经理工作总结》。

［操作流程］

1. 农村合作金融机构客户经理，要对平时工作情况作详细记录；
2. 根据所掌握的素材，总结经验，查找问题，提出改进措施，明确努力方向。

实训题五　撰写《行业分析报告》

［实训目的］《行业分析报告》是客户经理从事客户培育的基础性工作，也是客户经理需要掌握的一项基本技能。通过实训使学员了解《行业分析报告》的格式，所包含的内容；掌握《行业分析报告》的写作技能和技巧。

［实训要求］通过上网查找资料或进行市场调研了解分析某一目标行业总体情况及发展情景，提出选择与否的意见和建议，撰写一份《某行业分析报告》。

［实训步骤］

1. 查找有关目标行业资料；
2. 对资料进行分析、归纳、整理，并得出结论；
3. 按照要求的格式，书写一份《某行业分析报告》。

［操作流程］

1. 确定目标行业，查找有关目标行业资料；
2. 分析目标行业的历史、现状和未来发展前景；
3. 分析目标行业的内外部环境、优势与劣势、分析判断目标行业对农村合作金融机构的利润贡献大小；
4. 拓展目标行业某些目标客户需要的支持条件；
5. 预期效果测算与展望。

【参考文献】

［1］杨小珍：《商业银行客户经理教程》，北京，高等教育出版社，2008。
［2］满玉华、赵书海：《商业银行客户经理》，北京，中国人民大学出版社，2009。
［3］刘旭东：《商业银行客户经理》，北京，中国金融出版社，2006。

[4] 郑向居:《银行个人客户经理必读》, 长春, 吉林大学出版社, 2007。
[5] 李春满:《银行公司客户经理必读》, 长春, 吉林大学出版社, 2007。
[6] 秦永顺:《银行机构客户经理必读》, 长春, 吉林大学出版社, 2007。

第二章　市场战略计划与市场定位

【本章概要】

通过对银行市场战略的介绍，明确战略计划对于银行未来发展目标和实现目标的工作步骤安排的指导性作用。掌握市场调研与预测的方法，按照市场细分的标准对银行面对的市场进行细分，从而确定本行的目标市场，进行市场定位，使银行能够树立在客户心中的形象。

【要点提示】

1. 银行的市场战略计划的含义、特点和制定步骤；
2. 银行战略计划的分类；
3. 银行客户经理市场调研的含义和方法，市场预测的含义和程序；
4. 银行市场细分与市场定位。

【本章架构图】

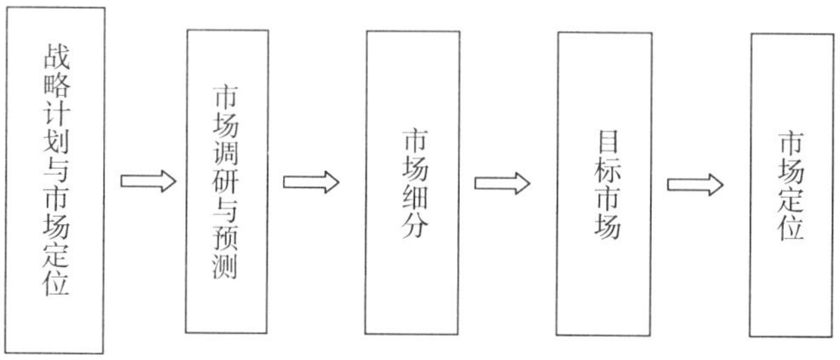

【章前引例及分析】

深圳发展银行的市场细分

2000 年 9 月，有客户找到深圳发展银行某分行申请授信融资。这家公司以经营有色金属原材料为主，是该地区铝型材生产厂家的重要供货商。由于是贸易企业，尽管每年销售额很大，利润情况也很好，但自身负债比例较高，也没有不动产向银行抵押，一时又难以找到符合银行要求的企业担保。一般情况下，大多数银行会拒绝企业的融资要求。这时，深圳发展银行意识到：可否用客户手中的铝锭做银行贷款的抵押品呢？

面对市场需求，经该行分析后，决定延伸原有业务流程，将其扩展至铝锭仓储、运输以及授信客户上下游业务合作伙伴等整个业务链，通过借款人自有动产（铝锭）质押方式向其融资。

这项业务的成功，使深发人对有类似需求的潜在客户进行了广泛的深入调研。结果，一个新的细分市场展现在深发人面前：企业参与物流交易频繁，是商品流通中的一个环节；企业流动资金相对紧张、规模不大、财务报表有虚假成分或相对较差；企业货物价值波动较小、存储稳定且相对可控。孤立地审核这些企业，它们均无法满足银行正常的放贷要求，但这些企业的销售收入均为其自有或采购物资在向其下游企业销售过程中实现。

深发行意识到，企业物资和资金的双向流通是银企合作的有效切入点。于是，在将融资企业上下游业务伙伴一并纳入银行信贷业务流程，以企业法人自有动产或货权为质押，以贷款、承兑、商票保贴、国际贸易融资等多种融资形式发放，用于满足企业物流或生产领域配套流动资金需求的“动产及货权质押授信融资业务”应运而生。

分析：从上面的案例我们可以看出，面对激烈的竞争形势，该行通过深入的市场调研，发现了新的细分市场，集中力量为之服务，可以获得强有力的市场地位和良好的声誉。

第一节 市场战略计划

战略计划是银行根据外部市场营销环境和内部资源条件而制定的涉及管理各方面的带有全局性的重大计划，是为实现组织的长期目标而制定的有广泛意义的计划，通常表现为三年或五年以上的发展规划。**银行的市场战略计划主要包括市场导向战略计划、银行业务战略计划和金融产品战略计划。**

一、市场战略计划的概念和特点

（一）市场战略计划的概念

市场战略计划是银行在现实的、不断发展变化的经济环境中，为了实现自己的经营目标，在组织的目标、技能、资源和它的各种变化市场机会之间建立与保持一种可行的适应性管理过程。银行的战略，一般可理解为，作为特殊企业的银行为在竞争与风险中谋求长期稳定发展，深入分析自身资源与外部环境，自主确立和实现银行的总体目标而作出的根本谋划和策略。现代银行的战略计划一般由银行总行来制订。

（二）市场战略计划的特点

市场战略计划具有全局性、长远性、阶段性、稳定性、抗争性、风险性、社会性、条件性等特点。

1. 全局性。即战略应以银行全局为研究对象，突出银行整体功能，按银行总体发展需要规定银行总体行动，从全局去实现对局部的指导，通过使局部获得最优结果，来实现全局总目标，发挥战略的整体优化效应。

2. 长远性。战略均非短期行为，一般事关 3 年以上的安排，要面向未来，对银行的生存、发展进行通盘筹划。

3. 阶段性。战略的阶段性是指：第一，银行目标有总目标，又有阶段性目标；第二，实现目标的计划按时间阶段编制；第三，实现目标、完成任务的措施，在操作上分为不同阶段，有序地、衔接地进行；第四，战略实施的监控与修订，与上述阶段相适应。

4. 稳定性。战略一旦确定，不能朝令夕改，朝三暮四，在一定时期内保持战略的稳定性、连续性。但这是相对的，即遇到特定情况，战略可做适度修订，具有灵活性、应变性。一般情况下，以稳定性为主，应变性为辅。只有遇到非常特殊的情况，才可果断改变战略。

5. 抗争性。银行就是在激烈竞争中求生存求发展的。其战略均须从全局上、长远上，力争发挥优势，成为胜者，这必然与竞争对手在战略态势上形成对抗，则策略得当者胜。

6. 风险性。战略依据的来源外部环境与市场状况都有较大的不可控性、难预测性，即风险性。因此，战略实施过程亦必然有风险，风险与机会并存，靠决策者运筹决胜。

7. 社会性。银行是社会大系统的一个组成部分，既要与国家的总体利益和社会的共同利益一致，又要体现管理者与员工的利益，更要保证股东的利益和银行的发展。显然，银行的战略必须与国家社会发展总战略一致，又符合或容纳人们的个人目标，银行才会发展。

8. 条件性。战略的制定、实施都必须具有相应的资源作为保证条件，否则难以成功。

【经典案例 2－1】

花旗银行的全球营销战略

美国花旗银行距今已有 190 年历史，可谓是华尔街上最古老的商业银行之一，在成立之初，它的注册资本为 200 万美元，实收资本仅 80 万美元。如今已发展成为世界上最大的全能金融集团——花旗集团。

纵观花旗银行的发展历程，其超前的全球化营销战略是花旗领先于其他银行的一个重要因素，花旗在世界各地广设分支机构，建立起了庞大的金融营销网络，这一网络被认为是花旗在国际金融界唯一拥有的真正具有竞争力的优势所在。

花旗银行海外银行业务的出现最早可以追溯到 1897 年。20 世纪 60 年代以来，花旗的海外贷款、存款和利润增长率指标等均超过其国内业务。此后，经过体制再造改革后，到 1984 年花旗银行的海外分行已增加到 231 家。

花旗银行市场战略的另一个特点是，即使所在国家出现了经济衰退甚至是经济危机，也绝不轻易撤出，而是从危机中努力寻找商机。例如，在发生金融危机的印度尼西亚，当许多外资银行纷纷撤离的时候，花旗银行却反其道而行之，追加投资开设新的分支机构，结果自身不但未受损失，业务量和利润都有了大幅的提高，同时还赢得了当地政府和民众的信任。

花旗银行的市场开发战略还针对不同国家发展阶段的不同而有所区别。如对越南这样的不发达市场地区，主要业务方向是为美国跨国公司和当地企业提供现金管理、短期融资和外汇交易服务（在越南，每一家企业都必须在两个不同的银行分别设立本币账户和美元账户）。对于印度等国家，则还开办银团贷款、项目融资以及债券和零售业务；而在经济发展迅速的国家如马来西亚、新加坡，则提供更为复杂的证券业务、金融衍生品等项目的服务。至于像日本这样的处于成熟阶段的国家，花旗银行提供的服务就更全面了，举凡金融、信托、证券、租赁、期货，几乎无所不有。

（资料来源：http：//www. chinabanker. com. cn/，2006－07－29）

二、市场战略计划的分类

（一）市场导向战略计划

市场导向的战略计划是银行在现实的、不断发展变化的经济环境中，为了实现自己的经营目标，在组织的目标、技能、资源和它的各种变化市场机会之间建立与保持一种可行的适应性管理过程。银行的市场导向战略计划是银行发展战略计划的一个重要组成部分，包括总行战略计划和分支行战略计划。

银行在制订市场导向战略计划时，一是应当考虑盈利能力和对资本充足率的要求；二是以客户为中心的新服务；三是银行应当不断开发、保持具有盈利能力的产品能力的产品和服务；四是技术改进的目标和时间安排。

银行制订市场导向战略计划的基本步骤包括：

第一，对银行经营的形势进行分析；

第二，起草银行展望和任务；

第三，确定银行的工作目的与目标；

第四，确定为实现目的和目标的战略规划；

第五，确定实施各种规划的行动和步骤；

第六，确定各类规划完成的最后期限；

第七，监督、评估和修改规划的内容。

（二）银行业务战略计划

银行机构业务战略计划包括银行个人客户业务战略计划、银行公司客户业务战略和银行机构客户业务战略。

1. 银行个人客户业务战略计划。大多数国外商业银行已将个人客户业务（个人银行业务）作为稳定收入、降低经营风险的重要战略性业务，并在个人银行业务的经营策略、产品创新、市场营销、资源配置等方面拥有丰富的经验。我国商业银行也在大力发展个人银行业务，但从总体上看，国内个人银行业务市场仍处于发展的初期阶段。

银行个人客户业务战略计划的目标，主要是以个人理财为主线，以客户为中心，坚持精品战略，加强创新，联动营销，锻造素质，全面深化服务，提升经营能力，建设个人精品银行。银行个人客户业务战略计划的主要任务是打造精良产品，发展高端客户，锻造精锐队伍，提供精湛服务，建设精品网点。

银行制订个人客户业务的战略计划应当遵循的原则：一是研究个人客户业务的运行规律和特点，转变经营战略；二是拓展业务范围，提高服务质量；三是积极采用高新技术，加快网络化业务的进程；四是采取适当的手段和策略，加强营销管理。

银行通常把个人客户划分为普通个人客户和私人 VIP 客户两类，针对不同的客户类型，制订不同的战略计划。**其战略计划内容具体包括：服务定位、营销方式、需求分析、服务方式。**

2. 银行公司客户业务战略计划。银行公司客户业务战略计划的制订取决于银行公司客户的基本理念，银行针对公司客户业务的战略计划的基本理念包括：

（1）和谐金融。银行要善用金融，实现包括股东价值最大化和履行社会责任在内的价值；公司客户也要善用金融，为自己的发展服务。银行和公司客户各取所需，在各自的生存和发展中都能受益于金融产品和金融服务，实现银企双方的和谐发展。

（2）合作双赢。善用金融，需要作为金融服务需求方的企业和供给方的银行建立长久的合作关系，共享金融发展的外部经济效应（外部性），从而促进双方的进步和社会经济的整体进步，并以此实现银企双赢。

（3）社会责任。公司客户和银行在运用金融实现双方价值最大化发展目标的同时，需要切实履行好共同承担的各种社会责任，需要做到合法经营，诚实守信，不能滥用金融达到非法目的。在分享良好的经济金融环境的同时，双方均需要为社会经济环境特别是金融信用环境的进一步改善和发展作出应有的贡献。

（4）科学发展。实现价值最大化是银企双方的共同终极目标，同时，双方在实现最终目标的方式方法方面，应运用科学发展观，以追求持续发展、稳健经营。

银行制订的公司客户业务战略计划应当遵循的原则：一是实行差异化服务，牢牢抓住现有优质客户；二是关注新兴行业和新型企业，不断挖掘新的优质客户；三是满足优质客户金融需求，构建新型银企关系；四是改革银行内部管理体制，适应优质客户需求。

银行的公司客户按照业务规模的大小分为普通公司客户和战略客户，并针对不同的客户类型，制订不同的战略计划。

3. 银行机构客户业务战略计划。银行机关团体类客户主要包括财政、税务、社保、公安、检察院、法院、海关、人民团体等，大部分属于政府机构，经费来源为各级财政。机关团体类客户总数不多，但掌握着庞大的社会资源和金融资源，属于能给银行带来较大收益的高端客户。

随着我国财政国库管理体制改革的深化，机关团体类客户的金融需求已不限于传统的存、贷、汇业务，这对银行的服务提出了更高的要求。银行在对机关团体类客户的服务上，除开展传统的存、贷、汇业务外，还要注重拓展新的服务领域，协助政府部门归集资金，实施收支两条线管理模式，购买、包销、代理发行政府债券并为其债务提供担保，提供现金管理、偿债安排和动产、不动产理财，提供在线网上服务等。

随着我国金融体制改革的不断深化，市场准入限制的放宽，创新金融工具的引进，代理制度的推行，加之金融机构客户融资和服务需求的多元化，银行迫切需要推出反映未来机构业务发展的目标、任务和发展规划的机构客户业务战略计划。

制订机构客户业务战略计划的基本原则为：一是积极开发创新产品，满足机构客户不断发展的融资和服务需求。如“银财通”系统（代理财政资金支付与清算系统）的开发等；二是积极采用先进技术，提供网络化的服务平台；三是探索对机构客户的金融服务多元化和全能化发展的道路，实现银行“一站式”的金融服务模式；四是通过加大营销力度和提高服务质量，使机构客户种类更加齐全，结构更为合理，实现与客户互动、资源共享和优势互补。

（三）银行金融产品和金融服务战略计划

金融产品战略计划主要确定银行应该发展哪些新产品和改进、淘汰哪些老产品。具体包括两个步骤：一是产品的选择，即在现有的老产品中，确定哪些应该放弃、哪些应该维持、哪些应该渗透发展；是否应该开发新产品，开发哪些类型的新产品。二是产品开发规划，即如何发展产品的战略计划。

银行产品战略计划要求其提供的金融产品要在满足消费者最基本利益的基础上，努力创新，尽力满足目标市场客户的特定需求，提供尽可能多的附加利益和服务，提高产品的竞争力，从而树立银行的知名品牌。

金融产品战略计划包含了产品差异战略、产品选择战略、产品发展战略和产品创新战略四项主要内容。

1. 产品差异战略。差异化银行产品是指某家银行独自提供的、在产品功能、操作便利性上优于其他银行，与大众化有所不同的银行产品。

银行产品的差异化主要通过以下方法实现：首先，通过广告宣传和美化装潢，突出本产品的特点。由于银行产品具有很大的同质性，虽然存在差异，但是差异很小，因此，通过改善某些产品的包装和提高对其的宣传力度，可能会带来客户使用量的大幅增加。其次，转变销售方式和加强售后服务。如对使用银行产品的客户进行追踪服务，对其中个别方面根据客户需要加以完善，从而形成差异产品。最后，增加产品的附加价值和特殊规格，以区别于其他银行的不同产品。

2. 产品选择战略。产品选择主要是指通过对银行所有的产品进行评估，确定哪些产品有希望盈利、哪些不赚钱乃至赔本，然后对老产品进行整顿，包括老产品的改进和保留、老产品的淘汰和现有产品的组合。首先，对于客户已经广泛接受的、处于成熟期的老产品，虽然市场处于鼎盛时期，但销售增长率减缓，而为应对竞争对手的营销费用却在增加，销售利润稳定或在下降。对于该类产品，银行应当采取保留与改进战略，具体方法是：改进产品，即以自己产品的使用功能和使用范围来吸引更多的客户；改进市场，即银行千方百计寻找新客户或使现有的客户更多地使用本银行的产品，维持和提高市场占有率，并抢占新的市场；改进服务，即尽量加强产品服务，提高产品的服务质量。其次，由于种种原因，当某种产品不能为银行带来利润，继续维持下去就会成为银行沉重的负担，并影响银行的信誉时，应当予以淘汰。淘汰的策略包括立即放弃、逐步放弃、自然淘汰三种。最后，任何银行都拥有很多种产品，而且这些产品具有不同的市场吸引力和利润率等。银行应该善于调整产品结构，寻求较好的产品组合，尽可能地提高银行的收益率。调整产品结构主要是指银行在新老产品之间、新产品之间和老产品之间保持一种合理的平衡，以实现增加收益、分散经营风险的目的。

3. 产品发展战略。产品发展战略是产品选择战略的继续，主要解决在确定银行提供的产品种类后，如何发展这些产品。

4. 产品创新战略。银行只有依靠不断的产品创新，才能在竞争中占据竞争优势，立于不败之地。银行创新产品的目标就是在保证安全性和流通性的前提下，提高银行的收益水平，最终形成本行区别于他行的竞争优势。新产品被开发出来后，还应该进行产品的标准化过程，然后采取适当的方法向市场推介。作为银行的一员，客户经理应该站在创新的前沿，积极参与产品创新。

金融服务战略计划是金融服务业务在未来一段时期的发展目标和发展规划，主要解决金融服务业务发展的方向、发展的计划、发展的具体安排等问题。

金融服务战略计划的主要内容包括：一是为发展金融服务需要提供良好的制度支持；二是加快电子化建设，建立金融信息网络系统；三是加快金融服务创新和开发；四是树立现代营销意识，做好品牌战略；五是加强人力资源建设和技术支持。

银行制订金融服务战略计划的基本原则包括：

（1）积极创新，完善服务方式，丰富服务品种，提供多样化的金融服务；

（2）切实提高金融服务业务的服务质量和服务效率；

（3）健全金融服务业务的管理机构，注重整体推进、重点突破；

（4）着重树立银行的品牌形象；

（5）加强金融服务业务队伍的建设、培训和管理；

（6）充分发挥银行的优势，开拓既能满足客户需要又具有特色的金融服务业务品种；

（7）严格金融服务业务的风险管理，保证其安全、高效运行。

金融服务战略计划应当重视四个关键的基础性问题：一是准确体察目标市场中客户的金融需求，把客户的合理要求当做金融服务业务努力的方向；二是健全服务功能，提高办事效率，重点在于普及电子化，提高服务的科技含量；三是规范服务程序，对不同部门的员工分别制定分类的规范服务手册，实行承诺服务，接受外界监督；四是创新服务方式，如可结合实际开办汽车银行、夜市银行，推行客户经理制，实行“贴身服务”，可推行大堂经理制，设大户室，对“黄金客户”提供一条龙服务等。

【相关链接 2－1】

中国工商银行机构客户战略计划

中国工商银行在经营中始终本着以客户为中心的经营理念，凭借其雄厚的资金实力和良好的行业信誉，为客户业务的发展提供了强有力的资金支持和优质的综合化金融服务。中国工商银行在与机构客户的合作领域取得了长足的进展，积累了丰富的经验，在结算业务、存款业务、融资业务、共享客户资源、网络资源、信息资源等方面始终位于市场前列，为各行业的机构客户提供了优质、高效的服务，受到广大客户的一致好评。中国工商银行始终按照优势互补、互惠互利、资源共享、共同发展的原则，与各行业机构客户开展全方位的业务合作，共同促进中国市场经济的繁荣发展。中国工商银行积极创新服务，推出“集中式银证通”、“银关通”、“银财通”等新品牌业务，在为各行业的机构客户提供优质、高效服务的同时不断增强自身竞争实力，有效提高全行经营效益。

（资料来源：http：//www. cec－ceda. org. cn）

三、市场战略计划的制订步骤

制订战略计划是一个科学性和技术性要求很高的工作，必须遵循科学的工作流程和步骤进行。战略计划制订的步骤如下：

第一，提出战略指导思想和方针。主要是根据银行的特点和外部环境条件、经济发展趋势提出银行的战略理念、宗旨、经营方针和行为规范。

第二，分析外部环境。对银行所处的外部环境条件进行定性和定量分析，找出银行发展的机会和面临的外部威胁。

第三，分析主要竞争对手。分析主要竞争对手的实力状况和实行的竞争策略，预测主要竞争对手对本行实行的新战略可能会采取的应对策略。

第四，自我评估。对银行自身情况进行分析和评估，找出自己的优势和劣势。

第五，确定战略总目标。在对外部分析和自我评估的基础上，将外部的机会与银行的优势相结合，以确定银行应该“做什么和怎么做”，进而制定银行发展的总目标。

第六，分析阶段目标。将总目标分解成若干个子目标，考察子目标的完成是否能够支持和保证总目标的完成，使总目标与子目标形成一个严密完整的目标系统。

第七，明确战略阶段和战略重点。确定银行总目标实现的期限，将其划分成若干个时间阶段，并将子目标分布到适当的时间段上。审视整个子目标完成的流程，确定战略实施的重点环节。在处理战略阶段计划与战略总规划之间的关系时，要注意银行的年度计划与战略规划的衔接关系，不能使二者发生脱节。

第八，制定相关政策。为了完成战略目标，必须制定相关的政策，这些政策包括：投融资政策、人力资源政策、技术开发政策、营销政策、财务政策等。

第九，提出战略对策和行动计划。制订为实现战略目标而要采取的具体经营策略和具体行动计划，这些策略和计划必须具有很强的可操作性，不是创意而是具体的行动方法。

第十，提出资源配置计划。对战略规划的实施进行资源配置，其中包括：组织资源配置，要根据战略规划的要求对组织结构进行调整或重新进行设计；人力资源配置，为战略计划的实施配置合适的管理者和员工；财力资源配置，为实施战略规划准备好充分的资金支持；技术资源配置，为实现战略目标提供技术支持。

第十一，提出应变计划。对战略规划的实施进行风险评估，制订危机管理计划，预测可能发生的变故并制订出相应的应变计划。

第十二，提出财务预算。为实施战略规划提出财务预算，不仅要制订总规划的预算，还要制订出阶段性计划的预算。

上述十二个步骤不仅是制订战略的具体流程和步骤，同时也是一个具体战略方案的内容结构。

四、市场战略转型与创新

（一）银行的战略转型

银行战略转型是指为适应外部经营环境的变化，银行对发展战略进行不断调整，以保持可持续的价值创造能力。

我国银行的战略转型就是主动地转变我们的经营方式和增长方式，面对利率市场化和金融脱媒化带来的传统存贷市场，面对国内国际竞争加剧的压力，我国银行唯有主动实施经营模式、增长方式和金融结构的战略转型，才能够从容应对复杂的形势。这种主动的战略转型包括积极发展综合经营，全面调整资产结构、业务结构、负债结构、收益结构、客户结构、营销渠道结构以及员工的知识与技能结构。通过结构调整，使经营结构转变为传统存贷款业务与投资性、交易性和收费性业务并重，信贷资产和非信贷资产并重，贷款利差和非信贷并重的多元化结构，实现经营模式由规模扩张为主向质量效益为主的转变，从而实现我国银行的增长方式由主要依赖传统存贷款业务向多元化、综合化业务转变，最终把我国银行建设成为具有较强国际竞争力和创新竞争能力的现代金融企业。

我国银行战略转型的步骤分为过渡期和全面转型期两步。

第一步，过渡期。银行过渡期的主要任务是：进行网点改造试验；提升资本充足率；建立新业务试点特区；谋求银行区域性扩张；创建金融服务品牌试点；提升传统银行业务的业绩；金融事业部制的全面组织变革；关键业务及风险控制流程再造。

第二步，全面转型期。实施银行的全面战略转型，构筑市场品牌，树立竞争优势，全面提升业绩，从而全面达到战略转型的目标。

（二）银行的市场战略创新

银行的市场战略创新主要包括：

1. 战略模式革新。突破传统战略思考方法的束缚，积极尝试新的战略研究方法，设计出风格独特、与竞争对手迥异、令其难以模仿的战略模式。

2. 寻求竞争中的联盟。制定战略旨在取得竞争优势，但战略不能囿于竞争。单个企业的能力是有限的，利用竞争对手间的利益相关性和优势互补性，实现双方资源整合，结成战略联盟，形成新的竞争力量。

3. 战略模式重组。在新的环境中重新研究前人战略模式的合理性，扬弃这些战略模式，引入新思维，并对战略模式进行重组，精心设计自己独特的战略群，发挥旧有战略模式的综合效应。

以组织创新和决策创新带动战略创新。战略创新活动涉及的决策大多属于非程序化决策，非程序化决策的基础是知识和信息，而知识和信息是离散化的单元，散布在组织及组织以外，因此，组织创新和决策创新必将带动战略创新。

【相关链接2－2】

北京银行的发展战略

北京银行以完善的公司治理为基础，以稳健的风险控制为核心，以灵活的体制机制为动力，加快推进品牌化经营、区域化布局、综合化发展战略，全面提升核心竞争力，实现优异的股东回报。

具体而言，北京银行将抢占高端市场和高端客户，强化业务特色和服务管理，着力塑造社区商业银行、中小企业融资服务等特色品牌；加快推进在环渤海经济区域和珠三角经济区域的市场布局，尽快完成全国网点布局；积极拓展投资商业银行业务等新型业务，加快进入保险基金、金融租赁等新的业务领域。

（资料来源：http：//www. stockstar. com/，2007－09－06）

第二节　市场定位

一、市场调研与预测

（一）市场调研

市场调研是指银行利用多种方式收集与银行营销活动有关的各种信息，并运用科学的方法进行整理分析，以便选择目标市场，制定更适合本行的市场发展战略。

1. 市场调研的内容。市场调研的内容十分广泛，各种直接或间接影响银行营销活动的信息都应当列入调研的范围，包括：宏观环境的调查、客户需求层次的调查、对市场供求状况的调查等。

（1）宏观环境的调查。宏观环境指影响银行活动的一系列巨大的社会力量和因素，主要是人口、经济、政治法律、科学技术、社会文化及自然生态等因素。为了使银行活动能够顺利进行，就要了解宏观环境的各种相关因素，分析它们对银行的影响，避免银行制订的计划与市场的实际环境相抵触。宏观环境调查主要包括：国家法律和政策的调查；经济周期的调查，因为经济繁荣对银行产品和服务的需求就会旺盛，经济衰退对银行产品和服务的需求就会萎缩；社会与文化的调查，因为人们的生活传统、消费习惯、消费方式即消费结构的差异会对银行的营销活动产生较大的影响，对于一个节俭的客户群体，银行的营销就应当侧重于储蓄产品的开发，而对于消费倾向较高的群体，银行则应当积极开拓消费信贷产品，对于投资意识浓厚的客户群体，银行则应当开发理财产品等。

（2）客户需求层次的调查。调查的主要内容包括：一是对人口数量和构成的调查。人口数量通常决定了市场需求的规模，人口数量越大，市场的规模就越大。此外，还要考虑流动人口的因素影响。人口的构成主要包括年龄构成、职业构成、性别构成、民族构成等，不同的人口构成会有不同的消费需求。二是对客户行为的调查。客户的行为由于受需求动机、文化程度、宗教信仰、收入状况与生活方式等因素的影响，其行为具有可诱导性，并且种类多种多样。银行应对客户的消费动机、购买方式、购买习惯等进行全面的分析，了解各种因素改变对客户消费行为的影响，从而制订适当的市场营销计划，通过市场营销活动影响人们的购买行为。

（3）对市场供求状况的调查。调查的主要内容包括：第一，对本行营销活动的调查，即通过对本行现有的营销活动进行全面的调查，及时发现营销过程中存在的问题，采取有针对性的措施予以调整，具体内容包括：产品调查、销售渠道调查、促销活动调查与销售服务调查等。第二，对竞争对手的调查。为了在竞争中占据优势地位，银行必须做到知己知彼，对竞争对手的状况进行详细的调查分析，研究其优缺点，并针对本行的情况，制订反映本行特色的计划，在竞争中获得比较优势。调查的内容包括：竞争对手的数量、机构设置、在市场中所占的份额、经营规模与能力、主要客户与销售渠道、营销活动的特点以及新产品开发的信息、成本、质量、价格等。

2. 市场调研的方法。**银行市场调研的方法通常包括面谈法、电话调查法、问卷调查法、现场调查法、试验调查法。**

（1）面谈法。面谈法是与潜在客户进行面对面的交流，了解客户的具体情况。该方法灵活自由，有利于双方全面沟通，是获取第一手资料的主要方法。但该方法对客户经理的素质、谈话技巧要求较高，费用也较大。

（2）电话调查法。电话调查法是事先选择一些对象，利用电话交流的方式获取客户的信息。这种方法速度快、时间省、费用低，但由于谈话时间不能太长，所以获得的信息量有限。

（3）问卷调查法。问卷调查法是指事先设计好调查表或问卷，面交或邮寄给潜在客户，要求对方当面填好或填好后寄回。该方法的调查范围较广，调查对象有充裕的时间回答问题，成本低、答案客观，但该方法的使用取决于客户的答题意愿，所以具有可控性差、回收时间长、回收率低的缺点。

（4）现场调查法。现场调查法是到各个现场进行观察和记录，从而获得有关信息。客户经理可以通过目睹、照相、录音、录像等方式观察和记录现场，并对客户进行有关活动所留下的痕迹进行分析。该方法收集的资料更客观、更真实，但缺点是只能反映一些事实的表象、受时间和空间的限制，且成本较高。

（5）试验调查法。试验调查法是指假定在其他条件不变的前提下，在小范围的客户群体中观察对新产品或新服务项目的反应，取得这种影响的定性和定量数据，然后进行分析研究，从而作出是否扩大和推广的决策。通常的方法是将客户集中于某一场所进行观察；或将他们置于目标市场进行观察；或用计算机来模拟市场。然后对不同环境下变量的输出结果进行分析。该方法的优点是科学、准确，缺点是花费时间较长、调查成本较高。

3. 市场调研的作用。市场调研的作用体现在：一是为经营管理决策提供信息；二是帮助银行开拓市场、开发新产品；三是帮助银行提高市场竞争力；四是充实和完善银行营销信息系统；五是促使银行改善经营管理、提高经济效益。

（二）市场预测

1. 市场预测的概念。**市场预测就是以市场调研所获得的信息资料为基础，运用科学的方法和手段对事物未来的演变规律和发展趋势进行预测和推断。**

按市场预测的方法和性质，市场预测可以分为：

（1）定性预测，即凭人们的直觉和经验对市场的未来发展前景作出估计。在定性预测方面较多采用的方法有专家会议法、专家调查法和营销人员估计法。

（2）定量预测，即利用统计方法和数学模型对未来所进行的预测。在定量预测方面较多采用的方法是时间序列预测法、量本利分析、寿命周期分析预测法、因果关系预测法和决策理论及方法。

2. 市场预测的作用。市场预测的作用体现在：一是有利于准确了解消费者需求的满足程度和变化趋势，维护消费者利益，提高消费者对金融产品和服务的满意度。二是有利于发挥市场机制的作用，推进市场化改革。三是有利于银行进行正确的决策，改善经营管理，提高经营效益，增强银行竞争力。四是有利于为客户经理个人在品牌培育、客户指导、销售促进等方面提供有效的依据，使得其在营销执行和客户服务方面做得更好，提高零售客户满意度。

3. 市场预测应遵循的原则。市场预测应遵循连贯性原则、因果性原则、类推性原则。

（1）连贯性原则。连贯性是指经济对象的发展按一定的规律作合乎逻辑的连续运动，连贯性原则表明市场预测一定要在历史与现实的信息联系中找出其固有的规律才能推断未来。

（2）因果性原则。客观事物之间存在着一种普遍的联系，即因果关系。因果关系具有时间上的相继性，作为原因的某一现象发生，作为结果的另一现象必然出现，原因在前，结果在后。因此，不同的客观对象之间只要存在因果关系，便可从已知的原因推断出未知的结果，这就是因果性原则。

（3）类推性原则。类推性原则是指预测对象同参照对象之间若存在某些相同或相似的结构和发展模式，则可推断预测对象的未来发展还存在着另一些同参照对象相同或相似的结构和发展模式。客户经理具体进行市场预测时，还应遵循以下具体原则：普遍预测与重点预测相统一原则；总量预测与单品预测相统一原则；幅度预测与精细预测相统一原则；增量预测与减量预测相统一原则；静态预测与动态预测相统一原则。

4. 市场预测的基本类型。依据经营管理要求，市场预测可分为产品层次预测、空间层次预测、时间层次预测和客户预测四个层次。产品层次预测是指单项产品预测、同类产品预测和分消费对象的产品预测；空间层次预测是指全国性市场预测、地区性市场预测、当地市场预测和市场占有率预测；时间层次预测是指短期预测（3个月以内）、近期预测（1年以内）、中期预测（1年至5年）和长期预测（5年以上）。客户预测是指客户的忠诚度预测、客户的差异化预测和新客户开发预测。

5. 市场预测的基本要求和程序。

（1）市场预测的基本要求包括：客观性，即不凭个人感情和主观愿望去预测，要如实说明预测结果；全面性，即要全面认识和了解市场，要面对整个市场进行预测；综合性，即善于综合分析和思考，要定性与定量相结合；及时性，即提供的信息应当快速、及时，具有时效性；经济性，即考虑预测带来的收益与费用的比例关系。

（2）市场预测的基本程序为确定预测目标、拟定预测计划；收集和分析信息资料；选择预测方法、建立预测模型；确定预测结果、进行分析评价；写出预测结果报告。

二、市场细分与市场定位

（一）银行市场细分

1. 银行细分的概念和分类。**银行市场细分是指银行依据客户需求的差异性和类似性，把整个市场划分为若干个客户群，区分为若干个子市场。银行市场细分的理论依据是客户需求的差异性和相似性。**银行市场细分是银行市场定位的基础。

银行市场细分可按不同标准进行，如按客户性质标准，客户可分为个人客户、公司客户和机构客户；按地域因素，客户可分为本地客户和异地客户；按客户对银行的忠诚程度，客户可分为忠诚型、不坚定型、变化型和游离型；按行为因素，客户可分为追求利益型和规避风险型等。通过对营销市场细分，了解市场规模、位置和未来发展趋势，可为银行选择目标市场找出依据。

客户需求的变化呼唤着银行市场营销思路与营销方式的转变。显然，按照具有同质需要的客户群体细分市场，并据此选定目标市场、制定营销组合的传统方式，已经无法适应消费者个体相异的需要。只有在现有细分市场的基础上进行再细分，直至细分至服务对象个体，并为其专门定制金融产品和服务，才能真正满足每个客户的个性化需求。

2. 银行市场细分的作用。银行市场细分的作用主要体现在以下三方面：

（1）有利于发现新的市场机会，形成新的目标市场。客户需求是多样化的，但是银行存在资源、能力的限制，以及出于对经营效率的考虑，不可能满足整个金融市场的所有需求。所以通过市场细分，银行可以选择自己的市场定位，做到“有所为，有所不为”。

（2）有利于发挥银行自身的优势，提高经济效率。通过市场细分，银行在选定的市场上，集中投入自己有限的人力、物力和财力，实现资源的优化配置，发挥比较优势，提高经济效率和竞争能力。

（3）有利于制定科学的经营战略。科学的经营战略来源于银行对市场的调查研究、对客户需求心理状态的客观分析。客户需求心理是银行提供什么样的产品和服务的根本前提，是银行业务经营管理的基础，也是银行制定科学的经营战略的重要依据。

（二）银行市场定位

1. 银行市场定位的概念和意义。**银行市场定位是指银行通过对具体目标市场分析，决定向客户提供何种价值（金融产品或服务）的行为过程。目的是让客户（相对于竞争对手而言）能更加了解和喜欢银行所代表的内涵，在客户心目中留下别具一格的深刻印象。**

恰当的市场定位不仅能使银行或银行产品被更多的客户认同和接受，还可以使其能充分利用自身的优势和资源，进攻对手的弱点和缺陷，使银行在市场中具有持久的竞争优势。**银行定位包括产品定位和企业形象定位。**

（1）产品定位。产品定位是使产品在未来潜在顾客心目中占有的位置。具体地说，就是要在目标顾客的心目中为产品创造一定的特色，赋予一定的形象，以适应顾客一定的需要和偏好。美国高科技产业公共关系的先驱麦金纳提出了以下四条赢得强有力的产品定位的建议：首先，要了解市场趋势与动态，由市场来为许许多多的产品定位；其次，把产品定位建立在品质或技术领导地位等“软性”的因素上；再次，应该针对特定的顾客层次设定产品，不必尝试讨好所有的顾客，产品或许只销售给一个特定的客户群，或许只能运用到一个特定的用途上，不论选择的利益基础是什么，应该针对这一群选定的目标顾客，提供比别人更好的服务；最后，必须有勇于实验的意愿，对于新型产品而言，没有人能事先确知最好的定位，银行应该试验新产品，并密切注意市场的反应，如果顾客的需求发生改变，银行就应该改变方针，调整自己的策略。

（2）企业形象定位。银行形象定位是指通过塑造和涉及银行的经营观念、标志、商标，银行专用字体、标准色彩，银行外观建筑、图标、户外广告、陈列展示等手段在客户心目中留下别具一格的企业形象。例如，美国花旗银行通过一套完整的企业识别系统，建立了自己的企业形象，其中，其精神标语和宣传口号——“花旗银行是富有进取心的银行，向您提供高效快捷的服务”，表达了花旗银行核心的经营理念。这个标语是一家“富有进取心的银行”，明确表示该银行的战略目标是成为“金融潮流的创造者和领导者”，明确向客户提供“高效”、“快捷”的优质服务是该银行的基本宗旨。

市场定位关系着银行经营策略的制定，定位不明晰，银行发展就缺乏目标性。随着金融业的全面开放，行业竞争的日趋激烈，面对日益激烈的竞争与严峻挑战，银行如何找准自己的市场定位是获得快速稳健发展的关键。

2. 银行市场定位的原则。

（1）差异化的市场定位原则。银行在急剧变化的市场环境中要想取得竞争优势，必须客观地分析和研究本银行的资源、优势和弱点，然后在此基础上选择符合本银行实际情况的市场定位。按照对上述三因素的考虑情况，银行的市场定位分为综合化战略和专门化战略。综合化战略应当综合考虑本银行的资源、优势和弱点，然后确定本银行的市场定位；专门化战略则把重点放在其中的一个方面的详细分析上，包括把业务重点放在公司、富裕客户或大众客户上等，或者把业务重点放在一种商品性或一种高附加价值型的产品和服务上等。如招商银行实际上就致力于发展网络银行和个人银行业务。

（2）以客户为中心，以市场需求为导向的市场定位原则。银行应当以客户的需求为出发点，主动适应市场，围绕现有产品功能的扩展、延伸，以及不同产品间的交叉补充，开发针对性强的、新颖独特的新产品和服务，提供高档次的金融服务，从而培养社会金融意识、激发社会金融需求，并通过客户经理制，建立名牌客户群。

（3）充分发挥自身优势的原则。银行的优势包括：产品优势，如在信用卡、网上银行、金融产品创新及中间业务等方面，银行有强大的实力、客户优势、品牌优势、规模优势、业绩优势、经营理念和管理方式优势、机构网点优势、地理位置优势、服务手段及服务方式的优势等。银行应当充分认识和利用自己的优势，以确定发展战略，努力使自己在竞争中处于不败地位。

（4）积极采用网络信息技术的原则。传统银行的竞争力主要在于资产规模、机构网点、地理位置等，而网络银行的竞争力在于低成本与个性化服务能力。网络银行通过改变银行的经营环境，使银行的核心竞争力发生转移，从经营规模转向技术和服务能力，从而改变了银行依靠经营网点的增加来实现扩张的方式。

3. 银行市场定位方式。

（1）迎强定位。迎强定位是指与市场上占据支配定位的竞争对手作出同样的定位，这种定位方式存在一定的风险，但如果成功，则会取得较大的市场优势。

（2）避强定位。避强定位是指避开强有力的竞争对手，选择与其不同的产品和形象定位，这种方式的风险较小，成功的概率较高。

（3）重新定位。对于不受客户欢迎的、市场反映较差的产品和服务要重新调整定位。

4. 银行市场定位的步骤。银行市场定位的步骤：一是进行市场细分。二是评价银行内部条件。在评价内部条件时既要看到本行的优势，又要找出本行的劣势，预测未来市场给本行带来的机会和挑战。银行内部条件包括企业拥有的人、财、物资源、信息资源、管理体系等。三是竞争对手分析。竞争分析包括分析竞争对手的优势、劣势和当前定位，即指客户接受的存款产品印象，并把本行目前的定位状况与竞争对手比较，做到知己知彼。

【相关链接2－3】

安徽天长农村合作银行的市场定位

随着新农村建设的推进，给农村合作金融机构发展带来了前所未有的机遇，明确主要市场定位是农村合作银行急需解决的问题。只有明确市场定位，抓住机遇，才能实现农村合作银行可持续的又好又快的发展。协调农村、集镇、城区三个市场，发展特色金融服务是农村合作银行市场定位的出发点和着力点。

从外部环境上看，天长市目前的经济发展情况、民营中小规模经济的日渐蓬勃、县域经济的发展以及新农村建设的力度加大等都为安徽天长农村合作金融机构介入中小规模经济提供了较好的发展空间和机遇。从内部因素看，安徽天长农村合作银行的优势使其更有利于发展农户、个体工商户及小企业，而其劣势也暴露了在服务大项目和大企业上的困难与不力。在对当地市场进行进一步细分的基础上，按照求异型市场定位战略的指导，并采纳成功案例的经验，安徽天长农村合作银行的市场定位归结为以“两小客户”即个人（农户）和中小企业为目标客户群，发挥地方社区农村合作金融机构点多面广的地域优势，大力发展个人零售业务，将自己打造成一家“扎根农村、立足社区、服务三农、服务中小企业”的地方社区特色商业银行。

（资料来源：丁明春：《农村合作银行市场定位探究》，http：//www. byxh. com/news/，2010－04－28）

【本章小结】

战略计划是银行未来3～5年或10～20年发展的目标和为实现目标的工作步骤安排。在市场经济的前提下，银行的战略计划通常是市场导向的战略计划。市场导向的战略计划是在组织的目标、技能、资源和它的各种变化市场机会之间建立与保持一种可行的适应性管理过程。战略计划的目标就是塑造和不断调整银行的业务与产品，以期获得目标利润和长远发展。

客户经理市场调研是指银行利用多种方式收集与银行营销活动有关的各种信息，并运用科学的方法进行整理分析，以便选择目标市场，制定更适合本行的市场发展战略。市场调研的方法包括面谈法、电话调查法、问卷调查法、现场调查法和试验调查法。

市场预测就是以市场调研所获得的信息资料为基础，运用科学的方法和手段对事物未来的演变规律和发展趋势进行预测和推断。

银行市场细分是指银行依据客户需求的差异性和类似性，把整个市场划分为若干个客户群，区分为若干个子市场。银行市场定位是银行通过对具体目标市场分析，决定向客户提供何种价值（金融产品或服务）的行为过程，为的是让客户（相对于竞争对手而言）能更加了解和喜欢银行所代表的内涵，在客户心目中留下的别具一格的深刻印象。银行市场的定位方式包括迎强定位、避强定位和重新定位。

【重点概念】

战略计划　银行市场细分　银行目标市场　银行市场定位

【复习思考题】

一、思考题

1. 银行制订战略计划的基本步骤是什么？
2. 客户经理市场调研的内容有哪些？有哪些调研方法？
3. 银行市场定位的原则是什么？
4. 对银行市场营销环境的分析一般从哪些方面进行？
5. 请你结合农村合作金融机构的实际情况分析其战略制定。
6. 你如何理解农村合作金融机构的市场定位？

二、案例分析题

案情　　认真的女人最美丽——台新商业银行玫瑰卡品牌个性塑造

台新商业银行玫瑰卡在上市的短短一年半时间里突破了10万张的发卡量，并以独特的诉求建立了其女性的、认真的品牌个性，一跃成为台湾女性信用卡的领导品牌。

长久以来，玫瑰即代表女性对爱情浪漫的憧憬，尤其在女人最重要的日子“情人节”中，玫瑰花更代表爱情永恒的誓言。玫瑰好听、好记，是日常生活中经常购买的花种，除了女性喜爱之外，男性也非常欢迎。因此，台新商业银行将产品命名为玫瑰卡，为其品牌个性的建立预埋了管线。

在台新商业银行加入发卡行列之前，台湾的信用卡市场几乎是花旗与中信的天下：他们以雄厚的财力及大笔媒体预算为后盾建立了很高的知名度并迅速地占领大部分市场。但在当时的状况下，所有的发卡商业银行都将整体市场视为单一市场经营。

然而有资料显示，女性持卡人拥有较好的信用历史，工作稳定，发生呆账的情形少，女性消费者较容易被感性诉求打动，进而产生认同。加上女性消费能力的不断提升，台新商业银行预测女性的信用卡市场将有很大的发展空间，因此，将女性区隔为台新商业银行信用卡的主要目标市场。

她们的个性写真是：喜欢煮咖啡，不喜欢煮饭；工作全力以赴，表现一流，男人开始习惯；渴望有女强人成就，又渴望如小女人般受宠；热情、爱冒险，却又心思细密；喜欢出国旅游，会赚钱，也会花钱，高兴就好；有自己的生活品位，有自己的消费主张，有专属于女人的信用卡——台新商业银行玫瑰卡。她们就生活在你我的四周。

玫瑰卡第一阶段的定位是：“最女人的信用卡”，清楚地表达了玫瑰卡的属性。

广告以展现玫瑰卡的气质并且塑造玫瑰卡独特的个性来取得目标群的认同，让目标消费群接触到广告时会被诉求所感动，相信自己便是那一位拥有玫瑰卡的独特女人。

第二阶段则对“最女人的信用卡”进行升华，以“认真的女人最美丽”为个性写真，因为“认真”是一种生活态度、消费主张；“美丽”则是女人热衷追求，喜爱被赞美的心理。

由于一系列的卓越策划，台新商业银行玫瑰卡成功地在信用卡市场绽放，成为女性信用卡第一品牌。“认真的女人最美丽”更成为广告流行语，被人们广泛引用，成为台新商业银行玫瑰卡最重要的品牌资产。

分析解答问题：

（1）从市场定位策略分析台新商业银行玫瑰卡的成功之处。

（2）请您根据当地情况为所在的银行设计一款银行卡。

三、实训题

实训题一　　农村合作金融机构战略计划的制订实训

［实训目的］通过实训使学员了解和掌握如何制订农村合作金融机构战略计划。

［实训要求］通过上网查资料，对农村合作金融机构经营的形势进行分析，从而写

出农村合作金融机构的战略计划。

［实训步骤］

1. 查找有关农村合作金融机构经营形式的资料；

2. 写出农村合作金融机构的战略计划。

［操作流程］

1. 根据资料确定农村合作金融机构的工作目的与目标；

2. 确定为实现目的和目标的战略规划；

3. 确定实施各种规划的行动和步骤；

4. 确定各类规划完成的最后期限。

实训题二 进行个人客户的市场调研、市场细分、确定目标市场实训

［实训目的］通过实训使学员了解和掌握如何进行市场调研、市场细分、确定目标市场。

［实训要求］通过上网查资料等方法，进行个人客户的市场调研、市场细分、确定目标市场，写出实验报告。

［实训步骤］

1. 首先组成客户经理调研小组，研究确定调研目标；

2. 制订市场调研计划，确定调研时间、调研人员任务分工、调研对象、调研方法、调研项目等；

3. 实施调研过程；

4. 整理调研收集到的材料，确定农村合作金融机构的个人目标市场。

［操作流程］

1. 选定农村合作金融机构个人客户；

2. 制作调研表格，实施调研工作；

3. 通过实地调研、上网查找资料等方法，收集相关材料；

4. 分析所收集资料，并写出实训报告。

【参考文献】

［1］菲利普·科特勒:《营销管理》，北京，中国人民大学出版社，2001。

［2］菲利普·科特勒:《市场营销原理》，北京，机械工业出版社，2006。

［3］满玉华:《商业银行客户经理》，北京，中国人民大学出版社，2009。

［4］万后芬:《市场营销教程》，北京，高等教育出版社，2003。

［5］宋安平:《商业银行核心竞争力研究》，北京，中国金融出版社，2005。

［6］柳欣:《消费心理学》，大连，大连理工大学出版社，2010。

第三章　客户分类与客户价值评价

【本章概要】

客户价值是客户分类管理的基本依据。通过客户价值分析，按照一定标准对客户进行分类，对客户的生命周期与价值进行评价，进而了解和掌握各类客户在不同的生命周期阶段不同的金融需求，使客户经理真正理解客户价值的内涵，从而做好客户分类管理工作，为银行根据其战略规划和营销目标的选定、开发目标客户做好充分准备，为实现银行与客户双赢奠定坚实基础。

【要点提示】

1. 客户及客户价值的含义；
2. 客户的分类；
3. 个人客户、公司客户和机构客户的金融需求；
4. 目标客户的含义、目标客户对银行的意义；
5. 目标客户价值评价的标准。

【本章架构图】

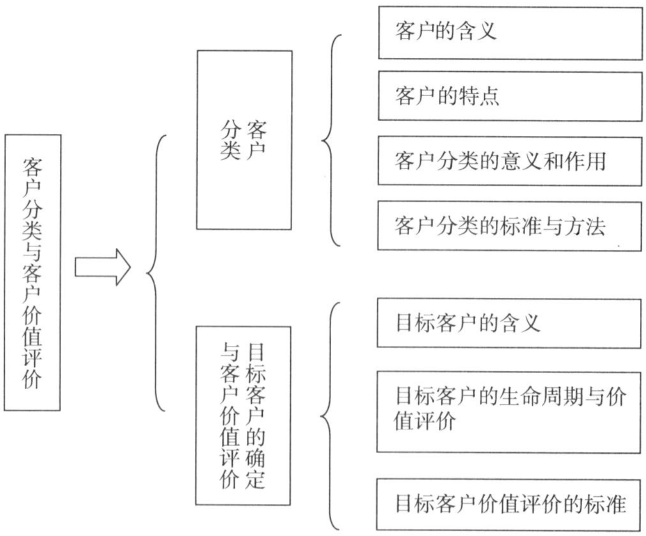

【章前引例及分析】

危机如何成商机?

——探究绍兴县农村合作银行发展之变

银行行长深入到乡村一线当起农村信贷员，一个村一个村地送贷上门。今年以来，面对绍兴县农村合作银行的这一“零距离”服务，当地不少农户有些惊讶。

源于绍兴县的产业结构和发展模式，一直以大客户为相对信贷投放重点的绍兴县农村合作银行，在年初确定从“做小”起步的战略转型后，这样的场景正在成为常态。

“一对一”上门服务，确实会增加成本，但能够更有针对性地解决真正急需资金的农户、小企业的困难，从长远看，银行更能从中有效拓展目标客户群，在小额贷款中培育更大的市场。绍兴县农村合作银行副行长说。

思路转型，牵一发而动全身。如何调动员工积极性，如何在服务质量、效率上取得新的突破，该行开始在自身体制机制上寻求变革的力量。

“成立‘三农’理财中心、中小企业拓展科，新设零售客户经理，开通绿色通道……”该行零售业务部总经理向记者介绍时一一罗列。“在考核制度上体现的倾斜和力度，为‘小业务’的有力拓展提供了动力和保障。”

数字显示，从当时启动“走千家、访万户、‘三送’谋发展”活动迄今，该行新增农户贷款数 2 600 余户，授信农户 30 000 余户。截至 2009 年 10 月末，在新增 40 亿元贷款中，小企业贷款 10.5 亿元，小农业贷款 9.5 亿元，小企业贷款新增户数、放贷总量均居全省农村合作银行系统前列——绍兴县农村合作银行新近出炉的一组统计数字，为这家宁绍大地农信系统的旗舰式银行，在“支农、支小”领域再次勾勒了“主力军”形象。

分析：由此可见，绍兴县农村合作银行选择小企业、小农业和农户为目标客户，综合运用链式营销手段，积极拓展中小企业和农户信贷服务市场，实现了该行年初定下“保增长、防风险、促调整”、“三送”活动全力扩面提质的奋斗目标，在危机中赢得了商机，树立了农村合作银行的良好形象。

（资料来源：http：//yp.knet.cn/，2010－02－02）

第一节 客户分类

对于 21 世纪的银行业来说，最重要的不是资产概念，而是客户概念；谁掌握了客户谁就掌握了市场和未来，谁就掌握了财富的源泉。因此，如何分类客户，进而发现客户的金融需求，更好地制定和执行吸引客户、掌握客户的策略，是银行需要认真研究和对待的课题。

一、客户概述

在客户关系管理中，银行的客户是对金融产品和服务有特定需求的群体，客户是银行经营活动得以维持的根本保证。在激烈的市场竞争中，哪家银行拥有了众多的客户，这家银行就占有一定的市场份额；哪家银行拥有了众多的优质客户，这家银行的获利能力就十分可观。因此，认识客户，了解客户，开发客户，营销客户，维护客户关系是银行客户经理十分重要而艰巨的任务。

（一）客户的含义

客户的概念是在商品交换中产生的。客户是指承接价值的主体——通常所说的购买产品的付款者；而其承接价值是因为要获得其使用价值，也即是有相应需求要满足。当然，也有的客户买商品是用来卖的，但这样交换下去，最终还是要落到需求上的，所以，那些为满足需求而购买商品的人就是客户。

客户是需求的载体或代表，但都离不开需求这个深层的本原，满足客户是经营的表面现象，满足需求才是本质。

金融客户是相对于金融产品与服务提供者而言的，客户是所有接受金融产品与服务的组织和个人的统称。

银行的客户是指为满足自身筹资、融资、投资以及风险管理等金融需求，而买卖金融产品或接受金融服务的消费者。

现代营销学中的所谓客户，其内涵已不仅仅是企业产品和服务的消费者，并且已经扩大到企业内部员工，包括管理层，都被称为“客户”，即内部客户，除此以外均称为外部客户。

作为银行的客户经理，您可能已开发过很多客户。有些人只和银行有一次交易，这些人只能叫做“游客”，严格地说，这些人只能说是银行的“顾客”，但还不能将这些人称为是银行的“客户”。从银行的战略规划和长远利益的角度出发，客户就是那些能和银行长期保持业务往来，非常信任银行，银行可以通过这种信任，不断地为其提供有价值的金融产品或解决方案，以满足其金融需求。一个个客户就像银行的一个个银行账户，只要客户经理用心经营，这一个个客户就会不断地给银行带来更丰厚的财富和回报。这些“顾客”才是银行真正的客户，才是银行不竭的财源。所以，银行的客户经理的心态和理念是开展好客户管理工作的基础和保障。

（二）客户的特点

客户种类众多，情况繁杂，但归纳起来客户的特点表现为全面性、差异性、易变性、持续性等几个方面。

1. 全面性。经济社会中的所有企业、行政机关、事业单位、社会团体、经济组织和个人都是银行的客户，只要是经济社会的构成成员，就无一不是银行的客户；只要满足银行规定的有关条件，银行就可能为之提供金融服务。所以，客户的特点首先表现为全面性。

2. 差异性。客户对金融产品或金融服务的需求具有差异性特点。例如，企业、机关团体和金融机构因其性质职能的不同，在社会经济生活中发挥的作用不同，对金融产品或金融服务的需求各不相同。工商企业在经营过程的不同环节或不同状态下，对金融产品或服务的需求亦不相同；企业在不同经营理念下对金融产品或服务的需求亦不相同；不同年龄、性别、职业、受教育程度、生活态度、生活方式、社会地位、收入水平、兴趣爱好、种族、宗教信仰的个人对金融产品或服务的需求亦各不相同。正是由于这种金融需求的差异性决定了客户种类的多样性，亦决定了银行提供的金融产品或服务具有多样性。

3. 易变性。客户的需求具有动态性。无论是企业、经济组织，还是机关团体，随着收入水平的变化、经营状况或业务发展的演变，对金融产品或服务的需求会不断地改变；个人客户则因收入水平的变化，教育程度的提高、兴趣爱好的改变、年龄的增长等，对金融产品或服务的需求也会不断地变化。所以，客户具有易变性特点。

4. 持续性。客户对金融产品或服务的需求并非是一次性的，个人客户从有经济收入开始，对金融的需求即会伴随终身；企业、经济组织和机关团体在其存续期间不停顿地向银行提出存款、结算以及贷款等金融服务的基本需求，在不同的情况下，对银行还有如投资安排、信托等其他金融需求。所以，客户的金融需求具有持续性特点。

二、客户的分类

根据“二八法则”可知，银行80%的利润是由客户当中20%的核心客户创造的，进行客户分类最主要的目的是找出和了解银行的真正核心客户，同时维护并保持与核心客户的良好稳定的客户关系。客户分类是客户分析的基础，在客户分类后对其数据信息进行深入分析、挖掘，进行客户价值评价则更具有针对性，可以得到更有意义的结果。

（一）客户分类的意义与作用

在激烈竞争的市场上，客户的稳定性相对较差，主要是由于一些市场因素和文化差异所影响和决定的。因此，作为银行更应通过客户的分类，将其现有的资源和精力投放到目标客户和核心客户，才能集中和发挥银行的优势，应对金融同业竞争，实现其经营目标。

1. 客户分类的意义。

（1）有利于实现资源的优化合理配置。任何一个银行的资源都是有限的，不可能为所有的客户提供同等的满意的金融产品和服务，因此，这就要求一个银行应将其有限的资源提供给国家政策支持和扶植的、能为银行创造较高利润的那部分核心客户和目标客户，以实现资源的优化合理配置，产生最优的效用。

（2）有利于满足银行核心客户和目标客户的金融需求。银行可以根据核心客户和目标客户的需求，进行客户化设计、制造和服务，使客户的个性化需求得到充分满足，从而实现客户价值最大化。这是客户的需要，也是银行营销管理的动力之源。

（3）有利于节约成本。银行营销一个新客户的成本是一个老客户的6倍。进行客户分类的最大益处就是能节约成本开支，维护优质客户资源，并为银行创造利润；同时，通过为核心客户和目标客户提供满意的金融产品与服务，还可以有效地应对同业竞争者的客户抢夺。另外，根据市场竞争环境的分析，当代的竞争已经不仅仅是金融产品、价格等因素的竞争，更是一个服务营销的竞争时代。哪家银行能提供优质的服务，获得客户的满意，提高了客户的忠诚度，这家银行的金融产品就更能够长期成为客户金融消费考虑的首选。

（4）有利于指导银行的营销工作。对银行营销工作来说，客户分类的目的是实现其指导产品设计的类型和方向、价格制定的标准、宣传推广渠道和范围、采取有效的促销行为以及市场战略实施。

客户分类对客户经理的日常工作具有重要的意义。客户分类有助于客户经理明确工作目标，更好地贯彻管理层的意图和要求；有助于客户经理提高工作技能、高效率高质量地完成工作任务；有助于客户经理及时反映、有效传导客户需求，为银行后台产品研发部门提供有用的信息；有助于客户经理稳定与客户的关系，成为银行与客户之间的沟通桥梁。

2. 客户分类的作用。对客户进行分类对银行的具体作用表现在四个方面：第一，可以有效地识别目标客户群体；第二，可以准确地区分和把握目标客户的需求；第三，可以为客户提供合适的银行产品及金融服务的组合；第四，可以更好地进行客户关系管理与维护工作。

（二）客户的分类

1. 按客户的主体不同分类。**按客户的主体划分，可以把客户分为三大类：个人客户、公司客户和机构客户。**

（1）个人客户。**个人客户是指在金融业务活动中直接以个人身份出现，在法律关系上以自然人为资格条件，与银行进行业务往来的客户。**

从20世纪80年代的经济改革开放以来，我国居民可支配收入占GDP的比重持续保持在50%以上。2009年城镇居民人均可支配收入达17 175元，农村居民人均纯收入为5 153元，实际增长分别为9.8%和8.5%。2009年城乡居民人民币储蓄存款余额为260 772亿元。巨额的储蓄存款形成商业银行重要的资金来源。由此可见，个人客户是商业银行资金的主要提供者。同时，随着居民消费观念的转变，当个人的收入和储蓄不足以支持消费时，或是以未来收入超前消费时，如购买住房、家用汽车、耐用消费品，甚至教育费用不足时，通过向商业银行申请贷款，实现自己的消费欲望，追求高收益的个人客户需要将手中多余资金进行投资时，还可以委托商业银行进行个人理财等，个人客户又是商业银行资金需求者。

个人客户是金融市场上最基本的客户，也被称为“终极客户”。个人客户对金融的需求在内容、范围、行为活动的形成上都有自己的特点，而且不同的个人对金融的需求也各不相同，因此，客户经理在拓展个人客户的业务活动中，必须注意把握重点、区别对待，注重个性化服务。

（2）公司客户。**公司客户是指进行自主经营、实行独立经济核算的经济组织。**公司客户既是信贷资金的提供者，又是信贷资金主要的需求对象。

总体来看，公司客户是信贷资金的净需求方。2007年底，企事业单位存款余额为

14.5万亿元，企事业单位贷款余额为24.5万亿元，存贷净差额为10万亿元。企业的闲置资金主要来源于生产经营过程中，资金的暂时不用和累积的盈余资金；资金的需求则是由于生产规模的扩大引起对固定资产投资资金的需求，或供、产、销或供、销、调、存的暂时不协调引起的对流动资金的需求；不管是资金的需求还是资金的供给最后都需要商业银行提供中介服务，实现它们之间的资金融通，以及提供其他全方位、综合性的服务。

由于农村合作金融机构担负着服务“三农”的历史重任，其客户的构成与城市商业银行亦有很大不同。例如，**信用社的公司客户包括：农村集体组织成员，村办集体企业，乡镇集体企业，村民个人企业。**

【相关链接3-1】

农业银行拥有的公司客户

截至2009年12月31日，农业银行拥有约260万个公司客户，其中有贷款余额的约6.8万个；拥有约314.7万个对公人民币结算账户、5.1万个现金管理客户、2.5万个常年财务顾问客户。与此同时，农业银行不断优化客户结构，与众多大型集团、行业龙头企业、政府部门、金融机构建立全面深入的合作关系。截至2009年12月31日，农业银行与国务院国资委下属129家大型中央企业中的62家企业建立了紧密的合作关系；与国内59家保险公司、93家证券公司、161家期货公司等金融机构开展业务合作。

（资料来源：贾浜，《华夏时报》，2010-06-26）

（3）机构客户。**机构客户泛指机关、团体或其他工作单位。机构客户是信贷资金的主要提供者。机构客户包括金融类客户和非金融类客户。**

金融类客户包括中央银行、政策性银行、各种商业银行、信托投资公司、证券公司、基金管理公司、保险公司、资产管理公司、财务公司、金融租赁公司和典当行等。这类客户作为金融市场的中介机构而参与各种金融业务交易活动。它们通过负债业务或契约等方式，将游离在社会再生产之外的大量分散的资金聚集起来，再以各种方式供给资金的需求者。对于一个具体的银行来讲，这类金融机构既是客户，又是同业的竞争者和开展金融业务的合作者。

非金融类客户包括政府及政府机构、医院、学校、新闻出版部门、各种协会、学会、研究机构、会计师事务所、律师事务所等。这些客户在资金和收入未使用之前，形成暂时的资金沉淀，构成商业银行存款来源的一个重要组成部分；同时也是商业银行中间业务服务的重要对象。

2. 按客户为银行所带来的价值的大小分类。**按客户为银行所带来的价值的大小划分，可以把客户划分为四类：高价值客户、微利客户、保本客户和亏损客户。**

（1）高价值客户。**高价值客户是指能为银行带来高收入和高收益，其所带来的收益远远超过银行全部客户带来的平均收益水平，是银行的主要盈利来源。**银行的客户经理应当高度关注这类客户，为其量身定做个性化金融服务，提供高效的、及时的“一对一、面对面”的优质服务，培育客户的忠诚度，充分满足其需求，促使这类客户成为银行的终身客户。

（2）微利客户。**也称有增值潜力的客户，他们虽然为银行带来的收益不高，但很有增值潜力。**他们给银行带来收入的特点是不稳定性。这类客户的人数众多，是银行的基础客户群体。银行的客户经理应当积极关注和重视这类客户，为其提供相应的金融产品或金融服务，促使这类客户向高价值客户转变，实现银行和客户双赢的目的。

（3）保本客户。**保本客户给银行带来的收入和成本基本持平。**目前这类客户在银行客户中数量较大。对那些没有发展潜力的保本客户，提供大众化的产品即可；对那些主要资产不在本行的保本客户，应当通过提供优质、高效的金融服务，促使其将其主要资产转移到本行的账户；对那些有发展潜力且主要资产在本行开户的客户，可以量身定做金融产品和提供个性化服务，促使其充分发挥自身潜力，逐步成长为微利客户。

（4）亏损客户。**亏损客户给银行带来的收入不足以弥补银行投入的成本。**在银行不得向活期存款账户收取管理费的条件下，这类客户占有一定的比重。为了有效利用银行的经营资源，降低经营成本，提高经营效益，银行应当尽快采取措施，降低这类客户的比重。

3. 按银行客户的利润贡献份额和生命周期价值分类。**按银行客户的利润贡献份额和生命周期价值，客户可以分成以下三大类：最有价值客户、发展潜力最大的客户和零价值以下客户。**

（1）最有价值客户。最有价值客户是银行的主要利润来源，代表着银行利益的核心。银行应该为他们提供特定的金融产品和服务。

（2）发展潜力最大的客户。发展潜力最大的客户也为银行带来一部分利益，并具有很大的发展空间。银行也应该为这类客户提供和定制相应的金融产品和服务。

（3）零价值以下客户。零价值以下客户给银行带来的利益通常是负值，因为，银行为支持和服务他们所付出的成本高于从他们身上获取的盈余。银行必须降低零价值以下客户的服务成本或提高服务价格，以平衡银行盈亏和实现借以清退这类客户之目的。

4. 按客户需求银行产品类型的不同分类。**按客户需求银行产品类型的不同，可以划分为三种类型：负债类客户、资产类客户和中间业务类客户。**

（1）负债类客户。负债类客户以存款业务为主，包括活期存款和定期存款。企业活期存款的资金来源是经营过程中暂时闲置的资金和用于经营周转的资金；个人活期存款比重较小；这两部分资金的成本较低，流动性较高。企业定期存款是在较长期限内闲置的资金或积累资金；个人储蓄存款是个人为备不时之需而准备的；这两部分存款比重大，成本高，是银行贷款的主要资金来源。“对银行来说，最有意义的始终是存款”，因此，银行应营造良好的环境，提供优质的服务，吸引这类客户。

（2）资产类客户。资产类客户是以获得贷款，如流动资金贷款、固定资产贷款、抵押贷款、消费贷款等的客户。各项贷款是银行主要的资产项目，也是银行收益的主要来源。因此，作为使用贷款的这些资产类客户，应引起客户经理的极大关注，为其提供优质的贷前、贷时和贷后服务，以实现银行利润最大化目标。

(3) 中间业务类客户。中间业务类客户主要接受如代收代付、代理保险、理财、信托等金融服务，是银行逐渐增长的收入来源。

5. 按客户需求的高低不同分类。**按客户需求的高低不同，可以划分为基本需求类客户、增值需求类客户和价值需求类客户。**

(1) 基本需求类客户。基本需求类客户对银行的要求是：仅以满足自身存款、贷款、结算和货币兑换为目的。

(2) 增值需求类客户。增值需求类客户对银行的要求是：银行提供的产品或服务能够满足自身资金增值的目的，如建设银行提供的“汇得盈”、“利得盈”、各类基金理财等服务；农业银行提供的“本利丰”、“ 汇利丰”、基金、集合理财等理财产品。

(3) 价值需求类客户。价值需求类客户是银行最为关注的客户群，这类客户为了使自我价值更加完善，要求银行提供更为优质、高效和个性化的金融产品或服务，银行则从中获得了更高的收益。这类客户群目前正在逐渐扩大。

【相关链接3-2】

美国银行如何进行客户分层服务

信息技术的进步使银行每个月都能对每个顾客所带来的利润加以计量和分析。银行一般把个人客户分为5类：一是大众市场，指净金融资产在10万美元以下的家庭；二是一般富裕家庭，不包括基本住宅在内，净资产在10万到50万美元之间；三是新兴富人家庭，净资产在50万到100万美元之间；四是比较富裕家庭，净财富在100万美元以上；五是非常富裕家庭，净财富在500万美元以上。能跨过私人银行业务门槛的客户一般为后两类客户。对公司客户，也可分为一般客户和高价值的基本客户。美联银行认为年收入在2.5亿美元以上的公司有多元化需求，传统银行业务很难满足其要求，必须由多功能的公司和投资银行部门服务。

（资料来源：http：//www.crbanking.com/，2007-11-27）

三、商业银行的客户

（一）个人客户

1. 个人客户市场的细分。在不同的细分市场上，客户对银行产品需求的差异很大，银行应根据特定的细分市场开发和提供不同种类的产品，制定不同的价格，采取不同的分销渠道和促销手段以适应不同的细分市场的特点，为银行制定合理的市场营销战略提供依据。

(1) 个人客户市场细分的原则。为了对整个市场进行有效细分，应遵循以下原则：

①易识别性。即银行所划分的各个子市场要有类似的组成人员及其明显的需求特征，客户的消费特征和购买行为相似，并能明显与其他客户群加以区分。

②可进入性。即银行进行市场细分后，利用一定的人力、财力、物力，通过合理的营销组合，能够进入目标市场。

③效益性。在市场细分化过程中，银行要依据目标市场容量和获利程度合理进行细分，使银行有利可图。

④稳定性。即银行划分的子市场必须在一定时期内保持相对稳定，以便银行进行合理规划，制定较长期的市场营销组合战略，有效地占领目标市场而避免出现短期行为。

⑤可反馈性。即细分市场能对银行的一系列营销活动作出及时迅速的反应，以便银行从客户的反应中得到反馈信息，以便于银行营销策略的调整。

（2）客户市场细分的标准。金融市场不同于实物商品市场，自有其行业的特殊性，这种行业的特殊性决定了银行零售业务所进行的客户市场细分主要依据地理细分标准、人口统计细分标准、业务量细分标准、行业细分标准进行分类。

值得注意的是，银行进行客户市场细分时，往往不是只按照某一标准来进行，而是将几种细分标准结合起来使用。

（3）个人客户市场细分的方法。对个人客户的分类方法很多，通常对个人客户进行以下分类：

按照客户所处的家庭阶段分类：

①单身期。从参加工作到结婚的时期，一般为2~5年。该时期的特点是收入较少，但支出较大，是未来家庭资金的积累期。他们的消费极易受时代、同时代人、同类人的影响。

②家庭初创期。从结婚到新生儿的降临时期，一般为1~5年。他们的经济收入稳定，为了提高生活质量，家庭支出往往较大，还用于购买高档用品、贷款买房的月供等，是家庭的主要消费期。

③家庭成长期。从孩子的出生到上大学期间，一般为9~12年。这一阶段的消费特点是，最大的开支方向是保健、医疗费、教育费、各种智力开发费、生活旅游费等。随着子女的成长，精力充沛的父母投资知识、经验和能力都在增强。

④子女高等教育时期。子女上大学以后的时期，一般为4~7年。该阶段支出的特点是，子女每年教育费用和生活费用猛增，财务负担较重。

⑤家庭成熟期。指子女参加工作到家长退休这段时期，一般为15年左右。这段时期父母的工作能力、工作经验和经济状况达到顶峰，子女已经独立，债务也已减轻，资金的结余增长极大。

⑥退休初期。退休后由于没有全日制工作，收入减少但稳定，财产规模稳定。主要的支出项目是健康和安全，支出特点比较保守。

按照对银行的贡献度分类：

贡献度是指客户利润贡献度，即在一定时期内，客户为银行所创造的价值，通过这一价值，银行可以了解到哪些客户为银行带来了价值，或造成亏损，从而制定出不同的营销策略，包括不同的价格、产品、服务方式等。按照客户的贡献度，可以把个人客户作如下分类：

①富裕客户（VIP 客户，又称高端客户）。是指能为银行带来较高的、长期稳定利润贡献的个人客户。这类客户群体的人数较少，但财富拥有量却很大。富裕客户可以从多个角度认定，例如个人存款额、银行卡消费额和个人消费贷款额等。他们对银行的人均利润贡献最大，整个群体对银行的利润贡献占个人银行业务利润的一半左右。

②大众富裕客户（又称中高端客户）。是指能给银行带来较大利润贡献的客户。该群体人数较多，有一定的财富规模，他们是迅速增长的个人业务产品的主要目标客户群，是银行最大的利润贡献客户群体，整个群体对银行的利润贡献占个人银行业务利润的60%左右。

③大众客户。这类客户的业务发生额很小，发生频率很低，对银行的利润贡献较少或为负值，但这类客户是目前银行群体的主流，人数最多，占客户总数的六分之五左右。

【相关链接3－3】

不同的客户对商业银行的利润影响不同

一般情况下，根据客户为商业银行带来利润的多少，银行会把客户分为四类：高价值客户、价值客户、大众客户还有非盈利客户。这四类客户比例分布不均匀。

通过数据分析，我们发现2%的高价值客户创造了48%的利润，而高价值客户和价值客户共创造了97%的利润，54%的客户是不盈利的，其余的客户只有少许盈利。

通过将商业银行个人客户分类以及个人客户利润贡献度加以综合分析发现，不同类别的个人客户对于商业银行利润的影响不同。因此，对于不同类别的客户，商业银行需要采取不同的服务措施，从而在满足不同客户服务需求的基础上提高利润。如何针对不同个人用户的需求提供各种服务，已经成为各大商业银行以客户为中心改善服务能力所必须要考虑的问题。

按照客户的收入水平不同分类：

个人收入可以划分为总收入、可支配收入、可任意支配收入三种。其中，与银行关系最密切的是可任意支配收入。按照收入对客户进行细分类，可根据各个收入阶层不同的理财习惯、消费偏好，制定不同的营销策略。按照收入多少，个人客户一般划分为：

①高收入客户。主要包括演艺界和体育界明星；政府机构和公司的高层管理人员；特殊职业或技能者，如证券分析师、律师、注册会计师、资产评估师等；部分政府及公司的高级雇员、私营企业老板等。

②中等收入客户。主要指工薪阶层，如政府、公司、事业单位的一般职员；无特殊专长或技能的职业从业人员；以体力和智力谋生者等。

③低收入客户。在我国，主要指城镇下岗、待业人员、农村中的进城务工人员以及

在家务农的农民等。

按照客户的心理动机分类：

心理动机是指决定人们行为活动的心理性因素。不同的客户有类似的心理，就有类似的行为；而同一客户，在不同心理支配下，就会有不同的行为。分清心理动机的异同是有效增强对个人客户营销的重要条件。个人客户按照心理动机一般分为四类：

①利益型客户。这类客户与银行交往的目的主要是为了经济收益，为此他们常常注重走访或了解各家银行网点，通过分析对比作出最佳选择。

②便利型客户。这类客户注重银行业务效率，希望得到就近、简便、快捷、高效的服务。

③稳定型客户。这类客户主要关注银行保安措施是否严格，经办手续是否严密，是否能保证客户进行资金的借贷、汇兑或兑换等业务。

④私密型客户。这类客户对个人私密有强烈而严格的要求。

按照银行提供的服务类型分类：

根据我国商业银行的现实情况，银行向个人及家庭提供的金融服务以及相关金融产品也称为零售银行业务。其客户按照提供的服务类型具体可分为以下五种：

①一般零售银行客户。其接受的金融服务以负债、中间业务为主，包括存折、存单、账户、借记卡业务，向普通居民提供小额存款、取款、转账、缴费等传统业务的银行服务。

②消费信贷客户。其业务以资产业务为主，指在购买物品、服务时申请私人用途的贷款，主要是指收入较低或财富较少的中下阶层等使用的住房信贷、汽车信贷、耐用消费品信贷等。

③信用卡客户。其接受的金融服务不含借记卡业务，一般是面向社会各阶层人士提供的小额短期信贷、支付、转账业务，集资产、负债、中间业务于一身。

④贵宾理财客户。其接受的金融服务属代客理财范畴，一般指面向收入高或财富多的中产阶级以上者提供的资产保值、增值服务，如股票、债券、结构性产品等。

⑤私人银行客户。其接受的金融服务属资产管理业务，一般是面向新兴的富豪或家族性富豪提供的专属、隐秘、量身定做的金融服务，包括海外基金、信托基金、私募基金等，目的是帮助其财富增值、避税等。

对个人客户还有其他的分类方法。如中国建设银行网上银行依据一定的标准将客户分为三种——普通客户、高级客户与 VIP 客户，并为不同的客户群体提供差别化的服务。很多银行以存款数额为标准划分高端客户和普通客户；招商银行武汉分行将九大行业从业人员划入高端客户榜，对其实行信贷优惠。九类高端客户为公务员、跨国公司及国有大中企业中高层管理者、医务人员、邮电通信业从业者、金融从业者、电力交通从业者、高校教师、律师、科研院所人员。银行真正的高端客户是进行中间业务的客户，如房贷、车贷等信贷消费。

【相关链接3－4】

招行客户服务再次细分 推“金葵花”服务体系

早在2002年10月，招商银行面向资产50万元以上的中高端客户推出“金葵花”理财服务体系，使得“金葵花”理财成为国内第一个面向高端客户的金融理财服务品牌；2007年8月，招行向资产千万级的客户推出了私人银行服务体系，为私人银行客户打造顶级服务品质；2009年4月，招商银行正式推出“金葵花”钻石品牌，该品牌仅面向金融资产超过500万元的钻石级客户群体提供服务，此次“金葵花”钻石服务体系的推出，是招行对“金葵花”客户理财服务需求的进一步细分。

一、钻石服务的定位

钻石级核心客户大多为40岁左右的男性及夫妇，这类高端客户以企业高管、私营业主或专业投资者居多。与其他的“金葵花”客户相比，这类客户特点鲜明，有着独特的理财需求和投资习惯：首先，他们对资讯的需求高，希望理财经理更多地提供资讯和参考，自己来判断决策，相对于私人银行客户，他们更注重亲身参与到理财过程之中；其次，中国人财不外露的传统观念使得他们注重服务过程的私密性，行为处事低调内敛；此外，在选择哪家银行做理财这个问题上，朋友的口碑推荐是其最重要的考虑因素之一。

二、招行客户分层服务特色鲜明

钻石客户服务体系是分层次服务体系的重要层级，招行将为该类客户提供的投资理财服务和增值服务强调“专业”和“尊崇”。至此，招商银行已经形成“金葵花”、“金葵花”钻石、私人银行在内的高端客户分层管理体系，针对不同财富阶层的个人理财客户提供针对性、差异化的金融服务。

招行人士这样形容各层级服务的内涵：“金葵花”是面向中高端客户的服务，强调“专注用心”；“金葵花”钻石服务面向钻石级客户，内涵在于“专业尊崇”；私人银行则是一种贴身的服务，面向顶级客户。

三、解读钻石服务

招行从投资顾问服务、理财资讯服务、专享服务空间、灵活授信服务、贵宾专线服务、贵宾登机服务、高尔夫畅打、健康医疗服务等方面，为客户打造钻石级的贵宾礼遇：其一，在理财服务上，钻石客户由分行级产品经理和钻石贵宾理财经理进行专项服务，招行将为钻石客户提供全面财富规划、资产组合方案定制、投资分析报告、投资组合检视、投资绩效报告等在内的全套投资顾问服务，招行钻石客户还可时时享受到招行定向发行的钻石尊享理财产品；其二，针对钻石客户对资讯需求较高的特点，招行为钻石客户搭建了专享的投研平台，并根据客户的定制需求，通过各种信息平台为钻石客户提供高端资讯服务；其三，在服务空间上，钻石客户可实现畅通无阻的全国漫游服务，招行遍布全国的网点将为钻石客户提供优先服务，钻石财富管理中心只为钻石客户提供专项服务，钻石财富管理中心的装修和设计理念充分体现了尊崇、私密等特点；其四，招行还为“金葵花”钻石客户提供了灵活专用的授信额度，钻石客户无须抵押和担保即可享受最高100万元的循环授信额度。

此外，钻石贵宾服务专线40068－95555已正式启用，钻石贵宾专线将由经验丰富、专业水平更高的专员提供包括银行咨询、交易、投资理财、商旅出行、预约及提醒等在内的全面服务。

（资料来源：《迪铭客户管理e刊》，2009－06－19）

2. 个人客户的金融需求的识别。根据中国人民银行发布的2010年2月金融统计数据报告显示：本外币贷款增加7 665亿元，其中，人民币贷款增加7 001亿元；分部门看，居民户贷款增加1 994亿元，同比多增1 554亿元。本外币存款增加9 758亿元，其中，人民币存款增加9 589亿元；分部门看，居民户存款增加15 637亿元。这说明个人客户对商业银行的资金来源贡献很大，同时融资消费的势头也在扩大，但是个人客户仍然是资金的净提供者。随着个人可支配收入水平的提高，居民手中闲置资金的规模也逐渐扩大，投资欲望增强，对商业银行理财产品等中间业务的需求也逐渐增加。具体来说，个人客户的金融需求如下：

（1）对银行负债类产品的需求。对银行负债类产品的需求，包括个人客户对活期存款、固定期限存款、零存整取存款、定活两变存款等金融服务的需求。

（2）对银行资产类产品的需求。对银行资产类产品的需求，包括个人客户对个人住房贷款、个人汽车消费贷款、个人教育贷款、个人耐用消费品贷款、个人旅游贷款、个人综合消费贷款、个人生产经营贷款、个人客户综合授信贷款、个人质押贷款等金融服务的需求。

（3）对银行中间业务类产品和服务的需求。对银行中间业务类产品和服务的需求包括对个人理财、投资咨询、代保管、代办保险、代理买卖和兑付国债、代发工资、代收各种税费、代理国内和国际结算、银行卡和信用卡业务、网上银行业务、电话银行业务、异地通存通兑业务、汇款直通车、外汇交易、代理黄金交易、第三方托管等金融服务的需求。

个人客户金融需求的内容与类型，还可以按多种标准来划分，具体如图3－1所示。

识别客户的前提是对客户情况有深入的了解，能够给银行带来利润的多少和营销的难易度是选择客户的关键。进行综合分析后，应该将客户区分为哪些是大客户，哪些是小客户；哪些是优质客户，哪些是劣质客户；哪些是现实客户，哪些是潜在客户。根据银行的战略目标和自身的实力，选定目标客户，确定其目标市场。

3. 个人客户的金融需求的特征。个人客户金融需求的特征表现在以下五个方面：

（1）理性需求。商业银行客户的需求是理性的，而不是随意的、无目的的。在目前互动性非常强的服务经济时代，客户通常是在认真分析和计算所需金融产品和服务的费用、收益和风险后提出最优服务品种的消费要求，是具有较为明确的目的性的。

（2）可诱导性。对于有一定的金融资产且具开发潜力的客户，其金融需求是可以唤起、可以诱导的；在一定条件下，客户的金融需求可以从一种转变到另一种上。

（3）多样性。客户对金融产品的需求是多种多样的，除金融获利需求外，还存在其

- 个人金融需求
  - 按银行业务划分
    - 1. 负债类需求
    - 2. 资产类需求
    - 3. 中间业务类需求
  - 按需求层次划分
    - 1. 基本需求
    - 2. 增值需求
    - 3. 价值需求
  - 按经济属性划分
    - 1. 消费性需求
    - 2. 储存性需求
    - 3. 投资性需求
    - 4. 经营性需求
  - 按需求目的划分
    - 1. 安全性需求
    - 2. 流动性需求
    - 3. 盈利性需求

图 3－1　个人客户金融需求图

他需求，而且这些需求之间存在可以相互替代性。

（4）伸缩性。金融需求受一定因素的影响，可能会放大或缩小，因而客户需求的弹性非常大。

（5）派生性。银行客户的派生性表现在，他们到银行购买或消费某种产品时，目的可能在于将来购买或消费另一种产品。

4. 影响个人客户金融需求实现的因素。个人客户金融需求会如何实现？个人客户具备某种金融需求并且有实现需求的能力后，何时实现或怎样实现是客户经理研究和关注的问题。当前在各种金融机构激烈竞争和角逐的条件下，如何吸引客户选择本行而不是其他银行？客户作出购买决策的选择标准是什么？他们选择的是价廉物美，还是实用可靠，还是品牌优良？根据国内外专家、学者的研究、调查和统计分析，影响个人客户金融需求实现的因素很多，主要因素如图 3－2 所示。

（二）公司客户

1. 公司客户的细分。对公司客户进行细分，有利于客户经理分析和掌握各类公司客户的特点，有针对性地向不同的企业提供所需要的金融产品和金融服务。公司客户的分类方法很多，主要有以下五种：

（1）公司客户按规模可划分为小型企业、大中型企业和企业集团。

①小型企业是指资产规模较小、经营产品单一、市场份额有限、经营风险较大的，但经营灵活，并能在市场缝隙中求得生存和发展的企业。这类企业的融资渠道有限，资信条件不好，偿债能力较差，客户经理应当选择发展前景较好的企业开展顾问服务，帮助企业搞好市场定位，选准发展战略。

②大中型企业是指资产规模较大、生产能力较强、市场占有份额也比较大的一些企业。大中型企业可以分为多样化经营企业和专营某一领域的企业两种类型。前一种企业抵御经济波动的能力较强，但在每一领域都缺乏足够的竞争力；后一类企业抵御经济波

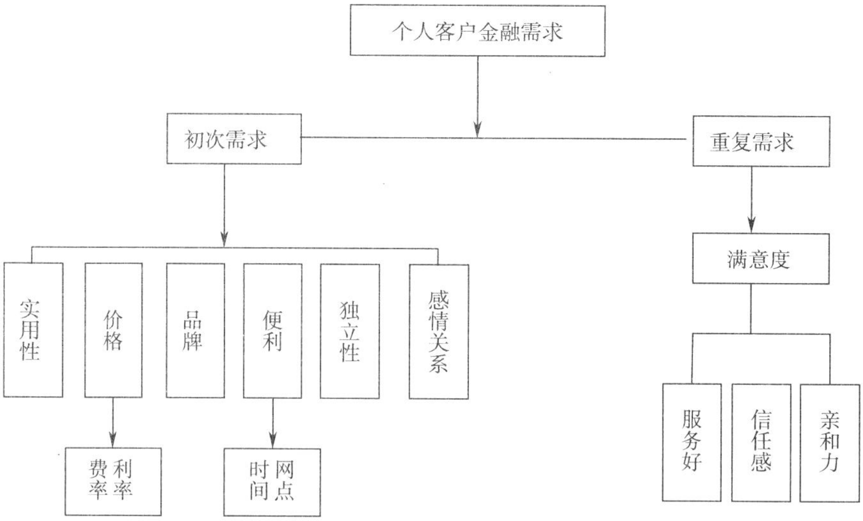

图3-2 影响个人客户金融需求实现的因素图

动的能力较差，但在其领域中却有较强的竞争力。这两类企业对银行产品的需求都很大，融资渠道也很多，客户经理应当采取差异化的特色服务来吸引这类客户。

③企业集团是指具有共同利益、以产品或资产为纽带，将跨行业、跨地区、经营不同产品的企业联结在一起而形成的企业群体。企业集团对银行产品和服务的需求是全方位、多层面的。它们是对银行最具吸引力的目标客户，是银行最主要的金融服务和产品的提供对象。

（2）**根据公司客户的国籍分为本国公司、外国公司和跨国公司。**

本国公司指依照我国《公司法》，在我国境内设立，其主要办事机构即住所在我国的公司，具有中国国籍。外国公司是指具有外国国籍的公司。跨国公司是指拥有两个以上国籍公司的企业，一般是以本国为基地，通过对外直接投资，在其他国家和地区设立子公司或分支机构，从事国际化生产经营活动的国际垄断企业。例如，首都钢铁公司通过购买美国麦斯塔公司大部分股份等办法，在国外许多国家和地区有自己的企业，使之成为跨国界的国际性大公司。

（3）**以股票是否上市流通为标准，可将公司客户分为上市公司和非上市公司。**

以股票是否上市流通为标准，可将公司分为上市公司和非上市公司。上市公司，是指所发行的股票在证券交易所上市交易的股份有限公司。非上市公司，是指除上市公司之外的所有股份有限公司和有限责任公司。

（4）**根据企业产权的归属不同将公司客户分为国有企业、集体企业、民营企业、有限责任公司和股份有限公司。**

①国有企业是由财政部出资设立的企业，其产权归属于国家。为了集中力量更好地发挥国有经济的主导作用，并形成国有经济的控制力、影响力和带动力，我国目前的国有企业主要属于国民经济命脉行业，如关系国民经济命脉的国家安全行业、自然垄断行

业、重要公共产品行业以及支柱产业和高新技术产业中的重要骨干企业。随着国有企业现代企业制度的逐步建立和管理制度的完善，客户经理在选择国有企业作为服务对象时应当关注企业的经营状况、财务状况、管理状况、发展前景以及相关的行业政策，积极地为国有企业提供全方位、多功能的金融产品和金融服务，在促进国有企业健康发展的同时，实现银行的经营目标。

②集体企业是指企业由全部或部分集体成员共同出资和管理，产权属于集体，自主经营、盈亏共担的企业。我国的集体企业是一种历史产物，随着我国公司制度的建立，很多集体企业已经逐步改制，目前在经济中的比重已经越来越小。这类企业的特点是规模小、产品单一、经营灵活且生命力较强。

③民营企业是民间私人投资、民间私人经营、民间私人享受投资收益、民间私人承担经营风险的法人经济实体。民营企业是中国经济的重要组成部分，其特点是发展迅速、规模一般较小、多以家族式管理模式、经营灵活。浙江温州的民营企业在经济中所占的比重已经从0到现在的96%以上，其产值占该地区总产值的94%。因此，民营企业已经越来越成为银行服务的重点。

④有限责任公司是指由2个以上50个以下股东共同出资，股东以其出资额为限对公司承担责任，公司以其全部资产为限对公司债务承担责任。

⑤股份有限公司是指将全部资本分为等份，通过发行股票筹集资本，股东以其所持出资额为有限公司承担责任，公司以其全部资产为限对公司债务承担责任。

（5）公司客户按照效益状况可以划分为景气企业、一般企业、亏损企业。

①景气企业是指在市场占有率和技术创新水平等方面处于上升阶段的新兴企业，或在各方面处于进一步发展的企业。这类企业是客户经理积极争夺的对象，但应注意企业潜在的风险。

②一般企业是指经过一定时期的发展，企业及所在的行业已经进入相对成熟阶段。这类企业对银行产品的需求量很大，但由于其利润率水平已经在下降，客户经理一定要重点关注其信用水平以及未来的发展前景。

③亏损企业由于经营效益状况恶化，已经出现亏损，他们急需银行贷款支持，但他们的风险较大。对于这类企业，客户经理应当积极进行深入调研，只有暂时出现困难，但仍具有发展前景的或有重组价值的企业，才可以与其继续洽谈金融业务合作事宜。

2. 公司客户的金融需求。公司客户主要指工商企业，这些客户在金融市场上，既是信贷资金的供给者，也是信贷资金的需求者。当公司或企业在生产或商品经营过程中临时性或季节性资金不足，或当企业在扩大再生产需要追加资金时，会向银行申请借款、或发行商业票据、或发行股票或债券、或卖出手中证券；当公司或工商企业的资金有剩余时，出于收益性目的会存入银行形成银行的存款，或在金融市场中购买各种有价证券；为了规避可能发生的市场风险、信用风险等各种风险，还可以购买各种金融衍生产品进行风险的规避和对冲。

具体地说，工商企业的金融需求可以概括为以下几个方面：

第一，对负债类产品的需求包括：基本存款账户、临时存款账户、专门存款账户、发行短期融资券、公司债券等的需求；

第二，对银行资产业务的需求包括：流动资金贷款服务、固定资金贷款服务、票据贴现服务、应收账款的资产证券化服务、国际融资服务等金融需求；

第三，对银行中间产品和金融服务的需求包括：国际结算服务、支付结算服务、外汇交易服务、结售汇服务、票据承兑服务、担保承诺服务、财务顾问服务、投资理财服务、委托服务、代理服务、企业理财服务、托管服务等金融需求；

第四，对金融衍生产品的需求包括：货币互换、利率互换、远期利率协议、金融期权、金融期货等需求。

如果从公司客户传统的金融需求和发展现状及趋势来划分，可以将公司客户的金融需求分为普通需求和高端需求。普通需求是指传统的金融产品和服务可以满足的需求，包括传统银行贷款融资需求、同一银行交易结算需求。公司客户的高端需求则包括：资本来源与结构多元化需求；融资渠道与结构多元化需求；行业并购、重组和整合需求；以未来现金流为抵押的项目融资需求；机构客户的资产管理等。

3. 影响公司客户金融需求的因素。影响银行公司客户金融需求的因素很多，主要有以下几个方面：

（1）影响公司客户金融需求的环境因素包括：①政治环境：地方执政者、政治制度、社会稳定状况、法律环境等；②经济环境：国家经济政策、地方经济政策、地方经济现状、当地经济发展潜力、当地人口状况、社会消费水平、客户行业状况、客户供应链、客户市场供求状况、客户同业竞争状况、信用环境、交通环境等；③文化环境：各类社会文化环境、企业文化环境；④科技环境：社会科技水平、客户行业科技水平、地方科技水平、网络信息处理水平；⑤金融市场环境：国家货币金融政策、金融市场状况（买方市场、卖方市场、平衡市场）、金融市场竞争程度等。

（2）影响公司客户金融需求的银行因素包括：

①银行经营者：决策者、客户经理、柜面服务人员、业务支持系统人员；

②银行企业文化：企业理念、团队精神、信誉、名誉等；

③银行的产品构成和服务水平；

④银行经营政策；

⑤银行经济实力；

⑥银行科技水平；

⑦银行地理位置；

⑧银行社会公共关系：社会关系、社会影响力、社会评价、知名度等。

（3）影响公司客户金融需求的第三方因素包括：

①银行竞争者：竞争对手实力、竞争对手政策、竞争对手与客户的关系；

②推荐者：态度状况（极力推荐、重点推荐、普通推荐）、影响力；

③否定者：态度（极力否定、重点否定、一般否定）、影响力；

④犹豫者：态度（模棱两可）、影响力；

⑤无关者：事不关己、无所谓。

（4）影响公司客户金融需求的内部因素包括：

①客户需求：融资需求、投资需求、结算需求、储存需求、信用中介需求、咨询需求等；

②人员因素：决策者的态度和影响力、执行者的态度和影响力、相关者的态度和影响力、无关者的态度和影响力；

③客户与银行的关系状况；

④客户生产经营状况；

⑤客户生命周期；

⑥客户盈亏状况；

⑦客户资金状况；

⑧客户信用状况；

⑨客户发展战略和所处阶段；

⑩客户社会公共关系：社会关系、社会影响力、社会评价、知名度等。

（三）机构客户

1. 机构客户的细分。机构客户在金融市场上既是资金的供给者，也是资金的需求者，还是金融产品和服务的提供者或者说是金融市场的媒体（中介机构）。**机构客户通常分为两类：金融同业类客户和机关事业单位客户。**

（1）金融同业类客户的细分。

①银行。该类客户包括全国性股份制商业银行、城市商业银行、政策性银行、城乡信用合作社、外资银行、中外合资银行以及外国银行在华的分支机构。

②信托公司。主要包括国际性、国家和地方性信托公司。

③证券公司。包括综合类证券公司、经纪类证券公司、证券投资咨询公司等。

④基金管理公司。

⑤保险公司及保险中介公司。

⑥资产管理公司。

⑦其他非银行金融公司。如企业集团财务公司、金融租赁公司等非银行金融机构也是银行可积极争取的客户。

（2）机关事业单位客户的细分。机关事业单位客户在金融市场上主要是作为资金的供给者出现的。根据机关事业单位客户性质和资金来源的不同，可以细分为以下几类：

①政府及政府机构。其资金主要来源于财政经费拨款。

②公、检、法系统。其资金主要来源于财政经费拨款、各种罚款收入、行政事业收费，资金实行收支两条线管理。

③财政系统。其资金主要来源于预算内收入、预算外收入、国债发行收入以及各种彩票的销售收入。

④国土资源管理系统。其资金主要来源于存量土地有偿使用费、新增建设用土地有偿使用费、耕地开垦费等。

⑤交通系统。交通系统包括公路系统、铁路系统、水上运输系统和民航系统。各系统的资金主要来源于财政经费拨款、养路费、高速公路通行费、罚款收入、售票收入以及其他有关的行政事业性收费。

⑥税务系统。其资金主要来源于国税和地税的各项税款收入。

⑦工商行政管理系统。其资金主要来源于行政罚款收入、行政事业性收费等。

⑧教育系统。其资金主要来源于教育经费拨款、学校学杂费收入等。

⑨电信系统。其资金主要来源于各种话费收入和各种服务收费。

⑩石油系统。其资金主要来源于各种燃油费收入。

⑪烟草系统。其资金主要来源于烟草的销售收入。

此外，民政系统、劳动保障系统、海关系统、商检系统、医疗系统、广播电视系统等，它们的资金主要来源于财政经费拨款以及各种收费收入。

各种协会、学会、基金会和科研机构等社团组织的资金则主要来源于基金经费等。

2. 机构客户的金融需求。

（1）金融同业类客户的金融需求。金融同业客户与银行既是往来合作的关系，也存在业务的竞争关系。在商业银行向多功能、全方位和综合性万能银行发展的过程中，金融同业之间的竞争愈加激烈。

金融同业客户对金融的需求从业务角度主要划分为以下几类：同业拆借的需求、回购业务的需求、向中央银行再贴现和再贷款的需求、转贴现和转抵押需求、代理他行业务需求、存放同业需求、代理发行债券和股票的需求。

从金融需求的目的来看，金融同业客户对金融的需求分为以下几类：融资需求、投资需求、流动性管理需求、收益性需求、资产负债管理需求等。

（2）机构事业单位客户的金融需求。机构客户的金融需求同样包括负债类业务需求、资产类业务需求和中间业务需求。其中最主要的是对各种负债类业务的需求；资产类业务需求如公路建设贷款只针对某些系统提供；中间业务需求主要是对结算业务的需求，由于某些系统资金的闲置，理财等中间业务的需求也在逐渐增加。

如果从机构客户传统的金融需求和发展现状及趋势来划分，可以将机构客户的金融需求分为普通需求和高端需求。普通需求是指传统的金融产品和服务可以满足的需求，包括传统银行贷款融资需求、传统银行交易结算需求。机构客户的高端需求主要指资产管理的需求。

第二节　目标客户的确定与客户价值评价

一、目标客户的含义

（一）目标客户的含义

目标客户是指客户经理通过市场细分后所确定的重点营销对象，是银行能够满足其现实或潜在金融需求并从服务中获得盈利和发展的客户群。

理想的目标客户应具备三个条件：第一，所选定的目标客户必须有未被满足的现实或潜在的金融需求，必须有足够大的容量来吸收本银行提供的金融产品和服务，必须能为本银行带来最大的经济效益；第二，本银行必须有足够的实力去满足所选择的目标客户提出的需求；第三，本银行必须有竞争优势。

（二）目标客户对银行的意义

客户是银行利润的来源，“顾客满意”是银行服务的目标。只要顾客满意，愿意持续地接受银行的金融产品和服务，银行就会有利润空间。

1. 目标客户是银行生存和发展的基础。银行的经营成功是建立在一大批优质客户的基础之上的，这些优质客户就是银行的目标客户，他们是银行金融产品的主要消费者，是银行收益的主要提供者，也是银行金融创新潜在的动力源泉。目标客户提供了银行大约90%以上的利润，是银行生存和发展的基石。在充分竞争的市场经济条件下，从某种意义上讲，银行的价值就体现在它所拥有的目标客户的数量和质量上。

2. 目标客户是银行控制经营风险的基础条件。风险与收益是一对孪生兄弟，银行在推销获利产品的同时，必然要承担相应的风险。即使银行对客户进行了认真的调查、审查，并对其可能存在的风险进行了深入的研究和分析，由于客户经营情况的变化、市场的冲击等，还是会给银行带来一定的风险。与一般客户相比，目标客户是一些经营稳健、财务结构正常以及在行业中有较高地位的企业，他们带来的风险相对较小、带来的收益却较稳定，因此极大地降低了银行的经营风险，是银行抵御风险的基础条件。

3. 目标客户是银行实力的象征和品牌形象。如果一家银行的目标客户中有知名的跨国公司、世界500强企业、国内某行业的品牌企业等，那么，这家银行的经营实力不仅得到极大的增强，银行的品牌形象也会大大提高，从而也提高了银行的社会地位和在国际、国内金融市场上的竞争力。目标客户中很多是市场竞争中的强者，因此他们对银行的要求也总是求新、求全、求便利，银行只有在金融产品的研发、营销能力以及对客户的开发、维护能力上处于业界的领先地位，才能吸引目标客户、满足他们对金融产品的需求、提高他们对本行的忠诚度。

4. 优质的目标客户决定了银行的核心竞争力。当今世界，银行业作为市场经济的前沿企业，也毫不例外地会产生客户争夺。国外银行巨子如花旗银行、美国银行、汇丰银行、加拿大皇家银行等都不惜重金研究客户关系管理，整合银行流程，提升银行服务。随着外资银行逐步进入国内金融行业，客户资源日益成为各家银行的稀缺资源，国内的高端客户越来越成为各家金融机构首选的市场目标。各家银行在争取和实施与客户的交流权、交易权、服务权的同时，非常重视对客户关系的维护，用超出一般的金融产品和服务，争取和留住更多的高端客户。银行业的市场竞争已不仅仅是业务份额的竞争，更多地表现为客户占有量特别是优质客户占有量的竞争，谁赢得了更多的优质客户份额，谁就赢得了市场竞争的主动权，由此，优质客户资源已转化成为银行的一种核心竞争力。

二、目标客户的生命周期与价值评价

（一）目标客户的生命周期

作为银行的重要资源，客户具有价值和生命周期。**客户生命周期理论也称客户关系生命周期理论，是指从银行与客户建立业务关系到完全终止关系的全过程，是客户关系水平随时间变化的发展轨迹，它动态地描述了客户关系在不同阶段的总体特征。**

客户生命周期可分为考察期、形成期、稳定期和退化期四个阶段。

1. 目标客户的考察期。考察期是客户关系的孕育期，是客户关系的探索和试验阶段。在这一阶段，双方考察和测试目标的相容性、对方的诚意、对方的绩效，考虑如果建立长期关系双方潜在的职责、权利和义务。双方相互了解不足、不确定性是考察期的基本特征，评估对方的潜在价值和降低不确定性是这一阶段的中心目标。在这一阶段客户会下一些尝试性的订单，银行与客户开始交流并建立联系。因客户对银行的业务进行了解，银行要对其进行相应的解答，某一特定区域内的所有客户均是潜在客户，银行的投入是对所有客户进行调研，以便确定出可开发的目标客户。此时银行有客户关系投入成本，但客户尚未对银行作出大的贡献。

2. 目标客户的形成期。形成期是客户关系的快速发展阶段。银行和客户双方关系能进入这一阶段，表明在考察期双方相互满意，并建立了一定的相互信任和相互依赖。在这一阶段，银行和客户双方从关系中获得的回报日趋增多，相互依赖的范围和深度也日益增加，逐渐认识到对方有能力提供令自己满意的价值（或利益）和履行其在关系中担负的职责，因此愿意承诺一种长期关系。在这一阶段，随着银行和客户双方了解和信任的不断加深，关系日趋成熟，双方的风险承受意愿增加，由此银行和客户双方交易不断增加。当银行对目标客户开发成功后，客户已经与银行发生业务往来，且业务在逐步扩大，此时已进入客户成长期。银行的投入和开发期相比要小得多，主要是发展投入，目的是进一步融洽与客户的关系，提高客户的满意度、忠诚度，进一步扩大交易量。此时客户已经开始为银行做贡献，银行从客户交易获得的收入已经大于投入，开始盈利。

3. 目标客户的稳定期。稳定期是客户关系的成熟期和理想阶段，是客户关系发展的最高阶段。在这一阶段，银行和客户双方或含蓄或明确地对持续长期关系作了保证。这一阶段有如下明显特征：

（1）银行和客户双方对对方提供的价值高度满意。

（2）为能长期维持稳定的关系，双方都作了大量有形和无形投入。

（3）大量的交易。因此，在这一时期双方的相互依赖水平达到整个关系发展过程中的最高点，银行和客户双方关系处于一种相对稳定状态。此时银行的投入较少，客户为银行作出较大的贡献，银行与客户交易量处于较高的盈利时期。

4. 目标客户的退化期。退化期是客户关系发展过程中关系水平发生逆转的阶段。关系的退化并不总是发生在稳定期后的第四阶段。实际上，在任何一个阶段银行和客户的关系都可能退化。引起关系退化的可能原因很多，如一方或双方经历了一些不满意、需求发生变化等。

退化期的主要特征有：

交易量下降；一方或双方正在考虑结束关系甚至物色候选关系伙伴（供应商或客户）；开始交流结束关系的意图等。当客户与企业的业务交易量逐渐下降或急剧下降，客户自身的总业务量并未下降时，说明客户已进入衰退期。

（二）目标客户的价值评价

1. 目标客户价值的含义。**目标客户价值是银行通过向客户提供各种金融服务和金融产品，在现在或将来的一段时期，从目标客户那里获得经济收益的能力**。这些经济收益包括贷款利息收益、中间业务的各种手续费和佣金收益等。使客户价值最大化，是“以客户为中心”的银行经营理念的核心内容，客户价值最大化是银行收益最大化的前提、基础和保证。

2. 目标客户价值的双重意义。

（1）**从银行的角度看，目标客户价值表示客户给银行带来的增值**。目标客户价值是指银行通过对目标客户提供各种金融产品和金融服务，在现在或将来的一定时期内，从客户那里获得的利息收入、手续费收入、佣金、托管费、咨询费、担保费等，扣除银行提供这些服务需要支付的成本如储蓄存款利息、经营管理费、固定资产折旧费等一系列现金流的贴现值。这些现金流的价值越大，目标客户价值越大，银行的收益就越高，是银行所要选择的优质客户；反之，这些现金流的价值越小或为负值，目标客户价值就越小，银行的收益就越低，甚至亏损，这样的客户应当是银行要淘汰的客户。

（2）**从目标客户的角度看，目标客户价值表示目标客户自身价值的增值**。在金融买方市场的条件下，客户选择从他们认为给自己提供了较高价值的那些银行那里购买金融产品和服务。**这个角度的客户价值是整体客户价值与总客户成本之差**。具体如图 3－3 所示。

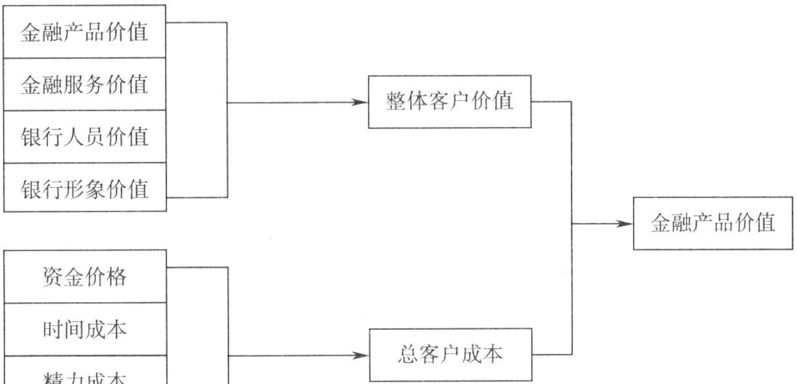

图 3－3　从目标客户的角度对客户价值分析图

3. 目标客户价值的构成。客户的价值一般由三部分构成，**一是历史价值，**即到目前为止已经实现了的顾客价值；**二是当前价值，**即如果顾客当前行为模式不发生改变的话，将来会给公司带来的顾客价值；**三是潜在价值，**即如果公司通过有效的交叉销售可以调动顾客购买积极性，或促使顾客向别人推荐产品和服务等，从而可能增加的顾客价值。

具体而言，目标客户价值由四个要素构成，用公式表示：

目标客户价值 =（显性价值 + 隐性价值）-（显性成本 + 隐性成本）

衡量客户是不是优质的，最重要的标准就是显性价值。电信业、银行业、零售业都适用这个标准。**显性价值是客户对利润率的贡献，**简单地说，就是客户让企业赚到多少钱。客户显性价值的大小，不仅仅体现在目前消费行为上，往往还体现在客户的生命周期价值上。

花在这类客户身上的各种费用即劳动费用、管理费用、折旧费用等货币成本，也就是显性成本。

隐性价值是客户显性价值以外的贡献。比如说，客户对市场份额的贡献，对品牌美誉度的贡献等。银行大量发行信用卡，很多信用卡成了睡眠卡，银行并不取消对这些客户的服务，是因为客户有市场占有率的贡献。

花费在提供产品和服务上的时间、体力、精力就是隐性成本。如果我们在客户身上耗费的货币成本低，但是，花费的时间、体力、精力这些隐性成本过高，那这客户就不是优质的。

目标客户价值公式是一个动态的公式，要动态地看四项要素，不能单看一项就断定客户的关系价值。比如说，客户的显性价值大，还得看成本，看其需要银行付出多少显性成本、多少隐性成本，经过比较，才能判断其关系价值的大小，判断其优不优质。

4. 目标客户的价值评价。根据客户生命周期理论，客户关系水平随着时间的推移，从考察期到形成期和稳定期直至退化期依次增高，稳定期是理想阶段，而且客户关系的发展具有不可跳跃性。同时，客户利润随着生命周期的发展不断提高，考察期最小，形成期次之，稳定期最大。在客户生命周期的不同阶段，客户对银行收益的贡献是不同的。

在考察期，银行只能获得基本的利益，客户对银行的贡献不大；在形成期客户开始为银行做贡献，银行从客户交易获得的收入大于投入，开始盈利；稳定期内客户愿意支付较高的价格，带给银行的利润较大，而且由于客户忠诚度的增加，银行将获得良好的间接收益；在退化期，客户对银行提供的价值不满意，交易量回落，客户对银行贡献的利润快速下降。

客户成熟期的长度可以充分反映一个银行的盈利能力。因此，面对激烈的市场竞争，银行借助建立客户联盟，针对客户生命周期的不同特点，提供相应的个性化服务，进行不同的战略投入，使银行获得更多的客户价值，从而增强银行的竞争力。

【相关链接3-5】

中国工商银行对个人客户“按贡献定星级”

中国工商银行将个人客户按贡献星级细分为七星级客户、六星级客户、五星级客户、四星级客户、三星级客户、准星级客户共六大类，每类客户的评价标准如下：

（1）七星级客户：星点值在80 000（含）以上。

（2）六星级客户：星点值10 000（含）~80 000。

（3）五星级客户：星点值2 000（含）~10 000。

（4）四星级客户：星点值500（含）~2 000。

（5）三星级客户：星点值50（含）~500。

（6）准星级客户：星点值0（不含）~50。

（7）星点值等于0的客户不予评定星级。

符合以下条件之一的客户，若当前服务星级较低，系统将自动即时调高至对应星级：

（1）签订私人银行服务协议，调整服务星级为七星。

（2）开立工银财富理财金账户卡、白金信用卡，调整服务星级为六星。

（3）开立理财金账户、信用卡金卡，调整服务星级为五星。

（4）开立信用卡普卡，调整服务星级为四星。

星点值是客户在工行（全行范围）近6个月的资产、负债和中间业务进行汇总计算得出的。相关指标及计算：

1. 金融资产：金融资产指标由短期资产和中长期资产两个细项组成，指标计算为各项金融资产的半年日均余额。

（1）短期资产。主要包括：活期储蓄存款、第三方存管、灵通快线理财产品、货币市场基金、信用卡存款。每万元短期资产可获得135星点值。

（2）中长期资产。主要包括：定期储蓄存款（含定活两便）、公积金存款、理财产品（不含灵通快线）、基金（不含货币市场基金）、国债、保险、黄金（含纸黄金、实物黄金、品牌金）等。每万元中长期资产可获得100星点值。

2. 个人负债：个人负债指标由个人住房按揭贷款、其他个人贷款、卡透支三个细项组成，指标计算口径为各项个人负债的半年日均余额。

（1）每万元个人住房按揭贷款可获得100星点值。

（2）其他个人贷款指标包括个人消费贷款、个人经营性贷款等品种，每万元其他个人贷款可获得200星点值。

（3）每万元信用卡计息透支可获得200星点值。

3. 中间业务：中间业务指标由投资理财类交易、卡消费交易、结算类交易三个细项组成，指标计算口径为半年累计交易金额。若单次交易金额超过该项业务手续费收取标准上限金额，则以上限金额作为该次交易金额计入指标统计。若单次交易已享受我行费率优惠，则交易金额按优惠比例折算后再计入指标统计。

（1）投资理财类。交易指标主要包括：基金购买与赎回（不含货币基金）、理财产品购买（不含灵通快线）、国债购买、保险购买、黄金买卖、外汇买卖等。每万元投资理财交易额可获得200星点值。

（2）卡消费。交易指标主要包括灵通卡、理财金账户卡（含工银财富理财金账户卡）、信用卡、贷记卡、准贷记卡等各卡种通过POS机刷卡消费产生的交易。每万元投资理财交易额可获得400星点值。

（3）结算类。交易指主要包括异地存取款、异地汇款、跨行汇款、速汇款等。每万元结算类交易额可获得200星点值。

（资料来源：http：//zhidao.baidu.com/，2011－02－04）

三、目标客户价值评价标准

（一）个人客户的价值评价标准

不同的评价标准下，目标客户的条件也不同。下面以中国建设银行的标准为例。

1. 以资产总额为评价标准的目标客户：

（1）个人年收入在80万元以上，家庭平均金融资产在1 500万元以上的高价值客户；

（2）个人年收入在7万元以上，家庭平均金融资产在150万元以上的高端客户；

（3）个人年收入在5万元以上，家庭平均金融资产在50万元以上的中高端客户；

（4）个人贷款需求在8万元以上，个人资信状况良好的客户；

（5）购买基金和保险需求在20万元及以上的客户；

（6）家庭平均消费在20万元及以上，并对贷记卡有需求的客户；

（7）已经购买银行的2种或3种以上的产品，合计金额在10万元及以上的客户；

（8）其他有价值的客户。

2. 以职业为评价标准的目标客户：

（1）享受国务院特殊津贴的全国知名教授，以及拥有一定科研成果的高校教师和研究机构的研究人员；

（2）上市公司和大中型集团公司的主要负责人和财务负责人，以及集团企业全国范围内的区域负责人和部门经理；

（3）具有一定级别的国家公务员；

（4）全国或区域性证券、保险、信托、期货、电信、通信行业等机构的主要负责人和关键人才；

（5）具备一定知名度的律师、注册会计师、审计师、证券分析师、保险精算师或其他行业的专业人员；

（6）外资和中外合资企业中的高级管理人员和技术人员；

（7）具有一定知名度的艺术家或体育明星；

（8）收入持续上升且资信良好的个体经营者；

（9）其他具有一定社会地位的客户。

3. 以交易特征为评价标准的目标客户：

（1）为人诚实、行事稳健且与本行保持长期稳定的业务关系的客户；

（2）有更高的潜在利润、对产品价格的敏感度低，需要的服务相对简洁、高效和优质，并信任本行和客户经理的客户；

（3）认为本行提供的产品和服务的价值、质量、便利性、安全性等高于其他银行的客户。

依据上述条件选择个人客户，银行就会拥有越来越多的优质客户；客户的保持率也会越来越高，客户群体的生命周期就会加长，终身价值也会提高，为银行创造的利润就会越来越大。银行把利润的一部分用于回馈顾客，客户的忠诚度则会稳步提升。

4. 以终身价值为评价标准。

客户的终身价值由显性价值、潜在价值和成长价值构成。客户显性价值是指一个客户从开始使用银行产品或服务到目前为止为银行带来的收入（利润）。客户的显性价值可以通过客户在银行构的交易活动记录进行计算、判别。客户的潜在价值是指一个客户除已经带来的收入外，还可能给银行带来的，但目前还未在该银行反映出来的价值。如某客户在银行有巨额存款，同时有非常活跃的外汇交易活动，显然其潜在价值远高于其在银行体现的价值。客户成长价值是指随着时间的推移，客户本身的年龄、身份、受教育程度、家庭状况、工作的行业、职业、收入等不断变化而使客户的价值不断成长后给银行带来的价值。

客户终身价值受下列因素影响：

（1）宏观社会因素。影响客户终身价值的宏观经济因素主要从社会发展的角度来考虑，具体包括社会经济的发展程度（社会经济环境的发达程度主要指标是国民生产总值、社会平均最低和最高工资水平）、金融体系的完善程度、科学技术的进步。

（2）微观环境因素。主要包括银行经营管理水平和同业竞争与合作。银行经营管理水平的高低直接影响客户对银行的满意度和忠诚度，也最终决定了客户潜在价值和成长价值的实现程度；同业之间的竞争和合作必然影响到银行提供的金融产品和服务，最终影响到客户的最终价值的实现。

（3）客户个人因素。影响客户终身价值的个人因素包括个人财富存量、个人成长能力、个人风险偏好和其他因素。个人财富存量的影响因素包括出身和生活环境、职业、个人年收入、偶然因素；个人成长能力的影响因素则包括教育背景、年龄、行业和个人能力；个人风险偏好可以划分为风险偏好型和风险厌恶型两种，风险偏好不同，投资的产品就不同；其他因素则如个人健康状况、婚姻和突发事件等。

（二）公司客户的价值评价标准

公司客户的价值评价标准主要包括财务评价标准和非财务评价标准两个方面，客户价值的评价就从上述两个方面进行。非财务因素主要包括法人基本情况和市场状况两个方面。

1. 法人评价标准。

（1）基本情况评价标准。评价标准的构成内容包括：产权构成是否清晰、何种产权、主营业务是否突出、产品多样化程度、营业地址是否符合业务要求（如商业企业是否在闹市区或居民区）、企业购买、是否知名品牌、所处发展阶段。

（2）资信状况评价标准。包括客户在开户银行以及在其他银行的信用状况，有无违约记录；履约情况及潜在的负债情况；有无经济纠纷和经济处罚等重大事项。

（3）经营管理的评价标准。包括对领导班子的素质和能力评价标准，具体如道德品质、敬业精神、法制观念、知识结构、开拓创新能力、组织能力、团结协作能力、科学决策水平和工作经历等因素；客户过去业绩的评价标准，包括最近几年是否出现过较大的决策或经营失误、是否有还债意愿、经营业绩在行业中的水平；质量管理体系评价标准，主要有客户的质量管理水平、质量管理措施、通过的质量管理认证、质量管理制度完善程度等方面；生产经营水平评价标准，具体包括采购环节、生产环节和销售环节三个方面的评价标准，尤其应当注意的是成本水平的控制标准；管理制度和管理结构的合理性标准，包括客户的组织结构、内部经营管理模式、各项基础管理制度、激励约束机制、信息反馈机制、人力资源配置等方面的标准。

2. 市场评价标准。

（1）市场状况及前景评价标准。主要是市场供求状况的评价标准，包括 3～5 年内本企业产品的市场总供应量与需要量的关系，以及该产品的市场销售增长率。

（2）产品竞争力评价标准。主要包括三个评价标准：第一，产品评价标准，包括对产品的成本结构、竞争范围、价格水平、技术应用能力、销售渠道以及服务网络、产品周期；第二，生产能力利用率标准，是目前企业实际生产能力与设计生产能力之比，反映企业生产能力的利用程度；第三，市场占有率标准。

（3）相关因素评价标准。包括政府政策的影响和科技进步的影响两个方面。政策的影响如产业政策的影响。科技进步的影响主要指科技进步对产品的需求和价格的负面影响。

3. 财务评价标准。

（1）财务评价标准的含义。对企业经专业机构审计的近 3 年财务报表、财务报表附注、财务状况说明书、审计报告以及同类企业相关资料进行分析评价后，对企业财务状况作出评价判断的标准。

（2）财务评价标准的主要内容。企业财务结构合理性、稳定性及发展趋势；企业盈利能力、偿债能力和发展趋势；现金流量状况及变动趋势；过去几年对短期负债、长期负债的偿付情况；新增债务对企业经营状况的影响；企业偿还债务的能力，包括偿债资金的来源、数量和可靠性等；企业财务的总体情况；新组建公司的股东分析。

（3）通过财务评价，客户经理应当回答的问题：评价指标中哪些低于正常水平，原因是什么？财务状况是否异常，以及异常的原因？现金流量变化的原因是什么？未来现金流量如何？资产负债率高或低的原因是什么？偿债能力、盈利能力和资产变现能力如何？应收账款数额、成因及账龄情况如何？存货的实际价值是多少？

（4）各种财务评价表格示例。

表 3－1　资产负债表示例

项目＼年份	同业水平占比	年		年		年	
		金额	占比	金额	占比	金额	占比
流动资产							
现金							
应收账款净额							
存货							
长期投资							
固定资产							
固定资产净值							
在建工程							
无形资产和递延资产							
资产总计							
流动负债							
短期借款							
应付账款							
长期负债							
长期借款							
负债合计							
所有者权益							
实收资本							
负债与所有者权益合计							

表 3－2　不同行业资产负债表结构分析参考指标

项目＼行业	生产销售行业（%）			服务行业（%）	
	制造业	批发业	零售业	资本密集	劳动密集
现金占总资产比重	5～8	5～8	5～8	5～8	5～20
应收账款占总资产比重	20～25	25～35	0～10	0～20	20～60
存货占总资产比重	25～35	35～50	50～60	0～10	0～10
固定资产占总资产比重	30～40	10～20	10～20	50～70	10～30
剩余资产占总资产比重	5～10				
流动负债占负债权益比重	30～40	40～55	50～60	20～30	40～50
长期负债占负债权益比重	15～25	15～20	10～20	20～30	0～10
所有者权益占负债权益比重	35～50	30～40	25～35	35～50	35～50

表 3－3　利润表示例

项目＼年份	同业水平占比	年		年		年	
		金额	占比	金额	占比	金额	占比
一、产品销售收入							
减：产品销售成本							
产品销售费用							
产品销售税金及附加							
二、产品销售利润							

续表

项目 \ 年份	同业水平占比	年		年		年	
		金额	占比	金额	占比	金额	占比
加：其他业务利润							
减：管理费用							
财务费用							
三、营业利润							
加：投资收益							
营业外收入							
减：营业外支出							
加：以前年度损益调整							
四、利润总额							
减：所得税							
五、净利润			100		100		100

表3－4　　　　财务比率评价表示例

项　目 \ 年　份	序号	同业水平	年	年	年
一、盈利能力比率					
销售利润率	1				
营业利润率	2				
净利润率	3				
成本费用利润率	4				
二、营运能力比率					
总资产周转率	5				
固定资产周转率	6				
应收账款周转率	7				
存货周转率	8				
资产报酬率	9				
权益报酬率	10				
三、偿债能力比率					
资产负债率	11				
负债与所有者权益比率	12				
负债与有形净资产比率	13				
利息保障倍数	14				
流动比率	15				
速动比率	16				
现金比率	17				
四、增长比率					
净销售收入增长率	18				
净利润增长率	19				
总资产增长率	20				
总负债增长率	21				
资产净值增长率	22				

表 3－5　　现金流量分析表示例

指标		当期	年	年	年
经营活动现金流量	流入小计				
	流出小计				
	净流量				
投资活动现金流量	流入小计				
	流出小计				
	净流量				
融资活动现金流量	流入小计				
	流出小计				
	净流量				
对当期现金流量进行分析，对未来现金流量进行预测。					

表 3－6　　现金流量综合分析表示例

经营现金流	投资现金流	融资现金流	分析
+	+	+	经营和投资收益状况较好，但仍可以进行融资，通过找寻新的投资机会，避免资金的闲置性浪费
	+	−	经营和投资活动良性循环，融资活动虽进入偿还期，通过找寻新的投资机会，避免资金的闲置性浪费
	−	+	经营状况良好，在内部经营稳定的前提下，通过筹集资金进行投资，往往是处于扩张期，应着重分析投资项目的盈利能力
	−	−	经营状况良好，一方面在偿还以前债务，另一方面又要继续投资，应关注经营状况的变化，防止经营状况恶化导致整个财务状况恶化
−	+	+	靠借债维持生产经营的需要。财务状况可能恶化，应着重分析投资活动现金流是来自投资收益还是来自收回投资。如果是后者，则形势严峻
	+	−	经营活动已经发出危险信号。如果投资活动现金流入主要来自收回投资，则已经处于破产边缘，应高度警惕
	−	+	靠借债维持生产经营和生产规模扩大的需要。财务状况很不稳定。假如是处于投入期的企业，一旦渡过难关，还可能发展；如果是成长期或稳定期的企业，则非常危险
	−	−	财务状况非常危险。这种情况往往发生在高速扩展期，由于市场变化导致经营状况恶化，加上扩展时投入了大量资金，使企业陷入困境

4. 企业价值的综合评价标准。

（1）企业价值的综合评价标准参考表。

表 3－7　企业价值的综合评价标准参考表

因素大类	因素小类	选用指标	分值					权重
			0	25	50	75	100	
法人因素（30%）	基本情况	产权构成、主业占比、规模、品牌等方面	无主业、产权结构混乱	有主业但不清晰	有主业但无知名品牌	有知名品牌	有多个知名品牌	5%
	资信状况	违约记录	2 次或以上	1 次	无	获得资信证明书	获得级别较高的资信证明书	6%
		经济纠纷	2 次或以上	1 次	无	同业中口碑较好	公认的资信优良单位	4%
	经营管理	领导班子素质和经验	素质低、经验欠缺	素质不高、经验少	素质、经验一般	素质较高、经验较丰富	素质高、经验丰富	4%
		经营机制	僵化、落后	不适应市场、较落后	一般	较灵活	灵活、市场反应能力强	6%
		管理体系	制度不健全、管理混乱	不太合理	一般	较合理	合理、先进	5%
市场因素（40%）	市场供求及前景	供求关系	严重过剩、行业设备利用率不足 70%	行业设备利用率在 70% ~ 80% 之间，市场过剩	行业设备利用率、产销率均在 80% ~90%	行业设备利用率、产销率均在 90% 以上，新设备较多	行业设备利用率、产销率均在 90% 以上，没有新设备	5%
		市场前景	近 3 年销售增长率低于 GDP 增长率 5% 及以下	低于全国 0 ~ 5%	高于全国 0 ~ 5%	高于全国 5% ~10%	高于全国 10%	7%
	产品竞争力	竞争范围、价格水平、技术应用、销售渠道、产品的生命周期	国际竞争、国内高价且波动幅度在 100% 以上、技术水平一般、无销售网络、在产品衰退期	部分国际竞争、价格高于国内平均价 10% 以上，且波动幅度在 60% ~ 100% 以上	国内竞争、价格在国内 −10% ~ 10%、波动幅度 30% ~60%、国内先进技术水平、无销售网络、在产品成熟期	地域竞争、价格低于国内平均价 10% 以下，且波动幅度 0 ~ 30%、国际平均水平、国内较大销售网络	地区竞争、国内外最低价且波动幅度较小、国际先进水平、国内外销售网络、在产品成长期	8%
		生产能力利用率	50% 以下	50% ~60%	60% ~75%	75% ~90%	90% 以上	7%
		市场份额	3% 以下	3% ~5%	5% ~10%	10% ~20%	20% 以上	8%
	相关因素	国家政策、客户依赖程度	无政策支持或有限政策、第一名客户占总销售的 20% 以上	第一名客户占总销售的 15% ~ 20%	政策规定将淘汰替代产品、第一名客户占总销售的 10% ~15%	第一名客户占总销售的 5% ~ 10%	有扶持政策、第一名客户占总销售的 5% 以下	5%

续表

因素大类	因素小类	选用指标	分值					权重
			0	25	50	75	100	
财务因素（30%）	盈利能力	净资产收益率	≤0.7%	>0.7%	>1.4%	>2.8%	≥5.5%	3%
		销售利润率	≤7%	>7%	>8%	>9%	≥10%	2%
	营运能力	应收账款周转率	≤5%	>5%	>6.5%	>10%	≥15%	3%
		存货周转率	≤5%	>5%	>6.5%	>7.5%	≥8.5%	3%
	偿债能力	资产负债率	≥85%	<85%	<70%	<60%	<45%	2%
		速动比率	≤60%	>60%	>90%	>150%	>200%	3%
		利息保障倍数	≤1	>1	>1.5	>2.5	>3	2%
	增长能力	销售收入周转率	≤8%	>8%	>12%	>15%	>20%	3%
	现金流	净现金流量	行业平均水平	行业平均水平+5%	行业平均水平+10%	行业平均水平+15%	行业平均水平+20%或以上	9%

表 3－8　　企业价值评价计分表示例

指标	权重	取值	得分
一、法人因素	30%		
基本情况	5%		
违约记录	6%		
经济纠纷	4%		
领导班子素质和经验	4%		
经营机制	6%		
管理体系	5%		
二、市场因素	40%		
供求关系	5%		
市场前景	7%		
竞争范围等产品竞争力因素	8%		
生产能力利用率	7%		
市场份额	8%		
相关因素	5%		
三、财务因素	30%		
净资产收益率	3%		
销售利润率	2%		
应收账款周转率	3%		
存货周转率	3%		
资产负债率	2%		
速动比率	3%		
利息保障倍数	2%		
销售收入周转率	3%		
净现金流量	9%		
合计得分			

（2）企业价值的综合评价步骤：

第一，选择用来评价企业价值的一系列指标。

第二，给定各指标的权重，全部权重之和为 100%。

第三，对同一指标的不同情况赋值，然后判断实际属于哪种情况。

第四，将各指标的实际赋值与该指标权重的乘积进行全部加总，得到该企业的评价标准值。

（3）注意事项：

第一，如果某客户的信誉极低，那么客户经理应慎重对待该客户的财务账户。

第二，不同行业、不同地区企业的指标赋值不同，高成长性行业或发达地区的企业的得分可能高一些。如电信行业近几年销售收入增长率经常超过 20%，而一般制造业的仅为 10%。

第三，应从客户的价值评价中概括出核心竞争力，作为该客户是否发生风险和发生多大风险的最终标准。

【相关链接 3－6】

某商业银行目标客户的价值评价标准

某商业银行根据信用登记评定结果以及其他因素，把客户划分为优质客户、一般客户、限制客户和淘汰客户，并规定评价标准如表 3－9 所示。

表 3－9　　目标客户的价值评价标准

目标客户类型	经营状况	信用等级	偿债能力	盈利情况
1. 优质客户	符合国家产业政策，发展前景和经营状况良好	AA	资产负债率低于 70%，现金流量充足，无不良贷款	盈利
2. 一般客户	符合国家产业政策，经营状况正常	A	资产负债率低于 85%，到期信用偿付率高于 80%，贷款利息回收率高于 90%	盈利
3. 限制客户	生产经营属于国家限制发展或限期调整的行业或客户技术装备水平低、规模小、缺乏竞争力、经营效益下降	B	资产负债率高于 85%，到期信用偿付率低于 80%，贷款利息回收率低于 90%	出现亏损
4. 淘汰客户	国家产业或产品政策禁止发展和明令淘汰；严重资不抵债；已经停止生产经营 1 年以上	C	逃废银行债务，且债务无法落实；到期信用偿付率低于 30%	亏损

（三）机构客户的价值评价标准

1. 金融同业类机构客户的价值评价标准。金融同业类机构客户的价值评价标准通常包括资产规模和质量、资本规模、资本充足率、流动资产占流动负债的比率、不良资产率、单一集团客户授信集中度、全部关联度、累计外汇敞口头寸比例、利率风险敏感度、成本收入比、资产利润率和资本利润率、信用等级等。

2. 非金融同业类机构客户的价值评价标准。非金融同业类机构客户的价值评价标准通常包括经费限额以及其他税费收入来源等。

【本章小结】

客户的概念是在商品交换中产生的。客户是指承接价值的主体——通常所说的购买产品的付款者；而其承接价值是因为要获得其使用价值，也即是有相应需求要满足。

金融客户是相对于金融产品与服务提供者而言的，客户是所有接受金融产品与服务的组织和个人的统称。

银行的客户是指为满足自身筹资、融资、投资以及风险管理等金融需求，而买卖金融产品或接受金融服务的消费者。

银行的客户种类众多，情况多样，但归纳起来，其特点表现为：全面性、差异性、易变性、持续性。

个人客户是指在金融业务活动中直接以个人身份出现，在法律关系上以自然人为资格条件，与银行进行业务往来的客户。个人客户又是“终极客户”，是信贷资金的主要提供者。

公司客户是指进行自主经营、实行独立经济核算的经济组织。公司客户既是信贷资金的提供者，又是信贷资金主要的需求对象。

除了个人客户和公司客户以外的客户被称为机构客户。机构客户是信贷资金的主要提供者。机构客户包括金融类客户和非金融类客户。

银行客户的分类主要从以下几方面进行：按客户的主体分为个人客户、公司客户和机构客户；按客户为银行所带来的价值的大小分为高价值客户、微利客户、保本客户和亏损客户；根据银行客户的利润贡献份额和生命周期价值分为最有价值客户、发展潜力最大的客户和零价值以下客户；按客户需求银行产品类型的不同分为负债类客户、资产类客户和中间业务类客户；按客户需求的高低不同分为基本需求类客户、增值需求类客户和价值需求类客户。

银行通常把个人客户或潜在的个人客户划分为若干个具体的群体，每一客户群体的金融需求的基本部分是稳定的，其基本需求部分是使该群体与另外的群体区别开来的主要标志。对个人客户的分类方法很多。

对公司客户进行细分类，有利于客户经理分析和掌握各类公司客户的特点，有针对性地向不同的企业提供所需要的金融产品和金融服务。

机构客户在金融市场上既是资金的供给者，也是资金的需求者，还是金融产品和服务的提供者或者说是金融市场的媒体（中介机构）。机构客户通常分为两类：金融同业类客户和机关事业单位客户。

目标客户是指客户经理通过市场细分后所确定的重点营销对象，是银行能够满足其现实或潜在金融需求并从服务中获得盈利和发展的客户群。目标客户对农村合作金融机构有着重要的意义。

目标客户价值是银行通过向客户提供各种金融服务和金融产品，在现在或将来的一段时期，从目标客户那里获得经济收益的能力。这些经济收益包括贷款利息收益、中间业务的各种手续费和佣金收益等。

个人客户的价值评价标准，在其不同的评价标准下，目标客户的条件也不同。

公司客户的价值评价标准，主要包括财务评价标准和非财务评价标准。

机构客户的价值评价标准，一是金融同业类机构客户的价值评价标准。通常包括资产规模和质量、资本规模、资本充足率、流动资产占流动负债的比率、不良资产率、单一集团客户授信集中度、全部关联度、累计外汇敞口头寸比例、利率风险敏感度、成本收入比、资产利润率和资本利润率、信用等级等。二是非金融同业类机构客户的价值评价标准。通常包括经费限额以及其他税费收入来源等。

【重点概念】

目标客户　目标客户价值

【复习思考题】

一、思考题

1. 简述目标客户价值的双重意义。
2. 简述银行客户的特点。
3. 如何对银行客户进行分类？
4. 简述个人客户的金融需求特征。
5. 目标客户对银行的意义是什么？
6. 公司客户的价值评价标准包括什么？
7. 简述企业价值的综合评价步骤。

二、案例分析题

案情　　　　评价客户的价值

A公司的情况如下：有知名品牌，并获得资信证明，同业口碑较好；但领导素质和经验一般，经营机制僵化，管理机制不太合理；行业设备利用率80%，近3年销售增长率低于全国4%，在地域内竞争，价格高于国内均价7%，价格波动较小，技术是国内较先进的水平，产品处于成熟期，生产能力利用率为80%，市场份额为2%，有政策支持，首位客户销售额占15%；净资产收益率1%，销售利润率7%，应收账款周转率6%，存货周转率5%，资产负债率74%，速动比率140%，利息保障倍数2倍，销售收入周转率11%，净现金流量为行业平均水平。

分析解答问题：

（1）对A公司的法人因素作出评分。

（2）对A公司的市场因素作出评分。

（3）对A公司的财务因素作出评分。

（4）综合评价A公司，判定是否为银行的优质客户。

三、实训题

实训题一 客户的金融需求分析和目标客户的确定实训

［实训目的］通过实训使学员了解和掌握客户按照提供的服务类型的分类。

［实训要求］对社会各阶层分类，根据所属类型的不同填入下表，并对其构成做简要评价，然后确定农村合作金融机构的目标客户。

客户类型	举例（3～5个）
一般零售银行客户	
消费信贷客户	
信用卡客户	
贵宾理财客户	
私人银行客户	

［实训步骤］

1. 分析各类客户的含义，确定调查方法；
2. 实施调查工作。

［操作流程］

1. 根据积累的资料、上网收集或对市场情况进行调查；
2. 填写表格，并进行分析，确定农村合作金融机构的目标客户；
3. 写出分析报告。

实训题二 如何评价目标客户的价值实训

［实训目的］通过实训使学员学会评价目标客户的价值，然后确定公司客户的类型，从而为银行确定产品和服务的类型和方式提供依据。

［实训要求］根据下表中B公司的资料和教材中企业价值的综合评价标准参考表，分析评价B公司的综合价值。

因素大类	因素小类	选用指标	权重	取值	得分
法人因素（30%）	基本情况	有知名品牌	5%		
	资信状况	无违约记录	6%		
		无经济纠纷	4%		
	经营管理	素质较高、经验较丰富	4%		
		经营机制较灵活	6%		
		管理体系合理、先进	5%		

续表

因素大类	因素小类	选用指标	权重	取值	得分
市场因素（40%）	市场供求及前景	行业设备利用率、产销率均在 80% ~90%	5%		
		市场前景高于全国 5% ~10%	7%		
	产品竞争力	国内竞争、价格在国内 -10% ~10%、波动幅度 30% ~60%、国内先进技术水平、无销售网络、在产品成熟期	8%		
		生产能力利用率 90% 以上	7%		
		市场份额 10% ~20%	8%		
	相关因素	第一名客户占总销售的 15% ~20%	5%		
财务因素（30%）	盈利能力	净资产收益率≥5.5%	3%		
		销售利润率≥10%	2%		
	营运能力	应收账款周转率 >10%	3%		
		存货周转率 >7.5%	3%		
	偿债能力	资产负债率 <45%	2%		
		速动比率 >200%	3%		
		利息保障倍数 >3	2%		
	增长能力	销售收入周转率 >20%	3%		
	现金流	净现金流量行业平均水平 +15%	9%		
合计得分					

资料来源：2003 年麦肯锡公司数据资料。

[实训步骤]

1. 根据教材以及上表资料计算出公司的分值；
2. 分析客户所属的类型。

[操作流程]

1. 根据计算结果填写上表；
2. 写出《客户价值评价报告》。

【参考文献】

[1] 刘旭东：《商业银行客户经理》，北京，中国金融出版社，2006。
[2] 满玉华：《商业银行客户经理》，北京，中国人民大学出版社，2009。
[3] 杨明生：《商业银行客户经理必读》，北京，中国金融出版社，2003。

第四章　目标客户的选择与开发

【本章概要】

客户分类与客户价值评价是选择目标客户的基础。银行在对客户分类后，就应根据自身发展战略和条件遵循安全效益、实事求是、因地制宜、适时调整和精选客户原则选择目标客户；并采取诸如电话开发、直接拜访、信函开发方式和面约、托约、广约、电约等方法开发目标客户，为进一步营销金融产品和服务创造条件。

【要点提示】

1. 选择目标客户的原则、标准与方法；
2. 如何选择目标客户；
3. 目标客户开发的方式与方法；
4. 开发目标客户的流程，建立与目标客户合作互惠关系。

【本章架构图】

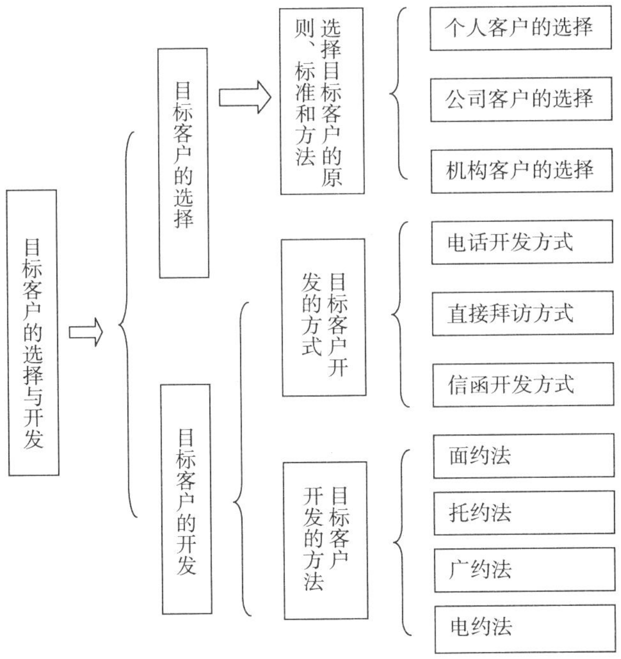

【章前引例及分析】

金融服务"家家到"，真的服务到家了

"太感谢了，这下我再也不为没钱买柴油、种子发愁了，信用社真好，真的服务到家了"，这是五河县临北乡段村庄农民黄家典倒出的心窝话。这也是日前五河县临北乡信用社在金融服务"家家到"活动中，为该村14户贫困农户办理了5万元小额贷款，用于购买柴油、种子、化肥，帮助"三夏"生产的真实写照。

自今年金融服务"家家到"活动开展以来，五河县临北乡信用社认真贯彻落实，信用社信贷人员利用10多天时间走访全乡9个行政村，并回访了一些存量客户。在走访中，信用社的同志与各行政村两委、村民小组、个体工商户、种植、养殖户和部分困难农户座谈，探讨农村发展新思路，分析农民在发展种植、养殖业和个体工商业在生产经营中遇到的困难和问题。在该乡段村庄走访座谈时，信用社的同志发现一些农户因家庭贫困没钱买柴油和化肥、种子，影响"三夏"收种，正在发愁。信用社主任当即和村两委研究，并表态凡是用于"三农"的贷款业务，信用社都简化程序，提供快速优质金融服务。随后几名信贷人员和村民小组负责人深入贫困户进行统计，并现场办公，按照各户申请资金数额，仅半天时间为该村14户困难户各办理了2 000元至5 000元不等的小额贷款，帮助这些困难农户渡过难关。

"家家到"活动背景：为了应对国际金融危机和同业竞争加剧的影响，转变营销理念，增强竞争力，安徽省联社决定于2009年3月中旬至2010年3月，在全省农村合作金融机构开展一次全面的客户调查和业务宣传拓展活动（简称"家家到"活动）。活动目标：一是正确了解市场特点，明确发展战略，清理发展思路；二是优化并巩固存量客户，发展并确立新的目标客户；三是全面了解客户的需求，并为客户量身定做金融产品和服务；四是调整业务结构，确保各项收入持续稳定增长；五是探索符合农村合作金融机构发展需要的科学经营理念。活动内容：走访地方政府；存量客户回访；目标客户调查；目标客户营销。

分析：通过金融服务"家家到"活动，信用社实现了优化并巩固存量客户，开发新的目标客户，为客户量身定做金融产品和服务，确保各项收入持续稳定增长的经营目标。

（资料来源：傅章林，http：//www. ahrcu. com/，2009－05－25）

第一节　目标客户的选择

选择目标客户首先要选择目标市场。这里**所谓的目标市场就是银行决定要进入的市场，亦即银行拟以相应的金融产品和服务满足的那部分客户群体**。银行在对整体市场进行细分之后，要对各细分市场进行评估，然后根据细分市场的市场潜力、竞争状况、本身资源条件等多种因素决定把哪一个或哪几个细分市场作为目标市场。

目标客户的选择是一个动态的过程。它是客户经理不断了解和分析客户的需求，不

断向目标客户提供服务和销售产品的过程。随着市场的变化，目标客户也应不断进行调整和更新。

一、目标客户的选择

客户的需求呈现出多样化、立体化、个性化、综合性等特征，而某一个银行所能提供的金融产品和金融服务是有限的；加之客户经理自身资源及精力所限，不可能满足整个市场的所有需求，因此客户经理必须依据一定的原则、标准与方法从所有的客户对象中选择目标客户作为主攻对象，以确定其服务范围。通常是客户经理先对所有潜在客户进行初步分类，再从中选择那些最有希望、最可能使用本行（本信用社）金融产品或接受金融服务的客户作为目标客户。

（一）目标客户选择的原则

在确定目标客户时，客户经理不应按规模大小来搞“门当户对”，即客户经理选择那些规模同自己所在银行规模相当的对象作为目标客户。**选择的依据不仅仅是规模和“成分”，而是通过对银行外部环境和自身条件的综合分析，根据客户经理自己所掌握的资源的种类、性质、程度以及所服务客户的类型综合来进行选择。目标客户的选择应遵循以下原则：**

1. 安全、效益原则。目标客户应既能给银行带来收益，又不会给其带来难以承受的风险。银行的风险并不是在审批环节通过授信审查后才出现，从选定客户那一刻起实际上就决定了这个客户的风险大小。

2. 实事求是、因地制宜原则。以增加获胜把握为出发点，充分考虑自己负责的客户群、行业的熟悉程度、所在区域环境、银行的产品特色和资源优势。对于一个与银行实力和客户经理自身能力不相匹配的客户来讲，客户经理营销成功的可能性较小。对这样的客户，客户经理必须注意营销不成功所带来的风险。

3. 适时调整原则。根据银行经营战略、外部环境及自身定位等因素适时调整目标客户的选择方向。目标客户受各种因素影响，不可能始终不变，在客户结构需要调整时，应及时根据银行业务发展需要选择新的目标客户。

4. 精选客户原则。客户经理对目标客户的确定，应符合集约经营的要求，所选定的优秀客户群或优秀项目，应该是在一个地区的诸多企业或若干个项目中，存款的余额或合作的潜力较大，贷款投入或需求量较大，可开展较多的中间业务，经济效益较佳的精品企业或项目。

（二）选择目标客户的标准

目标客户选择与银行的背景、资金来源及资产规划有密切的关系，作为银行的客户经理，在开发客户之前，应首先判断、分析该客户是否是本行（本信用社）的目标客户。**银行应当选择能为自己带来长远利益的客户，筛选的标准是：**

1. 目标客户合法合规性。**合法合规性是目标客户选择的首要条件，客户经理应首先了解该客户是否合法经营。对合法性的判断主要依据《民法通则》、《担保法》、《公司法》、《贷款通则》等有关规定，**对客户的法人资格（自然人资格）、授权委托人资格、公司组织形式、经营方式等是否合法进行分析。例如，《贷款通则》规定了借款人的有关资格，当客户经理在营销贷款时，就必须首先了解该客户是否满足借款人应具备的条件。

借款人是经工商行政管理机关（或主管机关）核准登记的企（事）业法人，其他经济组织，个体工商户或具有中华人民共和国国籍的具有完全民事行为能力的自然人，并且符合以下要求：

第一，有按期还本付息的能力，原应付贷款利息和到期贷款已清偿；没有清偿的，已经做了贷款人认可的偿还计划；

第二，除自然人和不需要经工商部门核准登记的事业法人外，应当经过工商部门办理年检手续；

第三，已开立基本账户或一般存款账户；

第四，除国务院规定外，有限责任公司和股份有限公司对外股本权益性投资累计额未超过其净资产总额的50%；

第五，借款人的资产负债率符合贷款人的要求；

第六，申请中、长期贷款投资新建项目的客户，其法人所有者权益与项目所需总投资的比例不低于国家规定的投资项目的资本金比例。

（1）法人资格分析。客户经理依据《民法通则》、《公司法》等有关规定，应重点分析以下内容：

①客户的《营业执照》是否在有效期；

②是否办理年检；

③是否发生客户名称、法人代表人及经营范围的变更；

④是否已吊销、注销、声明作废等；

⑤是否经工商管理机关（或主管机关）核准登记的企（事）业法人；

⑥若为贷款客户，则分析是否属于《贷款通则》规定的贷款对象。

（2）自然人资格。**若客户为自然人，则应重点分析以下内容：其是否具有完全民事行为能力。根据《民法通则》的有关规定，如果客户为18周岁以上，是完全民事行为能力人，具有完全民事行为能力，可以独立进行民事活动；如果客户为16周岁以上、不满18周岁，但以自己的劳动收入为主要生活来源，也属于完全民事行为能力人，可以独立进行民事活动。**

（3）客户组织形式、经营方式的合法性分析。在客户组织形式、经营方式的合法性分析中，客户经理应关注：产权关系是否明晰；权利义务是否明确；公司章程、合伙、承包、租赁协议等；采用何种经营形式；股份有限公司设立的合法性；有限责任公司设立的合法性。

在进行合法性分析中，不仅仅是客户主体资格、经营方式与组织形式的合法性问题，在开发客户的过程中，还有许多法律问题需要关注，例如借款用途合法性、抵（质）押物合法性、保证人合法性、票据管理合法性等，在这里就不一一列举了，详细内容请参见《贷款通则》。

2. 目标客户的规模和成长性。客户的资产规模、存款规模、贷款规模、各种中间业务的类型和规模以及与本行交易的业务规模，决定银行的获利空间。目标客户业务规模越大，为银行带来的收益则越高。目标客户未来成长性的大小也是筛选目标客户应考虑的重要因素，成长性大的目标客户，将来会给银行带来广阔的获利空间；而成长性小的目标客户将来给银行带来的获利空间也十分有限。

3. 目标客户的相对稳定性。目标客户的相对稳定性不仅可以降低开发客户成本，节约费用开支，还可以树立银行的品牌形象，以赢得更多客户的青睐。客户的相对稳定性不但与客户自身发展的稳定性和金融产品需求的稳定性密切相关，客户对银行的忠诚度也是决定性的因素。

4. 目标客户对相关群体的影响力。客户所属行业的重要性、其在所属行业的地位、市场占有率、客户在国内外或地区市场的知名度和影响力、客户的品牌产品等，都反映了企业对相关群体的影响力。目标客户对相关群体的影响力越大，号召力越强，其为银行带来的潜在客户就越多。

【相关链接 4－1】

平安银行目标客户的选择

在上海，占企业总数 99.7% 的中小企业贡献了 63% 的生产总值，创造了 85% 的就业机会和 80% 以上的新产品，成为上海经济体系中最活跃、发展最迅速的一支力量。深圳平安银行经过深入的市场调研与分析，在上海地区成立了首家中小企业业务中心，推出“赢动力”品牌为中小企业量身定制了许多服务新品；并根据低风险、标准化和非标准化三类授信产品实行不同的审批授权，大大简化了信贷业务流程；对于存单质押、银行承兑汇票贴现、300 万元以下不动产抵押等低风险产品，银行实行一站式服务快速通道；针对小企业抵押担保难的问题，银行还推出了 50 万元以下免抵押、免担保的信用贷款，支持上海地区中小企业的发展。

分析：由此可见，中小企业是上海经济体系中最活跃、发展最迅速的一支有生力量，在上海的生产总值、就业机会和新产品提供上都占据极其重要的地位，因此应当选择为银行的目标客户。

（三）选择目标客户的方法

客户经理必须根据自己银行所提供产品的内容及特点去寻找恰当的目标客户；更应当根据客户自身的价值来选择目标客户，通过扩展和创新自己的业务种类满足客户的需要，使目标客户成为自己的长期合作伙伴、收益增长的源泉、提高银行美誉度的手段。目标客户通常产生于那些已经在消费银行产品的现有客户群中，但还应当注意培育新客户。**客户经理需要采取资料查阅法、连锁寻找法、逐户确定法、群体推介法、中介介绍法、客户自我推介法等适当的方法，来发现银行潜在的目标客户。**

1. 资料查阅法。客户经理通过查阅相关资料来寻找目标客户。可供查阅的资料主要包括：工商企业名录、企业法人录、产品目录、电话黄页、公告、统计年鉴、专业团体的名册、广告（媒体广告、路牌、灯箱、车身广告等）、政府及其他部门可供查阅的资料、大众传播媒体公布的信息、企业集团的通信录、同乡录、互联网等。在使用互联网查阅时，应当注意资料的可靠性和及时性，因为不少网站的信息比较陈旧。

2. 连锁寻找法。即把巩固服务对象和新客户的开发结合起来，向现有客户的上下游企业延伸寻找新的目标客户。连锁寻找法有双重含义：第一，寻找现有客户的上游企业和下游企业，如老客户是石油化工企业，可寻找其上游的油料供应企业、开采企业、勘探企业，还可以寻找下游的销售公司、加油站、化工产品的使用企业等；第二，充分利用现有的关系网络，向外延伸，通常的方法是：甲介绍乙，乙介绍丙……依此类推，无限延伸，顺藤摸瓜，找到更多的、更优质的客户。

3. 逐户确定法。客户经理在选定的区域和服务范围内，逐户登门拜访每一个可能成为银行未来的客户，从而确定有合作价值的目标客户。为了减少盲目性，提高工作效率，客户经理应当事先对走访的区域作出计划，对区域内待走访的客户事先进行摸底，尽可能多了解一些情况。初次造访时，还应当精心设计开场白，尤其是如何表达第一句话和第一个动作，减少被拒之门外的可能性。

4. 群体推介法。客户经理在争取某个团体或主管部门的同意后，由他们出面向团体成员单位或所管辖的下属单位推介银行的产品和服务。通过这种方法，可提高银行的权威性和营销工作效率。我国的很多银行都采取这种方法来推介业务，比如工资卡、收费卡、借记卡等，效果颇佳。

5. 中介介绍法。客户经理还可以利用一些机构、企业、部门或个人作为中介人，介绍一些需要银行产品的客户。中介人向客户经理提供潜在客户的资料包括名称和一些基本经营情况。中介人的作用是提高潜在客户对银行的可信性。常见的中介人包括：政府部门、社会团体、银行现有的客户、客户经理选定的信息提供者和自己的亲朋好友。

6. 客户自我推介法。急需银行提供服务的客户会主动向银行自我推介，对这部分客户应当做到：第一，针对客户的需求，客户经理应当介绍和提供更便捷、更高效的产品和服务来吸引顾客；第二，对这部分客户中提出风险性服务要求的客户做资信方面的估价；第三，还应从互联网、交流会以及其他媒体广泛收集目标客户的信息资料，尽可能全面、准确地了解客户。

二、目标客户的确定

（一）个人客户的确定

1. 个人目标客户应当具备的条件。通常情况下，个人目标客户应当具备以下条件：

（1）有较迫切的现实和潜在的金融需求；

（2）收入水平足以消费银行提供的金融产品和服务；

（3）是家庭中金融消费的决策者。

2. 个人目标客户的选择方法。**个人目标客户的选择方法一般采取现场识别法、客户推荐法、公私联动法、中心开花法、合作伙伴识别法、讨论会识别法、媒体查询法、地毯式搜索法、函件寻找法等。**

（1）现场识别法。在营业网点中进出的客户众多，他们往往会带来大量的信息，敏锐的客户经理应当能够通过金融服务过程、专业咨询、主动提问、产品介绍等方法，观察客户的衣着打扮、言谈举止、气质风度等识别和判定目标客户。

（2）客户推荐法。一个由推荐产生的客户通常比其他方式争取来的客户能购买更多的金融产品，对银行更为忠诚，能为银行带来更大的收益。并且这种推荐不会就此终止，很可能会产生下一次推荐，形成良性循环。

（3）公私联动法。公司客户、机构客户和个人客户并不是截然分开的，许多对公客户的高级管理人员大都具备 VIP 客户的条件。客户经理要善于抓住机会，将个人业务与公司业务联动营销，从中选择优质的目标客户。

（4）中心开花法。即在某一特定的区域内，选择一些有影响的社会名流，使其成为银行产品或服务的消费者，利用名人效应吸引其相关群体，并尽可能取得其帮助或协作。

（5）合作伙伴识别法。银行拥有大量的合作伙伴和特约客户，由于合作伙伴通常借助于银行开展业务，而特惠客户也依托银行来拓展客户，所以，客户经理可以通过加强与他们的沟通与交流，获取第三方的数据资料，实现信息共享，通过分析判断，从这些资料中找出有价值的客户。

（6）讨论会识别法。即利用专题讨论会、产品推介会以及各种沙龙来发现和鉴别有价值的目标客户。参加讨论会和沙龙的听众基本上是合格的潜在客户。这种方法已越来越成为银行寻找目标客户的主要方法之一。

（7）媒体查询法。即通过查阅各种媒体资料来获取潜在客户的方法。通常可供查阅的媒体资料有报纸、杂志、互联网、名录和电话簿等。

（8）地毯式搜索法。即客户经理在选定的区域进行地毯式收集信息的方法。一般通过发放宣传资料、赠送小礼品、发放调查表、特色金融产品和服务的推介等方法引起客户的注意。

（9）函件寻找法。即通过邮寄函件或电子邮件的方式来寻找潜在目标客户。邮寄函件和产品推介相结合通常是一种比较常见的营销方式。

3. 分析和确定个人目标客户。客户经理通过上述方法获取潜在客户的信息资料后，还应当进行资料分析，从中挑选出营销费用低、价值大、忠诚度高、能给银行带来稳定收益的目标客户。

（1）分析目标客户。目标客户的分析通常从综合状况、成本收益、购买可能性三个方面进行分析。

①目标客户的综合状况分析。综合状况分析主要从客户的生活背景、工作背景、家庭情况、个人收入、个人支出、性格心理、未来发展趋势等方面进行。

②目标客户的成本收益分析。成本收益分析首先分析获取一个客户所需的成本，包

括客户开发成本、价格优惠成本、客户推荐成本、客户流失成本和机会成本；然后分析预期收益，包括基本预期利润分析（主要是客户的交易购买和交易频率）、成本节约分析（产生于客户的稳定性）、再推荐价值（产生于现有客户对潜在客户的推荐）、独特产品增值机会等。

③目标客户的购买可能性分析。首先应当根据客户对产品的信赖度、产品满足客户需求的符合度、对银行的印象好坏来判断客户的购买欲望；然后根据客户的职业、身份地位、收入来源和收入水平、支付计划等来判断客户对产品的购买能力、购买多少、何时购买。

（2）确定目标客户。通过对客户的个人状况、客户开发成本和预期收益的分析，及它们之间关系的综合分析，可以得出结论：个人背景越复杂，客户的开发成本越大；而购买银行产品的频率越低的客户，对银行的贡献度就越小。所以，潜在客户的贡献度取决于客户的类型、客户开发成本和预期收益三个因素。对银行贡献度较大的客户即是银行的目标客户。

4. 整理目标客户名单并确定客户开发计划。目标客户确定以后，客户经理应当有针对性地制订详细的客户开发计划，具体包括以下几个方面：

（1）时间表，即预约时间、拜访时间和回访时间的安排表；

（2）客户档案表，包括客户的住址、联系方式、兴趣爱好、家庭状况、感兴趣的产品等；

（3）费用预算，包括交通费、宣传费用、小礼品和接待费用等；

（4）意外情况分析，一般指发生在拜访过程中的一些突发事件。

【经典案例4－1】

澳洲联邦银行的个人客户选择

对于个人客户，澳大利亚各主要银行的通常做法是：将个人市场划分为大众阶层、中产阶层和富人阶层。

他们对于只要求基本银行服务的大众客户，尽量提供电子化服务以降低成本。对于教育程度较高的中产阶层，除基本服务项目外，还为其提供各类私人借贷、楼宇贷款、保险、信用卡等服务，并将理财服务也推广到该阶层。对于富人阶层，澳洲的许多银行先后成立了“私人银行部”，对这些高价值客户，依据其不同的资产状况和金融需求，为其量身设计一揽子金融服务，提供高档服务。

多层面的市场分类是澳洲联邦银行的基本策略。其市场分类的特点是“细而又细”，在将客户分为个人、企业两个基本类别的基础上，对每一类客户也进一步细化。

对个人客户，澳洲联邦银行根据年龄分为不同组别，有针对性地提供适合各年龄段需要的金融产品和服务。

目前联邦银行拥有1 000多万客户，占澳大利亚人口总数的一半，其中很多客户以联邦银行的服务相伴终身。因此，这种自然培养客户的长期策略不仅稳定了客户群，还为银行提供生生不息的业务源泉，而且还相应地减轻了银行拓展新客户的压力，节省了相关的成本和费用。

（资料来源：赖丹声：《银行营销实战原理》，北京，清华大学出版社，2006）

（二）公司客户的选择

1. 公司客户选择的原则。**银行公司客户的选择一般遵循安全性原则、收益性原则、适时调整原则和集约经营原则。**

（1）安全性原则。公司客户通常与银行的资金往来较大，风险一旦形成，给银行造成的损失往往很大。因此，在选择公司客户时，首先要分析确定该客户的风险大小，以决定其是否可以作为目标客户。

（2）收益性原则。收益性与客户的经营情况、市场地位、资金规模、服务品种和数量相关。收益是银行存在和发展的基础，客户经理必须充分考虑目标客户能给银行带来的收益，包括当前收益和未来收益。

（3）适时调整原则。根据银行经营战略、外部环境及自身定位等因素适时调整目标客户的限制方向。目标客户不可能一成不变，客户经理应及时根据需要和客户所发生的变化加以重新调整和确认，并选择新的目标客户并进行营销。

（4）集约经营原则。目标客户的选择应当符合集约经营原则，所选定的优秀客户群或优秀项目，应该坐落在同一个地区，并且有较大的合作潜力，预计有较大规模的存款和贷款发生，以及较多种类和较大规模的中间业务。

2. 公司客户选择的策略。**选择公司客户通常采取跟随型策略和求异型策略。**

（1）跟随型。选择与竞争对手相同或类似的客户群体，即跟随型战略。跟随型战略的优点是成本较低，缺点是无法体现本行的特色。

（2）求异型。选择与竞争对手不同的客户群体，即相异型战略。相异型战略的优点是有利于创造自己的特色品牌，缺点是成本大。

3. 选择公司客户应当考虑的问题。选择公司客户应当考虑的问题有：一是全国性客户还是地方性客户？二是大客户还是小客户？三是工业领域的客户还是其他领域的客户？四是国有企业还是非国有企业？五是城市客户还是农村客户？六是国内客户还是国外客户？七是处于成长期还是处于衰退期的客户？

4. 公司目标客户应当具备的条件。银行的公司目标客户应当具备下列部分或全部条件：

（1）是国家重点支持或鼓励发展的行业、企业或项目；

（2）与同类企业相比，有一定的竞争优势，成长性好；

（3）有良好的社会信誉，信用等级较高；

（4）已经发行股票并公开上市；

（5）产品技术含量高、销路广、现金回流快；

（6）财务状况良好，结构合理；

（7）治理结构合理、管理科学、机制灵活；

（8）高科技行业所属企业；

（9）与银行的服务能力相匹配；

（10）有未满足的现实的或潜在的金融需求，且能给银行带来收益；

（11）目前经营状况良好；

（12）管理者思维活跃、有思路、有能力或具备一定的社会背景；

（13）地域条件有发展前景；

（14）拥有可靠的供应商和顾客群；

（15）社会知名度高，并重视员工教育；

（16）有消费银行服务的需要，且有消费能力，有一定的消费规模。

5. 目标客户的选择方法——“机会—威胁”分析法。**“机会—威胁”分析法是客户经理选择目标客户常用的方法，即首先确定存在哪些机会因素和风险因素；再通过分析，选择机会高、风险低的客户作为目标客户。**

（1）常见的机会因素：

①技术水平进步带来的机会；

②银行专业技术的优势；

③客户行为方式的改变；

④客户需求的改变；

⑤银行的地理位置和给客户带来的便利条件；

⑥客户经理的素质和水平；

⑦良好的企业形象和声誉；

⑧客户经理能给客户带来的利益；

⑨与竞争银行相比，在服务产品、营业网点、资产规模、企业文化、经营机制、社会形象、营销策略等方面具有相对竞争优势。

（2）常见的威胁因素：

①银行产品缺乏市场渗透力；

②银行存款的减少影响到银行在市场上的声誉；

③银行贷款客户的减少和不良资产的增加；

④客户对客户经理的认知度下降；

⑤银行及客户经理对外宣传不充分或宣传效果不佳；

⑥客户对银行服务的不满度增加；

⑦银行工作程序相互冲突，贷款审批程序繁琐、时间过长；

⑧其他银行的竞争力较大；

⑨银行可利用的资源有限；

⑩客户对银行经理态度冷淡或表示不满；

⑪银行的市场影响力下降；

⑫银行产品和服务的局限性。

（3）目标客户的确定。列出一个潜在客户的所有机会因素和威胁因素，进行分析和总结后最终出现下面四种情况：

①机会和威胁都大的客户；

②机会和威胁都小的客户；

③机会大威胁小的客户；

④机会小威胁大的客户。

这四种情况如图 4－1 所示，**在这四种情况中，机会大威胁小的客户是最理想的目标客户。**

	机会大	机会小
威胁大	Ⅰ	Ⅱ
威胁小	Ⅲ	Ⅳ

图 4－1　机会—威胁矩阵图

6. 收集目标客户的基本信息并进行初步的价值判断。通过收集目标客户的基本信息和基本资料，加深对目标客户的了解，并进行初步的价值判断，为制订目标客户的开发计划准备基本的素材。

（1）需要收集的基本信息包括：

①目标客户主要管理和决策人员的基本情况，如姓名、年龄、文化程度、家庭情况、个人爱好、联系方式等；

②目标客户的经营情况、市场占有率、资金运作情况、企业沿革、目前遇到的问题等；

③目标客户关联企业的基本情况；

④目标客户与在本银行的业务开展情况；

⑤客户所在行业的历史、现状以及与行业相关的知识；

⑥客户与其他金融机构的合作情况以及下一步对本行可能提出的业务要求。

（2）客户信息的获取渠道：

①目标企业的宣传资料；

②政府主管部门；

③行业协会或学会；

④传播媒介或公开出版物、网站；

⑤中介机构；

⑥与目标客户关系密切的其他客户；

⑦找熟悉客户内部情况的人，尤其是客户主要决策人的“智囊”；

⑧目标客户的供应商和顾客。

（3）对目标客户进行价值判断。客户经理应当根据收集到的客户信息，对客户进行价值判断，从而决定客户是否具有开发价值。**价值判断通常从收益匡算和主要风险两个方面进行，**如表 4－1 所示。

表 4－1　　目标客户开发价值初步评价表

评价内容	正（+）		负（-）	
1. 客户的资产规模	大	□	小	□
2. 客户原料供应/产品销售区域	全省或全国范围	□	本地	□
3. 市场占有量/影响度	大/是知名品牌	□	小/为一般产品	□
4. 资金流量	大	□	小	□
5. 与其他银行的竞争态势	激烈	□	不感兴趣	□
6. 是否为上市公司、或列入“211 工程”的高校、或资金流量大的其他单位	是	□	不是	□
7. 行业情况	发展中或成熟行业	□	萌芽或衰退行业	□
8. 目前对银行产品的需要	金融意识强，急于获得银行支持；或自身发展快，但没意识到对银行产品的需求	□	遇到困难时需要银行支持	□
评价说明：按以上评价内容，如有两项以上得正分，则表明该客户具有开发价值				

7. 整理目标客户名单并确定客户开发计划。目标客户确定以后，客户经理应将确定的目标客户以及背景资料记录下来，列成表格形式，便于查找，如表 4－2 所示。客户信息的记录要详细、准确、连续、及时，尤其要避免信息记录的错误，因为记录错误会造成工作上的失误，影响工作的效果，甚至造成客户的流失。

表 4－2　　目标客户名单列表

目标客户名称	主要业务范围	通信地址	联系方式	成为现实客户的可能性	开发时拟投入的资源

通过对目标客户的相关信息进行分析，制订全面的客户开发计划，开发方案以及开发的具体步骤。客户经理应按照客户开发计划进行客户开发活动。在客户开发过程中，客户经理可以根据实际情况的变化而调整开发计划。客户开发计划表如表 4－3 所示。

表4-3 客户开发计划表

时间	工作安排		工作进度	
	工作目标	具体策略	计划进度	实际进度
1月				
2月				
3月				
4月				
5月				
⋮				

（三）机构客户的选择

选择金融机构客户时，应当考虑机构客户的金融需求目标；机构客户金融需求的主要内容，以寻求合作的基础；机构客户的经济现状、偿债能力以及财务状况等。

选择机关事业单位类客户时，应当关注它们经费来源的稳定性、经费规模的大小、资金使用的频率、客户的理财意识和盈余资金的稳定性、季节性等。

选择机构客户的方法同公司客户的选择方法基本相同。

第二节 目标客户的开发

一、目标客户开发的方式与方法

（一）目标客户开发的方式

常用的目标客户开发的方式有电话开发方式、直接拜访方式、信函开发方式。

1. 电话开发方式。电话最能突破时间与空间的限制，是目前最经济、最有效的开发客户的工具。客户经理通过各种渠道，能方便地获得不少人的电话资料。电话开发客户前要做好准备，打电话前首先要放松，要具有热诚和信心，对本次电话开发成功的期望值不要太高。同时要注意文明用语和讲话顺序，谈吐要清晰，条理要分明，要掌握客户的心理和通话时间，要注意语音、语调、语流、语速，通过声音展示出自己的专业素养和积极热情的态度，要充分运用各种悬念的技巧，让目标客户觉得很有必要见面。

【相关链接4-2】

电话开发示例

客户经理：“张总您好！我是A行客户部经理，我叫孙丽。请问李磊是您的老朋友吗?”

目标客户：“是的。您认识他?”

客户经理：“他也是我的好朋友。是他介绍我来找您的。他一直对您在事业上的成就赞不绝口，说您待人和善，是个白手起家的优秀企业家。”

目标客户：“其实，我也是个很平常的人。”

客户经理："您太谦虚了！前一阵子，通过我的介绍，他的公司与我行签订了全面合作协议，把基本账户转到了我行，我行为他的公司还提供了3亿元的授信额度。他认为我行实力强大，管理规范，服务优质，科技先进。同时认为我这个客户经理够专业，服务也好，很乐意支持我的工作。他觉得像您这样优秀的企业家所领导的优秀企业也应拥有这样的金融服务，就介绍我与您联系。"

"请问您是今天下午二点半还是明天上午九点方便？我去办公室拜访您好吗？"

目标客户："好，就今天下午二点半吧！"

注：上面这段电话开发，客户经理是运用客户关系法（介绍法）来约见客户的。他借助那位介绍人的关系拉近了双方的距离，又向客户传递了"我朋友已经与某银行合作"的信息，还十分恰当地恭维了他，给客户留下良好的印象。更为重要的是运用"二择一法则"与客户约定了见面时间。

2. 直接拜访方式。直接拜访一般有两种：**一种是事先已和客户约好见面的时间、地点等**。这种拜访称为计划性拜访，拜访前因为已知和谁见面，因此，能为拜访客户做好充分的准备。**另外一种是不预先通知客户，直接到有客户的地方去拜访**。香港银行称此种做法为"洗楼"或"扫街"，"洗楼"或"扫街"的目的在于找出目标客户，并设法与关键人士会面，收集目标客户的资料。成功的"洗楼"或"扫街"能给客户经理带来许多好处：如亲自判断目标客户的市场潜力，能在极短的时间内收集客户的资料，建立目标客户卡，以供日后拜访用；能有效地了解自己所处区域市场的特性；同时也能锻炼客户经理的营销技巧。

3. 信函开发方式。营销信函主要用在客户经理接触目标客户前，先寄发有关资料给计划开发的客户，旨在引起客户的兴趣，让客户愿意与客户经理会面。用信函开发目标客户，其特点是主动性强，覆盖面广，而且因为不是面对面地谈话，可以没有任何心理压力。

在营销信函当中，可以写上很理性的观点，可以提供很感性的实例。由于收信人是在客户经理不在场的情况下拆阅信件，所以，无论他作出怎样的反应，都不会影响到客户经理的情绪。

运用信函开发应包含以下基本内容：寒暄、自我介绍、赞美肯定、提出拜访要求、约定拜访时间等。撰写营销信函要注意三点：要简洁，有重点；要引起客户的兴趣及好奇心；不要过于表露希望拜访的迫切性。

【相关链接4-3】

信函开发示例

尊敬的李处长：

您好！

我是A行的客户经理，我叫张岚。

请原谅我冒昧地给您写信。虽然我们素不相识，但久闻大名，祈盼有机会与您相识。

您知道刘洋这个人吗？他对您的成功人生非常敬佩。说您是一个走在时代前面的弄潮儿，特别是对网络经济有较深的研究，对网络金融新产品很感兴趣。刘先生有您这样新潮的朋友，我感到非常高兴。我和刘先生也是多年的挚友。我们非常佩服您的远见卓识。最近我行开发出一种新的公司客户理财服务产品，我把它介绍给了一家大型集团公司使用，颇受欢迎。我想像这样的新产品，你们也一定很喜欢，因此草拟了一个方案，先寄给您了解一下。我想下周去拜访您，再当面作详细介绍。如果方便的话，电话通知我，手机号是136××××××××。

祝您事业发达，身体安康！

A行客户经理　张岚

2011年1月8日

（二）目标客户开发的方法

目标客户开发的方法通常采用面约法、托约法、广约法、函约法、电约法。

1. 面约法。**面约是指客户经理与客户当面约定下次见面的地点、时间、方式等。**在面约时，客户经理无论语气还是用词，都必须坦率、诚挚、中肯，避免与客户大声争辩，必要时配以生动的表情与手势。如果准备面约客户的高层领导，而客户只派一个中层干部来负责接洽，客户经理就应该着重强调与其上司面谈的必要性。

2. 托约法。**客户经理委托第三者代为约见客户，如留函代转、信件转递、他人代约等。**这种方法一般在代约人与客户很熟悉或客户经理很难直接约见到客户时采用。运用连锁法寻找客户时就经常使用托约，因为客户经理如果与某个客户很熟悉，就可委托他约见其他客户。

3. 广约法。**客户经理利用大众传播媒介或标准化的邀请函把约见的目的、内容、时间、地点等广而告之，届时客户经理在预定时间地点同客户见面。**一般适用于差别不太大的银行产品的营销，如某种新的银行存款品种。客户经理组织召开新产品推介会一般采取这种方式。

4. 函约法。**客户经理利用信函约见客户。**信函通常有个人书信、会议通知、请柬、广告等，其中采用个人函件的形式约见客户的效果最好。在进行函件约见时，客户应注意信函的格式、长短、语气等。

5. 电约法。**客户经理利用各种现代化通信工具约见客户。如电传、电报、电话、E-mail等。**在电约诸方法中，最常见的是电话约见。目前，很多企业就采用这种方式，它们要求销售人员每天打若干个电话给目标客户以征询有无购买本企业产品的意向。电话约见客户前，旁边应放置好纸和笔，以便能随时做好记录。

二、目标客户开发流程

开发目标客户的流程包括开发目标客户的前期准备、接触目标客户、对目标客户的营销、与目标客户达成交易和建立目标客户合作互惠关系五个程序。

（一）开发目标客户的前期准备

开发目标客户的前期准备是拜访客户之前所做的一系列准备工作。拜访客户旨在向其介绍本银行的情况、收集客户的信息、了解客户的需求，实现为客户提供优质产品和服务的目的。为了使拜访工作目的明确、针对性强，并达到预期效果，在拜访前需要进行必要的准备。**拜访前的准备工作包括制订拜访计划和拜访预约两部分。**

1. 制订拜访计划。根据对目标客户初步价值评价的结果，确定具有开发价值的目标客户。客户经理应当针对这些目标客户制订拜访计划，从而进一步确定如何、何时对目标客户进行开发，需要投入何种开发资源和采用怎样的拜访方式等，可制定目标客户拜访方式表，如表4－4所示。

表4－4　　　　拜访方式表

<table>
<tr><td>客户名称</td><td>拜访时间</td><td>拜访地点</td><td>出行方式</td><td>拜访级别</td></tr>
<tr><td></td><td></td><td>□客户会谈室
□其他地点</td><td>□飞机　□火车　□客车
□自备交通工具</td><td>□高层访问　□中层访问
□一般访问</td></tr>
<tr><td>客户的基本情况</td><td colspan="4"></td></tr>
<tr><td rowspan="2">客户的长处和短处</td><td colspan="2">长处</td><td colspan="2" rowspan="2"></td></tr>
<tr><td colspan="2">短处</td></tr>
<tr><td rowspan="2">竞争对手的相关情况</td><td colspan="2">竞争对手一的情况</td><td colspan="2" rowspan="2"></td></tr>
<tr><td colspan="2">竞争对手二的情况</td></tr>
<tr><td>拜访的目的</td><td colspan="4">□建立联系　□增进感情　□达成初步合作意向　□合作取得明显进展
□收集信息　□了解客户需求　□商讨产品合作</td></tr>
<tr><td>会谈主题</td><td colspan="4"></td></tr>
<tr><td>客户可能需要的服务</td><td colspan="4"></td></tr>
<tr><td>银行准备提供的产品</td><td colspan="4"></td></tr>
<tr><td>拟向目标客户介绍哪些情况及提供哪些宣传资料</td><td colspan="4"></td></tr>
<tr><td>需要进一步了解的问题</td><td colspan="4"></td></tr>
<tr><td>拜访开始的策略</td><td colspan="4"></td></tr>
<tr><td rowspan="4">客户可能会提出哪些问题及如何解答</td><td colspan="2">可能提出的问题</td><td colspan="2">回答</td></tr>
<tr><td colspan="2"></td><td colspan="2"></td></tr>
<tr><td colspan="2"></td><td colspan="2"></td></tr>
<tr><td colspan="2"></td><td colspan="2"></td></tr>
<tr><td rowspan="2">可能出现的异议和处理方法</td><td colspan="2">可能出现的异议</td><td colspan="2">处理方法</td></tr>
<tr><td colspan="2"></td><td colspan="2"></td></tr>
<tr><td>客户合作态度不明确时的策略</td><td colspan="4"></td></tr>
<tr><td>客户拒绝时的策略</td><td colspan="4"></td></tr>
<tr><td colspan="5">如果是联合拜访，应该再关注以下问题：</td></tr>
<tr><td>带队客户经理姓名</td><td colspan="2"></td><td>负责介绍的客户经理</td><td></td></tr>
<tr><td>小组成员及职务</td><td colspan="4"></td></tr>
<tr><td>集体讨论可能遇到的问题及解决办法</td><td colspan="4"></td></tr>
</table>

2. 拜访预约。事先预约的拜访，可以避免出现吃闭门羹的尴尬局面，节约时间，是效率较高的拜访方式。所以客户经理通常应当在拜访前，做好拜访预约工作。一般情况下，至少应当提前3天预约，切忌临时仓促的预约；如果拜访的人或企业非常重要，应提前1个月左右的时间预约。约见的内容则取决于面谈的需要和客户的具体情况。**拜访预约的主要内容有：**

（1）**确定洽谈人员。**

①要约见重要人物。应当约见有决策地位的人员，至少是对决策人有影响力的人，避免在无关紧要的人身上浪费时间。

②尊重对方。为了顺利约见到重要的人物，对客户的相关人员，包括秘书、助手、前台以及接待部门经理、负责联络人员和客户的重要关系人都要给予必要的尊重，因为他们是能否约见到决策者的关键。

③确认客户的参加人员。这一点不要求客户一定告知。但一旦告知，就应当进一步了解参加人员的人数、职务、所属部门，以便于客户经理安排自己方面的人员配备、携带宣传资料的数量以及礼品的数量和等级。

（2）**阐明拜访的事由和目的。**

①强调重点。虽然每次拜访的目的都是推销银行的产品和服务，但每次拜访都应因具体情况的不同而各有重点。如果与客户熟悉，可以直接进入实质问题；若不熟悉则需要首先联络感情。

②每次拜访的事由不宜过多。一次拜访的事由过多，可能会冲淡会谈的重点，达不到预期的效果，还会给客户留下“客户经理把握事情的水平很低”的感觉，不利于进一步开展工作。所以应当认真筛选、确定少数几个、突出的拜访事由，以及专业水平较高的拜访人员。

（3）**确定拜访时间。**

①为客户着想。拜访的时间要尽量为客户着想，最好由客户决定，比如可以问“我是否可以周二下午3点去拜访您”；不要把拜访安排在客户最忙的时间。

②根据不同的拜访目的确定拜访时间。如正式商谈合作事宜最好选在工作时间；如目的是联络感情，则最好选在吃饭时间。

③在真正拜访的前一天应当再次确认拜访时间。

（4）**确定拜访地点。**应根据客户的要求和习惯，本着方便客户的原则确定拜访地点，如办公地点、餐厅饭店、展览会、酒吧、咖啡馆或高尔夫球场等。

3. 预约前的心理准备。良好的心理准备是客户经理成功地拜访客户、赢得客户的必要条件。在预约前客户经理需要作出如下心理准备。

（1）克服“害怕失败”的心理。恐惧是成功的巨大障碍。许多客户经理出于害怕拒绝，恐惧失败，丧失了很多交易机会。事实上，很少有一次约见客户，交易就能成功的。所以，成功是多次争取、不懈努力的结果。客户经理应当树立信心，杜绝恐惧心理。

（2）抛弃“理亏心怯”的心理。“理亏心怯”的心理的典型例子如“这个产品真能给客户带来好处吗”、“他上次已经买过我的产品了，怎么好意思再找他”等。产生这种心理的主要原因是客户经理不了解本行产品的真正价值，也不了解客户的真实需求，只要这两个问题解决，客户经理的信心就会增强，预约成功的几率就会大大增加。

（二）接触目标客户

1. 接触一般客户的方式与技巧。

（1）接触一般客户的方式。直接拜访客户是接触一般客户常用的方式。直接拜访客户有两种情况：一是事先已经和客户约好会谈的时间、地点等，是有计划的拜访；二是不预先通知客户直接拜访。直接拜访的基本程序如下：

①直接拜访的启动阶段。**第一，寒暄与介绍。**通过寒暄和互相介绍，营造良好的会谈气氛，尽量给客户留下良好的第一印象。调查显示，散发着自信气息和专业素质良好的客户经理最容易被客户认同和接受。**第二，交换名片。**递送名片要谦诚、恭敬，应送到对方的手中，应双手接受对方递送的名片，如果想得到对方的名片而对方没有给你，可以积极索要。**第三，简单介绍本行、客户经理以及银行业务的情况。第四，拉近与客户的距离。**通过谈论一些客户感兴趣的话题，拉近与客户的距离。如可以根据客户从事的专业、工作、爱好、习惯等引出对方感兴趣的话题。**第五，简要说明此行的原因。**如媒体上的宣传、第三者的介绍和拜访前的预约等。**第六，陈述此行的目的。可以是直接切入主题，**如就贷款事宜进行具体商谈；也可以是泛泛而谈，如介绍本银行业务。陈述的出发点是给客户带来的利益和便利。**第七，金融业务正式洽谈阶段。**

②直接拜访的主题阶段。**第一，认清客户需求，了解客户动机。**客户建立应当主动通过提出问题，鼓励客户讨论他们的业务、存在的问题、所关心的事项、经营情况、目前的业务关系、企业管理问题、今后的打算等来发现和了解客户的消费动机和产品需求。当客户表示对目前产品和服务的不满时，客户经理就可以向客户提供更好的金融产品和服务。**第二，阶段性确认。**客户经理可以不断观察和检测客户对自己提供的产品和服务的认可和理解情况，以及客户的态度和反应，来确定下一步是否继续重复某一问题的讨论；是否对某一问题继续调查；对拜访作出总结还是可以启动产品的推销。如果客户对某些领域存在不满意、不理解、缺少兴趣或尚未意识到可能带来的利益时，客户经理应当做进一步的解释和引导，以消除客户的疑虑。**第三，正式启动产品的销售。**有时产品销售的启动需要通过多次的拜访才能开始。当每次拜访不能达到产品销售的目的时，客户经理应当对每次拜访作出总结，以便尽快进入产品启动阶段。不同产品的销售启动程序都不相同，客户经理应当熟习每一项产品的启动步骤，并向客户作出介绍。如果客户反对启动产品销售，客户经理应当有礼貌地询问原因，或者通过其他方式查找原因。产品销售启动后，客户经理还应当进一步收集客户的资料，建立目标客户的信息档案。

③直接拜访的结束和总结阶段。拜访的结束通常有三种结果：双方都满意并达成了一致意见；就某些问题达成了一致，剩下的问题还需要下次商谈；没达成共识。无论是哪种情况，客户经理都应当以积极的和以专业的方式面对拜访的结束，都应当为下次商谈留有余地。切忌草草收场，不了了之；或者拖泥带水，含糊其辞。

决定结束拜访后，客户经理还要向客户索取有关资料，并礼貌地向客户告辞。在离开时，应再次表示礼貌的态度，争取给客户留下“难忘的背影”。

客户经理在结束拜访，开始总结阶段，即填制拜访总结表，对拜访过程进行总结，积累客户开发经验。对重要客户还应当尽快撰写拜访报告，就目标客户的基本情况和应该采取的对策提出建议。拜访报告的组成内容包括：部分拜访对象、参加人员、会谈地点、会谈目标以及为会谈所做的各项准备工作；会谈的内容、方式、达成的共识、下一步工作的重点和工作方式等。

（2）接触一般客户的技巧。**接触一般客户的技巧包括：进行语言交流的技巧、观察肢体语言的技巧、了解客户需求的技巧、面对商谈僵局的处理技巧、取得客户认同的技巧、结束谈话的技巧。**

①进行语言交流的技巧。**进行语言交流的技巧包括如下内容：第一，主动发问的技巧。**客户经理向客户提问可以发现客户感兴趣的领域或激发客户对某一领域的兴趣，还可以使客户意识到自己的意见对客户经理很重要。通常提问要确定提问内容、提问方式、提问时机三点。客户经理的每一次提问都必须有目的性，要么得到某些事实，要么得到某一个观点。客户经理在提问时还应注意提问的速度、提问时间的长度。不能向客户提问无法回答、回答不了或不必回答的问题。**第二，回答问题的技巧。**回答提问前要给自己留一些思考时间，思考成熟后再回答；回答某一问题包括几个方面：可以只回答部分内容，以免客户听不清楚；对无准备的提问，可以表示自己并不清楚的事实等。**第三，主动倾听的技巧。**倾听要做到耐心（不要抢话、不要争论、不要打断客户的谈话）、虚心（不要带着偏见倾听）和会心（倾听不是被动地接受，还应当主动地反馈，即作出会心的呼应）；要做到耳到（仔细聆听客户的谈话，品味其中是否隐含其他的含义）、眼到（观察客户的身体语言，判断其是否加强所要表达的信息；与客户的目光接触，观察其是敌意还是善意）、脑到（及时将客户的谈话进行归纳，思考客户说话的内容，判断客户的需要和目的，并决定下一步行动）、心到（要站在客户的立场思考问题）、口到（积极地作出正确的响应，通过询问探寻客户的真实意图）和手到（对谈话的重点内容要做好记录，事后要加以分析以唤起记忆）；要排除干扰专心倾听。

要想掌握客户的真实想法，并不是一件很容易的事情，客户经理在倾听时，最好自问下列问题：客户说的是什么？代表什么意思？客户说的是一个事实？还是一个事件？客户为什么这样说？这样说的目的是什么？从客户的谈话中，我能知道他的需求是什么吗？从客户的谈话中，我能知道他希望的购买条件吗？

②观察肢体语言的技巧。访谈中，客户的肢体语言信号传递着重要的信息，客户经理应当结合语言交流对这些肢体信号作出正确的判断，避免接受错误的信息，并对谈话内容及时作出调整，激发客户的需求，达成访谈的目的。

③了解客户需求的技巧。在拜访过程中，关键问题是了解客户的需求，客户经理才能对症下药，营销相应的金融产品和服务。客户的需求包括需求目的和需求内容。客户经理应当采取观色（望）、察言（闻）、发问（问）和确切了解客户的需求（切）的方法了解客户的需求。还可以通过调查表的方式进行，如表 4 – 5 所示。

表 4-5　　　　客户需求调查表

客户名称		联系人	
客户地址		联系方式	
您拟需要哪些银行产品		具体要求（时限、手续、价格）	
□开户　□人民币结算　□国际贸易结算　□特殊服务			
□票据承兑　□票据结算　□票据代保管　□转贴现			
□代收代付等中间业务　□为职工代办信用卡			
□外汇买卖　□现金管理			
□流动资金贷款　□固定资产贷款　□中长期项目贷款 □银团贷款　□信用证　□综合授信			
□担保　□保理			
□出口打包贷款　□进口押汇　□出口押汇　□保函业务 □进口信用证　□其他业务			
□发展战略研究　□财务顾问　□筹融资顾问　□咨询服务 □其他顾问服务			
□其他业务（请注明）			
备注			

④面对商谈僵局的处理技巧。如果双方都犹豫不决或沉默不语时，客户经理可以主动改变商谈的重心和话题、或主动找一个中间调停人、或主动改变协议的某些条款；变换商谈的方式；推迟商谈目前双方无法达成的议题等。

⑤取得客户认同的技巧。客户的认同是顺利开展下一步工作的前提。取得客户认同的技巧主要有：尊重客户，态度诚恳谦虚，尽量让客户多谈，鼓励客户表达自己的想法、意见、需求；客户经理则应当尽量表现与客户之间的共同或相似之处，以及看法和意见的一致和趋同；站在客户的立场上，更多地考虑客户的需要、切身的利益、问题所在以及他们未来的打算。

⑥结束谈话的技巧。一般在商谈目的已经达成或客户表现出想结束商谈的意思时，客户经理应当及时结束此次会谈。如有未尽事宜，则以真诚的态度、婉转的语气表达出希望下次再谈的意愿。

2. 接触高端客户的方式与技巧。

（1）**与高端客户的接触方法一般采取缘故法、介绍法、直接法等。**

①缘故法。一个人的亲朋关系有两种划分方法：**一是“五同”法**：同学、同乡、同事、同好、同邻；**二是“五缘”法**：亲缘、地缘、业缘、神缘、物缘。运用缘故法寻找目标客户有三个特性：第一，容易接近，不需过多寒暄和客套即可切入主题；第二，较易成功，以缘故法来寻找目标客户比直接法的成功率要高出许多；第三，得失心重，就是因为是亲朋好友，才会患得患失，害怕遭拒绝而丢面子，尤其是一些初次担任个人理

财业务的新手更是为此困惑。

②介绍法。介绍法，就是通过客户（或高端客户）介绍高端客户。这一方法的特点是：利用他人的影响力延续客户，建立口碑。

③直接法（或陌生法）。直接法就是直接登门拜访高端客户，进行产品的推销。运用直接法时，要注意把握以下几点：第一，要多渠道收集有关高端客户的信息。第二，从业人员要消除先入为主的想法。第三，要有信心，深信自己所营销的金融产品和金融服务必定能得到客户的喜欢，并要记住，你此行的目的是给客户带来利益，所以拜访时要理直气壮。第四，要准备充分。第五，要做好自我介绍，有一个好的开场白。第六，由于客户与客户经理素不相识，对于客户经理的突然来访客户肯定会有戒心，因此，在自我介绍后，要马上拿出证实自己身份的证件，递给客户过目，说明来意，以消除戒心，取得信任。第七，要察言观色，相机行事。仔细观察对方，并且配合对方选择话题，态度应表现得很诚恳。如果客户对你或你的银行感兴趣，则可继续沟通。否则，应征询客户意见，然后告辞，下次再谈。第八，由于客户事前没有准备，因而洽谈时间宜短不宜长。第九，要有吃闭门羹的心理准备。第十，与客户沟通，开发高端客户的主要方法是沟通，即通过与客户进行沟通，签订合作协议，使潜在的高端客户成为现实的服务对象。

（2）**与高端客户的接触技巧主要有：一是解决高端客户的实际困难。二是要根据客户的经济实力和风险偏好量身定制理财计划。**客户经理要有悟性，在沟通时，引导客户围绕自己的思维转，一边听客户讲，一边筛选信息，选自己切入的角度了解客户的想法、收入、家庭状况、经营状况，最近一段时间的事业状况决定他的购买力有多大。**三是掌握心理学知识，抓住客户的心理需求，心理状态。**高端客户也有事业的低潮或企业发生困难的时候，他们都需要倾诉的对象，遇到这种情况客户经理要经常与他们沟通，帮助其分析面临的困难，找到解决问题的办法，鼓励他们摆脱困境，逐渐赢得客户的认同和信赖。**四是客户经理的理念要到位。**签协议是几分钟的事，但是需要客户经理背后下的工夫却很大。客户经理要有事业心和责任感，为自己定好目标，例如，近期、短期、中期和长期，然后为了实现既定目标有计划、有步骤地去不懈努力。**五是有胆有识、不卑不亢。**好多客户经理因为没胆量找高端客户，结果失去了合作的机会。其实做高端客户的竞争对手相对更少，而他们的人脉资源也可利用。

（3）与高端客户接触的注意事项：与高端客户接触的注意事项主要包括把握接触的时机、区别接触的对象、讲究接触的礼仪、讲究接触的策略、提高接触的效果。与高端客户的接触有一个时机的把握，必须选择一个恰当的时机来进行，时机不当接触的效果就会大打折扣；与高端客户的接触也要注意接触的对象、访谈的礼仪举止及书面行文的语气和格式，对于重要人物最好事先约定接触的时间及内容。与高端客户的接触还要注意策略和接触的效果，在接触过程中讲究方式方法，避免不必要的应酬和活动，尽量减少低效和无效接触。

（三）对目标客户的营销

对目标客户的营销指客户经理在获得目标客户同意后，向客户说明本银行（信用社）产品和服务的优点、质量和带给客户的利益，期望客户能够购买。也就是客户经理通过一连串的需求确认、特性、优点及特殊利益的陈述，引导客户产生购买的欲望。对目标客户的营销是指客户经理对银行产品的介绍或推介过程，以期获得客户对自己产品的青睐。

客户经理向客户推介银行产品的目的主要是：唤醒客户对现实问题的重视；让客户了解可以获得哪些改善；让客户产生购买的欲望；让客户认同银行的产品和服务，并认识到这些产品或服务可以圆满解决他们的问题，满足他们的需求。

一次成功的银行产品推介有三个显著特征：能毫无遗漏地说出银行产品和服务解决客户问题和改善现状的效果；能使客户相信客户经理所说的话；能使客户感受到客户经理的热忱和主动站在客户的立场上考虑问题，并为客户解决问题。常见的产品推介方法有如下三种：

1. 现场证明法。客户经理现场向目标客户提供银行产品的使用效果证明，就是现场证明法。因此客户经理在拜访客户前应当事先做好充分的准备，收集充分的产品使用证明材料，在拜访的现场展示给客户，以事实说服客户，实现产品推销的目的。主要的证明方法如下：

（1）产品演示。通过投影片、幻灯片演示和电脑操作演示的方法，将银行产品的多种功能演示出来，证明产品的有效性。

（2）专家的证言。客户经理可以收集有关专家对银行产品发表的言论，提示给客户，证明自己产品的优点、质量和功能。

（3）视角的证明。照片、图片、产品目录都具有视角证明的效果。

（4）推荐信函。其他知名客户的推荐信函作为证明。

（5）保证书。一类是品质保证书，如ISO9000品质认证；一类是银行为客户提供的服务保证。

（6）统计及比较资料。对本银行近年来销售的统计数据如年均销售额、销售增长率，以及本银行与竞争者状况的比较资料等，都可以有效地证明金融产品的品质和社会的欢迎程度。

（7）客户的感谢信。没有什么比客户的感谢信更具有说服力。

（8）成功案例。客户经理可以提供一些客户由于消费本行产品和服务，带来效益增加、形象提高、经营成功的案例。

（9）公开报道。报纸、杂志、电视、广播等媒体报道的本银行产品和服务的优势、功能、已经获得的成就，都是银行产品可靠性、质优性、收益性等的最好证明。

2. 利益营销法。客户经理在了解客户的现状、对产品的需求情况后，接下来就可以介绍银行产品的情况。客户经理在产品的介绍过程中，应熟练地将产品特性的介绍，转变成为利益的介绍。具体步骤如下：

（1）从事实调查和询问技巧中发现客户的特殊需求，如何准备推销银行产品。

（2）介绍银行产品的特性。产品特性是指产品涉及的特性和功能。例如某种银行产品（如信用金卡）可以通过网上银行、电话银行、自助银行、互动银行等办理。使用空间广泛，是一种全球通的信用卡等。

（3）介绍银行产品的优点，主要指产品特性的有利之处。如信用卡可以高额透支现金、透支消费等。

（4）介绍银行产品的特殊利益。主要指满足客户特殊的服务需求。如信用金卡的特殊利益表现在：由于可透支金额高，便于客户灵活使用银行资金，随时提用，以保证生意的不时之需；还有多项特殊权益，如环球购物保障、全球旅游保障、全球紧急医疗支援服务等充分满足客户多方面的需求，是显示客户尊贵身份的象征。

3. JEB介绍法。也称介绍银行产品的三段论法，包括产品的实际状况说明（Justfact）、产品性质的解释说明（Explanation）、产品的利益以及带给客户的利益说明（Benefit）三个环节。该方法简单而有效，但要真正掌握却需要经过长期的练习。具体步骤如下：

第一步：Justfact。Justfact指银行产品的设计和规格等，或者说指产品的一些特征，是用眼睛能观察到的事实状况。

第二步：Explanation。只介绍产品的实际状况和特征，很难激发客户的购买欲望，所以，需要对产品的每个性质、特征、功能或意义进行进一步的解释，使客户对产品有充分的了解，从而引起客户的兴趣。

第三步：Benefit。为了进一步说服客户购买我们的产品，还要解释产品可以给客户带来的种种利益和便利，若是利益（Benefit）的部分能和客户经理发掘出来的准客户关心的利益点一致，该产品就可能被成功销售。

（四）与目标客户达成交易

1. 提出合作方案。通过产品介绍获得客户的认同后，客户经理还应当针对客户的具体情况和对银行产品的需求和服务进行有机的组合设计，并将这种组合设计以恰当的方式提交给客户，以获得客户的认可。

（1）设计合作方案前需要明确的问题：

①建立怎样的合作关系？是长期合作还是短期或临时合作？

②全方位合作还是单项业务合作？

③合作的方式如何？通过银行柜台办理业务，或通过因特网向客户提供服务？或两种或多种方式办理业务？

④从什么时候开始合作？

（2）向客户提交合作方案时需要注意的问题：

①以什么方式提交给客户，是以合作建议书还是业务合作方案的形式传递给目标客户？

②向谁提交方案？是客户的最高决策层还是现任领导班子？

③提交方案时间应当选择在双方经过实质性接触后，并且客户经理对客户进行了比较全面深入的调查之后的一段时间，经过客户经理的深思熟虑后再行提交。

（3）合作方案的结构和内容：

①合作方案的名称。如“与某公司合作建议书”或“向某公司提供的服务产品清单”。

②合作的必要性。从回顾双方接触开始，对客户作出基本的判断和评价，引出进行合作的必要性。

③银行的基本情况介绍。介绍时应侧重产品好且服务好的优势，体现银行的特色。

④详细介绍本行拟提供的产品和服务。银行将自己提供的金融产品按照成熟度分类为标准化产品、创新产品和目前尚不能提供的产品三种类型。

标准化产品是指名称、式样、外形、色彩、识别标志等都经过标准化涉及的金融产品。标准化产品的特点是成熟、安全、可靠和便利，不存在太大的争议。

创新产品是根据客户的特殊需求而创新出来的个性化产品，可以为客户带来特殊利益。新产品的设计是由产品部门、技术部门、风险控制部门、会计部门和营销部门联合协作进行的。

对于客户有需求但本行还没有能力提供的产品，客户经理可以通过外购或外协的方式，由银行的外部战略合作机构提供。客户经理还需要对这些外购和外协的产品进行设计和组织协调，才能最终向客户提供。

2. 与客户进行谈判。

（1）谈判前的准备工作。谈判前的准备工作是非常重要的，是谈判成败的关键因素，即使是谈判经验丰富的老手，也很少忽视谈判前的准备工作。谈判前主要准备的内容包括：

①制定谈判目标。谈判目标要尽可能地具体、明确，可以用数量表示，要具有挑战性和及时性。

②收集关于客户的第一手资料，做到知己知彼。

③了解谈判对手的情况，包括性别、职务、资历、权限、性格、爱好等。

④制订谈判方案，列出谈判清单，安排谈判议程。

⑤解决价格难题，确定银行能接受的最低价格标准。最低价格标准是客户经理与客户谈判的底线，客户经理应当通过咨询信贷部门、计划资金部门以及查询相关规章来确定服务的价格。

⑥还要做好其他如谈判场所、仪表、心理准备、文化习俗等方面的准备工作。

（2）谈判的基本过程。

①客气寒暄阶段。谈判伊始，谈判双方在友好、和谐的气氛中相互介绍、彼此认识，力争创造出合适的谈判气氛。该阶段时间不宜过长。

②概括叙述阶段。各自简要介绍谈判的意图和目的，确定谈判的议题、日程、时间。注意判断双方的差距所在。

③表明立场的阶段。各方就分歧问题表明立场与态度，各方应当注意对方的要求和底线，判断自己的可能收益、让步的范围、条件等。

④据理力争阶段。各方应在合作的前提下，摆事实、讲道理、发挥谈判的技巧与能力，尽力为本行争取到最好的收益条件。

⑤适当让步阶段。在基本利益得到维护的前提下，本着真诚合作、互利互惠、遵纪守法的原则，作出必要的让步，寻求达成协议的途径。

⑥达成协议阶段。在双方达成一致意见或协议签署后，谈判即告结束。

（3）谈判的技巧。

①捕捉成交的良机。客户的购买欲望有时候表现为一种激情，这表明，成交的机会随时都会出现。聪明的客户经理在谈判中要高度注意客户的表情、语言、态度等，捉住成交的良机，促成交易的成功。**捕捉成交的良机就要把握三大成交的时机：排除重大异议时、认同重大利益时、发出购买信号时。**

第一，排除重大异议时。客户经常对金融产品提出疑义，通过客户经理的解释和说明，在客户消除疑义、克服了购买的障碍后，通常就是一个提出成交的好时机。此时是客户最满意的时候，客户经理应当趁热打铁，积极地提出成交请求。

第二，认同重大利益时。如果客户对客户经理介绍的某种利益表现出浓厚的兴趣与强烈的认同时，这时，客户经理最正确的反应就是，立即提请成交。客户对金融产品和服务的价值和益处的强烈认同，是提请成交的最佳时机。

第三，发出购买信号时。客户购买激情的到来，往往伴随一些信号或迹象，如表情、动作、语言等。有时候，这种信号是客户下意识发出的，客户自己也许没有强烈地感觉到，或者虽感觉到了但不承认已经被说服，而客户的行为和语言已经暴露出自己真实的愿望，这时客户经理应当迅速反应，立即提出成交请求，以免客户的情绪下落，失去购买意向。

②使用暂停策略。暂停是在谈判无法迅速走向成功时，不得不采取的策略。在出现下列情况时，客户经理应要求暂停：谈判时间过长，没有实质性进展，谈判人员感到精疲力竭；对方出其不意，提出一个新方案，使己方措手不及；谈判双方分歧较大，一时难以磋商；客户经理准备让步，或对方胁迫客户经理让步以及客户经理感到心烦意乱的时候；到达吃饭时间或休息时间。方法是提出“我可以去趟盥洗室吗?”“我需要请示领导”等。

③使用让步策略。“让步”是谈判中经常采用的策略，在运用该策略时应当遵循下列原则：在重要问题上力求对方先让步；让步速度不宜过快；让步要恰到好处，在对方的让步已经明朗化的条件下，己方也应作出适当的让步；不要做同幅度、对等的让步；每次让步都要有适当的回报。

④使用出其不意策略。在谈判中，出其不意地提出某种方案，以测试客户的谈判底线。但该策略不能频繁使用。

⑤恰当使用缺席策略。为了给己方留出充分的回旋余地，有时候会安排一位领导缺席。但原则是：缺席的领导不得超过两个；缺席者的位置要安排在显眼的地方；缺席要安排得天衣无缝。

⑥主动打破僵局。在与客户商谈的过程中，常会出现一些使会谈无法继续进行的因素，甚至出现僵局，这时需要客户经理迅速识别，并主动打破僵局，使谈判走向成功。

僵局通常有下述情况：洽谈中已经达成的共识就要被推翻；客户流露出不想继续谈下去的态度；洽谈中对方的主要人员离席，只留下次要人员在场；洽谈中出现越来越多的赞美其他银行的言辞；谈论过多与合作没有关系的话题；客户有意以各种理由回避合作的关键问题。

面对上述僵局的发生，客户经理应当采取下述技巧来打破僵局：主动改变商谈的重心和话题；暂时停止谈判，让大家放松一下；主动寻找一个中间调停人；改变商谈的方式（如变中层接触为高层接触、变集体商谈为个人私下交流、变正式会谈为非正式会谈）；推迟商谈的时间，等等。

⑦对付不同类型人的策略。

第一，对付难缠的人的策略：不直接驳斥对方的言论，而是证实它，间接地引出正确的观点；对对方有一定的事实成分的过分言辞，要包容它，要有“有则改之、无则加勉”的应对态度；对方言辞过激，可将大家的注意力引向他，使他尴尬。

第二，对付专横跋扈的人的策略：以客观性的阐述参与争执，使众人知道道理在你这一边；站在第三人的立场上，陈述对会谈人员的态度要求；通过询问大家的意见，引导众人反对他。

第三，对付说话不着边际的人的策略：当对方的谈话游离主题时，应及时把话题拉回；用向其他人员发问的方式，把话题拉回主题；重申时间的紧迫性，使对方明白不应该在无关紧要的话题上浪费太多的时间。

【相关链接4-4】

商业银行客户关系管理层级的“n+1”效应

在商业银行客户关系管理实践中，大家可能都会遇到这样的情况，当商业银行营销的对象是某公司类客户的一名普通员工时，商业银行的管理层级如果是商业银行的部门经理，那么该公司类客户的这位普通员工就会感觉到被重视，一般情况下就乐意接待，营销成功的概率就会加大；如果商业银行营销的对象是某公司类客户的一名部门经理时，商业银行的管理层级如果是商业银行的副行长或者行长，那么该公司类客户的这位部门经理就会感觉到被重视，一般情况下就乐意接待，营销成功的概率就会加大；如果商业银行营销的对象是某公司类客户的一名总经理或者董事长时，商业银行的管理层级如果是商业银行的上一级行长或者部门总经理，那么该公司类客户的这位总经理或者董事长就会感觉到被重视，一般情况下就乐意接待，营销成功的概率就会加大。这就是商业银行客户关系管理层级的“n+1”效应。

商业银行客户关系管理层级的这种“n+1”效应，来自于客户的真实需求，是客户需求的重要构成部分。这就给商业银行客户关系管理者提出了一个策略性的要求：在日常客户关系管理过程中，特别是比较重大重要的客户关系管理活动，首先要注意商业银行客户关系管理层级的“n+1”效应的存在和影响，尽可能地由管理层级的“n+1”层级出面协调客户关系，由“n”层级的人员负责实施。

（资料来源：和讯博客）

（五）建立目标客户合作互惠关系

1. 起草协议文本。如果客户经理与客户的洽谈达成了一致的意见，就需要双方用合作协议书的方式确定下来。此时客户经理应当及时向客户提出签订协议的建议与要求。

合作协议书有标准化协议书和专门协议书两种。贷款协议和理财协议都是标准化文本形式；而战略性协议或个性化产品协议则需要客户经理专门起草。

（1）协议文本的基本构成内容。一个完整的协议一般由下列内容构成：协议名称（标题）；协议签订双方的名称、地址和法人代表姓名；签订协议的依据和目的；合作的基本内容；双方的权利与义务；经济责任和违约责任；争议的解决方法；协议的有效期限；协议的份数与保存；履约地点与方式；未尽事宜或附加条款；协议的签章、日期。

（2）起草协议文本应注意的事项：

①语言要规范、准确、严谨、具体，违约责任中对各种可能的情况都要预料到；

②协议起草的原则是：诚实信用原则、公平互利原则、遵纪守法原则、原则性与灵活性相结合的原则；

③协议的内容必须是签约双方已经达成共识的部分，没有达成共识的部分应当在双方协商一致后，再补签协议；

④非银行总行标准格式的协议文本在签署前，还需经过行内法律部门或专业人员签署书面意见，以及其他有权人员签字盖章；

⑤对协议还要进行合法性审核、有效性审核、一致性审核和文字性审核；

⑥起草完协议后，还应尝试回答下列问题：该协议是否达到目标？对方能否认可这个协议？协议中所列的义务，己方能不折不扣地执行吗？对方的履约能力能达到你的期望值吗？对方能真正执行协议的有关条款吗？

（3）银企合作协议书（参考文本）。

银企合作协议书（参考文本）

甲方（企业）：

乙方（银行）：中国××银行某分行

甲乙双方本着自愿、平等、互利的原则，经充分协商，达成如下协议，并承诺严格遵守本协议中的各项条款，履行各自的义务。

一、乙方愿意将甲方作为重要的基本客户，在法律和金融政策允许的前提下，优先为甲方提供各类信贷资金支持和其他优质金融服务。

二、乙方将根据贷款条件和贷款程序向甲方提供全面的信贷服务，包括流动资金贷款、基本建设贷款、技术改造贷款、储备贷款、房地产贷款、票据承兑和贴现等。

三、乙方将尽力满足甲方合理的流动资金贷款需求。甲方保证保持良好的财务结构，流动比率控制在　%以上，应收账款周转率控制在　%以上，资产负债率控制在　%以下。

四、乙方将积极支持甲方进行基本建设和技术改造。对甲方的被国家有关部门列入计划的项目，将尽快给予评估；对乙方承诺的项目，将在年度信贷计划中优先安排，并保证资金及时拨付到位。

五、当甲方建设项目的储备资金周转发生困难时，乙方根据储备贷款条件，优先给予安排。

六、乙方将积极支持甲方开展进出口等国际经济往来业务，为其提供全方位的国际金融服务。

七、甲方愿意将乙方作为主办银行，在乙方开立账户，并将 %的产品销售收入通过该账户办理结算。

八、甲方保证存入乙方账户的资金不少于乙方贷款在甲方的所占比例。

九、甲方保证不拖欠乙方贷款本息。如有特殊原因贷款需要展期的，由甲方提出申请，经乙方审核，对符合贷款展期条件的给予展期。

十、甲方保证不挤占、挪用流动资金贷款搞固定资产投资。

十一、甲方保证每月向乙方提供财务报表，并对财务数据的真实性负责。

十二、甲方同意其国际结算业务、代发工资、信用卡业务、职工住房基金、工程预决算审查、项目评估咨询、开发银行贷款和其他银行的委托代理等金融业务，交乙方办理。

十三、本协议生效后，双方应通知并监督所属机构认真执行。

十四、本协议在执行过程中，如发生争议或需要对协议中的有关条款进行修改、补充时，双方应本着平等互利、互谅互让的原则友好协商解决。

十五、甲乙双方在协议有效期内，不得单方终止协议或违背协议条款。

十六、本协议经甲方法定代表人或其委托代理人和乙方负责人或其委托代理人签字并加盖双方公章后生效，有效期为 年，协议到期后是否续约由双方商定。本协议正本一式两份，甲乙双方各执一份；副本 份，甲乙双方各执 份。

甲方（公章）： 乙方（公章）：

代表（签名）： 代表（签名）：

年 月 日

2. 银企合作协议书的签署。客户经理在起草完相关的法律文本后，应与客户就协议的具体条款进行详细的沟通，并报银行的法律部门审核。审核批准后，客户经理应当同客户就协议签署的有关事项进行商谈，就协议签署时间、地点等问题达成一致意见，之后，客户经理还需要为协议的签署做好必要的准备工作。

（1）客户经理为协议的签署必须做好的准备工作：

①与拟签约客户进行联系。联系事项包括：确认客户方关于签约事项的联系人；商讨签约的时间、地点；确认客户方签约人员的姓名、性别和职务（如果签约方是企业，而签约人不是企业的法人代表，应出具法人代表的授权书）；确认签约方参加签约人员名单以及各自的性别和职务。②确认己方签约人员姓名、性别、职务，确认己方参加签约人员名单以及各自的性别和职务。③联系签约地点。④联系新闻单位，协助新闻单位起草新闻稿。⑤起草领导讲话稿。⑥确定主持人，安排签字仪式程序。⑦还应做好其他诸如会场安排、住宿、交通、接待、礼物、迎送等各项准备工作。

（2）协议签署应注意的事项。

①签订协议的双方当事人必须具备完全的缔约能力和拥有合法的资格，必要时还应

对协议的签署进行公证。

②协议上任何文字以终稿为准，协议文本不得涂改。确需变动时，需经双方同意，并在涂改处加盖公章。协议需用钢笔或毛笔签订。

3. 业务合作工作的开展。银行与客户开展业务合作的步骤如下：

（1）向客户索取开展业务必需的材料。不同的银行产品需要客户提供不同的资料，为提高工作效率，客户经理可以采取卡片的形式向客户索取有关资料。

（2）制订业务合作工作进度计划。为提高工作效率，客户经理应当对承诺的业务制订工作计划。计划进度表如表4－6所示。

表4－6　　　　客户业务开展进度表

服务品种	工作进度	预定完成时间	实际完成时间	责任人	拟采取对策
品种一	第一阶段				
	第二阶段				
	第三阶段				
品种二	第一阶段				
	第二阶段				
	第三阶段				
品种三	第一阶段				
	第二阶段				
	第三阶段				

（3）向客户提供服务。对存贷款和结算业务等，客户经理是在牵头组织产品部门向客户提供服务的过程中完成的。对顾问服务、理财服务等，客户经理首先需要提交专业的服务报告，如客户发展建议书、重组方案、筹融资方案、客户诊断书、创业建议书、专项咨询报告、投资价值分析报告、综合顾问服务报告；然后协调银行内外各部门的工作，组织实施设计的方案。

4. 正式建立互惠合作关系。银行与客户是否真正建立了互惠合作关系，关键看是否具备了合作互惠关系的必备条件。这些必备条件包括：一是双方签署了合作协议及其相关的合同文本；二是客户经理与目标客户或其法人代表（或有关的负责人）建立了良好的个人关系；三是客户在本银行已经开立基本账户和辅助账户；四是与客户建立了全方位的相互依存关系；五是客户大量地、连续地、持久地使用本银行的金融产品和服务。如果既能满足客户现实的金融需要，又能引导和开发目标客户的潜在金融需要，银行与客户之间即建立了正常的合作互惠关系。

【本章小结】

银行筛选对自己具有长远利益的客户的标准是：客户的规模、客户对相关群体的影响力、客户的增值机会、发展客户的成本、为争取这类客户同业竞争的激烈程度、客户的相对稳定性和客户未来发展的可能性。

银行选择目标客户的方法包括：资料查阅法、连锁寻找法、逐户确定法、群体推介法、中介介绍法、客户自我推介法。

个人目标客户和公司目标客户的选择都要考虑的问题包括：个人目标客户的选择原则、目标客户应当具备的条件、选择方法、分析和确定个人目标客户以及整理目标客户名单，并确定客户开发计划。

银行开发目标客户的流程，包括开发目标客户的前期准备、接触目标客户、对目标客户的营销、与目标客户达成交易和建立目标客户合作互惠关系五个程序。

开发目标客户的前期准备是拜访客户之前所做的一系列准备工作。拜访客户的目的是向客户介绍本银行的情况、收集客户的信息、了解客户的需求，实现为客户提供优质产品和服务的目的。直接拜访客户是接触一般客户常用的方式。直接拜访客户产生于两种情况：一是事先已经和客户约好会谈的时间、地点等，是有计划的拜访；二是不预先通知客户，直接拜访客户。接触一般客户的技巧一般包括：语言交流的技巧、观察肢体语言的技巧、了解客户需求的技巧、面对商谈僵局的处理技巧、取得客户认同的技巧、结束谈话的技巧。与高端客户的接触方式包括缘故法、介绍法和直接法。

对目标客户的营销指客户经理在获得目标客户同意后，向客户说明银行产品和服务的优点、质量和带给客户的利益，期望客户能够购买。对目标客户的营销是指客户经理对银行产品的介绍或推介过程，以期获得客户对银行产品的青睐。

客户经理通过提出合作方案、与客户进行谈判最终实现与目标客户达成交易的目的。

客户经理起草协议文本、签署协议书、开展业务合作工作、建立目标客户合作互惠关系。

【重点概念】

“机会—威胁”分析法

【复习思考题】

一、思考题

1. 选择目标客户的标准是什么？
2. 选择目标客户的一般方法有哪些？
3. 简述个人目标客户的选择方法。
4. 公司客户选择的原则是什么？
5. 公司客户选择的方法有哪些？
6. 目标客户应当具备什么条件？
7. 简述开发目标客户的前期准备。
8. 接触一般客户的技巧有哪些？

9. 设计合作方案前需要明确的问题有哪些？

二、案例分析题

案情　　　　　　　　目标客户的选择和开发

S集团是某农村商业银行早已“聚焦”的大客户，该集团是国家重要的能源企业集团，有国家优惠政策支持，生产规模和盈利能力都处于同行业的前几位，信誉在同行业口碑很好，在未来的5年内估计需要100亿元以上的贷款资金。

分析解答问题：

(1) S集团是否具备目标客户的条件？

(2) 为了获得该客户需要做怎样的前期准备？

(3) 设计接触该客户的一些关键技巧。

(4) 如何设计合作方案。

三、实训题

实训题一　　　　　　个人目标客户的选择与开发实训

[实训目的] 通过实训使学员了解和掌握如何选择个人目标客户，如何根据选择原则，采取正确的选择方法，分析收集的资料和确定个人目标客户。

[实训要求] 选择所在区域为调查范围，选择所在地的企业、事业机关、学校的干部职工和居民为调查对象，进行调查并填写下表，写出分析报告。

[实训步骤]

1. 制订调查计划，确定收集资料的内容、调查方法；

2. 撰写调查报告。

[操作流程]

1. 进行市场调查，整理调查资料；

2. 通过对目标客户综合状况、成本收益、购买可能性三个方面的分析，确定银行的目标客户。

实训题二　　　　对目标客户的开发价值进行初步评价实训

[实训目的] 通过实训使学员了解和掌握如何对目标客户的开发价值进行初步评价。

[实训要求] 选择所在地域企业调查并填写下表，写出分析报告。

[实训步骤]

1. 制订调查计划，确定收集资料的内容、调查方法；

2. 实施调查计划。

[操作流程]

1. 整理调查资料；

2. 填写目标客户开发价值初步评价表。

评价内容	正（+）		负（-）	
1. 客户的资产规模	大	□	小	□
2. 客户原料供应/产品销售区域	全省或全国范围	□	本地	□
3. 市场占有量/熟悉影响	大/是知名品牌	□	小/为一般产品	□
4. 资金流量	大	□	小	□
5. 与其他银行的竞争态势	激烈	□	不感兴趣	□
6. 是否为上市公司或列入“211”工程的高校，或资金流量大的其他单位	是	□	不是	□
7. 行业情况	发展中或成熟行业	□	萌芽或衰退行业	□
8. 目前对银行产品的需要	金融意识强，急于获得银行支持；或自身发展快，但没意识到对银行产品的需求	□	遇到困难时需要银行支持	□
评价说明：按以上评价内容，如有两项以上得正分，则表明该客户具有开发价值				

3. 写出分析报告。

【参考文献】

［1］杨明生：《商业银行客户经理必读》，北京，中国金融出版社，2003。
［2］满玉华、赵书海：《商业银行客户经理》，北京，中国人民大学出版社，2009。
［3］刘旭东：《商业银行客户经理》，北京，中国金融出版社，2006。
［4］杨小珍：《商业银行客户经理教程》，北京，高等教育出版社，2008。

第五章　市场营销

【本章概要】

市场营销在银行应对竞争及提高自身形象中发挥着重要作用，市场营销策略包括产品策略、价格策略、渠道策略及促销策略。这四个策略不是孤立存在的，就像木桶盛水取决于最短的木板一样，银行营销组合策略只有有效配合，实现整体功能优化，才能为银行营销成功奠定良好基础。

【要点提示】

1. 银行市场营销的含义及营销理念；
2. 银行市场营销的产品与服务以及企业形象设计；
3. 银行产品的开发、组合与品牌策略；
4. 银行的定价策略及营销渠道策略；
5. 银行的各种促销策略。

【本章架构图】

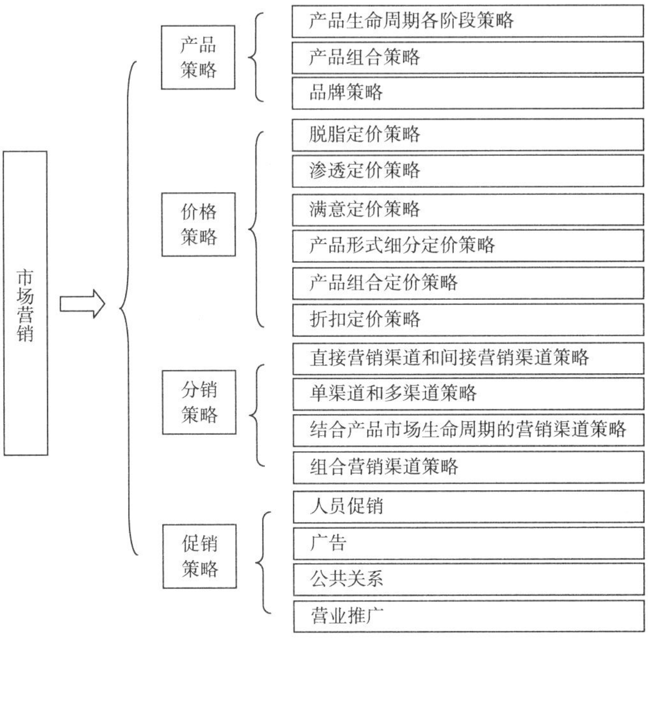

【章前引例及分析】

锁簧信用社“五举措”加大营销力度

为了扭转存款增势乏力，波动较大，稳定性差的不利局面，锁簧信用社积极采取措施，加大营销力度，一举扭转了存款颓势的不利局面。锁簧信用社的“五举措”如下：

一是全员树立“四个意识”：危机意识、争优创先意识、维护客户意识、营销市场意识。坚持学习与研究相结合，增强大局观念和业务发展的紧迫感，强化服务营销观念，主动接触、吸收客户资源。

二是细分目标客户群体。对存量客户认真分析，仔细研究，对公存款50万元以上和个人存款20万元以上的客户，分别拉出名单，落实营销人员，一户一户研究配置优质服务，重点突出个性化服务。

三是加强与客户的沟通。抢抓银银、银政、银企合作良机，加大维护、挖掘、竞争优质客户力度，在有效维护现有客户群体的基础上，积极引进优质客户群体，进一步丰富、优化客户资源。

四是切实加大营销力度。重新优化人员组合，组建营销队伍，广泛吸纳公关能力强、具有一定关系网络的员工参与营销；建立领导班子、客户经理、柜面一线人员共同组成的分层营销体系，充分挖掘辖区内外丰富的个人客户资源，提升存款增量市场占比。

五是有效运用现有资源。借全省综合业务系统上线之机，大力宣传农信社大小额支付系统、网内汇兑等新型结算渠道，让更多的客户深入了解农信社，以自身的特色资源吸纳更多的客户资源，充分发挥精品网点精品经营的优势，努力实现业务营销的新突破。

分析：锁簧信用社在加强优质服务的同时，积极探索增存新机制、新措施，加大竞争和营销力度，扩大了本社的客户群，同时也提高了市场占有率，扭转存款增势乏力的不利局面。由此可见现代银行业的竞争更多地是银行市场营销策略的竞争。

（资料来源：耿研文，http：//www. yqncxys. com/，2010－06－30）

第一节 市场营销概述

中国加入世界贸易组织后，经济全球化趋势进一步扩大，金融贸易自由化将成为一种主导趋势。外资银行的大举进入，促使中国金融市场的进一步活跃，国外银行超前的营销理念也随之进入我国，在这样的环境背景下，我国银行必须学习、研究、吸收国外银行的营销成功经验，结合我国国情制定营销策略。

一、市场营销的内涵

（一）银行市场营销的含义

银行市场营销就是指银行为适应和满足客户需求而进行的从金融产品开发、定价、

宣传推广、促销到分销的整体活动。

银行市场营销是市场营销理论在银行经营领域的延伸和发展，银行为消费者不仅提供有形产品，如各种票据、有价证券等，而且提供无形产品，即金融服务，是以金融产品为依托的服务。银行经营的特殊性，决定了其市场营销有其独特的特征，使得银行和一般的产品营销有着重大区别。

（二）银行的营销观念

银行营销观念是指银行从事营销活动的指导思想或经营哲学。商业银行营销观念的演变为银行营销观念的确立提供了很好的借鉴。

自从商业银行营销活动产生以后，在其发展的每个阶段，都与银行营销观念的转变存在密切的关系。因此，银行要在激烈的市场竞争中获胜，关键在于能否树立正确的营销观念。

从20世纪50年代西方商业银行引入市场营销观念到如今，虽然只有短短的50多年，**其营销观念却经历了比较清晰的公共关系阶段、广告和营销推广阶段、营销文化发展阶段、满足和创造客户需求阶段。**

1. 公共关系阶段。公共关系阶段是商业银行引入市场营销观念的初期。20世纪50—60年代，银行家们改变了过去总是坐等客户上门的观念。由于储蓄机构的竞争，商业银行吸纳了市场营销以客户为导向的思路，建立良好的客户关系。

2. 广告和营销推广阶段。20世纪70年代，商业银行有了更多的广告支出，针对本银行产品的特征开展大量的营销推广活动。商业银行开始将其思维不只局限于为所有的客户和消费者提供全方位的服务，而是开始考虑如何吸引市场上某个特定层面的顾客。

3. 营销文化发展阶段。到了20世纪80年代，许多大型商业银行把银行市场营销上升到银行文化建设的一个新的高度和层次。市场营销作为一种商业策划活动和过程被视为一种有效的管理工具，从而被广泛地接受。

4. 满足和创造客户需求阶段。进入20世纪90年代后，西方商业银行的市场营销理念进入了一个全新的发展阶段，那就是从营销商业银行自身转为营销客户的一个突破性的实质转变。赋予了“客户导向”一词新的内容，商业银行把注意力集中到“面向客户营销”和“一对一营销”方式上，商业银行市场营销实现了突破性的进展。

二、市场营销的产品与服务

（一）银行营销的产品

目前，市场上商业银行产品种类很多，据统计已达250多种，众多的商业银行产品为客户选择合适的服务提供了方便，同时也为商业银行更好地开展业务奠定了基础。

银行营销的产品一般可分为以下五大类：存款、贷款、结算工具、银行卡、金融衍生工具。

（二）银行营销的服务

银行营销的服务主要有代理服务和咨询服务两种。

1. 代理服务。**代理服务是指银行接受政府、企事业单位、其他银行或金融机构以及**

居民个人的委托，以代理人的身份代表委托人办理一些经双方议定的经济事务的业务。代理业务种类繁多，主要包括代理收付款、代理融通、代理保管、代客理财、其他代理业务等。

2. 咨询服务。**咨询服务是指银行利用自身的条件为客户提供经济信息的业务。**

咨询服务主要包括下列三类具体业务：一是评估类咨询业务。主要包括工程项目评估、企业信用等级评估和验证企业注册资金。二是中介类咨询业务。主要包括技术贸易中介咨询、资信咨询、专项调查和委派常年咨询顾问等业务。三是综合类咨询业务。主要包括企业管理咨询和常年经济信息咨询。

【经典案例 5－1】

巴克莱银行的市场营销战略

自 20 世纪 70 年代以来，巴克莱银行的市场营销战略大体上经历了三个阶段：

第一阶段是在 20 世纪 70 年代初期及以前，巴克莱银行实行的是以产品为主导的战略。当时银行不考虑客户需要什么，不是根据客户的需求来开发产品，而是客户适应银行，银行生产出产品就能推销出去。

第二阶段是 20 世纪 70 年代中后期至 80 年代，巴克莱银行实行的是以销售为主导的战略。认为只要有市场，就可以有发展。因为盲目追求客户数量和业务规模，使不良客户大量增加，坏账增多，结果导致银行利润下降。

第三阶段是 20 世纪 90 年代，特别是 90 年代中期以来，巴克莱银行在进行充分的市场调研后，确立起以客户为中心的经营理念，并作为银行最基本的经营原则。该理念根据确定的目标客户的需要，开发满足客户需要的产品，并为客户提供全面的金融服务。这一理念包括如下几个方面：银行以满足客户需要为先，满足客户需要优于银行产品推销，银行客户关系战略集中于银行的目标客户；银行根据客户面临的难题及市场环境变化而改变；为客户提供解决问题的方案和办法是银行的责任；银行要协调、调动全行方面的资源为客户提供服务，满足客户多方面的需求；银行内部为此要加强合作，形成团队精神。

巴克莱银行又转变组织架构，从以往按银行业务设立机构变为按客户群设立机构。对客户进行分类，确定目标客户群也是巴克莱银行在发展历史上的一条成功经验。现在，巴克莱银行、汇丰银行等大银行都十分重视对客户群的细分，并都有一套划分客户的办法。区分是否为重要客户的主要标准就是看其给银行带来利润的大小，同时还要注意潜在的重点客户，即能给银行带来潜在利润的客户。一般来说，银行 80% 的利润来自 20% 的重点客户，所以，银行必须集中大部分资源，为这 20% 的客户提供全方位的服务。

（资料来源：赖丹声：《银行营销实战原理》，29 页，北京，清华大学出版社，2006）

第二节　市场营销策略

一、产品策略

银行在制定营销策略时，首先要决定以什么产品来满足客户的需求。产品是银行市场营销组合的第一要素，其他要素如定价、促销等都是以产品策略为基础的，所以，银行产品策略是银行市场营销策略的基础。

（一）银行产品概述

1. 银行产品的含义。银行是经营货币商品的特殊金融企业，银行产品的含义有广义和狭义之分。**狭义的银行产品是指由银行创造的，可供资金需求者与供给者选择，在金融市场上进行交易的各种金融工具，也就是有形的银行产品，如货币、各种票据、有价证券等。**

广义的银行产品是指银行向市场提供的并可由客户取得、利用或消费的一切服务。银行产品既包括狭义的金融工具（各种有形的产品），也包括各种无形的服务，如存款、贷款、结算、财务管理、咨询、信托、租赁等。因此，只要是由银行提供并能满足人们某种欲望与需求的各种工具与服务，都属于银行产品的范畴。

银行市场营销中所讲述的产品是一个整体概念，按照著名营销学家菲利普·科特勒对产品整体概念的理解，**可将银行产品概括为核心产品、形式产品和扩展产品三个层次。**

（1）核心产品。**核心产品是指客户从银行产品中可得到的基本利益或效用。**它是银行产品中最基本最主要的组成部分，也称为利益产品。

客户购买银行产品，就是为了满足一定的需要，这是购买的实质。每一种银行产品都是为了解决某一特定问题而设计的，核心产品就是客户真正购买的基本利益。例如，客户使用信用卡，是希望利用它进行转账结算、存取现金和透支，因此，这三大功能就是信用卡的核心所在。可见，核心产品体现了产品的本质，核心产品在银行产品的三个层次中居于中心地位。

（2）形式产品。**形式产品是指银行产品的具体形式，用来展现核心产品的外部特征。**

为了方便客户对银行产品的认识和评价，银行必须将无形的产品尽可能实体化，借助一定的外部表现形式对其予以反映和区分。使服务有形化的具体做法就是使服务的内涵尽可能地附着在某个实物上，典型的例子如银行卡。虽然银行卡本身没有什么价值，但它代表着银行为客户提供的各种服务，同时，银行卡作为有形体，体现了不同的银行服务，例如根据颜色和款式的不同，分别代表不同的银行（如牡丹卡、运通卡）。银行在进行产品营销时，应重视形式产品，注重产品外在形式的设计，以增强银行产品的吸引力。

【相关链接5-1】

交行卡“穿世博外衣”表现抢眼

作为上海世博会商业银行全球合作伙伴，交通银行发行了世博系列银行卡。据了解，交行发行的世博银行卡系列在市场上表现抢眼：2008年2月1日，交通银行太平洋“金”彩世博卡正式发行，这是国内首张使用环保材质的银行卡；2009年4月21日，“2010年上海世博会主题信用卡”面市，这也是首张上海世博会主题信用卡；2009年12月8日，“太平洋世博场馆主题卡”发行，1套5张，这也是国内首套以上海世博会场馆为主题的银联标准借记卡，限量发行50万张；2010年2月，在世博倒计时100天之际推出“太平洋世博预付卡”，第一次使用了2010年上海世博会吉祥物——“海宝”的形象。

此外，交通银行香港分行还发行了世博主题礼品卡，这也是交通银行境外分支机构发行的第一款上海世博会主题的银行卡产品。

（资料来源：东方网，2009-05-29。）

（3）扩展产品。**是指银行产品在满足客户的基本需求之外，还可以为客户提供额外的服务，使其得到更多的利益，这是银行产品的延伸和扩展部分。**

为了使本行的产品有别于其他银行的同类产品，吸引更多的客户，银行必须在扩展产品上多下工夫。随着银行业竞争的不断加剧，银行服务呈现出系列化的趋势，在某一产品中往往附加其他服务以满足客户的多种需求，为客户提供更大的便利。增加产品的附加价值，为客户提供灵活多样的附加服务，是提高银行竞争力的有效手段。

2. 银行产品的特点。作为一种经营货币业务的特殊企业，银行向客户提供的产品与其他工商企业提供的产品相比较存在着很大的区别，其特点表现在如下方面：

（1）无形性。一般的产品可以通过视觉、味觉、嗅觉、听觉等来感受，而银行的产品，如结算代理、存贷款等，客户在购买前是很难感受到的，这是因为银行产品实质上是一种服务。货币、票据、信用卡、存折等虽然有形，实际上并非产品，而是一种提供服务的手段或载体。

（2）不可分性。银行产品的不可分性主要是指客户只要使用银行产品就必须接受银行的服务，两者紧密相连，不可分开。

（3）配套性。银行为客户提供的产品在实践中应该是一组配套的服务，如通过信用业务提供成套的中间业务服务，或通过中间业务提供相应的信用业务。

（4）易模仿性。银行产品的易模仿特性也称同质性。在信息共享的时代，新开发的创新产品一旦投入市场营运获得利润时，银行间就会竞相仿效，促使产品达到同质而普及。如1997年中国银行上海市分行推出自助银行服务，各家银行纷纷仿效，都推出了自己的自助银行。

（5）增值性。银行产品的增值性主要是指银行提供的产品能给购买者带来增值或套期保值或规避风险的功能。如客户在银行存款就可以获得利息，客户从银行贷款可获得流动资金，实现更高的获利。

（二）银行产品的市场生命周期与营销策略

银行产品从进入市场到最后被淘汰的全过程，称为银行产品的市场生命周期。银行产品和其他产品一样，在市场上的销售情况和获利能力并不是固定不变的。从被投入市场开始，银行产品的销售能力与获利能力会随着时间的推移和市场环境的变化而变化，并可能最终被市场淘汰。

银行产品的市场生命周期通常可分为四个阶段：导入期、成长期、成熟期和衰退期。银行产品在各个阶段的营销有着不同的任务与特点，必须采取不同的策略。

1. 导入期。导入期是指银行产品投入市场的初期，即试销阶段。

（1）导入期的特点。银行产品刚刚投放市场，因产品尚需完善，客户对银行的产品不甚了解，因此购买欲望不大，银行要花费大量资金做广告和宣传，市场反应正处于测试阶段，此外，银行还要收集客户试用产品的意见，不断对产品进行改进，所以银行还要投入一定的产品研制费用。银行通常不能获利，甚至亏损，然而，产品导入期又十分重要，因为能否度过这一阶段将直接决定银行产品的前途。

（2）导入期的营销策略。为了减少损失，提高收益，并避免竞争者仿制而抢占市场，银行在产品导入期的营销活动应抓住一个“快”字，实现一个“短”字，即银行应采用各种手段缩短导入期，以期尽快进入成长期。银行在导入期可以采取以下一些措施：

一是不断改进产品。建立有效的信息反馈机制，银行应主动收集客户的反馈意见与建议，并对其进行科学分析，根据顾客需求及时改进，并将改进后的产品迅速投入市场，以取得客户的信赖与支持。

二是加大促销力度。为了使客户能更加充分地了解产品，银行需要做大量的广告宣传，借助媒体，使客户真正体会到银行产品的方便与实惠，以激发客户的购买欲望。

三是制定合理的价格。根据银行产品市场状况，确定产品合适的价格，有时可采取高价策略，有时可采取低价策略。

2. 成长期。成长期是指银行产品通过试销，销路已打开，转入大批量生产销售的阶段。

（1）成长期的特点。银行产品进入成长期，客户对产品已经熟悉，大量新客户出现，形成较大市场需求，销量大增，产品质量、性能趋于稳定，研制费用开始减少，银行的广告费用略有下降，产品销量迅速攀升，银行利润不断增加，但仿制品开始出现，市场竞争日趋激烈。

（2）成长期的营销策略。在制定营销组合策略时总思路可以概括为：抢占市场份额，加快推广速度，创出名牌，营销活动应抓住一个“好”字，实现一个“大”字。银行在成长期可以采取以下一些措施：

①不断提高产品质量，改善服务，树立“产品—银行”良好形象。为了能使本行产品异军突起，银行必须不断开拓产品的新用途与特色服务，改善产品的性能，赋予其新的活力。

②扩大广告宣传，重点是让客户信任银行产品，为银行产品树立良好的形象，提高声誉。

③适当调整价格，增强产品的竞争力。

④利用已有的销售渠道积极开拓新市场，进一步扩大销售，取得较大的市场占有率。

3. 成熟期。成熟期是指银行产品在市场上的销售已经达到了饱和的时期。

（1）成熟期的特点。这一时期的特点是：银行产品已被广泛接受，市场需求趋于饱和，新购行为已经稀少，需求量增长缓慢，趋于停滞。但成本与费用较低，银行利润较为稳定，仿制产品层出不穷，市场竞争激烈，价格战与促销战愈演愈烈，可能引起银行利润的下降。

（2）成熟期的营销策略。成熟期是银行获取利润的“黄金时节”。在该时期，银行面临着供给能力增长与消费需求相对饱和的矛盾，银行在市场营销活动中应着重抓住一个“占”字，实现一个“长”字，尽可能延长成熟期，为本银行带来更多利润。银行在成熟期可以采取以下一些措施：

①千方百计地维持现有市场占有率，改进产品性能并努力实现产品多样化与系列化，通过包装组合提高产品的竞争能力。

②开拓新市场，采取进攻性战略不断拓展产品市场，包括纵向拓展（即刺激老客户使用产品的频率）与横向拓展（即寻找新客户）两种策略。

③综合运用营销组合手段以增加产品销售，如增加销售网点、降低产品价格、改变广告内容等营销手段。

4. 衰退期。衰退期是指银行产品已经陈旧老化、市场开始萎缩并趋于淘汰的时期。

（1）衰退期的特点。这一时期的特点是：市场上出现大量的替代产品，客户兴趣已发生转移，对老产品的品牌忠诚度下降，需求逐渐减退，价格下跌，银行利润日益减少，留在市场的银行被迫减少促销预算，降低产品的服务水平，以维持经营。

（2）衰退期的营销策略。在衰退期，银行营销活动应抓住一个“退”字，实现一个“转”字，即银行要敏锐地把握市场变化，积极、主动并有计划地实施“市场撤退”。具体措施如下：

①持续策略。进入衰退期，大量的竞争对手退出市场，维持原有的营销策略，吸引部分老客户继续使用老产品。

②转移策略。由于市场发生变化，一些产品被淘汰，另一些产品市场处于成熟期，可将产品转移到仍具有潜力的市场进行销售。

③收缩策略。降低费用，优化人员，把人力、财力、物力集中于最为有利的市场以获得最大的利润。

④淘汰策略。彻底退出这个产品竞争市场，用新产品替代老产品，扩大市场份额，增加产品销售。

银行产品的市场生命周期如图 5－1 所示。

（三）银行新产品的开发

为了能在市场上吸引更多的客户，提高市场占有率，银行必须不断开发新产品，提供新服务以满足不同层次的客户需求。

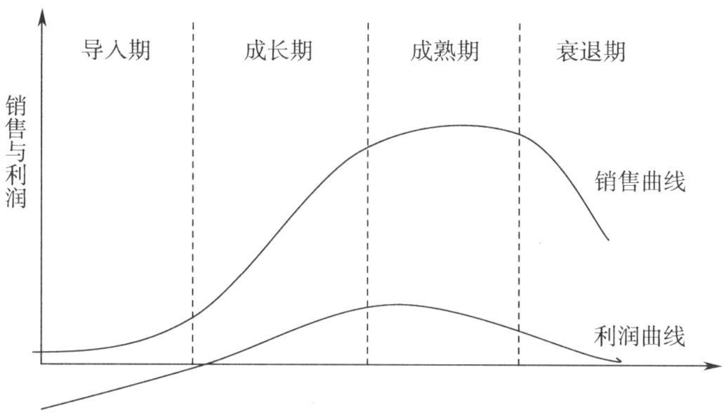

图5－1 产品生命周期曲线图

1. 银行新产品开发的含义。从广义上看，银行对某一银行产品的任何一部分或全部进行的改变、创新或变革，均可被视为银行新产品的开发（本书所指的新产品的开发是广义的）。从狭义上看，银行新产品的开发可以被看做是全新银行产品的开发，即完全新型的银行产品的开发。

2. 银行新产品开发的形式。

（1）全新银行产品。全新银行产品是指金融机构采用新技术、新工艺、新材料等制成的前所未有的产品。这类产品多是由于科学技术的进步或是为了满足消费者某种崭新的需求而发明的产品。

（2）部分新银行产品，或称换代新金融产品。部分新银行产品是指银行部分地采用新技术、新工艺、新材料等对原有的银行产品在性能等方面进行革新和提高的产品。这类产品基本上是利用科学技术的最新成果，对现有产品进行一些重大的革新而形成的。

（3）改进新银行产品。改进新银行产品是指银行对现有产品的品质、特征、结构、款式、包装等做一定的改进或修正而形成的新产品。这类新产品的开发，一般不需要以新的科学技术为基础，只需在现有的技术水平上，对现有的产品进行适当的改进，改进新银行产品与现有产品的差别不是很大，但是具有一定的特色，且这类产品的市场竞争一般比较激烈。

（4）仿制新银行产品。仿制新银行产品是指银行对现有银行产品只做较小的改进或修正，以突出产品某一方面的特点；或者直接仿照市场上已有的畅销金融产品，然后标以新的品牌或者冠以新的名称，在市场上推出。这类银行产品的开发无须新的技术，开发成本较低，但市场竞争会十分激烈，银行产品的市场生命周期相对也会较短。

【经典案例5－2】

新产品带来新商机

——汇丰银行首开伊斯兰贷款的启示

2003年7月，英国的汇丰银行（HSBC）看准了数百万穆斯林的房屋市场，在伊斯兰学者顾问帮助下设计了一套符合伊斯兰法制的购房办法，开设了根据伊斯兰经济法制的购房贷款办法，吸引穆斯林客户加入汇丰银行。

生活在英国的穆斯林绝大多数都是勤劳持家的中产阶级和劳工阶层，他们辛苦挣来的钱希望用来在英国购买房屋以安家落户。但是，西方银行高利贷性质的购房贷款违背伊斯兰法制，大多数人并不向银行借款。

在此以前，有科威特中央银行的驻英国分行和西博隆威治房产公司两家实行伊斯兰法制的购房办法，生意兴隆，引起了汇丰银行的好奇。经过社会调查和金融分析，汇丰银行发现英国的穆斯林公民中存在一个大市场，预计在2006年前潜藏着70亿美元的穆斯林购房资金。这个市场调查使汇丰银行垂涎欲滴，急忙找专家论证和设计。

汇丰银行采取了一项变通的办法来针对此细分市场。他们大量投资购入房产，然后以租赁的形式租给穆斯林，每月收取房租，但到一定的年限，房租中多余的部分积累到房值时，房产归于住户。这种办法避免了穆斯林最厌恶的定期交纳利息的问题，每月房租与利息无关，只住房交租金，其中，对于多余的购房款汇丰银行帮助客户做好存款。如果未到购房时限，存款可以退回，房客不吃亏。

（资料来源：赖丹声：《银行营销实战原理》，北京，清华大学出版社，2006）

3. 银行新产品的开发程序。**银行新产品的开发程序可分为六个阶段：形成创意、创意优选、具体分析（包括产品概念的形成与测试，营销分析，商业分析等）、产品开发、试销和使用调查以及正式推出。**

新产品经过试销后，如果从信息反馈和试销的实际情况看新产品的开发是成功的，银行即可大批量地进行产品的商业性生产，并将其投放市场。在此阶段，银行需要根据情况，适时适宜作出以下决策：产品的推出、销售时间；新产品的投放地区和扩散地区；目标市场的选择与产品的最终定位；具体的市场营销策略。

【相关链接5-2】

花旗银行的产品创新策略

1961年，花旗银行首创大额可转让存单（CD_S），揭开了20世纪银行产品创新浪潮的序幕。1998年4月6日，花旗银行公司与旅行者集团宣布合并，组建花旗集团，集银行、证券投资、保险委托、基金、租赁等金融业务于一身，成为名副其实的“全能银行”。重组后的花旗集团名利双收，不仅股价翻了3番，还连续被各大机构评为“世界最佳银行”，产品开发工作也得到了长足发展。花旗集团成立后最大的利润增长点来自投资银行业务，而并非传统的商业银行业务，这要归功于花旗集团的新产品开发机制。合并后，花旗集团拥有一批享有盛誉的投资银行和资产管理公司，这些公司为新集团带来了新的产品开发思路，创造了新的机遇。

（资料来源：叶望春：《商业银行市场营销——案例与实践》，北京，中国财政经济出版社，2004）

（四）银行产品的组合与品牌策略

银行一般都是多品种或多产品的经营者，由于产品的差异性及市场竞争状况的差异等，银行产品的业务量及盈利能力各不相同。为此，银行为减少成本和亏损等，应加强产品的组合管理。

1. 银行产品组合的概念。**银行产品组合是指银行向客户提供的全部产品的有机组合方式，即所有银行产品的有机构成。**与产品组合相关的概念有产品线、产品类型、产品项目。

（1）产品线。产品线是指具有高度相关性的一组银行产品。这些产品具有类似的基本功能，可以满足客户的某一类需求，如存款产品线。

（2）产品类型。产品类型是指产品线中各种可能的产品种类。如储蓄存款中的定期存款和活期存款，分别属于不同的银行产品类型。

（3）产品项目。产品项目是指某个特定的个别银行产品，它是金融产品划分的最小单位。如3年期的定期存款。

一个银行产品组合，通常包括产品组合宽度和产品组合深度两个度量化因素。确定产品组合就要有效地选择其宽度、深度和关联。

2. 银行产品组合策略。银行必须根据客户需求、市场环境和自身资源的变化不断调整产品组合结构，优化产品组合。最常见的产品组合策略如下：

（1）产品扩张策略。产品扩张策略主要是从拓宽产品组合的宽度和增加产品组合的深度这两个方面入手。

①拓宽产品组合的宽度。银行可以在现有产品线的基础上增加一条或几条产品线，以进一步扩大银行产品的范围，实现产品线的多样化。

②增加产品组合的深度。银行可以在原有的产品线内增设新的产品项目，以丰富银行的产品种类，实现多样化经营。

（2）产品集中策略。产品集中策略是指银行通过减少产品线或产品项目来缩小银行的经营范围和种类，实现产品的专业化，其目的是将有限的资源集中在一些更有竞争优势的产品组合上，以产生更大的收益。这种做法和产品扩张策略正好相反。

3. 银行品牌策略。品牌是指产品的品种名称、名词、标记、符号及设计，或是它们的组合运用。设立品牌的目的是使客户能够准确辨认银行及其产品和服务，并使银行能与其竞争者相区分和进行产品的市场细分。

银行品牌策略是对银行营销者的一个挑战，是银行现代形象塑造的重要组成部分。如果银行的某种产品成为消费者心目中的名牌银行产品，则其对于银行未来业务发展的巨大促进作用也是不可低估的。如对于银行来说，名牌银行（也称为精品银行）的含义可以是指名牌总行、名牌分行、名牌支行、名牌网点，甚至其所拥有的名牌产品等。客户一般会从银行的规模大小、质量高低、产品品种、数量多少、价格状况、服务质量优劣、信誉好坏等方面，从多个角度来认定自己心目中的名牌银行。

银行实施品牌策略，可以从创立名牌银行产品和创建名牌银行等方面来进行：

（1）创立名牌银行产品。名牌银行产品应该符合下列基本条件：在同类产品中，为大多数客户所欢迎、喜爱、期盼，即忠诚客户群最大，或市场占有率最高；最先开发、最先上市，并成功营销，市场知名度很高，长期为客户所信赖；在市场上具有导向作用或领导地位，有较多的追随者或仿制者，能够为银行带来较为丰厚的利润。

另外，名牌银行产品的品牌应在特殊性、恰当性、记忆性、灵活性上达到较高的测试等级；其品牌特征要素要一致，在所有的媒介上使用一致；品牌决策应以科学研究为基础。

（2）创建名牌银行。名牌银行应具备以下基本条件：拥有至少1～2个名牌银行产品，并以其为中心组成多品种的、合理的银行产品结构，使其数量、质量、规模、效益等在同行业中保持领先地位；拥有与新科学、高技术发展同步的、先进的金融理论和精良的技术设备，可以与世界上主要的金融市场及先进金融机构的主要业务进行对接；其各种银行产品和服务的品种、数量、质量和其他营销组合因素，能够适合社会环境的变化与要求，适合市场需要与顾客需求，并具备快速、灵敏的市场应变能力；拥有比较稳定的和逐步扩大的市场份额，具有一定的时空控制力量，如具有较强的融通资金的能力，可以适应不同情况下的资金流动性的需求等；拥有明显的人才优势，应有一支结构合理、素质高、能力强的领导人才队伍、管理者队伍、科技信息人才队伍和员工队伍；拥有明显的特色优势，在多方面异于、优于、新于其他银行。

二、产品的定价策略

银行产品的定价策略是银行业务竞争中重要的营销策略之一。银行产品定价是影响利润和销售量目标的主要因素，市场力量、成本结构及推广均影响最终价格水平。银行产品定价的最终任务是弥补成本支出，吸引足够的销售量，取得预定的利润与销量目标。

（一）银行产品定价概述

银行产品的价格将直接影响到银行产品的销售数量，从而对银行的收入与利润产生巨大的影响，所以，定价策略是银行营销组合中的一个重要策略。

银行产品的价格构成主要包括：利率、汇率、手续费。

1. 利率。利率是利息额与借贷资金的预付价值的对比，用于衡量借贷资金的增值程度，分为长期利率、短期利率、固定利率、浮动利率、法定利率、市场利率、实际利率、名义利率等。

利率是银行产品最主要的价格。因为银行主要从事信用业务，即通过吸收存款、借入款项等途径取得资金，再通过贷款与投资等活动进行资金运用。在这个过程中，对于银行资金的提供者，银行需要支付利息；而对于资金的运用，银行可获得收益，如贷款利息收入或者投资收益。在我国，银行业务结构相对较单一，利息收入构成了银行的绝大部分盈利来源，因此，衡量利息多少的利率在银行产品的价格中就显得格外重要了。

2. 汇率。汇率亦称为外汇行市或汇价，它是指两国货币之间的兑换比率，即把一定单位的某国货币折算成另一国家货币的数量，可分为固定汇率、浮动汇率、即期汇率和远期汇率等。

3. 手续费（佣金或承诺费）。银行除了通过信用中介职能对社会资金余缺进行直接调剂外，还利用自身的资金、技术、人才等优势为客户提供多种多样的中间业务或表外业务，这些银行产品和服务的价格表现为佣金、手续费或承诺费。银行收取佣金、手续费或承诺费的标准，一方面取决于客户消费银行产品的数量，另一方面更受制于该银行产品的内在质量和银行的服务水平。

（二）银行产品定价目标

定价目标是银行营销目标体系中的一项具体目标，它的确定是银行了解与掌握市场营销活动的一个重要内容。一般来说，银行的定价目标有以下几个方面。

1. 利润最大化。利润最大化是指银行把在一定时期内所能获得的最高盈利总额作为营销活动中对金融产品定价的战略性目标。利润最大化包括长期利润最大化与短期利润最大化。有的银行以短期利润或当期利润作为主要利润目标，强调本期财务绩效，故而制定较高的价格，但是短期利润最大化往往是暂时的，随着市场供求状况的不断变化，竞争日益激烈，任何银行都不可能长期地保持高价。因此，有远见的银行应该以长期利润最大化作为其最终目标。

2. 最大限度地争取市场份额。市场份额是衡量银行经营状况与竞争能力的重要指标之一。较大的市场份额可以保证银行产品有较高的销售数量，实现盈利水平的不断增长，因此，许多银行都把争取市场份额作为一个重要目标。许多银行产品，尤其是一些新的银行工具，为了能拥有一批稳定的客户，往往以市场份额作为其定价目标，适当压低价格打入市场，拓展销路。

3. 改善银行服务方法。客户使用银行产品是寻求银行为其提供一系列服务以满足自己的需求。为了赢得客户的认同，银行产品定价除了要考虑产品本身的性能之外，还要结合其附属服务的实用性、盈利性、客户的接受程度等进行全面权衡制定。

4. 树立良好的银行形象。良好的形象是银行借以拓展业务的一项重要财富。一个具有良好形象的银行必然可以赢得更多客户的信赖，为更好地树立银行的整体形象，在定价时银行必须考虑各项银行产品的价格水平是否适应客户的需求，是否有利于其营销战略的顺利实施，银行定价也要严格遵循社会公德与银行职业道德规范，要顾及其他合作者的经济利益，而不能唯我独尊。

（三）影响银行产品定价的因素

银行产品的定价十分复杂，银行必须考虑一系列因素，这样制定的产品价格，才能被市场所接受。影响产品定价的因素非常多，一般说来，有以下几个：

1. 成本因素。银行的成本可以分为固定成本和变动成本。固定成本是指不随着银行销售收入的变化而变化的成本，它又包括直接成本与日常管理费。变动成本是指随银行产品销售量的变动而变化的成本，如销售佣金、原材料、邮寄费等。实际上每一项银行服务，每一种银行产品都包括了一定的固定成本与变动成本，一般来说，银行产品的价格应该能够补偿固定成本与变动成本，并要有一定合理的利润幅度，除非出于特殊原因的考虑，比如新产品刚上市时为了吸引更多的客户而压低价格，甚至可能低于成本价出售。其实，在这种情况下，非盈利性产品的成本应该由其他产品的利润来弥补。

2. 客户因素。客户对本行产品价格的反应如何是银行产品定价时必须考虑的因素。因为如果客户认为某家银行的产品定价过高，他就不愿意购买或者减少使用该产品，也可能去寻找其他银行的服务或用其他产品代替，从而使市场供求关系发生变化，影响到该产品的销售数量。

3. 营销组合情况。银行产品的定价策略应该与产品策略相结合，如价格与分销相结合。一般来说，高价产品的销售环节应尽量减少，以降低附加佣金，并要选择有名的代理商，在定价时也要考虑代理商为银行产品营销提供的服务，若服务较多则价格也应该适当地降低。因此，只有综合考虑营销组合的各个策略，银行制定的产品价格才会合理。

4. 遵循国家有关的法律、法规。所有银行在经营过程中都要受到各种法律、法规的制约，定价行为也不例外，制定的价格不能与国家有关法律相抵触，例如，2010 年 4 月 14 日召开的国务院常务会议要求，对贷款购买第二套住房的家庭，贷款首付款不得低于 50%，贷款利率不得低于基准利率的 1.1 倍。各银行随即中止二套房利率优惠政策。

（四）银行产品定价策略与方法

1. 银行产品定价的策略。定价策略是指银行根据金融市场中不同的变化因素及其对银行产品的影响程度制定出适合市场变化而易于被客户接受的价格，从而更好地实现银行的营销战略目标。下面介绍几种银行常用的定价策略。

（1）脱脂定价策略。**脱脂定价策略是一种先高后低的定价策略。**当银行产品刚进入市场时，趁着竞争者还未作出反应，银行利用较高的价格尽可能多地获得更高的收益率；当竞争变得激烈时，银行可适当降价以扩大销售数量。因为该策略开始定价偏高，获利较丰，又称高价厚利定价策略。

脱脂定价策略主要用于新产品的销售，因为新产品受价格的影响要比以后市场竞争激烈时受价格的影响要小。该策略可以使银行营销人员在低价吸引价格弹性大的客户之前先吸引住大量对价格不敏感的客户；高价可以使银行新产品获得较好的市场形象；这种策略便于银行调整产品价格，当银行发现市场需求下降时，可以适当地降低价格，从而保持较强的竞争力；从银行产品特点来看，由于银行产品不同于其他企业产品，可以通过申请专利实施保护，金融工具复制的现象十分普遍，因此，银行对一些创新工具可采取脱脂定价策略。

（2）渗透定价策略。**渗透定价策略是一种先低后高的定价策略，与脱脂定价策略正好相反。**起初，银行以低价出售产品，迅速打开销路，扩大市场份额，然后，再相应地提高产品价格，从而保持一定的盈利性。由于银行开始制定的价格比较低，主要是通过提高销售数量来实现营销目的，因此该策略又称薄利多销定价策略。

渗透定价策略的实施应该注意以下几个条件：银行要有一定的实力，可以承受以较低价格投入市场的风险，而不至于出现巨大亏损；银行要有足够的销售资源、分销渠道与营销能力，可以保持较高的服务质量；随着销售数量的扩大，银行产品的生产与分销成本可以实现较大经济性；银行产品需求的价格弹性较大，即在产品的导入期，如果采用高价策略便不易打开销路；市场上不存在一批愿意支付较高费用以首先获得产品使用的客户；在产品打入市场后很快就会形成较强的竞争威胁，使竞争者失去信心。

（3）满意定价策略。**满意定价策略是一种介于脱脂定价策略与渗透定价策略之间的定价策略。**采用脱脂定价策略便于树立银行形象，但可能会影响其销售量；采用渗透定价策略可以迎合客户的求廉心理，便于扩大市场份额，但可能破坏银行产品的形象。因此，有的银行就引入满意定价策略，用这种策略制定的价格具有较大的合理性，可以避免高价带来的竞争风险，又可防止低价所可能招致的损失，按时实现银行的盈利性目标，从而使银行与客户均达到一定程度的满意。这种策略被称为满意定价策略。当然，这种价格可能比较保守，会使银行失去更大的盈利机会，不太适合需求变化较大或者竞争较为激烈的市场。

（4）产品形式细分定价策略。银行的产品琳琅满目，即使是同类产品，由于其具体形式不同，银行为客户提供的服务不同，成本也存在很大的差异。因此，银行也应该制定不同的价格。例如，银行发行的信用卡按持卡人的资信状况不同可以分为金卡、银卡与普通卡，金卡仅由经济实力强、社会地位高、信誉良好的个人与单位持有，其授信额起点也较高，价格相对较贵，而银卡与普通卡的透支额度较小，其价格也较低。目前，这种定价策略得到广泛应用，尤其是一些大银行在充分发挥本行优势的基础上，对不同形式的商品确定灵活的价格，以适应不同客户的需求，更好地推销产品。

（5）产品组合定价策略。产品组合定价策略是指银行将一系列产品或服务综合起来考虑，根据几种银行产品的总成本制定一个总的目标价格，对于单项服务或单个产品的成本与价格不太关注，甚至有些服务或产品的价格低于成本，只能用那些成本低、收益高的产品或服务的收入来补偿其亏损，从而实现各种组合产品在总体上的获利。

（6）折扣定价策略。折扣定价策略是指银行为了调动客户的积极性而少收一定比例的产品货款或服务费用，从而降低客户的成本支出，提高产品的竞争能力，扩大销售量。折扣定价策略十分灵活，折扣形式也多种多样，主要包括现金折扣策略、数量折扣策略和季节折扣策略。

2. 银行产品定价的基本方法。

银行产品定价的基本方法包括成本加成定价法、目标收益定价法、收支平衡定价法、竞争性定价法、随行就市定价法等。

（1）成本加成定价法。成本加成定价法是以产品的成本为基础，在成本之外考虑一定的目标利润，从而确定银行产品价格的方法，即用银行产品的单位总成本加上一定比率的利润来确定价格，其基本公式为

单位银行产品的价格 = 单位银行产品的总成本 ×（1 + 成本加成率）

其中，单位银行产品的总成本包括固定成本与变动成本，而成本加成率则是指预期利润占银行产品总成本的百分比。在这种方法中，成本加成率的确定是关键。由于各种银行产品一般都形成一个标准的利润幅度，如果加成数过高会影响该产品在市场上的竞争。

（2）目标收益定价法。目标收益定价法是银行按照预期目标利润的大小来确定产品的价格，银行根据总成本及预计销售量制定一个目标利润率（一般为 10% ~20%），并

以此为基础进行定价。在这种定价方法中，银行产品的价格由产品成本与银行的目标利润额决定，其计算公式为

$$单位银行产品的价格 = \frac{银行产品的总成本 + 目标利润额}{预计销售量}$$

例如，银行的信用卡定价就采用此种办法，按照投入总成本的10% ~20%作为年目标利润率，分摊到预计可销售数量的信用卡中，从而计算出每张信用卡所要收取的费用。

（3）收支平衡定价法。收支平衡定价法侧重于对固定成本的补偿，当完成预计销售数量时，保本价格便保证了银行产品不受亏损，而实际价格则使银行可以如愿以偿地实现预期盈利。当市场销售数量未能达到时，则两个价格的差额就可以使银行方便地控制价格调整幅度。此种方法的缺点是未充分考虑市场需求与竞争。

（4）竞争性定价法。在按竞争性定价法制定产品价格时，银行首先对市场上的竞争对手及其产品的价格做一个比较，划分不同的价格层次，再对本行产品的性能、质量、销售情况等做一个对比，寻找造成价格差异的原因，并根据本行产品的优势、特色及银行在市场中的定位来确定银行产品的价格，这种价格应该具有较强的竞争力。当然，在价格执行之后，银行还应对市场上竞争产品的价格变动进行跟踪，以便及时地调整本行产品价格，保持其在市场上的领导者地位。一般说来，这种方法适用于那些实力雄厚、信誉较高、占有较大市场份额、在市场上处于领导者地位的银行。

（5）随行就市定价法。随行就市定价法是指银行参照市场上通行的价格水平来确定产品价格，从而使本行的产品与市场上竞争产品的价格保持一致。

三、营销渠道策略

银行提供的产品和服务只有通过各种销售渠道才能到达客户的手中。怎样以最快的速度和最低的费用把产品送到客户手中，保证营销渠道畅通无阻？根据目标市场的不同和产品的特点，如何选择最佳的营销渠道？这些问题都是银行营销应该研究的问题。

（一）银行营销渠道的含义

银行营销渠道是指银行通过各种便利手段和途径把银行产品的所有权或使用权从银行推向消费者所经历的过程或渠道。

随着计算机技术的发展，通信技术的进步和银行营销理念的发展，银行的营销渠道日益多样化，如信用卡、销售点终端、POS机、ATM等自动化营销渠道以及策略联盟等得到广泛运用。银行实施营销渠道策略的目的是维持现有的客户和增加潜在的或新的客户，通过建立最佳的营销渠道，让客户感到银行产品的可接受性、增值性和便利性。

（二）银行营销渠道策略

银行营销渠道策略主要包括直接营销渠道和间接营销渠道策略、单渠道和多渠道策略、结合产品市场生命周期的营销渠道策略、组合营销渠道策略。

1. 直接营销渠道和间接营销渠道策略。直接营销渠道和间接营销渠道是银行营销渠道的两种基本类型。这是根据银行销售产品是否利用中间商来划分的。**所谓直接营销渠**

道策略，是指银行将产品直接销售给最终需求者，不通过任何中间商或中间设备的策略，主要以分支机构为主；而间接营销渠道是指银行通过中间商来销售银行产品，或借助一些中间设备与途径向客户提供产品与服务的策略，如信用卡、ATM、销售点终端、手机银行、电话银行、网络银行等。

2. 单渠道和多渠道策略。这是根据营销渠道的类型多少来划分的。**单渠道策略是指银行只是简单通过一个渠道来实现银行产品的销售策略**，如银行提供的产品全部由自己来销售或全部经由经销商来销售的策略；而多渠道营销策略则是指银行通过不同的销售渠道将相同的银行产品销售给不同市场或不同客户的策略，如在本地区采用直接营销，对外采用间接营销，这种营销渠道策略比单渠道营销更有效地扩大市场占有率，对市场竞争激烈的银行产品的销售具有更大的作用。

3. 结合产品市场生命周期的营销渠道策略。此策略是在产品所处的不同阶段采取不同的营销渠道策略。如产品导入期应以自销或独家经销为主，尽快占领市场，提高新产品的声誉；在产品成长期应选择有能力、有前途的中间商进行分销，提高销售量，扩大市场份额；在产品成熟期应拓宽营销渠道，与更多的中间商积极配合，进一步扩展业务活动的范围；在产品衰退期选择声望较高的中间商分销产品，获取产品最后的经济效益。

4. 组合营销渠道策略。**组合营销渠道策略是指将银行分销策略与营销的其他策略相结合，以更好地开展产品的销售活动。**包括营销渠道与产品生产相组合的策略、营销渠道与销售环节相结合的策略及营销渠道与促销相结合的策略。

（三）影响银行营销渠道的因素

1. 银行产品特征。银行产品因其种类不同而具备不同的特征，这对于营销渠道的选择是一个非常重要的影响因素。

2. 市场因素和顾客特征。市场范围大小、顾客的集中和分散、顾客人数、地理分布、购买频率和年均购买数量、不同营销方式的敏感性等因素，以及银行同业竞争者产品的营销渠道策略，都会影响到营销渠道的选择。

3. 银行规模、信息、科技因素。银行规模大小、资金能力、信用能力、销售能力、提供的服务以及要求等，都会影响其营销渠道的选择。信息技术的发展也可促使银行通过 ATM 和电话银行来提供金融服务，从而扩展营销渠道。

4. 营销技术。银行的营销技术直接影响银行商品的销售，对某些银行产品来说，广告十分重要，而有些银行产品则必须通过人员推销。为此，银行在对其营销渠道进行选择时，首先要对自己的营销技术进行衡量界定，才能审时度势地进行营销渠道的决策。

5. 现有营销渠道的可用性。银行在选择营销渠道时，必须考虑其现有营销渠道的可用性和可用度，因为营销渠道的再选择，受现有营销渠道适用性的严格控制。

6. 政策因素。政府对各类银行产品所采取的价格政策、税收政策等，都会影响银行营销渠道的选择。

（四）银行营销渠道的职能和作用

1. 银行营销渠道的基本职能：第一，收集。采集客户信息，为银行制订营销计划提供依据。第二，促销。评估银行产品和服务受客户和市场的欢迎程度，并有针对性地对产品进行适当的促销活动。第三，接触。找出潜在客户并通过沟通强化其购买欲望。第四，配合。使银行提供的产品能配合顾客的需求。第五，资金融通。资金的取得和周转，以满足销售工作的各项成本。第六，风险承担。承担与渠道建设有关的所有风险；第七，协商。对银行推出的产品服务在面世前和面世后，对其定价和销售方式有协商变通的权利。

2. 营销渠道的作用。合理地选择营销渠道可以增强银行产品和服务推向客户的手段和途径。合理地选择营销渠道可以使银行产品和服务能适时、适地、方便、快速、准确地销售给客户，实现银行的高效经营。合理的营销渠道可以更有效地满足客户的需求。合理的营销渠道可以简化流通渠道，方便客户购买。合理的营销渠道有利于降低银行营销费用，提高经济效益。

（五）银行营销渠道的新扩展方式

在竞争激烈的金融服务市场中，营销渠道是否畅通和覆盖面是否宽广，往往可以决定一家银行的竞争能力和市场份额。由于金融市场发展状况的差异，银行在扩展营销渠道方面也采用了不同的方式，其中主要包括：

1. 自设营销渠道。

2. 扩大银行产品和服务的代理营销渠道。

3. 并购。并购是银行扩展营销渠道快捷和有效的手段，尤其是当某一银行面临新开放的区域或进入跨地区和跨国经营时更是如此。

4. 渠道拓展型策略联盟。策略联盟在渠道拓展中的作用表现为：不必投入大量人力物力，而借助合作伙伴的营销渠道来拓展业务。这种方式具有更大的灵活性和选择余地，所冒风险要小于并购。如果并购不当，随之会带来裁员和债务的麻烦；策略联盟可以突破许多政策限制，跨地区和跨国开展业务。目前，这种策略联盟已日益成为银行开展跨国经营的重要业务拓展方式。

四、促销策略

银行促销策略是银行营销组合的构成部分，好的促销策略能使银行在短时间内营销出去尽可能多的产品，从而获得盈利。反之，经营业绩差，将影响银行的竞争力和生存能力，因此，银行必须采用合理的促销策略。

（一）人员促销

银行人员促销具有灵活、直接、亲切、反复多次等优势，因此，它在银行营销策略中日显重要。

1. 银行人员促销的含义。**人员促销是指银行促销人员为推销银行的产品而对客户开展的说服与引导其购买或消费的活动。**

2. 银行人员促销的形式。**银行人员促销的形式主要有柜台促销和上门促销两种形式。**

（1）柜台促销。柜台促销是指客户来到银行后，由银行的临柜人员办理业务的同时，向客户介绍新产品或向其发送介绍有关业务的文字材料、宣传折页等活动。柜台促销主要面向广大个人客户，在优质服务的基础上，会带来很多新的客户。

（2）上门促销。上门促销是指银行人员专门去某些单位或部分优质个人客户家中推销新的产品和联系其他业务的活动，如分送宣传产品的折页，当面介绍新产品等一系列工作。如香港大通银行每位客户经理专门负责 50 ~ 100 名客户，并经常保持联系，负责向这些客户提供产品服务和推销银行产品。

（二）广告

广告是银行促销的一种重要方式，借助于广告这一促销方式能刺激需求，引导消费，提高银行的竞争能力。

1. 银行广告的含义。广告是指银行通过宣传媒体以各种方式向现有的和潜在的客户介绍银行所能提供的产品及其功能、特点等情况，以吸引客户的注意，并诱导客户的消费行为向某种方向转变的宣传活动。

2. 银行广告的类别。

（1）按广告的目的分为银行形象广告和产品广告。银行形象广告，主要是通过广告来塑造银行的良好形象。这种广告主要侧重于宣传银行服务宗旨、经营方式等特色化内容。而银行产品广告，主要是通过对产品的特性、收益的介绍，让客户了解银行产品，激发客户购买欲望。

（2）依据广告的内容分为介绍性广告和说明性广告。介绍性广告，主要是向客户介绍银行新推出的产品及其特点，使各种客户知晓、了解新产品。而说明性广告，主要目的是说服客户改变其对银行及某类产品的看法，从而引导其改变消费行为，使其成为银行的客户。

（3）依据广告所使用的媒体分电视、广播、报纸、杂志、网上、折页等广告。

3. 银行广告促销的功能。

（1）产品信息的传播。当今的世界处在一个高速发展的信息时代，信息成为人类赖以生存的重要资源。银行为实现其经营目标而通过各种方式向社会提供产品信息，其产品需求者也会通过各种途径收集信息。广告是传播信息和沟通银行产品提供者及需求者最为迅捷的工具。

（2）提升银行品牌形象。银行通过各种广告形式向社会公众传递如银行行名、产品等方面的信息。通过持续的广告，不断地刺激客户和社会公众，使他们在无意中记住银行及产品等形象，让客户及社会公众接受银行品牌，从而树立较佳的企业形象。

（3）引导及刺激消费。银行通过广告传递客户及社会公众需要了解的信息，帮助解答他们的疑惑，满足他们的一些需求。这个传递信息的过程，就能起到引导客户消费的作用，同时在一定范围内，高密度的广告宣传会强化客户对银行产品的消费欲望，进而改变其消费的行为。

（4）提升品质。银行的广告要取信于客户及社会公众，提供的信息必须要真实，提出的承诺一定要兑现。银行为兑现广告中的承诺，必须提升各个工作岗位的服务质量，在行动上体现“顾客至尊，服务至上”的服务宗旨。

（5）方便联系。银行一般会在广告上注明联系电话、咨询电话、营业地址等，这些具体的联系方式方便客户在有需求或遇到疑难时咨询，同时也会促进两者的沟通及联系。

4. 银行的广告策略。广告是银行促销的重要方式，为达到理想效果，银行应在广告目标确定、广告媒体选择、广告制作、广告预算、广告效果评估等方面作出决策。

（1）广告目标的确定。在银行广告中，广告目标的确定主要是指要确定广告是以产品为主要宣传内容，还是以银行形象为主要宣传内容，确定的依据主要取决于银行的经营目标以及产品的特色。

（2）广告媒体的选择。广告媒体是指广告借以传播信息的载体，是广告信息传播的中介。广告媒体的种类很多，主要有电视、广播、报纸、期刊、网络、户外广告等。每种媒体各有特点，各有所长。在如此众多媒体中，银行如何作出最佳选择，则须综合考虑媒体的效果、产品特性、信息的内容、广告费用等各方面因素的相互作用及综合作用。

（3）广告制作。银行广告制作是指设计银行广告内容，包括收集、确定广告所要传递的事实，以及将这些事实和信息提供者的意图编制成具体的音像、图片、文字等活动。

银行广告制作的第一步是收集信息，提出可供选择的若干广告主题。广告主题主要强调银行产品给客户带来的利益。第二步是对提出的广告主题进行评价和选择。评价通过以下方式进行：看广告是否具有吸引力，能否引起目标客户的购买兴趣；是否有独特性，这种银行产品是否具有其他品牌产品所没有的优点；看广告内容是否具有可信性。第三步是信息的表达，即通过什么形式将广告主题及事实、意图表达出来。

（4）广告预算。银行广告预算是指银行根据广告计划在一定时期内从事广告活动所需的总费用。合理的广告预算是银行开展广告活动的前提，取得预期广告效果的重要保证。

（5）广告效果评估。大部分银行在广告促销上花了很多钱，却不清楚哪笔钱花得值和合适，为此，必须对银行广告的效果进行正确的评价。对银行广告进行评价的内容很多，就效果评估来看，主要有两方面：一是销售效果评估，二是传播效果评估。

【相关链接 5－3】

足球明星牵手银行

2001 年 8 月，前英格兰国家足球队队长希勒找到了他的新职业，瑞士联合银行的私人金融服务部门已经聘用他，以协助该银行在英国的高收入体育明星中招募新客户。瑞士联合银行的官员表示，31 岁的纽卡斯尔前锋希勒将担任他们的推广人，介绍英超联赛的球员成为银行的客户，但拒绝透露给予希勒多少报酬。鉴于欧洲足坛不断出现创纪录的转会交易，多家银行均招揽一些球员以及其他职业运动选手，因为他们当中有许多人刚刚 20 多岁，甚至还不满 20 岁，早早将他们揽入意味着将可以收取许多年的管理费。管理费率通常是 1% 到 1.5%，并随着资产的增加而上涨。使他们最终成为银行的形象代言人，从而提高银行的知名度。

（资料来源：银行营销网，2001－08－30）

（三）公共关系

1. 银行公共关系的含义和特征。公共关系是指银行在从事经营活动中正确处理和沟通银行与社会公众的关系，以便树立银行的良好形象，从而促进产品销售的一种活动。近年来，公共关系在银行的促销活动中占据越来越重要的位置。当今，金融产品的购买很大程度上受到主观评价的影响，其沟通宣传的主要载体是口碑，而开展公共关系活动加强了这种主观评价的过程。银行的公共关系具有如下特征：

（1）公共关系是银行与其他相关公众之间的相互关系。这些相关公众既包括银行外部的顾客、新闻界、同业机构、政府各有关部门及其他社会公众，又包括银行内部的职工。其中银行是这种公共关系的主体，相关公众是公共关系的客体，公关活动的媒介是各种信息沟通工具和大众传播渠道。

（2）银行公共关系的目标是为银行广结良缘，在公众中树立良好的信誉和社会声誉。银行的公共关系就是利用一切可利用的方式和途径，通过一系列深入细致、持之以恒的公关工作，让公众了解熟悉银行的经营宗旨，了解银行的产品种类、服务方式和内容等有关情况，增强相关公众对银行的信任感，使银行在社会上享有较高的声誉和良好的形象，从而不断取得公众的理解、信任、支持和合作，为银行的生存、发展创造良好的条件。

（3）银行公共关系活动的基本原则应是真诚合作、平等互利、共同发展。公共关系是以一定的利益关系为基础，因此，在与相关公众的交往中必须要有诚意，平等互利，并注意协调、兼顾银行利益与公众利益，才能维护和发展双方的良好关系。

（4）银行的公共关系是一种着手于平时努力，着眼于长远打算的长期活动。其效果不是急功近利的短期行为所能达到的，需要连续的、有计划的努力。银行要树立良好的社会形象和信誉，不能拘泥于一时一地的得失，而要追求长期的稳定的战略性关系。

（5）银行公共关系的基本方法可以是信息双向沟通，内外结合。公共关系是银行与相关公众之间的一种信息交流活动，银行通过公关活动，沟通银行上下、内外的信息，建立相互间的理解、信任与支持，协调和改善银行的社会关系环境，使银行内部和银行外部的人际关系和谐统一。

2. 银行公共关系的职能。公共关系在银行开展业务活动中发挥着重要的职能作用，具体说来，有收集信息、监测环境的职能，提供咨询建议的职能，交往沟通、协调关系的职能，舆论宣传、创造气氛的职能，教育引导、服务社会的职能。

3. 银行公共关系流程。银行开展公关活动，包括的基本步骤有公关调查、公关计划、公共关系的实施及公关效果的评价总结。

4. 银行公共关系促销工具。

（1）宣传。宣传公关是运用撰写新闻稿、演讲稿、报告业务案例等形式，通过报纸杂志、广播电视等传播媒介，向社会各界传播银行有关信息，形成有利的社会舆论，创造良好气氛的活动，宣传性公关传播面广，能较好地推广银行形象。

（2）交际。交际公关是通过座谈会、宴会、招待会、专访、慰问、电话、信函等形式，与公关对象进行语言、文字的沟通，为银行广结良缘，建立广泛的社会关系网络等。

（3）征询。征询公关是通过开办咨询业务，开展问卷调查、进行民意测验、设立热线电话、举办信息交流会、聘请兼职信息人员等各种具体形式，来建立起银行的信息网络，使银行能从各种渠道获得信息，了解社会与民意。

（4）服务。服务公关是通过提供各种让公众得到实惠的服务，如消费指导、业务培训，来获取公众的了解、信任和好评，建立良好的银行形象，从而促进产品的销售。

（5）赞助。赞助公关是通过支持和赞助文化、教育、体育、卫生和社会福利等事业，支持和赞助国家、社区重大社会活动等形式来塑造银行的社会形象，提高银行的知名度和美誉度的活动。

（四）营业推广

营业推广又称销售促进，与人员促销、广告相比，营业推广种类更加繁多，它可以用来补充其他几种促销方式的不足，在国内外越来越被银行所重视。

1. 银行营业推广的含义。营业推广是指银行工作人员在为客户办理业务的过程中，向客户推销银行产品所进行的各种活动。这些活动包括：临柜人员或其他一线人员向客户介绍银行产品，邮寄介绍银行产品的印刷广告给客户，营业大厅大堂经理派送宣传折页、回答客户咨询，通过互联网络实时发送邮件给客户等。

2. 银行营业推广的特点。

（1）成本低。银行的营业推广是银行营业人员在为客户办理业务过程中附带的一项促销活动。由于已有情景铺垫，临柜人员只要花较少的时间与精力就能向客户宣传银行产品，且不影响正常工作。另外，银行营业推广并不需支付专门的营销费用，因而是一种成本较低的促销方式。

（2）灵活多样性。银行的营业推广依据具体的情况而选择不同的推广形式，可向客户口头宣传、赠送宣传折页、发送有关材料；也可根据客户的需要和交谈的内容，有选择、有侧重地介绍。这些方式体现出了营业推广的灵活多样性。

（3）范围广。一般而言，银行的营业推广是全体行员在各自的岗位上，结合本职工作向接触到的客户推荐和介绍银行产品的过程。范围广特点主要体现在：一是推广对象的广泛性，凡是与银行有联系的公众都可成为其推广的对象。二是推广主体的广泛，银行全体人员都可充当营销员。三是推广的内容广泛，银行形象、银行产品都可成为推广的内容。

3. 银行营业推广的形式。

（1）营业过程中的营业推广。包括的方式有：临柜人员推广、信贷员推广及大堂导储。

（2）业务宣传咨询。银行的基层行处，利用双休日或节假日，组织部分员工不定期地到人口流量较多的街道或公共场所，开展新产品、新服务宣传咨询活动。

（3）有奖销售。银行实施有奖销售活动的目的就是对购买银行产品或享受银行服务的客户，按一定方式进行奖励，以刺激客户的进一步消费。

【本章小结】

银行市场营销就是指银行为适应和满足客户需求而进行的从金融产品开发、定价、宣传推广、促销到分销的整体活动。

广义的银行产品是指银行向市场提供的并可由客户取得、利用或消费的一切服务，它既包括狭义的金融工具（各种有形的产品），也包括各种无形的服务，如存款、贷款、结算、财务管理、咨询、信托、租赁等。

银行产品主要分为核心产品、形式产品和扩展产品三个层次。其产品的特点为无形性、不可分性、配套性、易模仿性、增值性。

银行产品的市场生命周期通常可分为导入期、成长期、成熟期和衰退期。

银行新产品的开发程序为形成创意、创意优选、具体分析、产品开发、试销和使用调查、正式推出。

银行产品组合是指银行向客户提供的全部产品的有机组合方式，即所有商业银行产品的有机构成。银行产品的价格构成主要包括利率、汇率、手续费。

银行产品定价目标包括利润最大化、最大限度地争取市场份额、改善银行服务方法、树立良好的银行形象，产品定价策略有脱脂定价策略、渗透定价策略、满意定价策略、产品形式细分定价策略、产品组合定价策略、折扣定价策略。

银行营销渠道是指银行通过各种便利手段和途径把银行产品的所有权或使用权从银行推向消费者所经历的过程或渠道。

银行营销渠道的新扩展方式有自设分销渠道、扩大金融服务和产品的代理分销渠道、并购、渠道拓展型策略联盟。

银行促销策略是银行营销组合的构成部分。银行的促销策略有人员促销、广告、公共关系、营业推广等。

【重点概念】

银行市场营销　银行产品　银行产品组合脱脂定价策略　渗透定价策略　营业推广

【复习思考题】

一、思考题

1. 如何理解银行市场营销的含义？
2. 请简述银行产品的构成及特点。
3. 简述银行产品市场不同市场生命周期的特点与营销策略。
4. 简述银行新产品开发的流程。
5. 哪些因素可以影响银行产品的定价？银行常使用哪几种定价策略？
6. 银行如何设计和选择营销渠道？

二、案例分析题

案情　　受气储户不满银行服务人员　3 000 元分 3 000 次存

2008 年 10 月 17 日，东莞人肖先生带着 8 万元前往凤岗商业街某银行存款，当填好存单到前台办理存款业务时，服务人员却告知需要身份证，并让他把钱拿回去。肖先生觉得 8 万元拿进拿出不安全，希望暂时先放在前台，身份证就在银行门口车内，自己马上去拿过来。

肖先生没理睬服务人员，径直出去并拿来身份证，但回到前台时，该服务人员又告知肖先生需要到外面将身份证复印后再来办理，银行内不提供复印业务。这时，肖先生不答应了。他说，他是这里的老客户，不需要重新开户，为什么还要提供身份证复印件?

争执发生后，肖先生最终让服务人员把钱退回来后不存了。“那个女服务人员很牛地把钱丢出来说，你爱哪存就哪存，我们这里不稀罕，当时心里那个火呀。”肖先生说，他去找到该银行经理。

肖先生问银行经理，存钱到自己户头为什么要去外面复印身份证，该经理表示并不需要，并打电话向服务人员询问事情缘由。该服务人员表示，她以为肖先生是存到别人的账号里。“我一到窗口就说过是存入自己账户，我存单和身份证都是同一个名字，难道她这都会看错?”但接着服务人员让肖先生重新排队办理，这下肖先生更火了，“是你的错没有向我道歉，还要我排队。”肖先生于是愤怒地离开了银行。

10 月 20 日，肖先生决定再次前往银行存款，肖先生说，他把平时储蓄罐里的所有散钱都拿了出来，还向亲朋好友兑换一些，包括 1 角、2 角、5 角等一共有 3 000 多元。要求每次只能存 1 元。当花了 1 个多小时存完第 36 笔时，银行最终与肖先生达成了谅解。行长把服务人员叫来，并当面表示道歉，肖先生火气顿消，并放弃了之后的“报复行动”，一场矛盾纠纷就此化解。

分析解答问题：

（1）结合本案例谈谈你对产品整体概念的理解。

（2）从人员促销的角度你认为该行应如何改进工作?

三、实训题

实训题一　　农村合作金融机构产品营销策略实训

［实训目的］通过实训使学员了解和掌握农村合作金融机构产品的整体概念、产品市场的生命周期、产品组合、新产品开发、品牌与包装等策略的原理与应用。

［实训要求］组成若干小组，由各个小组组织市场调研，针对农村合作金融机构样本产品的整体概念、市场生命周期等问题收集市场信息、确定所研究产品的整体概念和市场生命周期阶段。

［实训步骤］

1. 某金融产品的产品整体概念可以怎样表达；

2. 该金融产品处于生命周期的什么阶段；

3. 该金融产品有何进一步开发的机会；
4. 该金融产品的品牌能否延伸。
［操作流程］
1. 小组成员先内部讨论，然后确定出实施方案，再具体操作、收集信息；
2. 针对该产品的竞争和营销现状提出改进方案，并将上述内容汇总后写出详细报告。

实训题二　农村合作金融机构产品营销策划方案实训

［实训目的］通过实训使学员了解和掌握如何进行市场调研、市场细分、确定目标市场；并根据目标客户营销农村合作金融机构的金融产品和金融服务。

［实训要求］通过上网查资料或通过市场调研收集资料，进行农村个人金融业务的市场调研、市场细分、确定目标市场，撰写《农村合作金融机构个人金融产品营销方案》报告。

［实训步骤］

1. 总结归类农村合作金融机构个人金融业务品种及金融产品；上网查找其他商业银行个人金融（业务）产品的营销状况；

2. 分析农村合作金融机构个人金融（业务）产品的营销状况及市场竞争状况；

3. 上网查找商业银行个人金融产品营销方案范本，加以借鉴；撰写《农村合作金融机构个人金融产品营销方案》的实训报告。

【参考文献】

［1］菲利普·科特勒：《营销管理》，北京，中国人民大学出版社，2001。
［2］满玉华：《商业银行客户经理》，北京，中国人民大学出版社，2009。
［3］柳欣：《消费心理学》，大连，大连理工大学出版社，2010。
［4］李建峰：《市场营销基础》，北京，中国科学技术出版社，2008。
［5］屈云波：《营销方法》，北京，企业管理出版社，2005。

第六章 客户关系管理与维护

【本章概要】

客户关系管理与维护是客户经理的重要工作之一，通过有效的客户管理，可以增强银行和客户的合作关系，扩大银行产品的销售，防范客户风险，增加银行的收益。客户经理是维护与管理客户的具体实施人，提高认识、掌握方法十分重要。客户经理一定要充分运用 CRM 系统，整合客户信息资源，对客户进行全程跟踪服务，以获得双方合作基础上的最大利益。本章着重阐述客户关系管理的基本原理、流程和方法、客户关系管理信息系统以及客户关系维护的内容、方式和客户的投诉管理。

【要点提示】

1. 客户关系管理的含义、目标、内容和原则；
2. 客户关系管理的基本原理和基本流程；
3. 客户关系管理办法和客户关系管理信息系统；
4. 客户关系维护的意义、掌握客户关系维护的内容和方法；
5. 如何培育和管理忠诚客户以及不良客户的退出机制；
6. 能够妥善处理客户的投诉。

【本章架构图】

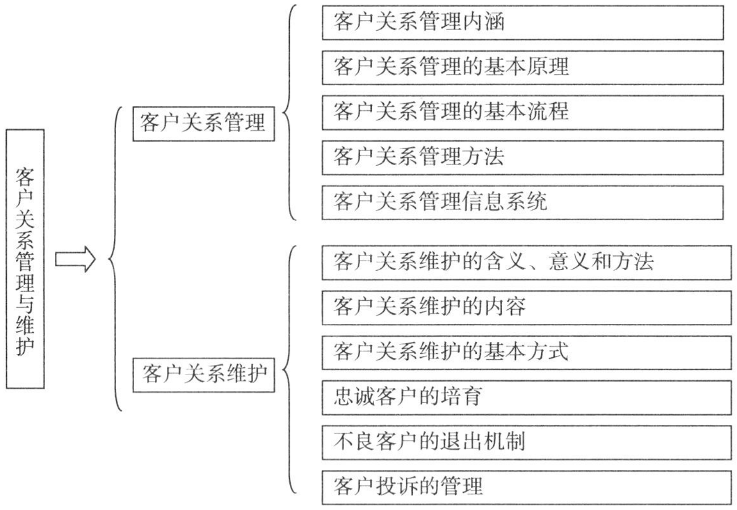

【章前引例及分析】

客户关系管理与维护信息系统在银行的实际应用

某银行的客户经理James先生打开计算机进入系统，发现Michelle小姐上个月刚存入一笔20万美元的现款，这是她今年获得全美时装设计大赛的奖金，其中8万美元一次性还清了她的汽车消费贷款。系统资料还显示，Michelle小姐是一个思维超前的人，一如她的时装设计风格。系统根据这些资料进行分析，认为她将有新的大宗消费。她的住宅是10年前买下的，据分析，她极有可能要买一处新的房子。

James先生很快与Michelle小姐进行了沟通，得知她果然想要买一处房子，并将在房产商那里直接办理一笔房屋贷款。

James先生很快收集了一些住宅的资料，按照Michelle小姐的性格和职业，选择了其中较合适的几款住宅的资料交给Michelle小姐进行筛选，并成功地为她办理了本行的房屋贷款。

分析：通过上面的案例我们不难看出，客户关系管理与维护信息系统可以帮助客户经理收集和分析客户的相关信息，为银行进行“一对一”的营销提供了先进的技术平台。但技术只是手段，营销的成功关键在“人”。没有客户经理的“智能分析”和“及时服务”，银行很可能就会轻易失去一位老顾客。

（资料来源：赖丹声：《银行营销实战原理》，北京，清华大学出版社，2006）

第一节　客户关系管理概述

客户关系管理是一个由来已久的话题，但真正引起世人的普遍关注和重视是在20世纪80年代，而在中国则是在确立了社会主义市场经济体制之后。客户关系管理是市场经济高度发展而导致企业对客户资源激烈竞争的结果，它起源于20世纪80年代初期的收集整理客户与企业联系的所有信息的“接触管理”（Contact Management）理论，到90年代初演化为包括电话服务中心与支援资料分析的客户关怀（Customer Care）理论。经过20多年的发展，目前它不仅成为一种具有可操性的管理方法和管理技能，更成为一种企业战略管理理念。越是竞争激烈的行业越是关注客户关系管理。作为市场经济的前沿企业——银行业，客户关系管理更是备受重视。

一、客户关系管理的内涵

客户关系管理（Customer Relationship Management，CRM），是“以客户为中心理念”作指导，以现代企业管理理论和市场营销理论为基础，整合企业资源，完善经营机制，通过一系列专门的客户关系管理方法，发现目标市场和价值客户，采取不断的沟通关怀、行为互动、科学营销等维护措施，保持和增加有价值客户，提高客户的信用度、满意度、忠诚度和贡献度，防止价值客户的流失，实现企业与客户共赢。简言之，**客户**

关系管理就是改善企业与客户关系的管理理念、管理机制和管理活动。

（一）客户关系管理的含义

客户关系管理的内涵是银行利用优化的管理方法和信息技术实现对客户的整合营销，是以客户为核心的企业营销的技术实现和管理的实现。是银行通过对客户信息的掌握、挖掘和利用，甄选和留住有价值的客户，实现银行利润最大化和客户利益最大化的一种经营策略。

客户关系管理是客户经理与客户所进行的沟通、联系、协调的过程。客户关系管理是银行全面业务渗透和发展的前提和基础，是客户经理的主要工作职能。对所管理的目标客户，客户经理要积极保持和发展与客户的良好的关系，通过经常拜访，随时联系，了解和掌握客户的情况，及时发现并满足客户需求。客户对银行的意见和要求，客户经理应及时反馈给有关部门并尽快给予解决。利用所有的经营资源和服务手段，为密切客户关系提供全方位与全过程的优质服务。客户经理要全面协调银行与客户的业务关系，努力增加本行和个人在客户心目中的价值量和影响，积极协助和参与客户的有关经营决策与咨询，不断提高银行与客户的关系质量。

（二）客户关系管理的目标

客户关系管理的目标与银行经营目标是一致的，主要是实现利润最大化及股东收益最大化。银行客户经理管理客户的目标主要体现在以下几个方面：

第一，盈利最大化。盈利最大化是管理客户首要的和根本的目标。

第二，风险最小化。把单一目标客户的信用风险降到最低，这是客户经理管理银行客户的一个长期目标。实现风险的最小化能保证银行盈利的最大化。

第三，优化客户结构，培植忠诚客户。客户经理通过对客户的管理，一方面维护原有的优质客户，培植忠诚客户，淘汰劣质客户，另一方面开发新的有潜质的客户，使客户结构达到最优化。

第四，增加产品与服务的销售以增加银行收入。客户经理肩负的职能之一即是销售金融产品和服务，通过对客户的管理，不断地销售产品和增加服务，才能使银行收入提高。

第五，提升银行形象。客户经理实质上是银行的客户服务代表，代表本行给客户提供服务，代表了银行的形象。通过银行客户经理的良好服务，使客户满意，能达到提升银行形象的效果。

（三）客户关系管理的内容

客户关系管理分为现有客户的管理与潜在客户的管理及客户需求的管理，客户经理对现有客户与潜在客户的管理重点不同。

1. 现有客户的管理。**客户经理对现有客户的管理，不但要进行分类管理，还需进行动态管理、差别管理和风险管理。**

（1）对客户进行分类管理。首先按照客户的金融需求规模和为银行带来的贡献度对客户进行分类。例如某农信社按照资信状况把现有客户分为五级，即AAA级、AA级、A级、B级、C级，其中C级客户为淘汰客户。客户经理应对不同级的客户实行不同的管理。

（2）对客户进行动态管理。在市场经济条件下，国家经济政策变化、市场环境变化都会引起客户各方面状况的变化。这些变化必然带来银行客户资产规模、结构和质量的变化。带来客户资金流向和流量以及金融需求的变化。客户及其客户群体的金融贡献度将随之发生变化，对银行的经营效益产生直接影响。对客户进行动态管理，不断优化客户结构，有利于客户经理针对客户变化及时采取有效措施，稳定客户，增加存款，保全信贷资产，增加经营效益。

（3）实行差别管理。即根据对银行客户的分类，对优良客户、一般客户和淘汰客户实行不同的管理。银行应重点加强对优良客户的服务和管理，加强对淘汰客户的风险管理。

（4）客户风险管理。这是客户关系管理的重要内容之一（该问题将在第七章客户风险管理中详细阐述，在此不再赘述）。

2. 潜在客户市场的管理。随着市场的发展变化，将不断有客户被淘汰，同时又有许多新的客户产生。潜在客户市场的变化将决定银行未来的市场份额，因此，客户经理应把潜在客户市场管理作为客户管理的重要内容，力争将市场中潜在的客户转为现实客户。

（1）随时收集、掌握有关经济、金融政策变化信息。客户经理应密切关注经济、金融政策的变化对银行客户经济行为的影响。

（2）关注政府职能转变和行政区划的变动情况。政府职能转变会使部分政府机构剥离出来形成经济实体；行政区划的改变不仅会引起现有银行客户市场的重新划分，而且会带来部分资金归集方式和归集地点的改变。客户经理应密切关注这些变动情况，及时采取各种有效措施。

（四）客户关系管理原则

客户关系管理需要遵循的基本原则有全行实施的原则、满足客户需求的原则、应用先进技术的原则、获得政策支持的原则、确保沟通渠道畅通的原则、分类实施的原则。

1. 全行实施的原则。银行必须将客户关系管理视做一个贯穿全行的流程，所有部门都可以接触并共享信息，从而优化客户的生命周期。客户关系管理可以用来支持其他相关的活动，如对客户经理的管理、评估服务水平、市场分类、管理产品生命周期和新产品开发等。无论是以间接还是直接的方式，银行所有的部门及每位员工都将对银行向客户提供的服务产生影响。因此，客户关系管理必须是贯穿全行的。

2. 满足客户需求的原则。客户的很多需求和愿望都可以通过与银行之间进行的交易或其他联系反映出来。客户关系管理必须随时关注如何了解客户的需求，进而满足客户的需求，即在银行内部建立一种以客户为中心的文化。客户关系管理是一个贯穿全行的流程，以客户为中心的文化必须渗透到整个组织和员工之中，自觉发挥作用。

3. 应用先进技术的原则。成功实施客户关系管理就需要拥有能够确保获得、储存以及检索高质量信息的技术。客户关系管理利用分析模型与流程对大量数据进行挖掘，以发现客户潜在的需求，从而为客户开发更好的解决方案。但想要分析结果准确，获得的数据就必须准确。这需要利用先进的信息处理技术来实现。

4. 获得政策支持的原则。采用的信息处理技术还必须得到银行适当政策和程序的支持。只有这样，才能确保人员操作部分可以高效运作，因为技术本身永远不能成为解决方案。

5. 确保沟通渠道畅通的原则。银行与其客户之间需要多种潜在的沟通渠道。要想成功实施客户关系管理，必须对这些渠道进行整合管理，以确保银行向客户发出的信息前后一致。

6. 分类实施的原则。实施客户关系管理是银行的一个重大举措，必须分类实施。因为客户关系管理涉及整个企业，需要处理大量数据，要求健全的技术和运营结构，且要兼顾多个渠道。所以，通常只被客户众多的企业所采用。例如，西方银行首先对拥有大量客户的零售业实施客户关系管理。只有当某种客户类别中的客户数目和交易数量足够多的时候，银行才利用客户关系管理来管理公司客户组合。

二、客户关系管理的基本原理

以客户为中心的服务文化建设的根本，就是建立良好的客户关系，搞好客户关系管理。而客户关系管理的基本原理，又是指导银行客户关系管理的思想理论基础。

（一）交易性原理

客户关系本质上是由买卖双方形成的商品或服务的交易关系，没有商品或服务的交易也就不存在客户关系。银行客户关系本质上也同样是由买卖双方形成的商品或服务的交易关系，只不过这里的商品或服务是特指金融产品及服务。

这一原理告诉我们，银行所要进行的客户关系管理是基于金融产品及服务基础上的，金融产品质量的优劣与金融服务的好坏将直接影响银行客户关系。这就要求银行首先要研究客户的金融产品及服务的需求，生产符合客户需求的金融产品，提供符合客户需求的金融服务。

（二）社会人际属性原理

客户关系的主体是由形形色色的人或按一定规则组成的组织，客户关系不仅仅是一种交易关系，它还具有所有的社会人际关系的基本属性。银行的客户关系的主体是由银行、使用银行金融产品及服务的单位或自然人。银行客户关系除了是一种交易关系外，还具有所有的社会人际关系的基本属性。

这一原理告诉我们，银行所要进行的客户关系管理不仅仅是一种交易关系，而是要与各种各样的人打交道，与各种组织打交道，要同时关注客户关系的社会人际关系属性，妥善处理好各种社会人际关系。

（三）第三方影响原理

客户关系不是一种简单的关系，而是由许多复杂的因素组成，客户关系会受到第三方关系的影响，甚至是决定性的影响。客户关系的第三方来自客户的关系人、社会环境因素和市场竞争对手。银行客户关系同样具有复杂性，客户关系人、社会环境因素、金融同业者作为客户关系的第三方对客户及客户关系将会产生巨大影响。

这一原理告诉我们，银行所要进行的客户关系管理必须关注客户关系第三方的存在，正确分析第三方对客户及客户关系的影响力，要充分认识客户关系管理的复杂性，银行不仅要与其交易的客户打交道，还要注意与客户关系人、社会环境因素、金融同业者等第三方打交道，借以获得社会力量的支持，消除第三方对银行客户关系的负面影响。

（四）动态变化原理

客户关系具有可变性。客户关系不是一成不变的，它将随着社会经济发展、客户关系双方的变化而变化，客户关系的变化可以递进，也可以衰退。银行客户关系随着社会经济的发展变化、客户的发展变化、银行自身的发展变化也会发生变化，这种变化可能促使客户关系更加紧密，也可能使客户关系走向疏离。

这一原理告诉我们，银行所要进行的客户关系管理是一个动态的管理。银行在日常工作中一定要及时捕捉信息，注意发现社会经济的发展变化、客户的发展变化、自身的发展变化，善于利用这些变化，尽可能使价值客户关系更加紧密，而对危害银行发展的客户关系予以终止。

（五）利益均衡原理

客户关系具有利益性。客户关系双方需要利益的平衡，任何一方恶意获利都会造成客户关系的毁灭。银行客户关系是建立在互利双赢基础之上的，任何有损双方利益之举都不利于客户关系的发展。

这一原理告诉我们，银行所要进行的客户关系管理是一种利益关系，在日常工作中银行既要注意维护自身的正当权益，也要考虑客户的正当权益的维护，而不能仅仅站在自己的角度上处理问题。同样，银行也不能容忍客户恶意侵害银行的正当权益。

（六）可创性原理

客户关系具有可创建性。客户关系不是单方面的一相情愿，但可以通过努力来建立客户关系。银行可以通过自身的各种努力创建自己的客户群体。

这一原理告诉我们，银行所要进行的客户关系管理不是天然存在的，但也不是不可创建的。银行不能一相情愿地等待客户关系的自然建立，要学会主动出击，根据银行业务发展的要求，努力创建自己的客户群体，形成自己的客户资源。

（七）维护原理

客户关系具有维护性。客户关系需要日常维护，否则，再好的关系也会变得生疏。客户关系需要沟通，沟通是相互了解、达成共识的必由之路。银行客户关系的维护性随着同业竞争的加剧更加显著。

这一原理告诉我们，银行所要进行的客户关系管理必须注意客户关系的日常维护，不断与客户进行有效沟通，满足客户的现实需求，挖掘客户的潜在需求，努力做好售前、售中、售后服务，使客户关系更加融洽。

（八）相互影响原理

客户关系具有相互影响性。客户双方的行为都可能对客户关系产生影响，积极的影响可以促进客户关系升级，消极的影响可能导致客户关系降级，甚至解除客户关系。客户关系双方的相互影响贯穿于整个客户关系的存续期间甚至更加长远。

这一原理告诉我们，银行所要进行的客户关系管理必须注意各自的行为，正确判断自身行为对客户关系的影响。多一些积极的行为，多一些对客户关系积极的影响，努力避免客户关系滑坡，努力促成客户关系升级。

（九）拓展性原理

客户关系具有拓展性。客户关系既是一种线性关系，也是一种网络关系。在线性关系上可以深入延展，开展深度营销；在网络关系上，可以纵横向拓展，开展交叉营销。银行可以利用现有的客户关系进行这种线性延展和网络拓展。

这一原理告诉我们，银行所要进行的客户关系管理充分利用客户关系的拓展性，在处理好现有客户关系的基础上，拓展自己的客户群。在线性延展方面，注意客户的母子公司和上下级关系；在网络拓展方面，注意与客户关联的各种市场关系和社会关系。

（十）信用原理

客户关系基本上是一种契约关系，信用对双方都很重要。银行客户关系与客户关系双方的恪守信用关系巨大，一方丧失信用可能导致客户关系波动甚至产生危机。

这一原理告诉我们，银行所要进行的客户关系管理必须重视客户关系双方的信用。在日常客户关系管理过程中，银行一定要讲信用，维护自身的信誉；同时，银行更要关注客户的信用状况，对客户信用进行科学评价，正确计量客户的信用度，以防范金融风险。

（十一）满意原理

客户的满意是客户关系的重要基础，只有客户满意，客户关系才能够继续发展。客户满意度指数是衡量客户是否满意的标尺。客户关系中，客户满意度指数的高低直接决定客户关系的性质。

这一原理告诉我们，银行所要进行的客户关系管理必须把客户满意作为重要指标，坚持以客户为中心的宗旨，努力改善银行的整体形象、改进银行的服务渠道、改善银行的服务、改进银行的金融产品，正确处理客户投诉和合理化建议，让客户感受到应有的尊重和价值，从而达到客户的满意。

（十二）贡献原理

客户的贡献是客户关系的自然回报，但客户的这种自然回报差异很大。大部分贡献来自于少数优质大客户，众多的优质中小客户的集群贡献也不可小觑，而另外许多一般客户贡献很小甚至蚕食利润。客户贡献度是衡量客户关系价值的重要指标。

这一原理告诉我们，银行所要进行的客户关系管理必须注意客户贡献度的科学计量，正确分析客户关系价值，对客户关系科学分类，进行差别化营销，进一步改善客户关系。对于优质大客户银行要重点对待，对于优质中小客户银行也要支持，对于贡献度很小的一般客户，银行实行大众化服务，对于蚕食银行利润的客户要坚决退出。

（十三）忠诚原理

客户的忠诚是客户关系长久的根本，是实现可持续发展的坚实基础。忠诚度指数是衡量客户忠诚程度的重要指标。银行客户关系的长久需要提高客户的忠诚度指数，银行的可持续发展需要一大批忠诚客户。

这一原理告诉我们，银行所要进行的客户关系管理必须把客户忠诚当做主要目标来对待，只有拥有了一大批忠诚客户，银行才能真正实现可持续发展。而提高客户的忠诚度指数则需要银行从客户感受价值链出发，改进作业流程与银行服务，不仅让客户感到满意，更要促使客户忠诚，成为银行发展的坚强后盾。

（十四）生命周期原理

客户关系具有生命周期。客户关系从潜在关系阶段开始，经过开发期、成长期、成熟期、衰退期，直至终止期终止客户关系，经历了一个相当漫长的过程。在这个过程中，由于各种原因，客户关系可能会逾越部分发展阶段，而直接进入下一阶段。银行客户关系同样具有这一规律。

这一原理告诉我们，银行所要进行的客户关系管理必须重视客户关系生命周期，正确把握客户关系所处的阶段，采取各种有效措施，尽量延长客户的成长期和成熟期，以获取最大的客户价值。

（十五）商机原理

客户需求是客户关系的根本基础，是企业一切商机的源泉。银行客户关系的基础同样建立在客户的需求之上，银行的所有商机，也同样来自于客户的金融需求。

这一原理告诉我们，银行所要进行的客户关系管理必须一切从客户需求出发，认真分析客户需求，及时把握因客户需求产生的各种商机，在满足客户需求的同时，赢得自身的发展。

三、客户关系管理的基本流程

银行客户关系管理的基本流程主要包括目标客户识别、目标客户选择、建立客户关系、客户商机处理（销售与推广）、客户沟通与关系维护、客户关系拓展与终止六部分内容。明确客户关系管理的基本流程对于银行进行客户关系管理具有非常重要的现实意义。

（一）目标客户识别

主要是银行根据潜在客户的各种特征对目标客户进行识别。如客户社会人口统计学特征、客户行业特征、客户地域特征、客户金融产品需求特征、客户购买力水平、客户价值等特征。对于潜在客户的这些特征，银行要广泛收集市场信息，加以分析识别，以确认是否列入目标客户储备。

（二）目标客户选择

主要是对列入目标客户储备的潜在客户，对其进行需求分析和价值预测，根据银行自身资源状况和营销能力，确定是否作为银行的准客户。

（三）建立客户关系

主要是银行根据准客户的具体情况进行市场营销和开展公关活动，使客户认同银行，并开立银行账户，与其发生业务往来。

（四）客户商机处理（销售与推广）

主要是根据客户的金融需求，组织人力资源（客户经理或客户经理团队）、设计产品组合、推介金融产品、实施行销活动，满足客户的金融需求。

（五）客户沟通与关系维护

主要是与客户的交互行为。通过日常沟通了解银行满足客户需求的情况，发现新的需求，进一步开展金融业务；银行通过参与客户的重大活动，对客户的重大志庆活动致贺，节日互祝，重要人员生日祝福，客户经营顾问，日常办理金融业务中的售前、售中、售后服务等关系维护，使客户关系进一步融洽。

（六）客户关系拓展与终止

主要是根据与客户的日常金融业务往来情况，对客户关系进一步拓展或者终止客户关系。对于客户价值预期保持或增长的客户，银行进一步拓展客户关系，促使客户关系升级；对于客户价值较低甚至吞噬银行利润的客户，银行则应终止客户关系。

在上述基本流程中，从目标客户识别、目标客户选择、建立客户关系、客户商机处理（销售与推广）、客户沟通与关系维护，到客户关系拓展与终止，是一个层层递进的关系，有的阶段可能比较短暂，但不可或缺。当一个流程结束，另一个流程可能正在跟进，银行的客户关系管理就是这样一个循环往复的过程。

四、客户关系管理方法

对不同类型的客户关系进行管理，需要采用科学的管理方法。一般来讲，主要有以下几种方法：

（一）收集客户信息，建立客户数据库

管理客户必须首先了解客户，而要了解客户就要与客户进行接触，不断地收集客户的信息。银行要进行客户细分，针对不同客户的需求提供个性化服务，确立自身的市场定位和经营战略，就必须对自身客户的价值有一个更加全面深入的了解。要解决这个问题最直接的办法就是在与客户的接触中尽可能多地收集与获取客户各方面的信息，在保护客户商业机密和个人隐私的法律前提下，对群体客户信息进行深层次、多视角的分析，对社会金融机构的客观数据和结构性变化进行对比分析，建立一个完整、科学、客观的客户需求及市场变化的信息分析制度。这个信息收集的过程应该是渐进的、动态的。银行可以通过建立客户数据库的形式来实现对客户信息的收集与整理。

（二）对客户进行分类分析，确定“金牌”客户

对于银行的客户关系管理来说，最困难的是识别目标客户。从某种意义上来说，“金牌”客户即是银行的目标客户。银行将力量集中到与这些“金牌”客户的交易上，会取得比对所有客户“一视同仁”多得多的利润。

一般来说，确定“金牌”客户的基本方法是测算客户贡献度，这在目前已没有什么技术问题，在设定部分参数的前提下非常简单地应用软件就能做到。对于公司客户和机

构客户来说，按客户贡献度很容易对现有客户结构进行初步界定，并在此基础上划分为不同类别。考虑到我国企业目前的行业管理和系统管理特征很强，特别是同行业和同系统企业的需求偏好基本趋同，为便于服务、管理和挖掘更大的市场份额，按行业和系统进行分类、监测和管理非常必要。

（三）满足“金牌”客户差异化需求，培养客户忠诚度

客户的忠诚度与银行的利润之间具有很高的相关性。当银行发掘出“金牌”客户后，就要根据对“金牌”客户信息的分析，针对他们的需求，提供个性化的服务，提高客户满意度，培养这些客户的忠诚度，从而提高客户终身价值。

客户需求具有多样性、差异性和变化性等特征，因此由客户需求而导致的金融服务要求也是丰富多彩的。从客户关系管理的观点看，为便于管理起见，银行要不断地准确判断在客户需求中哪些是基本需求，哪些是特殊需求，并适时采取相应的政策。基本需求具有相对稳定性，银行所要做的还是围绕方便、快捷和安全，搞好优质服务，提高客户的交易量；而对于特殊群体或单个客户的特殊需求，则必须制定特殊政策，提供具有个性化的“组合式套餐”服务。公司客户的基本需求，主要包括结算、融资、现金、担保、信用评估、咨询等。现在任何一家银行基本上都能为客户基本需求提供无差异服务，因此在客户选择银行时都不存在多少优势可言，如果有差别也只体现在银行品牌效应、个人关系资源和银行员工素质及服务方面。要留住“金牌”客户，真正有意义的工作是发现客户的特殊需求，并适时予以满足，以提升客户的依赖性和转户成本。

（四）改造和分化非“金牌”客户

非“金牌”的客户不能给银行带来较大利益，有些甚至会损害银行的利益。按照传统的客户关系管理理论，银行应该逐步退出或摒弃这部分客户群体。但是，依托高速发展的信息技术，银行完全可以通过有效手段对他们进行分析，在此基础上将其进行分化和改造。首先，对于具有较大潜力的成长型客户，银行可以通过提供适合成长型客户需要的投资理财服务，帮助客户成长，在客户的成长过程中与其建立紧密的合作关系，从而将这类客户改造成潜在的或现实的金牌客户；其次，对于某些具有共同特征的一般客户进行分析，深入了解其具有共性的投资理财需求，对其的投资行为进行引导和规范，开发出一些建立在现有技术基础上、具有较强针对性的、以自助服务为主的投资理财服务，客户群体较大，维护技术含量和维护成本较低，以方便快捷为客户满意标准；最后，对于除上述两类客户以外的客户，银行无论采取什么服务方式均很难获得利润。对此类客户银行就应采取抛弃策略，通过提高服务门槛等方式使客户自觉地转投其他银行。

（五）加强与客户联系，取得客户信息反馈

银行要做好客户管理，从客户那里得到有价值的反馈信息非常重要。从这些反馈信息中，银行可以学到许多有利于业务发展的东西，比如，客户购买银行的主要产品只是为了得到免费赠送的礼品，客户可能觉得银行的网站导航不太方便，等等。了解到诸如此类的重要信息，银行可以作出相应的调整，如改进网站设计、产品或服务、广告以及

营销策略等，这样会更好地加强客户关系管理。

五、客户关系管理信息系统

（一）客户关系管理信息系统概述

客户关系管理信息系统是企业利用IT技术和互联网技术实现对客户的整合营销，是以客户为核心的企业营销的技术实现和管理实现。客户关系管理的本质实际上是营销原理，是一种以客户为导向的系统工程。客户关系管理的主要目的就在于在适当的时间，通过适当的渠道将合适的产品提供给合适的客户。

（二）客户关系管理信息系统的基本功能

客户关系管理信息系统理论上的基本功能是客户发现、客户交往、客户分析。通过客户关系管理去为营销人员提供客户价值信息，发现哪些客户能为银行带来的价值和怎样使这种价值最大化，使客户经理与客户之间建立紧密的联系，以保证客户能够得到专业化的服务。

1. 客户管理。客户管理主要功能包括：记录客户基本信息及与该客户相关的基本数据和历史数据，进行客户经理的选择，跟踪记录业务开办的情况和客户开发的情况，等等。

2. 客户经理管理。客户经理管理主要功能包括：记录客户经理的基本信息；进行任务管理；跟踪同客户的联系、活动计划，如时间、类型、简单的描述等，并可以把相关的文件作为附件；进行团队事件安排；查看团队中其他人的安排；以免发生冲突，把事件的安排通知相关的人；预告、提示；充当记事本；等等。

3. 潜在客户管理。潜在客户管理主要功能包括：客户线索的记录、升级和分配；营销机会的升级和分配；潜在客户的跟踪；行业客户的评估；查看潜在客户和业务可能带来的收入；进行潜在客户和业务的传递途径分析。

4. 营销管理。营销管理主要功能包括：金融产品和利率配置在进行营销活动（如广告、邮件、研讨会等）时，能获得预先定制的信息支持把营销活动与业务、客户、客户经理建立关联；显示任务完成进度；提供类似公告板的功能，可张贴、查找、更新营销资料，从而实现营销文件、分析报告等的共享；跟踪特定事件；安排新事件，如研讨会、会议等，并加入合同、客户和客户经理等信息。

5. 知识管理。知识管理主要功能包括：提供新的有价值信息，互相交流；做到将合适的知识在合适的时间以合适的方式传授给合适的人，在站点上显示个性化信息。

6. 业务分析。业务分析主要功能包括：对办理的业务进行分析和处理，进行价值分析；对金融产品的营销情况和所带来的利润进行分析；对客户的行业、业务行为进行分析。

【经典案例6－1】

CRM系统在银行业的应用

案例介绍：一家银行对一位存款金额极低、使用不频繁的账户主人发出通知，要求提高账户余额或者支付账户管理费。但CRM（客户关系管理）客户显示，这个账户的主人是一位由儿子赡养的老人，平时日常费用都由老人使用他儿子的账户支付。他儿子不但个人账户在这家银行，而且开办的两家公司也把账户设在这家银行，是银行追捧的高价值客户。老人看到银行通知时的愤怒心情，将足以对孝顺他的儿子产生一定的影响。于是银行停止了向该客户发出通知的做法。

（资料来源：赖单声：《银行营销实战原理》，北京，清华大学出版社，2006）

（三）利用客户关系管理信息系统管理客户

通过建立一套完整的客户信息系统，可以对交易过程进行管理并随时了解客户的状况。

1. 数据收集。获取、整理和管理从内部和外部得到的客户数据，如姓名、个人资料、爱好、交易记录以及其他行为。把这些数据放入数据仓库，银行可以用数据仓库整合和管理互不关联的来源获取的数据，以便进行分析，形成对特定客户的洞察。

2. 数据分析。利用收集到的数据来探索客户的行为方式和预测客户交往可能产生的盈利。

3. 优化。面对大量的客户、产品和渠道的组合，帮助银行决定怎样以最佳的方式配置有限的、用于客户活动的资源，以达到特定的预期目的（如实现更高的投资收益率）。优化的结果是提供一个强有力的工具，帮助市场营销人员确认哪些是目标客户，应该在他们身上投入多少资源，通过什么渠道跟他们建立联系，不同的客户应该提供什么样的产品，以达到最佳的效果。

4. 价值分析，区分客户。客户关系管理信息系统通过对数据的处理来识别其目前和将来最有价值的客户，即站在银行总体角度上，通过对客户的总产出、储蓄贡献、投入成本及投入产出比进行分析，从而得出对客户价值的客观评价，进而发现并服务好有价值的客户，决定在与客户的对话中以什么样的方式与客户交流，并根据每一客户创造盈利的潜能提供相应水平的服务，从而使双方的价值都实现最大化。客户关系管理信息系统可以帮助银行整理出最理想的客户标准，可以为营销人员寻找新的客户提供最大的数据支持，这对银行客户资源提供了一种保护，如同为银行在风雨中前行的客户经理提供了一根拐杖。

【经典案例6－2】

CRM信息系统降低银行风险

国内某银行的分行在2006年1月正式启用CRM信息系统，并且将特别关注客户信息（CIIS）系统纳入信贷审批流程。

2006年11月，该分行在为一企业办理20万元票据贴现业务时，依照信贷审查审批流程规定查询CIIS系统，发现该客户已被列入不良客户名单。经调查后得知，该客户曾有不良贷款被剥离，已被总行管理信息部列入“禁入”类客户。因此，该分行立即决定不再与其发生新的借贷关系，并且作出了拒贷决定，成功地规避了这次信用风险。

（资料来源：杜晓颖、丁俊峰：《金融客户经理》，北京，中国金融出版社，2007）

第二节　客户关系维护

银行在实际工作中，重开发轻维护、贷前紧贷后松等现象时有发生，这是银行经营管理中较为薄弱的环节，也是市场营销工作中突出的问题之一。提高客户维护与管理水平是竞争的需要，也是银行市场营销工作中的重要课题。客户经理是维护与管理客户的具体实施人，提高认识、掌握方法十分重要。客户一旦与银行达成业务合作协议，双方合作关系便建立起来，这种关系必须不断地培养和维护。维护合作关系是客户关系管理的重要组成部分，是销售规划、销售实施和销售持续的一部分。

一、客户关系维护概述

（一）客户关系维护的含义

客户关系维护就是客户经理为了保持与目标客户建立的良好合作关系，通过采取各种措施对目标客户进行全程跟踪维护，以获得双方合作基础上的最大利益。

（二）客户关系维护的意义

1. 以客户为中心的经营理念的要求。现在的市场竞争，已经从最初的产品竞争及价格竞争逐步向服务竞争转变。服务优劣对市场开发成败起着重要的作用。以客户为中心不只是一句口号，必须真正把经营管理的重心放在客户身上，站在客户的角度审视金融产品与服务的优劣，树立品牌意识，以一流的服务，建立忠诚客户群。**客户满意，才能与银行继续保持合作，银行才能生存发展下去。**

2. 培养忠诚客户群，提高银行经济效益的需要。加强维护客户工作可以使银行不断地改进服务，提高管理水平，进而不断地培养忠诚客户群。世界上不存在永久忠实的客户群。服务工作跟不上，客户就很容易“移情别恋”。因此，与客户签订合作协议后，必须继续建好你的“感情账号”。如果客户经理使客户满意地得到了他所需要的产品和服务，那就犹如在客户的“账户”上存放了一大笔款，在可预见的将来，客户经理便可从他的“账户”中连本带利地提取。否则，客户每不满意一次，就会从“账户”中撤走一笔资金，长此以往最终将被客户拒绝。银行要求生存、图发展，就必须高瞻远瞩，**只有拥有了忠实的客户群，才有了盈利基础。**

3. 维护客户是银行竞争的需要。在银行竞争日趋激烈的今天，一个客户今天是你的客户，由于各种原因，明天可能就是其他银行的客户。一家银行如果能广泛地赢得客户的信赖，其信誉和形象便是它在市场竞争中的一柄利剑。金融市场的发育成熟和同业的激烈竞争，给传统的银行经营观念带来了挑战，迫使银行一改过去的只提供标准型产品供客户选择的服务方式，逐步向以客户为中心，提供全方位、一条龙的综合性服务方式转变。在激烈的市场竞争中，**能够使一家银行长久立于不败之地的可靠保证和优势，便是良好的售后服务。**

4. 良好的客户维护与服务能树立优良的银行形象。当客户对服务满意，对银行产品认同，就会乐意推荐新客户并为银行宣传；反之，若对服务不满，其负面影响是难以估量的。有社会学家专门进行过试验：每一个不满意的客户会转告 8 ~ 10 人，产生群体效应；一个负面的印象需要 12 个正面印象来纠正；一个老客户和一个新客户相比，老客户可为银行带来 20% ~85% 的利润；吸引一个新客户所花费的精力和成本是维护一个老客户的 5 倍；客户对银行服务不满，一般银行只能听到 4% 的抱怨，有不满情绪的客户中约 81% 的人一般不会再光顾该银行。因此，**搞好客户维护对维护银行形象和声誉具有非常积极的作用。**

（三）银行客户关系维护的方法

实践中，银行客户关系维护的方法和技巧多种多样，不同的银行客户经理针对不同类型的银行客户，在不同的阶段所采取的具体方法和技巧都各有不同，但归纳起来，主要有以下几种方法：

1. 情感维护。**情感维护是指客户经理在客户关系维护过程中注重银行、客户经理与客户之间的感情交流，在彼此亲近、认可、相互帮助的基础上，建立与客户之间和谐稳固的关系。**作为一名客户经理，在进行产品推销时，并不仅仅只有一个将产品推销出去的目的，这样是难以实现长期发展目标的。他应该知道在推销产品的同时，如何运用良好的人际关系，诚挚的个人情感与客户建立稳定、持久的客户关系，银行客户开发是如此，银行客户关系维护更是如此。一名成功的客户经理，应该在营销中实现三个目标：第一，当务之急就是将银行产品推销出去；第二，建立与客户之间牢固的关系；第三，通过竞争吸引更多的新客户。银行员工在寻找、约见、接近客户，进行推销、洽谈和成交的过程中，应设身处地站在客户的立场为客户着想，以此来获得客户的认可与亲近。所以，银行员工在工作中不仅要做产品推销者，更要做友好大使，注重人情味儿，与客户建立长期、稳定的朋友关系。

【经典案例 6 -3】

先交朋友，再谈业务

小陈自从做客户经理以来，深谙“先交朋友，再谈业务”的奥妙。她在第一次拜访甚至第二次拜访一般都不谈业务，而是想方设法了解对方的兴趣和爱好，寻找共同的话题，充当一个忠实的听众、善解人意的朋友。在诚恳的交谈、不经意的话语中，让客户敞开心扉，热忱相待，从中捕捉客户潜在的需求。

小陈有一次经朋友介绍去见一家外省驻广州经济发展公司年轻的女经理。当小陈做完自我介绍后，女经理说："对不起，我们暂时还不需要别的服务。"小陈马上接话："余经理，我今天来并不是想和你谈业务，我只是慕名而来，向你学习讨教，希望也能成为像您一样成功的女性。"小陈知道，一般年轻人，特别是年轻的女性，都愿意别人提起她的成功、她的辉煌。果不出所料，听了这话，对方虽没明显表露什么，并且还是不经意说了一句："我能有什么值得你学习的呢?"小陈知道可以进一步沟通了，便说："如果方便的话，我想请教你的成功之道。人们常说：做女人难，做一个成功的女性更难。你是怎么看的呢?"女经理不由想起了自己的奋斗史、成功史，脸上呈现出一丝不易察觉的得意之色，话语也像打开了闸的河水，滔滔不绝。小陈不时点头，不时流露出羡慕和敬佩的表情。等女经理说完，两人自然就亲近了许多。然后，小陈又有意识地观察了一下办公室的摆设，发现书柜里摆着很多书，有很多是文学方面的，墙角摆着一盘精致的兰花，台上还有一些小巧的工艺品。小陈心想好在自己也有些品位、有些雅兴，于是又谈起了花，谈起了书，相同的兴趣找到了沟通的话题。两人越谈越投机，大有相见恨晚的感觉。

从此以后，两人成了挚交。该公司的开户、结算和其他金融业务自然都转到小陈所在的银行。随着该公司业务的飞速发展，该客户已成为小陈最为稳定的大客户之一。

（资料来源：刘旭东：《商业银行客户经理》，北京，中国金融出版社，2006）

2. 上门维护。**上门维护是客户经理日常客户关系维护实践中最常见、运用最为广泛的方法。**银行客户经理大部分工作时间都与客户在一起，大部分精力都花在客户需求分析、产品推销和客户金融服务上面。他们的工作内容包括：上门取单、送单，提供咨询服务，协助客户进行资金安排，推销银行金融产品和服务，挖掘和发展存贷款客户，收集和反馈各种信息等。

3. 知识维护。营销关系中，最高层次应该是将产品与客户在知识结构上建立稳固的关系，使客户成为长期忠实的消费者。**普及金融知识、增强金融意识是银行培育客户群、刺激金融需求的重要保证。**世界银行行长沃尔芬森曾提出：把世界银行办成知识银行。以价格折扣、金钱奖励回报客户是最低层次的竞争手段，也是最容易仿效的手段，而且这种竞争后果往往是两败俱伤，甚至导致产品与维护质量下降。所以营销关系中，最高层次应该是将产品与客户在知识结构上建立稳固的关系，使客户成为长期忠实的消费者。银行提倡知识维护，既是客户在新的经济形势下对银行提出的客观需求，同时更是银行自身适应经济发展，提升服务档次，拓展市场的必由之路。

4. 超值维护。超值维护是指银行从参与市场竞争、赢得客户的角度出发，要求银行客户经理以自觉的行动、情感的力量、精神的感召、智力的支持、信息的传递、科技的手段为客户提供的超出银行客户对金融维护需求的心理预期，**超出了维护本身价值的一种具有浓厚人情味的，给银行客户带来满足感，给银行带来高效率、高收益的维护方式。**

5. 交叉销售维护。银行稳定客户的基本方法一般有两种：一是提供高质量的维护；二是交叉销售银行的产品与维护。调查结果显示，客户在一个银行中得到的服务越多，其转向其他竞争对手银行的兴趣则越小。所以，作为争取客户的有效措施，当客户开立一个账户，银行就应努力争取为这个客户提供尽可能多的服务；当客户决定选择本银行后，则应想办法提供客户需要的所有服务，办理所需的银行业务。

6. 顾问式营销维护。顾问式营销维护是指营销人员在以专业营销技巧进行业务营销的同时，能运用分析、综合、实行、创造、说服等能力，满足客户的需要，并能预见客户的未来而提出积极的建议，以求达成双方长期合作的业务关系并实现双方的互利互惠。**顾问式营销的核心是发挥营销人员对客户的顾问、咨询、维护功能，谋求双方的长期信任与合作。**

7. 机制维护。通过建立银行与客户的双向沟通机制来维护双方的关系即为机制维护。具体策略是客户经理在做好自身对客户维护服务的同时，应注意做好本银行高层与客户高层的协调、交流工作，由此建立一个双方关系的维护机制。

8. 差别维护。银行客户经理针对产品服务的性质内容、客户类型等确定维护重点。对重点客户、典型客户进行重点维护，做到急事急办、特事特办、易事快办、难事妥善办。对一般客户、普通客户进行一般维护。在采用此法进行维护时，重点要考虑银行产品服务的特性：存款的维护重点在于安全性及收益最大化，顾问服务重点在于能给客户带来启迪与收益，而贷款则讲求资金到账速度等。同时注意为客户提供其他银行目前尚不能提供或虽能提供但本行仍有差别优势的金融产品。

（四）客户关系维护质量的影响因素

1. 客户满意度。**客户满意度是银行客户关系维护质量体系的核心指标。**在发达国家，客户满意原则已经在金融领域得以广泛运用，它是留住老客户，获得新客户的基本策略。

客户满意度主要是从客户和客户行为的角度来考察，并且可以从三个基本标准入手。一是回头客户比率；二是客户持之以恒、自始至终广泛使用银行的产品和服务，即忠诚度水平；三是客户对银行产品的认知度，一个不了解银行产品和服务的客户是不稳定的，也谈不上客户满意度。

2. 银行产品体系及质量。银行产品及其质量与客户维护质量密切相关，现代工商企业和居民个人金融需求越来越多，需求层次的差异也越来越大，质量要求也越来越高，任何一家银行如果不能面对复杂的市场需求建立较为完善的金融产品体系，不能提供优质的金融服务，都难以真正做到高效优质的客户关系维护。

不管一家银行主要业务是什么，有一点是肯定的，即它的某项维护的实施，它做什么，怎么做，决定了客户是否满意。因此，银行的金融产品体系或产品服务简介应该按金融产品的功能而不是按业务内容来进行分类，这样更有助于客户对银行产品或服务的选择。按照这一思路，所有银行产品和服务均可归纳到以下六种类别（或功能）：存款产品、贷款产品、结算服务、理财服务、金融咨询、防止资金或资产损失类产品。

3. 系统与网络的支持。随着IT技术、网络应用的发展，银行业对系统、网络的依赖越来越大，系统与网络的支持对银行客户关系维护质量好坏的影响也越来越大。很难想象，一家现代银行，如果没有形成完整和科学的“银行业务流程”，没有系统的客户关系管理（CRM）系统的支持，其客户关系维护的质量能够达到怎样的水平和高度。

4. 客户经理的素质与能力。一支高素质、能力强的客户经理队伍是银行客户关系维护质量的保障和基础。

二、客户关系维护的内容

客户关系维护的内容涉及方方面面，概括而言，主要是硬件维护、软件维护、功能维护、心理维护。

（一）硬件维护

硬件维护是由银行的设施来实现的，是一种“物”对人的维护。现代银行除拥有良好的设施外，应拥有比别人更完善的维护功能，这样才更具吸引力。现代银行的营业机构应营造一种温馨、可信任的气氛，有别于传统的银行模式。

（二）软件维护

软件维护是指由工作人员来实现的一种“人”对人的维护。在硬件维护水平相同的条件下，软件维护是银行综合维护水平的决定因素。金融服务维护的多样化和技术化从不同的侧面保证金融服务维护高效化的实现，但高效化还要求金融管理者和操作者具备较高的专业素质和多种技能。银行需要在从业人员中建立一支有较高文化、有专业知识、有应变能力、有市场谋略的专家队伍。软件维护很有“弹性”，很容易“滑坡”，必须加强管理，常抓不懈。

（三）功能维护

银行的客户总是带着一些很具体或者很实际的问题来寻求金融维护。而**功能维护就是帮助客户解决实际问题的一种维护**，要为客户提供种种方便，回答他们提出的问题，提供全过程维护。

（四）心理维护

心理维护指银行要想方设法让客户得到心理上的满足，银行员工应该既会“做事”，也会“做人”，满足客户对精神方面层次越来越高的需求。

三、客户关系维护的基本方式

银行客户关系维护的基本方式包括**日常维护、特殊维护和客户关怀等。**日常维护包括日常柜面服务、日常上门服务、常规沟通、日常营销等；特殊维护包括专项维护、专项答疑（主要是解除客户对银行产品及服务的各种疑难问题）、量身定制、问题沟通及处理（主要是处理银行产品与服务出现的失误和客户抱怨与投诉问题）、危机管理等；客户关怀包括节日庆典、生日祝福、病情看望、其他关怀等。

银行在进行客户关系维护活动时，可以根据不同的客户采取不同的维护方式。下面按照客户的金融产品偏好、客户的购买习性、客户营销分级和客户关系状况分别进行研究。

（一）按照客户的金融产品偏好对客户关系进行维护（见表6-1）

表6-1 按照客户的金融产品偏好对客户关系进行维护

维护方式 客户类型	日常维护	特殊维护	客户关怀
存款倚重型	日常柜面存取款服务、常规沟通、日常存款产品及关联产品推介等。维护角色为柜面营业人员和客户经理	上门服务、专项答疑、存款量身定制服务、问题沟通及处理、危机管理。维护角色为柜面营业人员、客户经理、产品经理、科技人员、法律人员、网点负责人、部门负责人、行领导等	节日庆典、生日祝福、病情看望、其他关怀。维护角色为客户经理、网点负责人、部门负责人、行领导等
贷款倚重型	客户贷前、贷中、贷后管理及服务、常规沟通、日常贷款产品及关联产品推介等。维护角色为客户经理和柜面营业人员	贷款套餐、专项答疑、贷款量身定制、问题沟通及处理、危机管理。维护角色为客户经理、产品经理、风险经理、审批人员、科技人员、法律人员、网点负责人、部门负责人、行领导等	节日庆典、生日祝福、病情看望、其他关怀。维护角色为客户经理、网点负责人、部门负责人、行领导等
中间业务倚重型	日常柜面结算及咨询服务、常规沟通、日常中间业务产品及关联产品推介等。维护角色为柜面营业人员和客户经理	中间业务套餐、专项答疑、中间业务量身定制、问题沟通及处理、危机管理。维护角色为客户经理、产品经理、风险经理、科技人员、法律人员、网点负责人、部门负责人、行领导等	节日庆典、生日祝福、病情看望、其他关怀。维护角色为客户经理、网点负责人、部门负责人、行领导等
综合均衡型	日常柜面综合服务、常规沟通、日常各种产品及关联产品推介等。维护角色为柜面营业人员和客户经理	上门服务、专项答疑、各种产品量身定制服务、问题沟通及处理、危机管理。维护角色为柜面营业人员、客户经理、产品经理、风险经理、审批人员、科技人员、法律人员、网点负责人、部门负责人、行领导等	节日庆典、生日祝福、病情看望、其他关怀。维护角色为客户经理、网点负责人、部门负责人、行领导等

（二）按照客户的购买习性对客户关系进行维护（见表6－2）

表6－2　按照客户的购买习性对客户关系进行维护

维护方式 客户类型	日常维护	特殊维护	客户关怀
关系中心型	加强日常沟通，不断交流思想感情，建立良好的个人关系和单位组织关系。维护角色主要为客户经理、产品经理、科技人员、网点负责人、部门负责人、行领导、柜面营业人员等	上门服务、专项答疑、量身定制服务、问题沟通及处理、危机管理。维护角色为柜面营业人员、客户经理、产品经理、科技人员、法律人员、网点负责人、部门负责人、行领导等	节日庆典、生日祝福、病情看望、其他关怀。维护角色为客户经理、网点负责人、部门负责人、行领导等
质量中心型	加强日常沟通，针对客户需要提供优质服务和创新产品。维护角色主要为客户经理、产品经理、科技人员和柜面营业人员	重点是对质量问题沟通及处理、危机管理。维护角色为客户经理、产品经理、科技人员、法律人员、网点负责人、部门负责人、行领导等	节日庆典、生日祝福、病情看望、其他关怀。维护角色为客户经理、网点负责人、部门负责人、行领导等
价格中心型	日常柜面综合服务、常规沟通、日常各种产品及关联产品推介等。维护角色为柜面营业人员和客户经理	重点对价格问题沟通及处理、危机管理。维护角色客户经理、产品经理、风险经理、科技人员、法律人员、网点负责人、部门负责人、行领导等	节日庆典、生日祝福、病情看望、其他关怀。维护角色为客户经理、网点负责人、部门负责人、行领导等
信用分配型	日常柜面综合服务、常规沟通、日常各种产品及关联产品推介等。维护角色为柜面营业人员和客户经理	重点是对信用问题沟通及处理、危机管理。维护角色为柜面营业人员、客户经理、审批人员、科技人员、法律人员、网点负责人、部门负责人、行领导等	节日庆典、生日祝福、病情看望、其他关怀。维护角色为客户经理、网点负责人、部门负责人、行领导等

（三）按照客户的营销分级对客户关系进行维护（见表6－3）

表6－3　按照客户的营销分级对客户关系进行维护

维护方式 客户类型	日常维护	特殊维护	客户关怀
重点客户	单独柜面服务、随时沟通、全方位服务及营销等。维护角色为所有可能涉及的人员	上门服务、重客系统服务、及时专项答疑、量身定制服务、问题沟通及处理、危机管理。维护角色为所有可能涉及的人员	节日庆典、生日祝福、病情看望、其他关怀。维护角色为客户经理、网点负责人、部门负责人、行领导等

续表

维护方式 客户类型	日常维护	特殊维护	客户关怀
普通客户	大众服务。维护角色为客户经理和柜面营业人员	产品推介、大堂答疑、问题沟通及处理、危机管理。维护角色为客户经理、产品经理、科技人员等	根据情况有选择地进行客户关怀
退出类客户	大众服务。维护角色为柜面营业人员和客户经理	问题沟通及处理、危机管理。维护角色为客户经理、风险经理、科技人员、法律人员等	根据情况有选择地进行客户关怀

四、培育忠诚客户

(一)银行忠诚客户的含义

银行的忠诚客户，就是指对银行或其某种产品、服务产生较深厚的情感，经常性地来银行办理业务，惠顾银行提供的各种产品、服务，而对竞争者银行及其产品、服务的营销活动具有免疫能力，并能主动地向其周围推荐银行及其产品和服务的客户。银行忠诚客户以其理性的、情感性的行为为基础。增进客户忠诚，可以为银行带来更高的利益、较稳定的财务、更低的营销费用、更高的员工稳定性和客户占有率，并赢得正面口碑，降低风险等。

忠诚的银行客户通常会拒绝竞争者银行提供的折扣、经常性地购买银行的产品或服务，甚至会向其家人或朋友推荐银行的产品和服务。尽管满意度和忠诚度之间有着不可忽视的正向关系（见图6－1），但即使是满意度很高的客户，如果不是忠诚客户，为了更便利或更低的价钱，也会毫不犹豫地转投其他银行。因此满意客户不一定是忠诚客户。一个客户能保持忠诚度越久，银行从他那儿得到的利益越多。

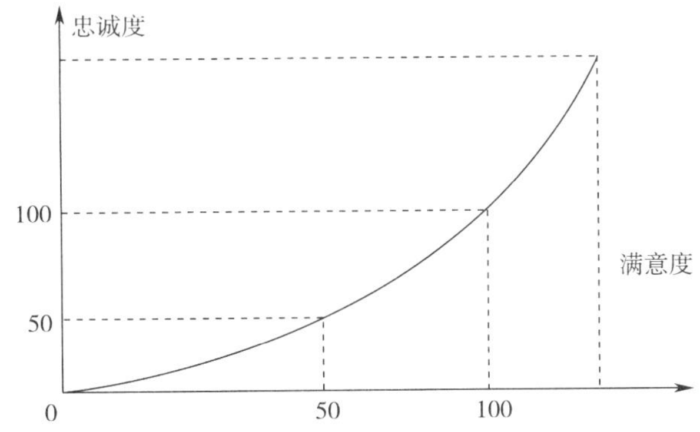

图6－1 客户满意度与客户忠诚度

【经典案例6-4】

被“挖”走的忠诚客户

某银行深圳湾支行位于深圳特区报业大厦附近，长期以来，报社收入颇丰的记者、编辑们一直是深圳湾支行的稳定客户，因为报社的工资是由该支行代发的。支行的客户经理小何在一次基金营销中不但成功地向一位主编销售了20万元的基金，还拉到了这位主编近40万元的储蓄存款，这笔存款就存在了这位主编代发工资的那个账户上。那段时间，小何着实费了不少心思，和这位主编的关系也比较融洽。在随后的几个月中，小何发现这位主编账户上的大额存款不但没有动过，工资的余留也放在了账户中。小何心想，既然报社的工资都是自己支行代发，而且支行就在报社大楼楼下，这个客户肯定是“稳”了。此后，小何便没有再跟这位主编联系，直到5个月后……

这天，小何在查询自己业绩的时候发现这位主编的账户里只剩下5 000多块钱，而他认购的20万元基金也在前不久行情稍好的时候赎回了。客户即使是要用钱也不会只剩下这么一点余额，而且，前段时间虽说股市稍有抬头，但客户也没有理由轻易将基金赎回啊？难道这个客户被“挖”走了？

后来，小何在报社的一位老乡告诉了他一些情况。原来，就在最近半年时间里，附近一家股份制银行的一位客户经理成了报社的常客，这家股份制银行的理财中心不但免费为这位主编提供家庭理财规划服务，还经常邀请这位主编参加他们银行组织的一些活动，如打羽毛球、登山、听理财讲座，这些都是这位主编非常感兴趣的项目。慢慢地，这位主编和这个客户经理成了好朋友，还在他的介绍下接到了几单报纸广告合同。随后，这位主编不但把自己的存款转到了这家股份制银行，还赎回了原来的基金，在这家银行重新认购了新的基金。在这位主编生日和中秋节那天，这位客户经理还给主编寄来贺卡，让这位主编非常感动。同事们也和他开玩笑：“什么时候也把这位银行朋友介绍给我们认识认识啊！”

小何扪心算了一下，自从和客户做成第一笔交易后，快半年没有和客户联系了，而在这段时间里，自己的竞争对手却没有一天放弃努力。“到手的鸭子都能飞了”，小何懊悔不已，从此，不管客户是大是小，小何都会与客户保持经常的联系，再也不能轻易被客户“抛弃”了。

（资料来源：马蔚华：《银行个人业务营销技巧》，北京，清华大学出版社，2008）

（二）忠诚客户的培育与管理

客户对银行的忠诚度越高，意味着银行拥有更高的客户保持率（Retention Rate）。客户保持率每增加5%，银行业的客户净现值将提高75%。于是大多数银行都以不断提升客户忠诚度为目标，希望赢得更高的客户保持率，增加银行收入，创造长期卓越的财务表现。

在培育忠诚客户方面，银行要想做得与对手不同，最大的要点在于“感动客户”这一战略，仅仅像交通安全标语一样地说“让客户满意”，只不过是一种自我满意罢了，不可能真正抓住客户的心，**只有让客户感动，才可能击败对手，在同行中获胜并得以生存和发展**。具体可采用以下做法：

1. 要注意在新客户的早期阶段（如儿童）就开始培养客户的忠诚度。

2. 在客户与银行发生业务联系的循环中的每一个阶段，都要抓住开发客户忠诚度的机会。

忠诚度与交易循环包括五个阶段，如图 6－2 所示。

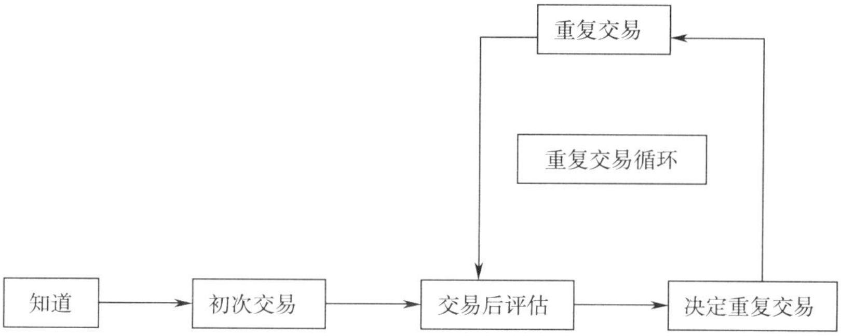

图 6－2　忠诚度与交易循环

（1）客户知道银行及其产品与服务，或他人推荐是迈向忠诚的第一步，要千方百计地让客户知道。

（2）初次到银行办理业务的客户，带有很大的试验性，其第一次的成功，是银行培养忠诚客户的一个有利机会。

（3）初次交易后的评估，如果满意，就可能成为重复交易者。

（4）决定重复交易是忠诚度最具决定性的态度，比满意更重要。

（5）客户不断地与同一家银行开展业务。

3. 促成客户偏好。客户对银行或其产品与服务形成偏好有多种因素：

（1）客户对银行或其某种产品、服务与竞争者商业银行相比较后，感到强烈的满意，就会形成较高的偏好。

（2）客户对银行或其某种产品、服务没有特殊的偏好，但是经与其他银行相比，发现有所不同且更好，可能转变为高度偏好。

（3）客户在重复交易过程中，越来越感到满意，就会增强偏好。客户偏好度高，就会成为忠诚客户。

4. 建立信赖关系。争取客户的认同，通过多种方式、方法、媒体，让他们经常感觉到你，你所在的银行，你银行的产品、服务就在其身边。银行进行各项活动、开展各项业务时，都要优先考虑客户的利益，周密安排。面对客户，要以事实与数据说话，切实提供事实真相。一切交易活动都要讲信用，实践约定，兑现承诺，只允诺有把握兑现的承诺。同时还要认真地、以宽阔的胸怀聆听客户说话，自己少讲多听。

5. 建立客户组织。通过建立客户俱乐部、客户联谊会等，来维系和巩固比较稳定的客户关系，使客户的短期联系变成长期联系，松散的联系变成紧密的联系，偶然的联系变成必然的联系，暂时的联系变成固定的联系。从而大力开发客户资源，实现客户关系的固定化和组织化。

6. 培养忠实的员工。为了给客户提供出色的服务，即那种能产生忠诚客户的服务，你需要调动员工的积极性。通过建立有效的激励机制和良好的金融文化，增强员工的凝聚力，培养员工的忠实，这样才能为客户提供能够产生忠诚客户的服务。要认识到忠诚的员工与客户是商业银行的资产，知识与信息是商业银行的原料。重视一线员工，使其拥有必要的工具、接受必要的培训、得到上级的全力支持和授权。激励、培养一支忠诚的员工队伍。

7. 培养客户精神。成功的银行不仅创造了独特的银行文化，从而用共同的银行精神来团结和激励员工，而且创造了相应的产品文化，从而用共同的客户精神来吸引客户，稳定和发展客户关系。精神的东西比物质的东西更为长久，具有更强的生命力，更容易吸引和影响银行的客户，更有利于维系和发展银行客户关系。

8. 制定客户优惠制度。客户组织化是一种群体认同，客户精神化是一种文化价值认同，而实行优惠制度则是一种利益认同。尽管各种非价格竞争活动已经大大发展，价格竞争仍是现代银行市场竞争的一个焦点。无论是绝对的价格竞争，还是相对的价格竞争，都是现代银行及其市场销售人员争夺客户的一种重要手段和方式。

9. 实行客户跟踪服务。做好售前、售中、售后的客户服务，及时解除客户的后顾之忧，客户就会回头再来购买你的东西。经常走访用户，既可以征求客户意见，又可以及时为客户提供必要的特别服务。举行用户恳谈会，也是一种好办法，既可以加深和客户的感情，又可以及时发现问题，处理客户异议。

10. 开展客户外交。客户关系是银行公共关系的一个主要组成部分，银行为了加深相互了解和信任，争取客户的理解和谅解，增进友谊和合作，可以采取设立驻客户办事机构，派出办事人员或银行客户经理等，来经常保持与客户的联系，及时向银行通报公司业务进展情况，了解客户的问题和要求，帮助客户解决困难，为客户提供良好的服务。还可以邀请客户参加商业银行举办的信息发布会、展览会、招待会，开展积极主动的市场外交活动。

五、客户投诉管理

在维护客户关系时银行不仅要注意提高客户的满意度，培养忠诚客户，同时也不能忘记客户的投诉。客户对银行提出投诉，表明双方的合作关系已经出现明显裂痕。客户经理对此必须予以高度重视。客户的投诉内容及银行对此的处理结果均应填入专门表格中，作为档案备查，也为了保证今后客户不再出现类似投诉。

（一）客户投诉的原因

1. 客户感到受到忽视、轻视。例如，客户长时间等待却没能得知原因，银行中似乎没有人关注客户的意见，银行内部缺乏关心客户理财业务、个人财产状况的人员，客户对银行多次提出自己的需求却得不到任何反馈，等等。

2. 客户对银行的专业性产生质疑，对服务水平不满。例如，因银行内的人为疏忽而造成了金钱上的损失；客户认为银行在理财业务方面缺乏专业能力；没有人为错误负责；客户期望从银行获得的服务，没有表现为其应有或曾承诺过的水平；遭到了不礼貌的对待，或没能获得应有的帮助；与银行内部部门沟通不力，在清晰度、完整性或真实性上发生了问题；银行缺少人性化服务（情感服务）；等等。

3. 客户固有想法的影响。例如，之前曾对银行有不良印象，客户对银行的期望超过了银行自身的实力。

4. 客户的误解。因为对有关规定或事实了解不够而产生误解，如周边环境差，已超出银行的服务范围，但客户却认为是银行的责任。

（二）客户投诉的分类

1. 按投诉的性质，可将投诉分为**有效投诉与沟通性投诉**。

（1）有效投诉。有效投诉分为两种类型：一是客户对银行在管理服务、收费等方面失职、违法、违纪等行为的投诉，并经过有关行业主管部门查实登记的；二是客户向银行提出的管理单位或银行工作人员故意、非故意，或失误造成客户或公众利益受到损害的投诉。

（2）沟通性投诉。沟通性投诉分为三种类型：一是求助型，投诉者有困难或问题需给予帮助解决的；二是咨询型，投诉者有问题或建议向管理部门联络的；三是发泄型，投诉者带有某种不满，受委屈或误会等造成的内心不满，要求问题得到解决的。沟通性投诉若处理不当，会变成有效投诉，所以，客户经理必须认真处理沟通性投诉。

2. 按投诉的内容，可将投诉分为**对设备的投诉、对服务态度的投诉与对服务质量的投诉**。

（1）对设备的投诉。客户对设备的投诉主要包括：自动柜员机、空调、照明、供水、供电、供暖、电梯、服务环境等，即使银行建立了一个对各种设备的检查、维修、保养制度，也只能减少此类问题的发生，而不能保证消除所有设备潜在的问题。

（2）对服务态度的投诉。用户对服务态度的投诉主要包括：不负责任的答复行为，冷冰冰的态度，爱理不理的接待方式，有意无意地怠慢等。由于客户经理与客户都是具有不同个性的人，所以任何时候，此类投诉都容易发生。

（3）对服务质量的投诉。例如，没有给客户提供及时的服务而造成的投诉，就属于对服务质量的投诉。减少用户对服务态度与服务质量的投诉的最好方法是加强对服务人员的培训。

（三）处理客户投诉的原则

在处理客户投诉、纠纷的过程中及处理完毕后，客户经理都应遵守一些行事准则，主要有：

1. 应让客户产生这样一种感觉：客户经理在认真对待而不是敷衍客户提出的各种投诉，并且抓紧对这些投诉进行事实调查，没有采取不负责任的态度，也未拖延时间。

2. 不对客户说“责任不在我”一类的话，以“客户总是有理的”作为基本原则。给客户以充分的道歉，因为道歉并不意味着客户经理错了，重要的是如何解决问题而不是让问题蔓延。应向客户解释，你已了解了他的问题，并请他确认。要善于把客户的投诉收集起来。

3. 站在客户的立场上看待客户提出的投诉。让客户发泄，自己闭口不言、仔细聆听，但不要让客户感到是在敷衍。

4. 在未证实客户说的话不真实之前，不要轻易下结论，不责备客户总比责备客户好一些。即使责任出在客户一方，也不可抨击客户及客户方的相关责任者，不能对客户表露出不满，应对客户的抱怨采取宽宏大量的态度。客户有时候会省略掉一些他认为不重要但实际十分重要的信息（当然有些信息客户也可能是故意隐瞒），客户经理应该能够判明：当时的实际情况是什么，客户需要的到底是什么，客户对品质评判的标准是什么等。

5. 要向客户提供各种方便，尽量做到只要客户有意见，就让他当面倾诉出来，同时善于发现客户一时还没有表示出来的意见和不便提出的问题。

6. 不要向客户做一些不能兑现的保证，也不要作出不切实际的许愿，以免在今后的交往中引发更大的纠纷。

7. 当客户正在气头上时，客户经理唯一要做的就是保持冷静，不要再刺激客户以免引发更大的怒气。当客户气消后，要征询客户的意见；如果客户经理提出了解决方案，客户经理应征求客户对该方案的意见。

8. 对帮助解决不满与纠纷的相关者表示感谢。感谢不光表现在口头上，更要落实在行动上，比如送些小礼品、经常打个电话、抽时间上门拜访一次等。

9. 事后不对处理决定提出评判性意见，不同意见应在解决之前提出。

10. 以和过去相同的方式拜访客户，对曾经让自己碰钉子的客户也不要躲避。

11. 绝对不让同样的抱怨、纠纷问题再次发生。

12. 将已发生的客户抱怨、纠纷问题作一总结，避免今后再发生类似的错误。客户的投诉内容及商业银行客户经理对客户投诉的处理结果可填入专门表格中（见表6－4和表6－5）。

13. 即使事情过去很久也不可掉以轻心，应时时牢记在心。

14. 加强对客户的主要决策者、组织机构、管理体制、经营状况和财务状况的动态监控。

15. 及时向银行风险控制部门提出产品变更建议，建议可以是扩大销售，也可以减少或停止产品提供。

表 6－4　　客户投诉及处理记录卡

投诉客户名称		投诉客户联系方式	
投诉受理日期		投诉受理人	
发生时间	年　月　日	解决时间	年　月　日
抱怨内容：		原因与经过：	
对策与结果：		备注：	
客户经理签字： 年　月　日			

表 6－5　　客户投诉统计表

投　诉		客户名称	投诉内容	责任划分	处理方式	客户反馈
编号	日期					

【经典案例 6－5】

一起客户投诉案的价值

在一次东方卡的户外宣传活动中，客户何女士办了一张东方卡，为何女士开卡的是浦发深圳分行的客户经理小吴。不久之后，何女士到无锡出差办事，用东方卡携带了 4 万元钱。

这天一大早，小吴便接到了客户服务热线转过来的客户投诉电话。原来，何女士正是看中了东方卡异地跨行取款不收手续费这么一个优势，才办理的东方卡。没想到，到了无锡之后，何女士的东方卡不但不能在 ATM 上取款，也无法在商场的 POS 机上刷卡，只带了少量现金的何女士着急了，这办事用的钱取不出来，能不生气吗？

小吴一方面诚恳地向客户道歉，请求客户暂时平静，另一方面，他在迅速思索着出现问题的原因以及补救办法。银行卡出现这样的问题，最大的可能是卡片的磁条遭到破坏，也许是消了磁，所以交易系统无法读取数据，自然也就无法正常交易。小吴向客户耐心地询问了卡片放置的情况。原来，何女士出差前几天曾把装有银行卡、手机、MP4 的小包放在音箱上，可能是因为磁场的原因造成卡片消磁。不过，小吴没有在这个问题上和何女士作太多纠缠，而是积极寻求解决办法。在小吴的指导下，何女士到无锡的浦发银行又办了一张东方卡，然后通过电话银行将损坏的那张卡里面的存款转账到了新卡片中，暂时解决了客户用钱之急。

几天以后，客户回到深圳，小吴登门拜访了何女士，对给何女士造成的不便表示道歉。在与何女士的接触过程中，小吴还发现何女士是一位非常有潜力的客户，他也加强了对何女士的服务力度，让并非VIP客户的何女士享受到VIP客户才能享受的服务。不久之后，何女士将一大笔存款存进了小吴为她新办的东方卡。

试想，如果不是这场危机，何女士手中的东方卡也许仅仅只是异地带钱的工具。但由这场危机引发的一系列后续事件，让小吴与客户“不打不相识”。正确处理客户异议、矛盾和投诉的价值就在于此。

（资料来源：根据浦发银行内部资料整理）

（四）处理客户投诉的程序

处理客户投诉的程序从开始到结束，是一个牵涉面相当广而又一环扣一环的过程。银行有关部门在处理客户投诉时，既要面对客户，同时还要面对被投诉的内部责任者。因此，银行对客户投诉处理包括内部处理程序和外部处理程序。

1. 银行客户投诉的内部处理程序。银行客户投诉内部处理程序通常包括八个步骤。

（1）记录投诉内容。利用客户投诉记录卡详细地记录客户投诉的全部内容，如投诉人、投诉时间、投诉对象、投诉要求等。

（2）判定投诉是否成立。了解客户投诉的内容后，要判定客户投诉的理由是否充分，投诉要求是否合理。如果投诉不能成立，可以婉转地答复客户，取得客户的谅解。

（3）确定投诉处理责任部门。根据客户投诉的内容，确定相关的具体受理单位、部门和受理负责人。

（4）责任部门分析投诉原因。要查明客户投诉的具体原因及具体造成客户投诉的责任人。

（5）提出处理方案。根据实际情况，查明客户投诉的具体原因及具体造成客户投诉的责任人，拟定处理方案。

（6）提交主管领导批示。对于客户投诉问题，领导应予以高度重视，主管领导应对投诉处理方案一一过目，及时作出批示。根据实际情况，采取一切可能的措施，挽回已经造成的不良影响和发生的损失。

（7）实施处理方案。实施处理方案，处罚直接责任者，通知客户，并尽快地收集客户的反馈意见。对直接责任者和部门主管要按照有关规定进行处罚，依照投诉所造成的损失大小，扣罚责任人一定比例的绩效工资或奖金；同时，对不及时处理问题造成延误的责任人也要进行追究。

（8）总结评价。对投诉处理过程进行总结与综合评价，吸取经验教训，提出改进对策，不断完善银行的经营管理和业务运作，以提高对客户的服务质量和服务水平，降低投诉率。

2. 银行客户投诉的外部处理程序。银行客户投诉外部处理程序通常包括五个步骤。

（1）接诉。投诉接待环境是影响处理投诉工作的重要因素；礼貌是做好投诉处理工作的基础，接诉时应做到彬彬有礼。

（2）聆听与记录。诚恳地听取客户的投诉，认真记录投诉要点。

（3）判断、处理。感谢客户的关心与爱护。快速判断、迅速反应、及时处理。当经过判断分析，找到问题症结之所在时，应以积极的正面态度回应客户，如告诉客户会怎样处理等。

（4）回访。回访是建立信任、弥补因种种原因造成失误的重要环节，也是商业银行检查工作质量与效果、与客户沟通、维护好客户关系的最佳时机。

（5）总结。总结的内容包括：发生这次投诉的原因，从这次投诉处理中商业银行相关责任者应吸取的教训；在今后的工作中如何避免类似情况的发生；需要做哪些方面的调整和改进等。

【相关链接6－1】

某银行客户投诉处理流程

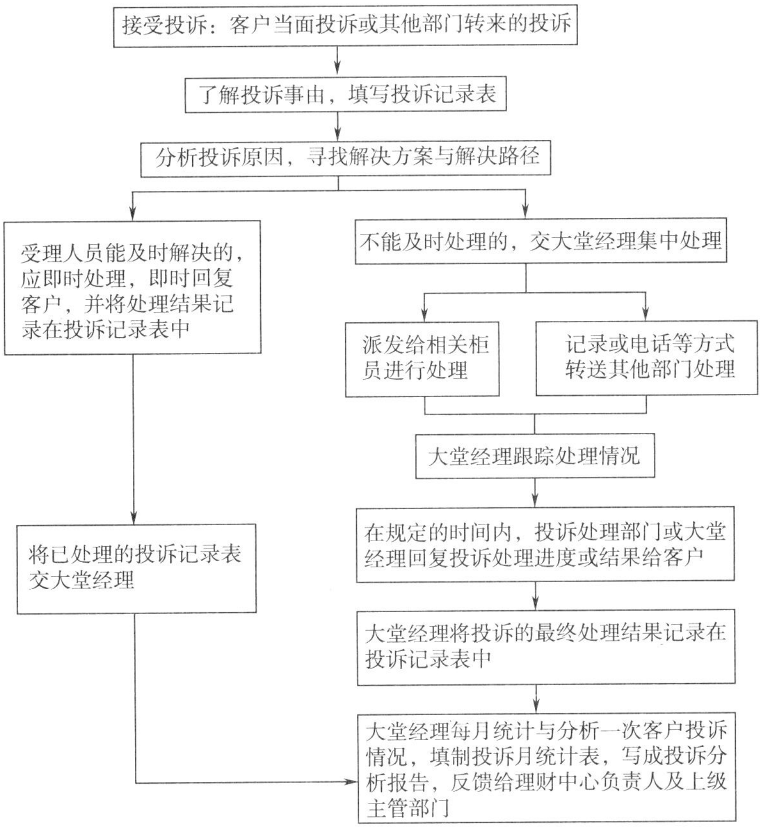

六、客户的退出机制

客户退出是银行客户动态管理的重要内容之一。所谓**客户退出是指银行根据一定的退出标准，对出现不良变化的客户主动减少乃至停止其交易的市场行为。**客户退出应制定一定的退出标准，采取适当的退出方式和措施，尽量减少客户退出的信贷损失。

（一）客户退出的原则

银行客户退出应坚持有效发展原则、分类指导原则、损失最小化原则、整体联动原则和动态管理原则。

1. 坚持有效发展原则。有效发展原则是指银行应大力开发优势区域、优势产业、优势行业的优良客户，通过对优良客户的有效投入来促进对淘汰客户的退出，以保证银行的业务良性发展。

2. 坚持分类指导原则。客户退出也不能“一刀切”。我国地域辽阔，各地经济发展水平不一，客户状况千差万别。因此，在客户退出选择和退出方法上应根据不同客户的经营情况决定退出与否。客户退出应主要关注客户的生产经营状况及信贷偿还能力等。

3. 坚持与经济结构调整相适应原则。客户退出要与国家经济结构调整及产业、产品结构调整相适应。对国家明令禁止和限制的产品，应坚决退出。

4. 坚持损失最小化原则。银行客户退出应坚决、主动、迅速，不要被企业“牵着鼻子走”。对预期退出的行业、产业和企业要及时实行贷款限制，采取资产保全和清收措施。退出后续工作要及时跟上。对已经形成事实风险的不良贷款要创造条件落实专门机构人员，进行专业清收。

5. 坚持整体联动原则。坚持整体联动就是要求上下级行之间、同级行之间，银行内部各部门之间的工作协调统一。上级行（管理行）要加强对宏观经济和市场研究，加强客户退出的宏观指导；经营行及客户经理要加强对客户和市场的跟踪研究，结合上级行的退出指导，及时退出风险客户；涉及跨地区的客户退出，各级行要加强信息沟通，加强客户退出的协调配合，要防止“这里退出，那里进入”的现象发生。

6. 坚持动态管理原则。客户退出不是一劳永逸的工作，是一项必须长期坚持的工作。客户退出与一个国家一定时期的经济发展及经济周期密切相关，也与一个地区一定时期的经济发展战略、结构调整密切相关。当前是好的客户，但是随着市场的发展变化可能变为淘汰客户。因此，客户退出必须坚持动态管理，及时主动退出随着市场变化而可能产生信贷风险的客户，就能确保银行信贷资金的安全、流动和效益。

（二）客户退出标准

清理、退出国家明令淘汰和列入国家禁止投资目录的客户；压缩经营长期亏损，扭亏无望的客户和重复建设的项目；对劣质客户实行整体退出，不留隐患，并树立超前意识，主动研究产业、行业和产品的发展趋势；对目前经营正常，但没有发展前途的夕阳产业要主动提前采取调整措施。同时要减少国家限期整改的客户和产权不明晰、管理不规范、开发创新能力低的客户贷款占比。

（三）客户退出的主要措施

1. 规范信贷行为，将客户信贷退出贯穿于贷前、贷中和贷后的全过程。一是在信贷准入前就必须明确每笔贷款退出时机和退出途径。各级行在正确把握信贷准入关的同时，必须正确分析每笔贷款的生命周期，设定每笔贷款的退出方案，明确贷款退出的可能性和具体途径，并制订出现不良贷款后的应对方案。凡还贷资金来源不落实或不明确的企业，一律不允许发放增量贷款。

二是贷中要合理确定贷款期限，办妥合法有效的贷款手续，在借款合同中明确还款方式和还款资金来源，依法办理担保手续，做到第二还款来源有保证。

三是贷后要加强跟踪管理，及时掌握借款人生产经营情况，及还款能力和还款意愿的变化，严格贷款期限管理，按预定方案及时清收贷款。除债务重组贷款外，严禁借贷还贷，严禁借新还旧，严格控制贷款展期，落实贷款管理和清收责任，确保贷款市场性退出和预期性退出计划的实现。

四是贷款一旦出现风险，必须及时依法清收，尽可能避免或降低贷款损失。

2. 建立客户信贷风险预警预报制度，提高对客户风险的预见能力和控制能力。建立信贷风险预警预报制度是实现信贷主动退出的前提和基础，只有根据信贷风险的预警预报情况，才能确定合理的信贷退出时机、方式和方法。

一是加强对宏观经济和产业、行业、产品发展趋势的超前调研，及时分析发展动态，为经营行提供有关行业的技术经济指标、市场信息和跨国公司经营状况，便于经营行及时掌握市场动态，主动调整客户结构，主动将贷款从高风险行业和高风险企业中退出。

二是实行分级监控，加强对企业贷后的跟踪管理，及时掌握贷款企业的市场动态和风险变化，提高对客户风险的预见能力和控制能力。根据审批权限，对大额授信客户，实行多级行监控，经办行客户经理直接监管客户的市场变化和风险变化，对所监管客户每半年形成贷后检查报告，报上级行直至有权审批行贷审委审查，以便及时调整对其信贷决策和信贷管理要求。

三是实行驻厂管理制度，加强对大额授信企业管理。为了切实防范大额授信企业的信贷风险，解决借贷双方信息不对称和管理不到位的矛盾，对大额授信客户，要委派专职客户经理实行管理，并实行严格的岗位责任制考核，工效挂钩，落实管理责任。

3. 认真做好客户分类和统一授信工作，明确结构性退出的对象和任务。每年初，要对辖区内的信贷客户进行细分，评定客户资格，严格界定和区分法人客户和非法人客户，将法人客户划分为优良客户、一般客户、限制客户和淘汰客户四类。在客户分类的基础上，严格按照资本金制度来测算每个客户的理论授信值，由各级行贷审委逐个对客户进行统一授信，逐户明确信贷管理要求。对限制客户积极实施“控、压、清”的调整策略，对淘汰客户采取有力措施尽快清收，及早退出，主动淘汰。各行要通过客户分类和统一授信工作，明确结构性退出的对象和任务，做到信贷结构性退出有目标、有重点、有任务。

4. 落实客户信贷退出责任，加大奖惩考核力度。从总行开始，各级行每年要下达退出计划，要将退出任务层层分解到客户，责任落实到人，纳入客户经理的目标责任制考核，考核结果与绩效工资分配挂钩，确保信贷结构性退出目标的全面完成。同时，对经办行实行严格的授信项下的责任管理，对信贷市场性退出和预期性退出明确目标落实责任，客户经理是贷款清收的第一责任人，特别是对个私贷款和个人消费贷款实行严格的责任管理，凡贷款出现逾期，一律实行经济赔偿和责任清收制度。上级行要加强信贷退出计划的内部监督和检查，督促经营行将信贷退出计划执行到位。

5. 改革信贷计划、资金管理方式，促进信贷退出计划实施到位。要改革传统的信贷计划、资金管理模式，信贷计划管理与信贷客户管理相衔接，信贷计划总量管理和质量管理相结合，做到信贷计划分类监测和个户管理限制、淘汰类客户贷款总额必须按结构性退出计划压缩到位；预期性退出计划必须按项目或客户清收到位，信贷计划按期收回，否则将按超计划发放贷款论处，相应扣减有关行经营目标责任制考核得分，并对相关人员作出处理。

【本章小结】

客户关系管理的内涵是银行利用优化的管理方法和信息技术实现对客户的整合营销，是以客户为核心的企业营销的技术实现和管理的实现。是银行通过对客户信息的掌握、挖掘和利用，甄选和留住有价值的客户，实现银行利润最大化和客户利益最大化的一种经营策略。

客户经理管理银行客户的目标主要体现在以下几个方面：盈利最大化、风险最小化、优化客户结构，培植忠诚客户、增加产品与服务的销售以增加银行收入、提升银行形象。

客户关系管理分为现有客户的管理与潜在客户的管理及客户需求的管理，客户经理对现有客户及潜在客户的管理重点不同。

客户关系管理的基本原理：交易性原理、社会人际属性原理、第三方影响原理、动态变化原理、利益均衡原理、可创性原理、维护原理、相互影响原理、拓展性原理、信用原理、满意原理、贡献原理、忠诚原理、生命周期原理、商机原理。

银行客户关系管理的基本流程主要包括目标客户识别、目标客户选择、建立客户关系、客户商机处理（销售与推广）、客户沟通与关系维护、客户关系拓展与终止六部分内容。

客户关系管理方法：收集客户信息，建立客户数据库；对客户进行分类分析，确定“金牌”客户；满足“金牌”客户差异化需求，培养客户忠诚度；改造和分化非“金牌”客户；做好客户联系，取得客户信息反馈。

客户关系管理信息系统，就是利用最新的信息技术，针对企业销售、服务与营销三个客户交互业务领域的CRM需求而设计出的各种软件功能模块的组合。

客户关系管理信息系统的运作流程：确定客户策略，管理客户关系信息，制定客户决策，基于技术的营销，管理与客户的互动。

客户关系维护就是银行客户经理为了保持与目标客户建立的良好合作关系，通过采取各种措施对目标客户进行全程跟踪维护，以获得双方合作基础上的最大利益。

客户关系维护的内容涉及方方面面，概括而言，主要是硬件维护、软件维护、功能维护、心理维护。

客户关系管理与维护的意义：银行以客户为中心的经营理念的要求，培养忠诚客户群，提高银行经济效益、维护客户是金融竞争的需要，良好的客户维护与服务能树立优良的银行形象。

客户关系维护的方法主要有：情感维护、上门维护、知识维护、超值维护、交叉销售维护、顾问式营销维护、机制维护、差别维护。

客户关系维护质量的影响因素很多，但仍可以从以下几个方面着手：客户满意度、金融产品体系及质量、系统与网络的支持、客户经理的素质与能力。

银行客户关系维护的基本方式包括日常维护、特殊维护和客户关怀等。

银行的忠诚客户，就是指对特定的银行或其某种产品、服务产生较深厚的情感，经常性地来商业银行办理业务，惠顾银行提供的各种产品、服务，而对竞争者及其产品、服务的营销活动具有免疫能力，并能主动地向其周围推荐及其产品和服务的客户。银行忠诚客户以其理性的、情感性的行为为基础。增进客户忠诚，可以为银行带来更高的利益、较稳定的财务、更低的营销费用、更高的员工稳定性和客户占有率，并赢得正面口碑，降低风险等。

客户退出是指银行根据一定的退出标准，对出现不良变化的客户主动减少乃至停止其交易的市场行为。客户退出应制定一定的退出标准，采取适当的退出方式和措施，尽量减少客户退出的信贷损失。

【重点概念】

客户关系管理　客户关系维护　忠诚客户　客户退出　客户关系管理信息系统

【复习思考题】

一、思考题

1. 简述客户关系管理的含义和目标。
2. 客户关系管理的基本原理包括哪些内容？
3. 简述客户关系管理的基本流程和客户关系管理的方法。
4. 简述客户关系维护的意义和方法。
5. 影响银行客户关系维护质量的因素有哪些？
6. 银行应如何培育自己的忠诚客户？
7. 简述处理银行客户投诉的方法。
8. 简述不良客户的退出原则。

二、案例分析题

案情一　　CRM 在银行业的运用

最早把 CRM 引入银行业的是花旗银行。花旗银行善于运用新技术抢占市场和竞争潜在客户，而 CRM 是花旗银行在日益激烈的银行业竞争中取胜的一个法宝。CRM 的实施使花旗银行从“以产品为中心”的模式转移到“以客户为中心”的模式，银行关注的焦点从内部运作转移到客户关系上来。运用 CRM 系统，花旗银行能准确地说出谁是它盈利来源最多的客户，并能在 10 分钟内讲清楚重要的银行客户使用了多少种银行产品，这无疑使花旗银行在同业中显得鹤立鸡群。

CRM的运用对花旗银行的营销起到了很大的作用。花旗银行在拓展市场方面不像其他竞争对手那样在各地设置很多的分支机构，而是运用直复式营销，即利用电话、传真、E-mail等多种方式与客户直接沟通，这就要求它必须有一个庞大而精确的数据库提供有效客户信息。同时这种直复式营销，也更便于收集和补充客户的信息资料，如在以前的直复式营销活动中，谁曾经购买了以及买了多少产品等信息，将会以零距离的方式直接进入CRM系统，既能够使数据库的资料更完善、翔实，又节约了大量的人力资源。

目前，CRM在国外银行业的应用十分广泛，例如挪威联合银行就基于CRM的理念，提出了“由一家银行变为一百万家银行，一个客户就是一家银行”的经营策略。

由于外部环境和内部组织方面与实施CRM的要求尚有一定的差距，我国目前的银行成功实施CRM数据库系统的也较为鲜见。但在经营的战略上，大多已完成了“以产品为中心”向“以客户为中心”的转变。随着客户经理制的陆续建立，各家银行都采取不同方式建立了自己的客户信息资料库，如客户经理手中记录着密密麻麻客户资料的联系本，就是CRM系统的一种雏形，并在营销活动中得到了充分运用。应该说，这是一种“准CRM数据库”，只是这种数据库还不具备智能化的功能，是在目前条件下，向CRM系统的一种过渡。

分析解答问题：

（1）请结合上述案例谈谈CRM在银行业的应用。

（2）结合国外银行的实例想想我国应该怎样更加合理地运用CRM信息系统。

案情二　　　　及时把握客户信息取得营销成功

2010年6月，北京农村商业银行某支行的客户经理王某正在向一位老客户介绍银行新近推出的业务项目。在交流间歇，这位老客户无意中提到与他们交好的另一家公司由于对原来的存款银行不满，正计划将账户转至其他银行。得知这一信息后，王某立刻清楚地意识到：“机会来了！”于是，他当机立断，请求这位老客户替他引荐，找到了该公司的负责人，试图说服该负责人将其公司的账户转至王某所在的农村商业银行，在最初的接触中，该负责人对这位年轻的客户经理始终抱有怀疑的态度，因此，总是以各种理由回绝王某。但是王某并没有气馁，他想方设法与该负责人接触，及时收集与该公司相关的各种信息，并且设身处地为该会司提出了一系列行之有效的理财建议。王某的努力没有白费，在半个多月之后，这位固执的负责人终于被王某的真诚和责任心所感动，同意将其公司账户转至王某所在的农村商业银行。目前，该公司的存款稳定，且稳中有升。

分析解答问题：

（1）从上面的案例中你能得到哪些启示？

（2）假如你是银行的一名客户经理应该怎样收集客户的信息？

三、实训题

实训题一　　建立和维护客户关系实训

［实训目的］通过实训使学员亲身感受到农村合作金融机构的客户经理是如何接待客户的，同时调查他们是如何建立和维护客户关系的。

［实训要求］各个小组的成员亲自去农村合作金融机构调研和实地考察，写出实验报告。

［实训步骤］

1. 将客户经理分成若干小组，每个小组选定一个组长；
2. 以小组为单位去农村合作金融机构调研和实地考察；
3. 进行小组讨论，写出实训报告。

［操作流程］

1. 小组成员讨论确定实施方案，再具体操作；
2. 去农村合作金融机构时要求大家先扮演客户，详细观察客户经理是如何接待客户和维护客户关系的；访谈所调研的农村合作金融机构的员工，取长补短；
3. 汇总调研情况，仔细研究别的机构是如何建立和维护客户关系的，并写出详细的报告。

实训题二　　客户经理如何应对客户投诉实训

［实训目的］要使客户满意，农村合作金融机构除了要提供优质高效的服务外，还要正确处理好客户的投诉，对投诉者的问题给予妥善解决或圆满解答。通过实训，学员要能够灵活应对客户投诉，并熟练掌握应对客户投诉的技巧和方法。

［实训要求］遵循农村合作金融机构处理客户投诉的基本原则，按照农村合作金融机构处理客户投诉的程序和方法认真处理客户的相关投诉。

［实训步骤］

1. 将学员分成若干小组，分别扮演农村合作金融机构的客户经理与客户；
2. 根据农村合作金融机构工作实际，设计来电投诉、来访投诉、来函投诉等不同的情景，要求扮演客户者进行惟妙惟肖、逼真的表演；
3. 要求扮演客户经理的学员采取相应的措施及时地解决客户的上述投诉；
4. 客户小组与客户经理小组进行情景模拟演练后，认真交流总结经验以便在实际工作中更好地处理客户投诉，达到客户满意的效果。

［操作流程］

1. 大家先观看情景模拟表演；
2. 然后评出处理客户投诉最好的客户经理；
3. 讨论总结从中可以获得哪些启示。

【参考文献】

［1］伏琳娜：《商业银行客户经理》，北京，中国金融出版社，2010。

［2］满玉华：《商业银行客户经理》，北京，中国人民大学出版社，2009。
［3］刘旭东：《商业银行客户经理》，北京，中国金融出版社，2006。
［4］杨明生：《商业银行客户经理必读》，北京，中国金融出版社，2003。
［5］杜晓颖、丁俊峰：《金融客户经理》，北京，中国金融出版社，2007。
［6］张学陶：《商业银行市场营销》，第二版，北京，中国金融出版社，2006。
［7］赖丹声：《银行营销实战原理》，北京，清华大学出版社，2006。
［8］马蔚华：《银行个人业务营销技巧》，北京，清华大学出版社，2008。
［9］董传元的博客。

第七章　客户风险管理

【本章概要】

美国花旗银行主席及总裁沃尔特威斯顿有一句名言："银行家从事的是管理风险的行业。"这在一定程度上道出了银行风险管理的重要性。随着银行间竞争的日趋激烈、银行业务范围的不断拓宽和规模的不断膨胀，银行面临的风险也日趋多样化与复杂化，某些高风险业务所带来的风险有可能在转瞬间葬送整个银行。然而作为经济的核心，金融大厦的坍塌会造成整个国民经济，乃至世界经济的动荡。当前，如何把握风险与利润、风险与发展之间的平衡，使银行既不承受过大的风险，又能保持适度的发展，是每个处在新的竞争环境中的银行经营者必须深思的问题。本章着重阐述银行客户风险的含义、特点、分析与识别以及客户风险的管理内容、管理流程、管理策略。

【要点提示】

1. 客户风险的含义、种类和特征；
2. 分析与识别客户风险；
3. 客户风险管理的内容；
4. 客户风险管理流程；
5. 客户风险管理策略。

【本章架构图】

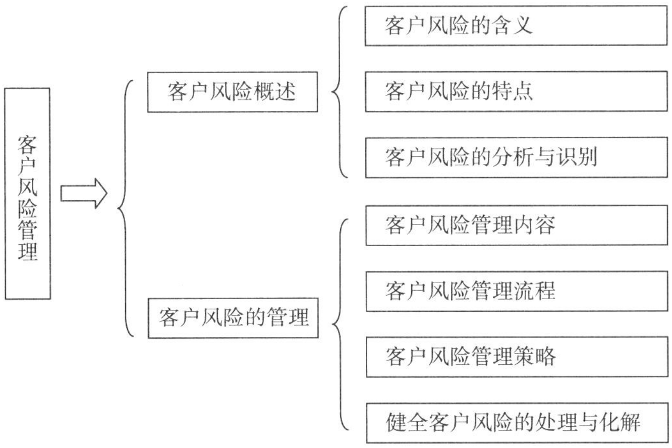

【章前引例及分析】

多头授信　大客户风险不容忽视

中国银行业协会发布的数据显示，全国19家主要银行5 000万元以上大客户贷款集中度占贷款总额比例约60%。部分银行为单一客户贷款超出银行资本金余额10%警戒线近3个百分点；银监会对企业集团贷款要求不能超过资本金余额的15%，但银行已经达到17%，突破监管红线。

通常，按市场标准，大客户贷款保持在40%左右，对银行来说比较适宜。若超过50%，就意味着贷款进入风险区，大客户贷款占比高达60%就意味着目前银行业存在贷款集中度风险过高。造成这种现象的直接原因是，各银行之间为争夺客户压低贷款利率吸引大企业。银行对客户的多头授信，实际把银行置于一种被动的地位。

自从2007年金融危机爆发后，国际银行机构倒闭不断，资产大幅缩水，风险急剧上升。尽管中国银行没有被卷入其中，但受经济低迷与金融链条影响，加之近几个月来银行低利率大量信贷，潜在风险不容忽视。金融危机使全球经济陷入了近70年来最严重的衰退，预计全球金融机构的损失总额将高达3万亿美元。发达经济体将进入一个痛苦而漫长的"去杠杆化"过程。

世界银行已将2009年全球经济增长预期，从3%下调到了0.9%。金融危机对全球金融业的影响乃至对我国经济、金融的影响均没有见底。虽然我国金融机构持有的海外投资产品损失有限，但金融危机带来心理、信心的冲击，对实体经济的负面影响很大。我国大型银行不可能置身其外。一方面，大型银行面临部分行业产能过剩而引发信贷风险，企业停产减产造成违约增加、经济下行带来消费行为谨慎、进出口贸易减速影响国际业务发展、战略投资者自身财务状况恶化导致股份减持等一系列问题；另一方面，大型银行也将面临全球货币进入降息通道、汇率波动加大、境外债券投资可能继续发生损失、外汇资金运作难度陡增、境外机构竞争力不强，面临增长停滞和经营风险上升等一系列问题。

分析：金融危机爆发后，国际银行机构倒闭不断，资产大幅缩水，风险急剧上升，商业银行在争夺客户的同时一定不要忽视客户的风险，要建立科学的授信决策机制和健全的客户风险处理与化解体系。

（资料来源：http：//www.cubn.com.cn/，2009－04－06）

第一节　客户风险概述

银行客户既是银行利润的主要提供者，也是银行风险的主要来源，银行所面临的风险大部分来自于客户，银行要想获得来自于客户的收益，就必须承担一定的风险。然而从我国银行风险管理的历史来看，普遍存在重利润轻风险的错误认识，许多银行由于对客户风险管理不善，导致银行方面的重大经济损失，加强银行客户风险管理是银行稳健经营的必要举措，银行对此也已渐渐重视起来。

银行风险管理能力的强弱是银行核心能力的具体体现，银行风险管理能力直接影响到银行的存亡。银行作为经营风险的特殊企业，虽然拥有丰富的人、财、物资源，但这些资源都是从属的、内部的资源，真正给银行带来财富的资源是外部的客户资源，客户风险状况决定着银行的兴衰。

一、客户风险的含义

（一）客户风险的含义

风险就其实质来讲是指一种遭受损失的可能性。**客户风险是从客户角度来考察银行可能面临的金融产品风险和经营风险，它只不过是以客户自身风险这一形式表现出来而已。**对客户经理来讲，不能从客户那里获得收益或者获取的收益较小，都可以说是面临着风险。

（二）客户风险的种类

1. 客户结构风险。客户结构是指银行客户总量中优质客户、一般客户与劣质客户所占的比率。**客户结构风险则是指银行由于客户结构不科学、不合理、客户总体质量太差给银行带来损失的可能性。**

随着我国金融市场的进一步发展和完善以及外资银行的进入，我国银行业的市场竞争越来越激烈，银行业的竞争主要表现为对优质客户的竞争。竞争力强的银行往往利用其有效的市场定位和客户发展战略抢占市场的制高点，搜刮市场优质客户资源。因此，客户风险中客户结构风险日益凸显并日渐突出。

2. 客户自身风险。由于客户是银行生存和发展的基础，而客户又能给银行带来风险，所以银行与客户是一对矛盾的统一体，是一种相辅相成、一荣俱荣、一损俱损的关系。**银行客户风险往往集中表现于银行客户自身的风险，客户自身风险是指客户所处的内外部环境变动给客户带来的风险。客户自身风险又可以分为外部风险和内部风险两大部分。**

第一部分：外部风险

外部风险是指外部环境、条件因素的变化导致的客户自身产生的风险，包括宏观风险和行业风险。

（1）宏观风险。由于宏观环境因素或条件的变化而导致的风险，包括自然风险、政治风险、政策风险、国际风险等。

（2）行业风险。行业内部的诸多不确定因素的作用使客户面临的风险。所谓行业是介于宏观经济和微观经济之间的中观经济范畴，是由具有共同特征的企业群体组成。由于同一行业内的企业成员在生产经营上存在着相同性或相似性，其产品或服务具有很强的替代性，行业内的企业成员彼此间处于一种更为紧密的联系状态。**行业风险包括竞争风险、管制风险、替代性风险、依赖性风险、周期性风险、阶段性风险。**

第二部分：客户内部风险

客户内部风险是由客户内部存在的各种不确定性因素给客户带来的风险。每个客户都有自身的特点，从规模到产品，从组织结构到经营策略，都可能存在潜在的风险因素，都可能给客户的经营带来风险和损失。**客户内部风险主要包括管理风险、经营风险、技术风险、生产风险、财务风险。**

二、客户风险的特点

从银行的角度看，其客户风险既具有经济风险的一般特征，又不同于一般的经济风险，主要表现在以下几个方面：

（一）风险的偶然性

由于客户风险的外部环境和内部环境十分复杂，因此客户风险是众多不确定性因素随机组合共同作用的结果。人们几乎无法断定和预知客户风险会在何时、何地、以何种方式出现。所以，客户风险的发生总是表现出相当的偶然性。

（二）风险的客观性

客户风险的存在是不以人的意志为转移的。不同的企业，由于在其发展过程中所面临的内外环境不同，必然形成企业之间资源、结构的整合，必然引发企业的碰撞，如果不能正确识别和有效防范，就可能导致企业不能正常运作，甚至破产、倒闭。

（三）风险的不对称性

从对风险与损失的关注程度而言，客户与银行具有不对称性。客户一般只关心自身的损失，而银行不仅要关注自身可能遭受的损失，还要关注客户的风险损失，并给予扶持和帮助。这是因为在全方位经营的理念下，银行必须从长期合作的角度出发，培养和扶持客户，在保证客户正常经营与发展的前提下，维持和扩大银行的客户数量和市场规模，以获取更长远的收益。

（四）风险的破坏性

客户风险一旦发生，不仅会使客户蒙受经济损失，而且也会危及银行，使银行的经营活动受到严重影响，甚至倒闭。

（五）风险的连带性

银行与客户是利益共同体，因此，任何客户遭受任何风险所造成的损失及后果，都必然会给银行带来连带性的经济损失。

（六）风险的周期性

客户的经营活动总是在既定的国家经济政策环境中进行的，同时，它又属于国民经济整体循环的一个组成部分。因此，客户风险也会受国家经济循环周期和政府宏观调控政策变化的影响，呈现出一定的周期性。

（七）风险的可控性

客户风险呈现偶然性和突发性的特点，但由于其形成与发生、发展又都有一定规律可循，因此，客户风险又是可以防范和控制的。从客户的角度看，经营者总可以根据在经营过程中，对市场与环境以及企业运作的感受，预见和观察到一些迹象；从银行的角度看，通过对客户外部环境的追踪研究和对客户内部经营问题的持续性诊断，也会及时发现问题的症结所在。只要能够实现银行与客户之间的通力合作，就可以找到有效的策略来防范和化解这些风险。

（八）风险成因的复杂性

银行客户风险是相当复杂的，但归纳起来主要有三点：一是信息的不对称；二是时间的差异；三是交易主体的复杂。

【经典案例 7－1】

亚洲金融危机的冲击

在 20 世纪 90 年代的繁荣时期，亚洲被世界公认为新千年的一个巨大的新兴市场。当时的泰国和许多亚洲国家一样，开始从海外银行和金融机构中借入大量的中短期外资贷款，外债曾高达 790 亿美元。在一片表面繁荣之下，泰国修建起许多空无一人而锃光发亮的办公大楼，韩国建立起了年产 500 万辆小汽车的生产能力，这是当时韩国国内汽车市场容量的 10 倍。

1997 年，泰国经济疲弱、出口下降、汇率偏高并维持与美元的固定汇率，给国际投机资金提供了一个很好的捕猎机会。由美国金融大鳄索罗斯主导的量子基金乘势进军泰国，开始大量卖空泰铢，以迫使泰国放弃维持已久的与美元挂钩的固定汇率。

泰国政府不甘示弱，不惜血本以强硬手段进行对抗，在短短几天内耗资 100 多亿美元吸纳泰铢，但却徒劳无益。泰国政府不当的干预手段反而被金融大鳄们利用，他们不断散布谣言，说泰国政府束手无策，一时间泰国金融市场被搅成一潭浑水、阴云翻滚。1997 年 7 月 2 日，苟延残喘的泰铢终于崩溃。泰国宣布实行泰铢浮动汇率制。当天，泰铢兑换美元的汇率一路狂跌 18%，外汇及其他金融市场一片混乱，泰国金融危机正式爆发。

对那些依赖外国资金进行生产并用泰铢偿还外债的泰国企业来说，无疑是一个晴天霹雳。泰国的老百姓也如惊弓之鸟，挤垮了银行 56 家，泰铢贬值 60%，股票市场狂泻 70%，泰国人民的资产大为缩水。

泰国金融危机像瘟疫一样传染到东南亚各国，在泰铢急剧贬值的影响下，菲律宾比索、印度尼西亚盾、马来西亚林吉特相继成为国际炒家们的攻击对象。11 月中旬，韩国也爆发金融风暴，韩元危机也冲击了在韩国有大量投资的日本金融业。1997 年下半年日本一系列银行和证券公司相继破产。于是，东南亚金融风暴演变为亚洲金融危机。

（资料来源：http：//news. xinhuanet. com/fortune/，2007－04－17）

三、客户风险的分析与识别

现代市场经济是风险经济，任何客户的经营活动都不可避免地要面对多种市场风险，所以都存在着怎样分析和识别风险的难题。**风险分析和识别是银行客户经理管理风险的第一步，也是尤为关键的一步。**作为一名银行的客户经理必须善于发现、预见、捕捉客户在经营管理过程中可能会出现的各种风险。

（一）个人客户风险的分析与识别

个人客户风险主要表现在客户自身作为债务人在信贷业务中的违约，或在表外业务中自行违约，或作为保证人为其他债务人或交易方提供担保过程中的违约。银行在对个人客户风险进行分析与识别时，应该从个人客户的基本信息和个人客户信贷产品分类及风险两个角度进行分析。

1. 个人客户的基本信息分析。银行在同个人客户开展业务时，应该要求个人客户提供各种能够证明个人年龄、职业、收入、财产、信用记录、教育背景等相关资料。除了关注申请人提交的材料是否齐全、要素是否符合银行的要求外，客户经理还应当通过与个人客户面谈、电话访谈、实地考察等方式了解核实客户所提供的材料是否真实有效，从多种渠道调查、识别个人客户潜在的风险。

（1）客户的资信情况调查。具体是指利用内外部征信系统调查客户的资信状况。重点调查可能影响第一还款来源的因素，第一还款来源调查的内容主要包括：主要收入来源为工资收入的，对其收入水平及证明材料的真实性作出判断；主要收入来源为其他合法收入的，应检查客户提供的财产情况。

（2）客户的资产与负债情况调查。具体包括：确认客户及家庭的人均收入和年薪收入情况；调查其他可变现资产情况；调查客户在本行或他行是否有其他负债或担保、家庭负债总额与家庭收入的比重情况等；分析客户及其家庭收入的稳定性，判断其是否具备良好的还款意愿和还款能力。

（3）贷款用途及还款来源的调查。具体包括：调查客户的贷款用途是否与所申请的信贷品种管理办法的规定一致，还款来源是否有效落实并足以履约等。

（4）对担保方式的调查。具体包括：客户是否以价值稳定、易变现的财产作为抵押；客户能否按银行的要求，为其所购商品办理财产保险，购买贷款信用保险等。

2. 个人信贷产品分类及风险分析。**个人信贷产品主要有个人住宅抵押贷款、个人零售贷款等。**

（1）个人住宅抵押贷款的风险分析。**客户经理应关注以下几种风险的分析：第一，经销商风险。**主要包括：经销商不具备销售资格或违反法律规定，导致销售行为、销售合同无效；经销商在履行商品合同时出现违约，导致购买方（银行客户）违约；经销商高度负债经营时，存在经销商卷款外逃的风险。**第二，“假按揭”风险。**个人住房抵押贷款“假按揭”是指开发商以银行员工或其他关系人冒充客户作为购房人，通过虚假销售的方式套取银行贷款的行为。“假按揭”的主要特征是，开发商利用积压房产套取银行信用，欺诈银行信贷资金。**第三，由于房产价值下跌而导致超额押值不足的风险。**房地产行业发展周期以及政府宏观调控政策对房地产市场价格的影响，可能会导致按揭贷款的客户所购房产的价值波动；如果客户所购房产的价值下跌，就可能会产生超额押值不足的风险。**第四，借款人的经济财务状况变动风险。**住房按揭贷款有不同的期限，期限越长，借款人经济财务状况变化的可能性就越大。如果由于工作岗位、身体状况等因素导致借款人经济、财务状况出现不利变化而无法按期偿还按揭贷款，而借款人是以其住房作为抵押的，则银行的抵押权益在现行法律框架下难以实现，该笔贷款就可能成为不良贷款。

（2）个人零售贷款的风险分析。**个人零售贷款可以分为汽车消费贷款、信用卡消费贷款、助学贷款、留学贷款、助业贷款等。**个人零售贷款虽然品种不同，但面临的个人客户风险却有一定的相似之处。**个人零售贷款的风险在于：**第一，客户的真实收入状况难以掌握，尤其是无固定职业者和自由职业者的收入状况；第二，借款人的偿债能力有可能不稳定（如职业不稳定，大学生就业困难等）；第三，贷款购买的商品质量有问题或价格下跌导致客户不愿履约；第四，抵押权益实现困难。

对于助学、留学贷款，还应当要求学校、家长或有担保能力的第三方参与担保；对用于购买商品（如汽车）的贷款，银行应对经销商的信誉、实力、资格进行分析考察。由于个人贷款的抵押权实现困难，因此，应当高度重视第一还款来源。

（二）公司客户风险的分析与识别

根据其组织形式不同，银行公司客户可划分为单一法人客户和集团法人客户。

1. 单一法人客户风险的分析与识别。客户经理应重点关注以下几方面：

（1）单一法人客户的基本信息分析与识别。银行在对单一法人客户进行信用风险分析和识别时，必须对客户的基本情况和与银行业务相关的信息进行全面了解，以判断客户的类型（企业法人客户还是机构法人客户）、基本经营情况（业务范围、盈利情况）、信用状况（有无违约记录）等。为此，银行应要求客户提供基本资料，并对客户提供的身份证明、授信主体资格、财务状况等资料的合法性、真实性和有效性进行认真核实，并将核实过程和结果以书面形式记载。对于中长期授信，还需要预计资金来源及使用情况、预计资产负债情况、损益情况、项目建设进度及营运计划以及其他相关文件。

（2）单一法人客户的财务状况分析与识别。财务分析是通过对企业的经营成果、财务状况以及现金流量情况的分析，达到评价企业经营管理者的管理业绩、经营效率，进而识别客户风险的目的。主要内容包括：财务报表分析、财务比率分析以及现金流量分析（具体内容详见丛书其他版本相关内容详解，在此不赘述）。

（3）单一法人客户的非财务因素分析与识别。非财务因素分析是信用风险分析过程中的一个重要组成部分，与财务分析相互印证、互为补充。考察和分析企业的非财务因素，主要从管理层风险、行业风险、生产与经营风险、宏观经济及自然环境等方面进行分析和判断（具体内容详见丛书其他版本相关内容详解，在此不赘述）。

（4）单一法人客户的担保分析与识别。担保是指为维护债权人和其他当事人的合法权益，提高贷款偿还的可能性，降低银行资金损失的风险，由借款人或第三方对贷款本息的偿还或其他授信产品提供的一种附加保障，为银行提供一个可以影响或控制的潜在还款来源。银行与借款人及第三方签订担保协议后，当借款人财务状况恶化、违反借款合同或无法偿还贷款本息时，银行可以通过执行担保来争取贷款本息的最终偿还或减少损失。**贷款担保方式有：保证、抵押、质押。**

①保证。**保证是指保证人和债权人约定，当债务人不履行债务时，保证人按照约定履行债务或者承担责任的行为。**贷款保证的目的是通过第三方为借款人按约、足额偿还贷款提供支持。在对贷款保证进行分析时，银行最关心的是保证的有效性，因此，对贷

款的保证人应从以下几方面进行考察：保证人的资格；保证人的财务实力；保证人的保证意愿；保证人的法律责任。

②抵押。**抵押是指债务人或第三方不转移对财产的占有，而将该财产作为债权的担保。**债务人不履行债务时，债权人有权依照法律规定以该财产折价或者以拍卖、变卖该财产的价款优先受偿。债务人或第三方为抵押人，债权人为抵押权人，提供担保的财产为抵押物。对抵押应注意以下方面：可以作为抵押品的财产的范围及种类；抵押合同应包括的基本内容：被担保的主债权种类、数额，债务的期限，抵押品的名称、数量、质量、状况、所在地、所有权权属或者使用权权属，抵押担保的范围，当事人认为需要约定的其他事项等；抵押物的所有权转移，根据我国现行《担保法》的相关规定，订立抵押合同时，抵押权人和抵押人在合同中不得约定在债务履行期届满抵押权人未受清偿时，抵押物的所有权转移为债权人所有；抵押物登记；抵押权的实现。

③质押。**质押又称动产质押，是指债务人或第三方将其动产移交债权人占有，将该动产作为债权的担保。**债务人不履行债务时，债权人有权依照法律规定以该动产折价或者以拍卖、变卖该动产的价款优先受偿。在动产质押中，债务人或第三方为出质人，债权人为质权人，移交的动产为质物。

对动产质押应注意以下方面：出质人和质权人应当以书面形式订立质押合同；质押合同时效；质押合同应当包括以下内容：被担保的主债权种类、数额，债务的期限，质物的名称、数量、质量、状况，质押担保的范围，质物移交的时间，当事人认为需要约定的其他事项；质物的所有权转移；质押担保的范围；质权人对质物承担的权利、义务和责任；债务履行期届满时质物的处理；权利质押的范围；权利质押物的权利行使日与债务履行期不一致时的处理；权利质押的生效与转让。

（5）小企业、微小企业的风险识别和分析。由于小企业和微小企业（通称为小企业）普遍存在经营风险大、户数分散、注册资金较少（申请授信额度与注册资金相比比例较大）、财务管理不规范、流动资金贷款用于固定资产项目建设等问题，因此在对小企业进行信用风险分析时，除了应当关注与企业客户信用风险识别的共性外，还应关注以下主要风险点：经营风险、财务风险、信誉风险。

2. 集团法人客户风险的分析与识别。

（1）集团法人客户的整体状况分析。银行可以参照前述的单一法人客户分析方法，对集团法人客户的基本信息、经营状况、财务状况、非财务因素以及担保等整体状况进行逐项分析，以识别其潜在的信用风险。但集团法人客户的状况通常更为复杂，因此需要更加全面、深入地分析和了解，其中，对集团内关联交易的正确分析和判断至关重要。

分析企业集团内的关联交易时，首先应全面了解集团的股权结构，找到企业集团的最终控制人和所有关联方，然后对关联方之间的交易是否属于正常交易进行判断。根据集团内部关联关系不同，企业集团可以分为纵向一体化企业集团和横向多元化企业集团。

第一，纵向一体化企业集团。这类集团内部的关联交易主要集中在上游企业为下游企业提供半成品作为原材料，以及下游企业再将产成品提供给销售公司销售。分析这类企业集团的关联交易，一方面可以将原材料的内部转移价格与原材料的市场价格相比较，判断其是否通过转移价格操纵利润；另一方面可以根据上游企业应收账款和下游企业存货的多少，判断下游企业是否通过购入大量不必要的库存以使上游企业获得较好的账面利润或现金流，获得高额的银行贷款。

第二，横向多元化企业集团。这类集团内部的关联交易主要是集团内部企业之间存在的大量资产重组、并购、资金往来以及债务重组。例如，目前关联企业较为普遍的一种操作模式是，母公司先将现有资产进行评估，然后再以低于评估价格转售给上市子公司；子公司通过配股、增发等手段进行再融资，并以所购资产的溢价作为投资收益。最终的结果是母公司成功地从上市子公司套取现金；子公司获取了额外的投资收益，虚增了资产及利润，最终改善了账面盈利能力，降低了负债比率，以获得高额的银行贷款。对于这类关联交易，客户经理应当重点考察交易对双方利润和现金流造成的直接影响，判断其是否属于正常交易。

集团法人客户通常采用各种手段隐蔽关联方或关联交易的特征，因此，银行发现客户的下列行为、情况时，应当注意分析和判断其是否属于集团法人客户内部的关联方：与无正常业务关系的单位或个人发生重大交易；进行价格、利率、租金及付款等条件异常的交易；与特定客户或供应商发生大额交易；进行实质与形式不符的交易；易货交易；进行明显缺乏商业理由的交易；发生处理方式异常的交易；资产负债表日前后发生的重大交易；互为提供担保或连环提供担保；存在有关控制权的秘密协议；除股本权益性投资外，资金以各种方式供单位或个人长期使用。

此外，在识别和分析集团法人客户信用风险的过程中，银行还应当尽量做到以下几点：充分利用已有的内外部信息系统，例如中国人民银行的信贷登记查询系统、中介征信机构、互联网、媒体等，及时全面收集、调查、核实客户资信及其关联方的授信记录；与客户建立授信关系时，授信工作人员应当尽职受理和调查评价，要求客户提供真实、完整的信息资料，包括客户法定代表人、实际控制人、注册地、注册资本、主营业务、股权结构、高级管理人员情况、财务状况、重大资产项目、担保情况和重要诉讼情况等，以有资格机构审计过的财务报表为基础，通过各种方式获取第一手材料，必要时可要求客户聘请独立的具有公证效应的第三方出具资料真实性证明；识别客户关联方关系时，授信工作人员应重点关注：客户的注册资金、股权分布、股权占比的变更情况，通过间接持股方式形成的关联关系，通过非股权投资方式形成的隐性关联关系，客户核心资产重大变动及其净资产10%以上的变动情况，客户对外融资、大额资金流向、应收账款情况，客户主要投资者、关键管理人员及其亲密亲属的个人信用记录；集团法人客户的识别频率与额度授信周期应当保持一致；在定期识别期间，集团法人客户的成员单位若发生产权关系变动，导致其与集团的关系发生变化，成员行应及时将有关材料上报牵头行，牵头行汇总有关信息后报管辖行，管辖行作出识别判断后，决定是否继续列入集团加以统一管理或删除在集团之外，并在集团法人客户信息资料库中作出相应调整；对所有集团法人客户的架构图必须每年进行维护，更新集团内的成员单位（明确新增或删除的成员单位)。

(2) 集团法人客户的信用风险特征。集团法人客户的信用风险通常是由于银行对集团法人客户多头授信、盲目(过度)授信、不适当分配授信额度,或集团法人客户经营不善,或集团法人客户通过关联交易、资产重组等手段在内部关联方之间不按公允价格原则转移资产或利润等原因造成的。与单一法人客户相比,集团法人客户的信用风险具有以下明显特征:内部关联交易频繁;连环担保现象十分普遍;财务报表真实性差;系统性风险较高;风险识别和贷后监督难度较大。

【相关链接 7-1】

美国大通银行贷款风险分析过程

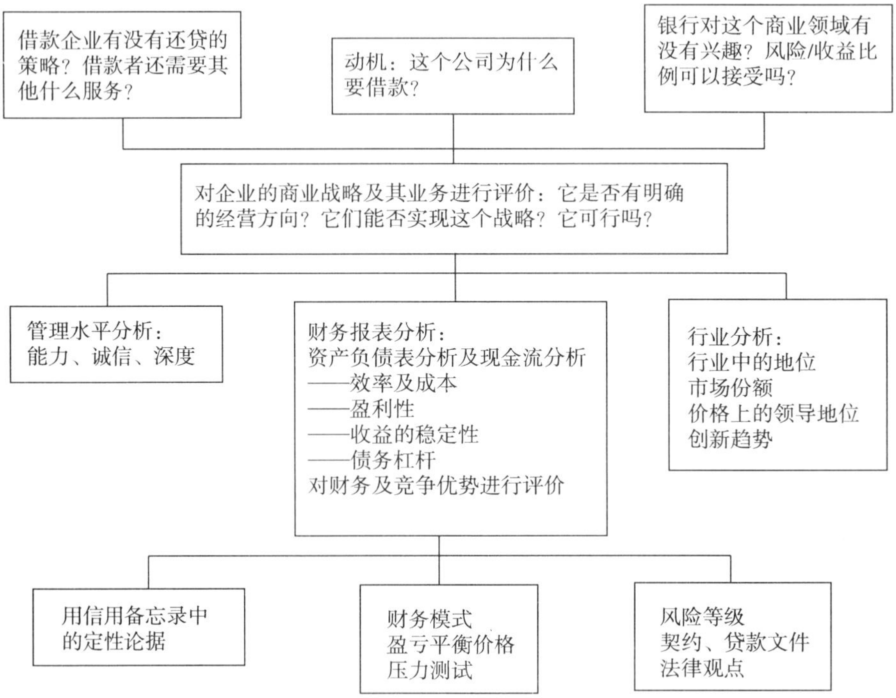

(三) 机构客户风险的分析与识别

由于机构客户具有非营利性的特征,因此在对其作信用风险分析时,除了应当关注与企业客户信用风险识别的共性外,还要识别是否存在以下风险因素:

1. 政策风险。不同的机构客户面临着不同的政策性风险,例如,对教育机构日趋严格的控制收费政策、对医药行业采取的“医药分离”政策、要求新闻出版行业重视知识产权等政策,如果借款机构未能严格执行将遭受严厉处罚,可能直接影响其按期偿还贷款本金和利息。

2. 投资风险。客户经理应当深入分析客户的投资计划及投资金额的合理性,自筹资金能否按计划全额到位（有些财政承诺的项目资金到位率不高，相应增加了债务比率，即增大信用风险）。例如，客户在评估被收购机构（如医院）资产时，只做净资产评估（不做土地和无形资产评估），然后利用土地和无形资产抵押巨额贷款，再去收购别的项目，将风险全部转嫁给银行，一旦客户的资金链断裂，贷款银行将蒙受巨大的信用风险损失。

3. 财务风险。有些机构客户（如高校）的固定资产投资规模大，资产负债比例高，偿债压力大，还贷能力弱，而且普遍存在财务制度不健全、管理混乱、内部审计不力、票据管理不规范等问题，存在严重的信用风险。

4. 担保风险。机构客户普遍难以落实或不愿找第三方担保，即使有第三方担保也存在担保能力不足等问题。

【经典案例 7－2】

违规发放贷款致使银行形成不良贷款

某市支行于 2007 年 4 月 10 日和 2007 年 6 月 9 日未经省分行审批，分两次向信用等级为 BB 级的公司客户——某煤炭集团股份有限公司发放 1 年期保证贷款 210 万元和 95 万元，该公司因煤窑发生瓦斯爆炸而被迫停产，导致贷款到期无力偿还；而贷款担保人因资产被法院查封亦不能履约代为偿还贷款，致使形成不良贷款。更为严重的是，2008 年 1 月 12 日该支行又为其签发承兑汇票三笔，共计金额 315 万元，按规定应收取 100% 的保证金 280 万元，而实际收取的保证金仅为 68 万元，汇票到期后企业无力支付，银行被迫垫款。

（资料来源：杜晓颖、丁俊峰：《金融客户经理》，北京，中国金融出版社，2008）

第二节 客户风险的管理

银行客户风险管理是指通过获得客户预警信号，发现客户存在的潜在或显在的问题，及时采取相应对策最大程度地维护银行的利益及银行同客户的合作关系。

一、客户风险管理内容

（一）建立和完善资源共享的客户信息管理系统

客户信息管理系统（CIS）是客户风险预警系统的基础，信息共享是风险预警机制运转的保障。

客户信息管理是银行企业管理中的一个重要内容，随着时代的进步，银行也逐渐变得庞大起来。如何管理好银行客户的信息，成为银行企业管理中的一个大问题。在这种情况下，开发一个银行客户信息管理系统就显得非常必要。

银行客户信息管理系统就是把银行客户信息加以集中分类的处理，通过它的管理，

可以将分类处理后的信息，直观地提供给管理人员，加强对银行企业用人的优化分配，充分发挥人的作用，提高银行整体工作效率，创造价值。

（二）建立客户风险预警信号指标体系

信息的采集只是风险预警的第一步，更为重要的是对信息的分析，从中发现一系列的危险预警信号，并采取相应的防范措施，从而达到防患于未然的效果。因此，要将预警信号的挖掘制度化和规范化。客户信息管理系统功能框架：

1. 客户信息管理。客户信息管理功能主要是提供客户信息的基本查询，可为不同客户的分类客户进行信息的查询等。

（1）个人客户信息查询。按条件查询个人客户的总览、账户信息、资产信息、授信信息及产品信息等。

（2）公司客户信息查询。按条件查询公司客户的信息汇总、账户信息、信用证信息、担保信息、结算信息、财务信息、产品信息及票据信息等。

2. 目标客户搜索。目标客户搜索功能是根据具体的条件进行客户群体的筛选，可分别对不同客户的分类客户进行筛选查询。

（1）个人目标客户搜索包括：根据条件组合进行重点个人客户查询、个人客户重要事件提醒查询、异动个人客户查询、风险个人客户查询等。

（2）公司目标客户搜索包括：根据条件组合进行重点公司客户查询、公司客户重要事件提醒查询、异动公司客户查询、风险公司客户查询等。

3. 客户细分功能。客户细分能帮助银行分析并了解每个细分客户群体的行为、产品及使用渠道的特性，能够科学详尽地分析、管理客户。同时，还能进一步分析出每类客户的基本轮廓以及相应特征，帮助准确定位未来新增客户。在制定市场行销策略时，能够帮助银行从以产品为导向转移到以客户为导向，从而很好地为客户提供差别化服务。

（1）公司客户基本情况分析包括企业经济性质分析、企业形态分析等功能。

（2）个人客户基本情况分析包括个人客户年龄分布、学历分布、月收入分布等分析功能。

（3）贷款客户授信分析、客户贷款质量分析、客户贷款形式分析等功能可以作为分析客户信用状况的辅助信息。

（4）存贷总额分析、交易次数/金额分析、持有存款业务品种分析、持有贷款业务品种分析等功能，则提供了客户和银行往来情况的全面分析，为改善、维持客户关系管理提供参考。

（5）客户行为分析、消费倾向分析等功能，则提供客户的个性化的行为信息，便于银行掌握客户行为的偏好。

4. 系统管理功能。系统管理是对整个系统的参数进行用户自主的定义维护。用户功能方便地按需要对系统中的客户细分分析和目标客户搜索条件进行灵活的定义。

该功能对客户细分模块中的细分模型的分析角度及分析条件进行修改和定义。包括：客户贷款总额分段定义、客户存款总额分段定义、客户持有产品分段定义、客户交易金额分段定义、客户交易笔数分段定义、客户授信金额分段定义等。

（三）建立科学的授信决策机制

目前，我国银行的客户风险主要是表现为信用风险，因此，建立并完善科学的投资决策机制对防范和控制客户风险尤为重要。

1. 科学授信决策机制的内涵。授信管理的目标是要实现既有利于业务发展又实现自我约束的与自我发展相统一的内部授信管理体制。通过授信管理中的政策导向，合理配置授信的区域、产业、客户和品种结构，提高授信资产质量，提高授信的综合收益。在防范授信风险和合规合法经营的前提下，实现银行授信的“效益性、安全性、流动性”。

一个科学的授信决策机制应该是以独立的尽职调查、民主的风险评审、严格的问责审批并辅之以全面的后评价为内容的“三位一体”的授信决策机制。

2. 科学的授信决策机制的具体内容。

（1）独立的尽职调查。银行应设立独立的授信工作尽职调查岗位，明确岗位职责和工作要求。从事授信尽职调查的人员应具备较完备的授信、法律、财务等知识，接受相关培训，并依诚信和公正原则开展工作。

银行应支持授信工作尽职调查人员独立行使尽职调查职能，调查可采取现场或非现场的方式进行。必要时，可聘请外部专家或委托专业机构开展特定的授信尽职调查工作。

（2）民主的风险评审。成立授信评审委员会，负责对业务发起部门项目评估报告和尽职调查小组报告进行民主审议，表决后形成意见交问责审批人决策。授信评审委员会由银行风险管理、信贷、法律、财务、结算、资金等方面的专家组成，有条件的分行还聘请行外专家参加，委员按照授信评审制度和程序开展评审工作。

（3）问责审批制。委员会同意的项目，问责审批人可以同意，也可以否决或要求重议一次；委员会否决的项目，问责审批人只能否决或要求一次性重议，不能同意。问责审批人可以接受委员会否决的金额和风险敞口，也可以缩小，但不能扩大。

（4）后评价。通过对授信决策的科学性、合理性进行总结和评价，以提高风险管理水平，促进整个风险管理体系有效运作。

【经典案例7－3】

巴克莱银行的风险管理

巴克莱银行是英国的四大银行之一，在英国设有2 100多家分行，在全球60多个国家经营业务。近十几年来，巴克莱银行十分注重不断拓展其业务的广度和深度，资产和业务规模不断扩大。在巴克莱银行各项业务快速拓展的过程中，成功的风险管理为其提供了有力保证。

一、构造风险管理系统——结构清晰，权责明确

与大多数西方国家银行一样，巴克莱银行具有较为完善的风险管理系统。不仅如此，在这一系统内，对风险的管理分工非常明确，而且职责清晰。具体来说，董事会负责内部控制系统的有效性；业务条线负责人负责识别和管理业务线条的风险；风险总监

负责进行风险管理和控制；分类风险主管及其团队负责风险控制框架的建立与监控；业务风险团队负责协助业务条线负责人识别并管理其总体业务风险；内部审计独立地检查风险管理和内部控制环境。完善清晰的结构与权责明确的分工为防范风险布下了天罗地网，为巴克莱银行成功进行风险管理奠定了坚实的基础。

二、运用风险偏好体系——保证业绩，控制风险

自20世纪90年代中期以来，巴克莱银行一直在内部使用风险偏好体系。风险偏好体系的具体方法是，通过未来3年的业务规划，估计收益波动的可能性及实现这些业务规划的资本需求，将这些与目标资本比率、红利等因素相对比，并将这些结果转化为每个主要业务板块规划的风险容量。风险偏好的数值要通过估计集团对宏观经济事件的敏感性来进行验证（这种估计是利用压力测试和情景模拟来完成的）。巴克莱银行集团信用风险总监安德鲁·布鲁斯认为，巴克莱银行风险管理成功的最主要原因就是最近十几年来通过建立风险偏好体系，加强限额管理，强化了经济资本在集团内部的运用。而风险偏好体系的运用也是国际活跃银行风险管理成功的普遍经验。

三、加强信用风险管理——手段先进，数据充分

与其他银行一样，信用风险是巴克莱银行最大的风险。据统计，巴克莱银行大约有三分之二的经济资本被配置到各业务条线的信用风险上。对于信用风险的管理，巴克莱银行主要利用五步风险管理程序（指导、评估、控制、报告、管理和分析）以及基于COSO的内部控制体系来进行。巴克莱银行的内部风险管理体系较为成熟，主要利用自己的历史数据和其他外部信息，通过银行内部风险评级系统来对借贷者、交易对手以及零售客户进行评级。与此同时，巴克莱也采用一些外部开发的模型和评级工具，当然这些外部开发的模型及评级工具必须经过巴克莱银行的相关验证。

（资料来源：黄大海，http：//www.360doc.com/，2010－07－07）

二、客户风险管理流程

客户风险管理流程可以概括为风险识别、风险计量、风险监测和风险控制四个主要步骤。其中客户经理和风险管理委员会承担了风险识别、风险计量和风险监测的重要职责，而各级风险管理委员会承担风险控制的最终责任。

（一）风险识别

客户经理必须善于发现、预见、捕捉客户在经营过程中面临的各种可能出现的风险。这是一项非常困难的工作，风险识别需要客户经理对客户的经营环境、经营业务有充分的了解，需要丰富的经济知识和实践经验、完备的信息处理能力、深刻敏锐的洞察力和预见力。

1. 风险识别的环节。适时、准确地识别风险是风险管理的最基本要求。**风险识别包括感知风险和分析风险两个环节。感知风险是通过系统化的方法发现银行所面临的风险种类、性质。分析风险是深入理解各种风险内在的风险因素。**

2. 风险识别的方法。**常见的客户风险识别方法主要有制作风险清单法、专家调查列**

举法、资产财务状况分析法、直接观察法、连锁推测法、证券市场追踪法。

（1）制作风险清单法。制作风险清单法是银行识别风险的最基本、最常用的方法。它是指采用类似于备忘录的形式，将银行所面临的风险逐一列举，并联系经营活动对这些风险进行深入理解和分析。

（2）专家调查列举法。专家调查列举法是通过专家的认真调查，将银行所面临的各种可能的客户风险逐一列出，并根据不同的标准进行分类。

（3）资产财务状况分析法。资产财务状况分析法是指风险管理人员通过实际调查研究以及对客户的资产负债表、损益表、现金流量表等财务报表进行分析，从而发现潜在的客户风险的方法。

（4）直接观察法。直接观察法是指客户经理根据客户所表现出来的种种表象而判断客户处于何种风险程度的方法。经验丰富者从客户的一些活动中及客户领导者的言谈举止中，就能对客户的风险状况有所察觉。

（5）连锁推测法。连锁推测法是指客户经理根据客户身上已经发生的典型事件来推测客户风险程度的方法。例如，一个客户的领导人频繁更换或有市场传闻其出现了问题，就应该对该客户的风险高度关注。

（6）证券市场追踪法。上市客户的上市表现很能说明客户的风险程度。例如，在某段时间证券报刊上大肆吹捧某客户，则有可能意味着客户出现了问题而不得不靠舆论来抬高自己。

（二）风险计量

风险计量、量化是全面风险管理、资本监管和经济资本配置得以有效实施的基础。准确的风险计量结果是建立在卓越的风险模型基础上的，而开发一系列准确的、能够在未来一定时间限度内满足银行风险管理需要的数量模型，任务相当艰巨。

客户风险计量有定性描述和定量计算两种形式，两者各有优点。银行应当根据不同的业务性质、规模和复杂程度，对不同类别的风险选择适当的计量方法，基于合理的假设前提和参数，计量承担的所有风险。

（三）风险监测

客户风险的监测包括两个层面的具体内容：一是监测各种可量化的关键风险指标以及不可量化的风险因素的变化和发展趋势。确保客户风险在进一步恶化之前提交相关部门，以便相关人员密切关注并采取恰当的控制措施；二是报告银行所有风险的定性、定量评估结果，并随时关注所采取的风险管理、控制措施的实施质量、效果。

（四）风险控制

风险控制是对经过识别和计量的风险采取分散、对冲、转移、规避和补偿等措施，进行有效管理和控制的过程。风险管理、控制措施应当实现以下目标：一是风险管理战略和策略符合经营目标的要求；二是所采取的具体措施符合风险管理战略和策略的要求，并在成本、收益基础上保持有效性；三是通过对风险诱因的分析，发现管理中存在的问题，以完善风险管理程序。

按照国际最佳实践，在日常风险管理操作中，具体的风险管理、控制措施可以采取从基层业务单位到业务领域风险管理委员会，最终到达高级管理层的三级管理方式。

三、客户风险管理策略

风险管理的核心是界定风险，在界定的范围内用金融或其他合法手段对风险进行控制。如果对风险的界定范围缺乏准确的把握，就会出现风险蔓延并且失控的局面。

（一）客户风险管理策略

银行客户风险管理的具体策略有：规避风险、控制风险、转移风险、自担风险、风险补偿。

1. 规避风险。规避风险是一种积极的风险处理方式，它是通过识别分析和消除可能导致客户风险发生的各种直接因素和间接因素，达到防患于未然的目的。

规避风险是指当主动放弃和拒绝实施某些可能引起风险损失的方案。规避风险是处置风险最彻底的一种方法，能够在风险事件发生之前完全消除某一特定的风险所造成的损失。但这一方法也有局限性，风险规避往往伴随着放弃某些经营计划的发生，而且，规避了某一风险之后，又可能产生另一种风险。因此，这一方法是有一定的使用条件的，主要适用于：一是某一特定风险导致的损失频率和损失幅度都相当高；二是采用其他风险管理方法的成本大于收益。

2. 控制风险。**控制风险是指有意识地采取行动，设法降低损失概率和损失幅度的方法。**主要用于不想放弃也不想转嫁的风险。控制风险包括两个内容：一是损失预防的控制，也称风险因素控制，即控制导致风险发生的因素，尽可能减少风险的发生；二是减少损失的控制，也称损失控制，即尽可能减少已发生损失的严重程度和不利后果。

3. 转移风险。**转移风险是指通过购买某种金融产品或采取有关其他合法的经济措施将风险转给其他经济主体的一种风险管理方法。**通常采用保险转移和非保险方式转移风险方式。

保险转移，即银行作为投保人，向保险公司投保借款人信用保险；或借款人作为投保人，向保险公司投保其信用保险或投保其抵押品的财产保险。

非保险方式转移风险多是借用合同或协议，将损失的法律责任或财务后果转由他人承担。具体做法：一是转移风险源。有三种途径：第一，出售风险资产，同时将与资产有关的风险转移给购买该项资产的人或经济单位；第二，财产租赁，即把自己的房屋、场地、运输工具等财产租给别人使用，并收取租赁费；第三，建筑工程中的承包商利用分包合同转移风险。二是签订免除责任协议。企业在开展某项活动前与有关单位签订免除责任的协议。三是利用合同中的转移责任条款。在企业某些经济活动中，变更某些合同条款将损失转移给他人。

4. 自担风险。**自担风险也叫风险保留与承担，是指银行依靠自己的财力弥补已出现的风险损失的一种方法。**它是处置残余风险的一种方式，一般用于以下情况：一是处理风险的成本高于承担风险所付出的代价；二是企业可以安全地承担某项损失；三是风险无法避免；四是因缺乏必要的风险管理技术而自愿承担。

5. 风险补偿。**风险补偿主要是指事前（损失发生以前）对风险承担的价格补偿。**对于那些无法通过风险分散、风险对冲或风险转移进行管理，而且又无法规避、不得不承担的风险，银行可以采取在交易价格上附加风险溢价，即通过提高风险回报的方式，获得承担风险的价格补偿。

（二）客户风险的处置

客户风险的处置是指在风险形成之后，为了最大限度地减少损失而采取的行动。一般来说，对风险的处置方式有贷款展期、财务援助、代位清偿、变卖资产、重组、破产等。

【本章小结】

客户风险是从客户角度来考察银行可能面临的金融产品风险和经营风险，它只不过是以客户自身风险这一形式表现出来而已。对客户经理来讲，不能从客户那里获得收益或者获取的收益较小，都可以说是面临着风险。

银行客户风险包括两大类别，即客户结构风险和客户自身风险。客户结构风险是指银行由于客户结构不科学、不合理、客户总体质量太差给银行带来损失的可能性。客户自身风险又包括企业外部和内部风险两个方面。

银行客户风险的特点：风险的偶然性、风险的客观性、风险的不对称性、风险的破坏性、风险的连带性、风险的周期性、风险的可控性、风险成因的复杂性。

个人客户风险分析与识别、公司客户风险分析与识别、机构客户风险分析与识别。

客户自身风险分析主要包括：客户企业经营决策能力分析、客户财务报表及财务比率分析、客户现金流量分析以及客户综合信用等级评估。

建立和完善资源共享的客户信息管理系统、建立客户风险预警信号指标体系、识别客户风险预警信号、建立科学的授信决策机制。

客户风险管理流程可以概括为风险识别、风险计量、风险监测和风险控制四个主要步骤。风险管理部门承担了风险识别、风险计量、风险监测的重要职责，而各级风险管理委员会承担风险控制、管理决策的最终责任。

银行客户风险管理的具体策略有：规避风险、控制风险、转移风险、自担风险、风险补偿。

【重点概念】

客户风险　风险规避　风险转移　风险分散　风险补偿

【复习思考题】

一、思考题

1. 怎样理解客户风险的含义？试述银行客户风险的主要来源与构成。
2. 简述银行客户风险的特点。
3. 如何展开对银行客户风险的分析与识别？
4. 估算客户风险的方法有哪些？
5. 简述银行客户风险的管理流程。

6. 简述银行客户风险管理策略。

二、案例分析题

案情　　　　　　　　某农村信用社客户风险管理案例

2002 年下半年，某省××县政府出于调整全县产业结构和帮助农民致富的目的，与民营企业陕西××有限责任公司（以下简称××公司）达成投资总额高达 1 600 多万元，以发展当地秦川牛养殖的合作项目协议。此项目虽名义上为“合作”，且采用“公司 + 农户”发展方式，但在实际实施中，却很快暴露出以下突出问题：一是合作双方权利义务不对称，合作实际上有名无实。二是养殖的所需牛源，名义上由××公司提供，实际上却是由农民出资，由××公司在陕西省代购，且牛的购入价格高于市场价格 1 000 元左右。三是作为项目所需资金的实际提供者——××农村信用社对××公司的经营、资产、负债、信用以及秦川牛的今后市场前景不甚了解，放款带有一定的盲从性和盲目性。无论农户喂养、配种和以后牛犊回购任何一个环节出现问题，都可能给农户造成极大损失，并最终把风险聚集于农村信用社。现实的情况是，自项目开展以来，养牛农户因管理、技术等原因已经有 15 头母牛死亡，除两头因购进时就是病牛，××公司给予了赔偿外，其余的 13 头死牛的赔付问题已经在农户和外地公司之间发生了纠纷。一些农户因遭受损失，已经明显产生了抵触情绪。特别是单户项目贷款数量很大，处理不当很可能造成大的信用风险，甚至引发金融风波。四是有些乡镇出现了下达任务、强迫农户贷款和养殖的现象，使农户生产经营和贷款的自主性受到了一定程度的损害。

这是一起政府强力推动、农民被动参与、农村信用社最终买单的信贷风险案例。2003 年 8 月人民银行××支行对××农村信用社发放秦川牛小额农贷及时预警，果断将问题贷款“叫停”，减少了 3 212 万元信贷风险资金。但是，当时发放的 788 万元贷款已于 2005 年 6 月 30 日全部到期，对这批贷款的回收情况和相关情况进行后续调查发现：××农村信用社累计向 933 户农户发放贷款，买牛 1 970 头，共计 788 万元，贷款到期后仅收回贷款 51.2 万元，逾期贷款 736.8 万元，贷款收回率仅 6%。

××农村信用社发放的贷款到期后，已进入催收阶段，但部分农户拒绝在催收单上签字，并明确表示无力归还贷款。由于农村信用社当时发放贷款时屈从于政府意愿，对贷款项目、市场前景等没有进行严格的贷前审查；没有要求××公司和政府部门提供担保措施，虽由农民以自住的房屋做了抵押，但实质上仍给农村信用社贷款追索增加了困难。

分析解答问题：

(1) 什么原因造成了该农信社的损失？

(2) 从这个案例中我们可以吸取哪些教训，在发放贷款时应如何防范风险？

三、实训题

实训题　　　　　　　　　　个人客户风险管理

［实训目的］通过实训使学员掌握如何管理个人客户信用风险。

［实训要求］学员可根据自己的工作实际，或通过走访多家农村合作金融机构，调

查、了解、分析这些金融机构个人客户信用状况，识别客户风险，采取相应的措施控制和管理风险。据此写出实训报告。

［实训步骤］

1. 可组成信贷客户经理小组，选择有代表性的农村合作金融机构作为走访对象，进行个人客户信用状况调查、了解、分析；

2. 找出风险点，识别和测量客户风险；

3. 针对客户风险，选择采取相应的风险策略，管理和控制风险，然后写出实训报告。

【参考文献】

［1］伏琳娜：《商业银行客户经理》，北京，中国金融出版社，2010。

［2］满玉华：《商业银行客户经理》，北京，中国人民大学出版社，2009。

［3］刘旭东：《商业银行客户经理》，北京，中国金融出版社，2006。

［4］杜晓颖、丁俊峰：《金融客户经理》，北京，中国金融出版社，2007。

［5］张学陶：《商业银行市场营销》，北京，中国金融出版社，2004。

第八章　客户服务文化与客户经理的营销礼仪

【本章概要】

客户经理是银行的形象代表，具有怎样的服务文化和营销礼仪对于树立银行的企业形象十分重要。本章通过介绍银行服务文化特征、服务文化理念的推广和客户服务文化的传播途径，使客户经理深入理解和掌握如何在激烈的市场竞争中提升金融服务内涵。并从营销礼仪角度，介绍了银行客户经理个人礼仪修养、服务礼仪及营销礼仪方面的内容。

【要点提示】

1. 银行服务文化的特征；
2. 银行服务文化理念；
3. 银行服务文化传播途径；
4. 银行客户经理个人礼仪要求；
5. 银行客户经理服务礼仪及营销礼仪。

【本章架构图】

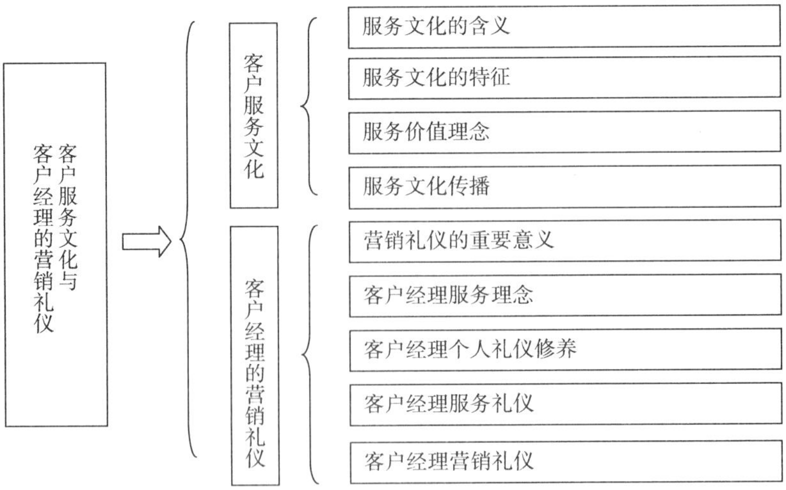

【章前引例及分析】

客户经理的“自我包装”

在客户经理进行营销时，个人就是企业的“商标”和形象代表。这个“商标”虽然跟产品无关，可是在与客人的沟通方面，所代表的就是企业的形象。例如，如果一个穿着沙滩鞋的消防员来救火，你会怀疑他是否经过正规培训；如果一个医生穿着金光闪闪的派对衣服来会诊，你会怀疑他的专业能力和职业素质。

营销礼仪是客户经理为银行客户打开的第一扇门，客户经理掌握了营销礼仪，就容易被客户认同和接受，客户也就会愿意接受、体验客户经理所营销的金融产品和服务；若不掌握或掌握得不好，客户就会过门而不入。

分析：客户经理要赢得客户，不仅仅需要有合乎职业规范的“外包装”，而且需要练就客户服务文化和理念的“内功”，不断加强个人礼仪、服务礼仪及营销礼仪修养，才能不断提升金融服务的内涵，进而树立银行的良好形象。

第一节　客户服务文化概述

服务是银行业竞争的唯一产品，这已成为中国银行业的普遍共识。在中国银行业快速步入一个“大服务”时代的同时，银行必须清醒地认识到，银行机构要在激烈的同业竞争中打造有特色的服务品牌，真正实现“服务制胜”，必须加强现代化服务文化的培育，在更深层次上促进优质服务内涵的提升。

银行以其决策高效、定价机制灵活、控制机制新颖、市场定位明确的鲜明的支农特色，有效激活了农村金融市场，缩小了城乡金融差距，改善了农村地区金融服务。而服务理念的创新是各行各业提高竞争力的主要手段，只有大力发展客户服务文化，银行加快发展才会有坚实的基石，市场竞争实力才能得以不断增强。

一、服务文化的含义

服务一旦跃上了文化的层面，有了文化的支撑，就会越做越活，越做越实，越做越有品位，就能使企业的服务与经营有机地结合在一起，健康持续地发展。服务文化一旦内化为员工的心理需求，员工的积极性和创造性就会持续不断地激发出来，不仅使服务从时好时坏的徘徊中解脱出来，走向规范化、常态化，而且能主动服务、用心服务、创新服务。通过构建服务文化，就能使服务从制度的层面完成文化和观念上的整合，充分发挥服务文化的辐射力、陶冶力、推动力，形成重要的生产力。通过精神和文化的力量，从管理的深层规范企业和员工的行为，使员工和企业站在市场和客户的角度，不断提升服务的品位。这种服务文化将通过一个个客户口碑的传播，促进公众对该企业（品牌）的文化认知，促进企业美誉度的提升和竞争力的提高。

构建服务文化是一个共赢的战略，是提高服务质量的最佳途径，是现代企业迎接挑战，取得竞争优势，创办好银行、好企业的最佳选择。

什么是服务文化？著名的服务营销学者 Gronroos 对服务文化的定义是：“服务文化是一种鼓励优质服务的文化。拥有这种文化的组织可以为内部顾客、外部顾客提供相同的服务，组织中的每个人都将为外部顾客提供优质服务视为最基本的生活方式和最重要的价值之一。”简言之，**服务文化就是以服务价值观为核心，以创造客户满意、赢得客户忠诚、提升企业核心竞争力为目标，以形成共同的服务价值认知和行为规范为内容的文化。**

服务文化是经济、文化一体化的产物，是一种高智慧文化。服务文化集中鲜明地体现着企业价值观和经营理念，贯穿于企业产品设计、生产、经营和终端服务的全过程。在不同行业、不同企业表现出不同的特点和要求，具有强烈的个性化特征。因此，服务文化是企业文化一个十分重要的组成部分。在一定意义上讲，服务文化是企业文化的灵魂和核心，服务文化建设在企业文化建设中占有举足轻重的地位。

在金融产品高度同质化的情况下，客户对银行的选择首先以服务为标准。通过培育服务文化，能够在组织内形成统一的服务价值理念，规范员工服务行为，提升为客户服务水平，形成统一鲜明的服务特色，给客户留下更为深刻的印象。服务内涵的提升，直接影响着银行形象，服务文化可以发挥金融产品以外更具竞争力的品牌效应。同时，服务文化当中理念、价值观的体现，不仅可以增强客户忠诚度，也能够成为吸引潜在客户认同的主要内容。

服务文化侧重于经济服务背后的文化力的渗透和催化作用，是旨在使每一个员工自觉执行的文化管理科学。服务和文化成为决胜的利剑，而充分发挥两者的共生互动性，打造具有优良适应性和卓越创新性的服务文化，以文化提升服务，将文化力转化为竞争力，以文化力启动经济力。只有把服务提升到文化层面，才能使服务走出误区，走向全员全程，走向经营管理，走向每个环节、每个部门，形成企业的核心竞争力。

二、服务文化的特征

（一）服务文化的特点

服务文化具有柔软性、渐进性、潜移默化性、延续性等特点。

1. 柔软性。服务文化所包含的共同价值观和行为准则，尽管不具有像硬件那样的“不可塑性”，却具有一种无形的力量，让人感到有一种柔性压力感。

2. 渐进性。服务文化的创立和发展是一个过程，是经过多年的培育逐渐形成的。

3. 潜移默化性。服务文化一旦形成，便会“无孔不入”地渗透到员工的思想中去，促使员工朝着同一目标前进，也会以其价值趋同而左右客户的选择。

4. 延续性。具有特色的服务文化一旦产生，便会世代相传，绵延发展，并在实践中不断丰富。

（二）服务文化体系的内涵

银行服务文化是银行发展过程中形成的，包含了整体的奋斗目标，以培养员工的整体精神和共同的价值标准，符合时代的道德规范为目的，是一种增强内部凝聚力的管理方法。其中不仅有思想和精神方面的内容，也包含社会、心理、技能、方法和自我成长的特殊因素。企业文化犹如人的灵魂，在银行中发挥着核心作用，决定着银行的兴衰成败。

银行员工要有爱岗敬业的服务精神，要有以服务为本的道德观、价值观，要有无私奉献、团结奋进的互帮互助和艰苦奋斗的务实精神，以及因此而产生的“同舟共济”的思想和身为银行员工的自豪感等，这种有行业特色的企业精神，可以使银行员工树立风险意识和效益意识，从而充分发挥这种服务文化的激励作用。

（三）服务文化定位

对农村合作金融机构来说，草根文化是农村合作金融机构服务文化的定位方向。农村合作金融机构生于农村，植根于农村沃土，服务于“三农”，是典型的草根金融，草根文化是农村合作金融机构社会定位的理论基础。强化草根文化建设，围绕市场定位，坚持以市场为导向、以资本为纽带、以客户为中心、以发展为目的，确立了“面向‘三农’、立足县域、服务社区”的市场定位，强化了服务“三农”的宗旨意识。

（四）服务文化特征

1. 坚持以人为本。人本管理在现代企业中的重要作用无可非议，更是成了许多成功企业的制胜法宝，它是企业文化建设中必不可少的重要因素。银行作为金融企业自然毫无疑问地将人本管理作为管理的重中之重，坚持人本管理思想不动摇，了解员工、理解员工、引导员工、爱护员工、关心员工、信任员工、增强队伍凝聚力，知人善用，让员工人尽其才，各尽所能，各施其长，促进员工实现人生价值，推动实现银行取得更佳业绩。

2. 以创新服务为手段，树立品牌形象。对于农村合作金融机构，要在激烈的市场中站稳脚跟，就必须转变经营理念，找准市场定位，以服务“三农”为主体，服务地方、扎根农村、贴近农民，不断加大支农贷款的投入，创新服务手段，以信贷结构调整倾力支持农民致富、农村经济发展和农业产业结构调整，切实解决农民贷款难问题。努力打造支农品牌文化，只有这样才能使广大农民充分感受到农村合作金融机构是农民的银行、自己的银行、可信赖的银行。**服务是农村合作金融机构的宗旨，也是各项工作的出发点，更是现代金融服务文化的丰富内涵。**农村合作金融机构要根据市场变化，不断创新服务品种，随时满足市场需要。在抓好柜台服务的同时，还要延伸服务区域，不但要形成优良的服务作风，还要探索灵活的服务方式、构建良好的服务环境。通过服务占领更大市场与空间，拥有更多优良客户，创造业绩，树立更好的农村合作金融机构品牌形象。

3. 提升服务水平，建立“顾客至上”的服务文化。要想在日益激烈的市场竞争条件下立于不败之地，必须树立良好的企业形象，树立经营就是服务的理念，为广大客户提供优质高效的金融服务。

一是**规范服务环境**。银行各营业单位的建设必须使用统一规范标准，统一机构名称，在规定位置悬挂统一的机构牌、利率牌、营业时间牌。营业室要统一悬挂服务公约、服务承诺、服务电话号码，做到悬挂齐全、端正、服务环境整洁、美观。

二是**完善便民服务设施。**营业柜台外应配备沙发、座椅、老花镜、验钞器具、书写用笔墨等。营业场所做到“四净、三无”，即地面净、墙壁净、门窗净、桌椅净；无灰尘蛛丝、无纸屑垃圾、无堆放杂物。

三是**坚持“快捷、准确、安全、方便”的标准，规范服务行为。**营业室装饰与摆设，柜台的设置等物质条件是不可忽视的。但根本的问题仍是员工的服务。包括热情礼貌、耐心周到、业务精通、办事利索、对答如流的本领。要从一点一滴做起，不断拓展和丰富服务文化的内涵，同时主动推出咨询服务，客户委托服务，企业跟踪代理服务等。

四是**坚持“主动、热情、耐心、周到”的标准，规范服务质量。**在办理业务过程中注重讲究语言艺术，语气亲切、礼貌、说话时音量要适中，语句要清晰，在使用电话办理业务、接受客户咨询时，要语气平和、坚持使用文明用语，严禁服务禁语，做到统一着装，佩戴胸卡上岗、站立服务。柜台服务做到接待客户用心，回答问题耐心，处理问题细心，解决问题诚心。

五是**坚持“美观、真诚、先进、特色”的标准，规范服务形象。**要结合本单位的实际制定一套整体形象设计方案，从员工的仪表、站立、坐姿到办公桌椅、社区卫生、花草等外部环境都要给客户一个全新的感受，使客户有宾至如归的感觉，不断创造银行的优质服务品牌。

4. 与经营管理相融合。对于农村合作金融机构，加强企业文化建设最根本的目的是促进农村合作金融机构又好又快地发展，没有较完善的规章制度和机制，农村合作金融机构就无法进行有效的生产和经营活动。企业服务文化则是一种无形的文化上的约束力量，形成一种规范和理念，来弥补规章制度和机制的不足。它在于把企业服务价值观渗透到企业经营管理的各个方面、各个层次和全过程，用文化的手段、文化的功能、文化的力量，去促进企业整体素质、管理水平和经营效益的提高。服务文化管理的首要任务是调动人的积极性，要充分运用目标激励、参与激励、强化激励，领导者言行激励等措施调动员工积极性。要充分运用纪律约束机制，将企业理念贯穿到制度、纪律与行为规范中，要充分运用凝聚机制，确立广大职工认同的企业价值观，确立企业目标，确立企业人际关系，达到实现职工与农村合作金融机构的共同目标，使农村合作金融机构的品位不断提高，增强农村合作金融机构在农村金融市场中的竞争力。

5. 提炼企业精神，凝聚员工万众一心。企业精神是一个企业的精神灵魂，是企业的管理主线，它对内可以增强员工凝聚力、向心力、能动力和创造力，促进企业蓬勃发展。对外可以塑造良好的企业形象，展示企业时代精神，提高企业品牌含金量。银行应根据自身实际，继承优良传统，精心提炼出切合实际，符合本质、健康向上、目标明确、内容丰富、有益发展、彰显形象、适时新颖，能让广大员工接受的企业精神，促进员工爱岗敬业，增强团队协作能力，以企业精神牵动上下员工，形成心往一处想、劲儿往一处使、万众一心、目标一致、全员联动、众人划桨开大船的良好氛围，起到牵一发而引全力之功效，展现现代金融企业形象。

6. 实施奖励机制，加大员工培训教育力度。银行在严峻的国际、国内形势面前，一方面提前准备，深挖内功，尽快建立、健全完善的竞争激励机制，形成能者上、庸者下、平者让的良好内部竞争环境，通过竞争选拔优秀人才，委以重任，创造一个令员工敢抓、敢管、敢说、敢干的宽松工作环境，促进员工实现人生价值，促进银行实现双赢；另一方面，银行还应结合人力资源管理，加强教育培训工作，既要制定完善实用的培训工作制度，又要采取多种培训方式，要通过培训达到教育员工、充实员工、提高员工、培养复合型人才，形成银行人才储备库的目的，增强银行竞争力、创新力、生命力，促进银行快速迈向现代金融企业之林。

7. 开展各种有益活动，丰富员工文化生活。丰富的企业文化生活将能够不断陶冶员工情操、开阔员工视野、增长员工知识、振奋员工精神、提升企业文化。银行要不定期举办职工卡拉 OK 比赛、诗歌朗诵比赛、演讲比赛、书画比赛、专业知识竞赛、科技知识竞赛、法律法规知识竞赛、热点问题辩论赛等多种形式的有益活动，不断丰富员工业余文化生活、促进员工知识积累、净化员工思想，宣传银行品牌、增强银行影响力。

三、服务价值理念

（一）服务价值理念

所谓价值理念，是企业在生产经营过程中逐渐形成的一种精神成果和文化观念，它是企业物质文化和行为文化的升华，属于企业的上层建筑。企业价值理念一般有基本价值理念、单向价值理念、企业形象广告词、企业歌曲和企业誓词四部分构成，是一个有机的统一整体。

企业价值理念是企业文化的核心和灵魂。美国管理学家托马斯·彼得斯和小罗伯特·沃特曼在对国际知名的成功企业深入考察后指出：“我们研究的所有优秀公司都很清楚它们主张什么，并认真地建立和形成了公司的价值准则。事实上，如果一个公司缺乏明确的价值准则或价值理念不正确，我们怀疑它是否可能获得经营上的成功。”由此，我们可以看出，**服务文化建设首要的，也是最重要的任务是塑造企业价值理念，并使之转化为管理者和员工自觉的行为规范。**

服务价值理念是将服务作为企业价值理念的核心，倡导“服务创造价值”，改进和提升服务竞争力，不断提升服务品质、服务能力和服务形象，推进各项工作持续健康发展。

（二）服务价值理念化

将价值化的服务原则和评价标准融入到企业的整个客户服务工作流程之中，通过企业员工服务价值意识的培养和服务价值理念的确定，使服务价值理念逐步内化为企业服务文化的一个核心要素，引导企业逐步建构起以价值理念为导向、以价值创造为目标的一体化客户服务体系。

服务价值理念化的实现并不仅仅是企业内部的事情，还包含企业外部服务价值理念的传递。同时，服务价值理念化的实现是一个逐步扩散和深化的动态过程，它主要是通过企业员工服务价值理念的培养和确立，贯穿和深入到企业服务文化的各个层面，对企业的整个客户服务工作发挥价值导向的作用。

（三）银行的服务价值理念

当前银行特别要注意培养以下服务价值理念：

1. 客户至上的服务价值理念。服务以客户需求为导向，服务质量以客户满意为目标，服务措施以客户方便为宗旨。牢固树立“服务立行”的观念，始终坚持把优质服务作为永恒的主题，多举措强化员工优质服务的意识和理念，多形式提高员工的服务技能，狠抓服务品牌建设，提升整体服务形象。

2. 诚信至上的服务价值理念。视诚信为企业的生命，讲真诚、重合同、守信用，用真诚服务博得客户和市场的信赖。

3. 真情贴心的服务价值理念。带着深厚的感情为客户服务，讲真心、献爱心，把“情”贯穿于服务的全过程。按照“客户分层、网点分类、功能分区、业务分流”的标准，对网点按照服务柜台、VIP室、客户经理室、自助服务区、客户等候区等进行标准化建设，配备饮水机、排队机、雨伞架、报纸架等便民举措，使网点服务环境更具人性化；柜面设置弧形隔离屏，从细微处入手保护客户的隐私；配置多媒体广告播放机、液晶电视等，让客户在休息等待之余感受银行产品特色和形象魅力。

4. 全员参与的服务价值理念。让员工把自己的价值和整个银行的成长与发展连在一起，把银行的损失当做自己的损失，把所发放的每一笔贷款当做自己的资产，把银行的发展当做自己人生价值的体现和寄托。要让员工知道自觉行为会减少很多管理成本、监管成本，最终实现利益的最大化。当员工能够自觉这样去做的时候，制度也会被最大限度地执行。

四、服务文化传播

金融信息的有效传播是金融企业树立品牌形象、推销金融产品与服务、实现企业盈利最大化的必由之路，但金融产品和品牌因其特殊性、抽象性，在专业能力的表现和产品描述上都比较困难，使其传播效果不尽如人意。

银行服务文化的传播是指银行综合协调地使用各种形式的传播方式，以统一的目标和统一的传播形象，传递一致的产品信息，实现与消费者的双向沟通，迅速树立产品品牌在消费者心目中的地位，建立品牌与消费者长期密切的关系，更有效地达到广告传播和产品营销的目的。

（一）服务文化的传播内涵

1. 确定市场定位和传播手段。文化的传播是一项系统工程，实质是一种信息传递过程，其目的在于刺激和诱导客户的欲望。传播手段基本上是以广告和友好服务为主，辅助以对人员推销、营业推广、公共关系等其他传播方式的应用。要实现科学的传播管理，提高传播的效果，必须重视人员推销，营业推广和公共关系，把它们看做一个完整的整体。

2. 设计传播信息。常见的信息形式有三种：印刷品传播、电台传播、电视或人员传播。

3. 选择传播渠道。传播渠道是传播过程的基本要素之一，指传播者发送信息、受传者接受信息的途径和方法。如口头传播、文字传播、图片传播、画面传播、声音传播等，通常指完成这些传播形式的传播媒介而言，如报刊、广播、电视等。必须选择有效的信息传播渠道来传递信息，而且应该在不同情况下采用不同渠道。**信息传播渠道主要有大众传播媒体和人际传播两种。**

（1）大众传播媒体：承载向大众宣传、教育的信息的媒体，具有远距离、大范围、不受时空限制的特点。报纸、杂志、电影、广播电视等是大众传播的主要媒体，大众传播媒体在进行大众宣传、教育、娱乐等方面起重要作用，对社会的政治、经济、文化及大众的思考、工作及生活等诸方面有着深刻影响。

（2）人际传播：是通过某种人际关系运转起来的传播方式，同大众传播相比较，它具有自己的特点。感官参与度高。在直接性的人际传播活动中，由于是面对面的交往，人体全部感觉器官都可能参与进来，接收信息和传递信息。信息反馈的量大和速度快。在面对面的信息传播中，我们可以迅速获悉对方的信息反馈，随时修正传播的偏差。信息传播的符号系统多。人际传播可以使用语言和大量的非语言符号，如表情、姿势、语气、语调等。许多信息都是通过非语言符号获得的。

4. 编制传播预算。预算在目标市场上投入的营销推广费用，这是最困难的营销决策之一。编制传播预算需要考虑企业的整体营销战略、区域营销目标等因素。不同的企业有不同的预算方法，经常采用的方法有量入为出法、销售百分比法、竞争对策法等。

（二）银行服务文化传播方式

传播是运用传播手段来传递信息、思想、感情的一个过程。居于对传播学定义的理解，**银行服务文化传播方式可以归纳为以下六种。**

1. 品牌传播。品牌包括品牌理念、品牌价值、品牌定位等内容，同时也是企业文化的主要内容之一。如招商银行的品牌理念是“因您而变”。

银行应统一视觉识别系统，树立银行自身形象，打造优质品牌，具体做法：一是营业网点的建筑、装修风格的统一；二是营业网点的门面招牌、名称、社徽、色彩的统一；三是服装、服饰的统一；四是系列办公用品的统一，各类合同文本、传单、设备、名片、利率宣传牌等；五是广告宣传用语、宣传品的统一，包括印制彩旗、横幅、台历、宣传招贴画等。

而且银行应统一行为规范系统，统一培训与岗位练兵，内部轮岗与交流引进专业人才相结合，脱产培训与在岗自学相结合。对于农村合作金融机构，服务文化建设更要注重突出个性。农村合作金融机构作为地方性金融机构，主要为“三农”服务，机构网点遍布城乡，不同的地区，情况千差万别，形成的企业文化也就有很大差别。作为服务“三农”的农村合作金融机构就要围绕“农”字做文章，满足农户对金融服务的需求，培育自身的客户市场和优质客户群。银行应全面导入企业视觉形象识别系统，从理念识别、行为识别、视觉识别，对企业文化进行重新整合，从标志、字体、色彩、象征符号、建筑装潢、室内外环境、衣着服饰、服务用语、外部形象等均作出精心设计和统一，从而使银行的形象实现质的飞跃。

2. 企业活动传播。企业活动往往被当做是企业文化建设的载体，透过企业活动传播，可以生动地植入某些企业文化理念。

3. 企业媒介传播。企业内刊和企业网站，是企业文化建设的良好工具。媒介传播的特点是信息高度公开，信息量大，传播速度快。

4. 企业会议传播。银行内部有大大小小的会议，有各种各样的会议精神需要传达和贯彻落实，是一个庞大的传播体系。银行内部传播渠道多，涉及部门广，为避免各号吹各调，共同唱好一台戏。通常的做法是，成立企业服务文化管理委员会，负责对企业服务文化建设工作的统一部署和指挥，成员可由各相关部门组成，加强对各传播的监督和控制，各部门之间的沟通与协调，建立起指挥和纽带桥梁。

5. 领导行为传播。企业文化也是领导文化，因为领导是企业文化的推动者和引领者，是员工仿效的楷模。

6. 公共关系传播。公共关系可以透过媒介传播，也可以透过人际传播。人际传播是企业内部准确地了解组织，通过人际渗透的方式，把组织的理念传导给员工，就可以避免造成对组织的误解，对企业精神的贯彻落实起到非常关键的作用。一个和谐的人际传播体系，对企业文化建设意味着拥有了适宜气候和土壤。

（三）银行服务文化的传播策略

服务文化的内涵是一个抽象概念，必须通过有形的载体加以外化和传播，才能被消费者认知。银行服务文化建设实际上就是向目标人群传播独特品牌并获得其心理认同的过程。银行服务文化应注重策略的选择。

1. 传播内容与服务文化定位相符合。从目前我国商业银行所做的广告来看，银行对广告传播的重视还不够。许多银行广告的诉求点偏离了银行的服务文化定位，广告的内容令消费者不知所云。因此，银行应以服务文化核心来衡量每个广告的创意和诉求点，防止与服务文化定位不符的传播内容出现。

2. 注重传播方式多元化。银行服务文化应该体现在企业任何的活动中，各种形式的广告、公益活动、社会活动、客户俱乐部、多种形式的服务都可以成为服务文化传播的途径。最重要的是，这些传播途径都要以消费者的需求和感受为基础，形成“传播——互动——反馈”的传播链，让消费者能亲身感受到银行服务文化的魅力，达到传播的良好效果。

3. 有针对性地进行品牌传播。独特的银行服务文化要传给特定的目标受众，实施具有针对性的传播。这样做，一方面可以节省宣传资源，另一方面也使传播效果更为明显。不经过深入研究的传播，只能使传播力度降低，给销售带来困难。

4. 传播内容具有亲和力。银行是人们日常生活中不可或缺的重要组成部分，在中国，金融储蓄远比消费更为重要。因此，银行服务文化传播不是要通过传播的内容显示企业自身有多么优越，实力有多么雄厚，而是要具有亲和力，要拉近银行与消费者的距离，使消费者感觉银行是值得信任的朋友。在广告传播方面，应该更多用普通人的语言去讲述银行能为普通客户做什么，而不是一味地展示银行强大的形象，让客户有压迫感。在服务文化传播中融入消费者的情感内涵和元素，才能取得消费者的认可和忠诚。

（四）建立与传播服务文化的途径

所谓传播途径，就是传播的渠道选择、渠道组合、媒体选择、媒体组合等因素的全

面融合所形成的某一品牌（产品）、形象传播的综合途径或行为措施。传播途径是由影视广告、平面广告、新闻炒作、事件行销、促销活动、展示会等多个渠道有机地组成的。

对于农村合作金融机构，进行宣传可以采用的途径：一是**观念广告**，向社会公众宣传自己的经营理念、服务宗旨等；二是**实力广告**，向公众展示自己的实力与规模；三是**公益广告**，表明农村合作金融机构对社会公众事务和公益事业的提倡、关心和参与；四是**产品广告**，提高农村合作金融机构金融服务的知名度。

当前，社会公众对农村合作金融机构的认知度没有其他商业银行高。因此，加强宣传工作尤显重要。因为宣传工作可以产生广泛的传播效应，可以通过大众传播，把农村合作金融机构的经营宗旨、经营策略及经营业绩等宣传出去，树立农村合作金融机构在公众中的良好形象，让农村合作金融机构成为群众“自己的银行”。

1. 通过宣传媒介介绍农村合作金融机构的金融产品和服务项目。向公众和各行各业提供信息和情报，从而产生广泛的传播效应，以提高农村合作金融机构金融产品及服务的知名度，确保在竞争中处于主动、有利的地位，不断扩大和占有市场。现在社会已进入“广告时代”，更应该做好宣传工作，提高农村合作金融机构的知名度和影响力，从而提升农村合作金融机构的品牌竞争力。

2. 形式多样、全方位开展宣传工作。

（1）宣传形式要多样化。既要开展集中性大规模宣传，又要抓好分散性小规模的宣传，要充分利用各节假日、重大会议等有影响的社会阵地对农村合作金融机构各项业务开展重点宣传；同时要利用电台、电视台、报纸、杂志等进行文字或形象宣传，也要通过标语、传单、宣传栏等做好广告性业务宣传。

（2）宣传对象上要多层次。既要面向广大农民群众，也要面向党政干部、知识分子、个体工商户等。

（3）宣传全方位。农村合作金融机构要随时随地搞宣传，要充分发挥农村合作金融机构点多、面广的特点，搞好群众性宣传活动。

3. 着力建设好宣传工作队伍。

（1）大力加强信息工作队伍的思想政治建设，通过集中教育和强化培训，引导和教育宣传工作人员牢固树立不计名利、甘于奉献的宗旨观念，以良好的精神风貌扎扎实实地做好宣传工作。

（2）集中培训，对选定的宣传人员采取点名调训的办法，开展集中和分片相结合的岗位培训。要定期或不定期地举办宣传写作知识培训班，提高农村合作金融机构的宣传写作知识水平。可以采取内培与外训相结合、口头指导与当面帮教相结合、深入一线收集素材与共同写作相结合，自身宣传与加强同新闻单位联系合作相结合等方法。

4. 上乘的服务是最好的形象宣传。

（1）对外窗口单位一律推行微笑服务、限时服务、挂牌服务、统一着装、使用规范的服务用语等措施，让窗口给客户一个亲切的面孔。

（2）不断开发满足客户需要，支持农业、农民和农村经济发展的金融产品，增加服务功能，让客户走进农村合作金融机构就没有办不了的金融业务。

（3）柜台服务与上门服务相结合，利用农副产品收购旺季、学校开学报名、节日货物销售旺季等期间，组织员工深入基层办理存款业务。

（4）适应金融服务需要，相应调整营业时间，如节假日可适当延长营业时间，加强工作投入，满足客户不同时期的需求。

5. 积极参与社会活动开展对外宣传。力争在各项活动上榜上有名，让社会承认农村合作金融机构的存在价值。有条件的农村合作金融机构可以资助一些社会公益活动，并力争冠以农村合作金融机构称号，使农村合作金融机构的优良品质和企业文化随着各种活动进入社会，以扩大社会影响，树立良好的社会形象。

适时利用社会舆论，特别是利用好新闻工具，给社会以多侧面了解农村合作金融机构的机会。农村合作金融机构应加强与社会公众的沟通与联系，增进社会对农村合作金融机构的理解和信任。各营业单位要营造热烈的公关气氛，使客户一迈进农村合作金融机构就为一种良好的气氛所感染，乐于接受农村合作金融机构的服务。积极参与地方经济建设，塑造农村合作金融机构在地方的形象。

【经典案例 8 -1】

独到的创意理念是有效传播的关键

中国银行推出的长城借记卡，从为客户提供全面、优质的服务等方面进行诉求，通过钱包中只放一张长城借记卡的画面来突出主题广告语“功能之多，一张足矣”，信息点表达得很明确、简洁。而日本丸井银行面对目前经济不景气带来的消费欲望下降、购买力下滑的境况，别具匠心地推出了“100 张信用卡”活动——邀请日本、美国、欧洲的 100 位艺术家、设计师、插画家、摄影师，为信用卡设计出了 100 种个性图案让消费者自由选择，给新产品注入了新奇、娱乐的理念，体现出了另一种“关怀”，使消费者在放松的心态下轻松接招，吸引了大量计划外的客户。无独有偶，渣打银行将互联网广告做成具有关怀色彩的生活小贴示，就一些生活小事如豆腐不能与小葱同吃等提醒消费者注意，令人感到实实在在，方便贴心，让人们在金融的寒潮中感受到温暖，对渣打银行品牌形象的建立起到了润物细无声的效果。

［资料来源：陈晓英：《金融信息有效传播途径分析》，载《财经视线》，2009（28）］

第二节 客户经理的营销礼仪

礼仪是在人们交往活动中体现相互尊重的行为准则。礼仪的核心是一种行为的准则，用来约束我们日常活动的方方面面。礼仪的核心作用是为了体现人与人之间的相互尊重。尊重同事是一种本分，尊重下级是一种美德，尊重客户是一种常识，尊重所有人是一种教养。

营销礼仪是营销人员必备的素质和基本条件。出于对客人的尊重与友好，在营销中要注重仪表、仪容、仪态和语言、操作的规范，从而表现出营销人员的良好风度与素养。

一、营销礼仪的重要意义

在竞争日趋激烈的今天，营销也与我们每个人如影相随。一个人的成功从某种程度上讲就是推销自己，赢得社会和他人的认可并被接受。对于一名营销人员来说，要想保持营销业务的持续发展，除了具备全面的专业知识、高超的营销能力和营销技巧之外，掌握正确的营销礼仪同样不可或缺。营销人员通过加强自身修养，注重营销活动过程中的礼仪礼节，使自己由内而外透射出亲和力和感召力，给客户留下良好的印象，从而使营销活动顺利开展。注重礼仪的营销人员不仅能够塑造良好的个人形象，取得客户的信任和认可，还能够塑造良好的企业形象，创造良好的营销环境，最终取得营销活动的成功。

银行客户经理为了实现组织目标，按照一定的礼仪规范要求，结合金融行业特性，在礼仪品德、意识等方面所进行的自我锻炼和自我改造，也是个人仪表、仪容、言谈、举止、待人、接物等方面的具体规定，是个人道德品质、文化素养、教养良知等精神内涵的外在表现，其核心是尊重他人，与人为善，表里如一，内外一致。能使你在社会交往中游刃有余，无往不利；使你在尊敬他人的同时也赢得他人对你的尊敬，从而使人与人之间的关系更趋融洽，使人们的生存环境更为宽松，使人们的交往气氛更加愉快。

二、客户经理服务理念

银行客户经理服务理念由主动服务、周到服务、热情服务、仪表端庄、语言文明构成。

（一）主动服务

服务意识是企业成员为公众服务的态度和观念，包括对公众服务的积极性、责任心等。它是开展优质服务、构建服务文化的内容和前提。强化服务意识，就要使全体员工认识到服务是立行之本、兴行之策，是银行的主要产品。

所谓主动服务，就是服务要在客人开口之前进行。表现为银行出于对客户的关怀而单方增加的服务，比如银行向客户推荐新的金融产品和提供客户融资咨询。主动服务是当今服务管理的重点，如果银行在提供主动服务时，在服务的频次上对不同的客户区别对待会取得事半功倍的效果。

主动服务就是国际上流行的超值服务，这是一种对服务有充分的认识、了解，知道其价值与意义，发自内心的热情服务。主动服务比单纯满足客户的需求（标准服务）又更进了一大步，体现在为客户提供的服务是客户没有想到或认为是不可能的事，是建立在标准服务基础上的附加服务。

（二）周到服务

所谓周到服务，是指在服务内容和项目上要细致入微，处处方便客户、体贴客户，

千方百计地为客户排忧解难。周到服务是实质性的，客户能直接享受得到，还体现在不但能做到共性规范服务，还能做到个性服务。

周到服务还表现为更为灵活的服务。根据客户的不同需求，提供适合其“口味”的银行产品，并享受一定的利率优惠和免费服务等；对于带来利润比较多的客户，提供方便、快捷的银行服务，并对不同类型的客户提供不同的金融产品、采取不同的服务手段、实施不同的竞争策略。在规范的基础上，尽量满足客户的各种需求，从而在客户心目中留下深刻的印象。

（三）热情服务

所谓热情服务，是指客户经理出于自己从事的职业的肯定，对客户心理的深入理解，从而发自内心地满腔热情地向客户提供良好的服务。热情服务的表现为服务精神饱满、热情好客、动作迅速、面带笑容。

（四）仪表端庄

客户经理作为银行的形象代表，上班时的穿着应该庄重、文雅，发型、打扮要适合职业特点。在工作时，客户经理要保持仪容仪表端庄、文明、自然，着装整洁、得体、朴素、大方，待人礼貌。

（五）语言文明

银行与客户之间的沟通不单纯是一种信息的传递，更重要的还有思想和感情的交流。**客户经理说话时音量适中，语句清晰，并注意在不同场合运用适当的语言及称谓。在办公和营业场所须保持安静、和谐，不可大声说话，高声喧哗。在各场合中用语文雅、礼貌。**在使用电话、办理业务、接受咨询时语气平和，要使用文明用语，坚持做到来有迎声，问有答声，走有送声，应该用微笑来面对客户，在服务中用好“请、您好、对不起、谢谢、再见”等文明用语，说这些文明用语时眼睛应该注视着客户。

三、客户经理个人礼仪修养

（一）仪容仪表礼仪

仪容仪表，即人的外表，包括外部轮廓、容貌、举止、姿态、服饰和风度等。在政务、商务、事务及社交场合，一个人的仪表不但可以体现他的文化修养，也可以反映他的审美趣味。

1. 仪容礼仪。就个人的整体形象而言，容貌是整个仪表的一个至关重要的环节。它反映一个人的精神面貌、朝气和活力，是传达给接触对象感官最直接、最生动的第一信息。

一个人的仪容礼仪是由静态礼仪和动态礼仪构成的，静态礼仪指的是一个人静止状态下所展现的整体外观礼仪，而动态礼仪指的是一个人的举止和表情礼仪。

（1）发式礼仪。头发整洁，无异味；发型大方，得体；不染发。

（2）面部。男子胡须要剃净，鼻毛应剪短，不留胡子；女子可适当化妆，但应以浅妆、淡妆为宜，不能浓妆艳抹，并避免使用气味浓烈的化妆品。

（3）指甲。不能留长指甲，指甲的长度不应超过手指指尖；要保持指甲的清洁，指甲缝中不能留有污垢。绝对不要涂有色的指甲油。

（4）化妆。面容化妆总的原则是“化妆上岗，淡妆上岗”，不在公共场合化妆和补妆，不以残妆示人。

2. 仪表礼仪。客户经理着装的基本原则：在工作岗位上要穿制服，穿制服要佩戴工号牌，制服要整齐挺括，制服必须合身，制服应注意整洁，鞋袜须合适。注意职场着装的禁忌：过分杂乱、过分鲜艳、过分暴露、过分透视、过分短小、过分紧身。

客户经理着装的具体要求：制服是供不同社会职业或社会团体人员所穿戴的有规定式样的服装，它是一种典型的职业服装。统一的着装使着装者目标明确，行动统一，无形中增强了凝聚力和责任心，对提高工作效率，完善整体形象起到了积极作用。穿上它表明已经“具备”了职业化的、以工作为重的品质。事实上，大多数人在穿上职业服装后举止也就不同了，他们会站得更直或举止更严肃。

制服既可以提高你的职业声誉，也会损害你的信誉。不管是首饰、化妆、发型还是服装本身，任何一方面的夸张或过分都会有损于一个人的形象。欲使制服真正发挥出其特有的功效，穿着者必须认真地依照着装规范行事。禁止敞胸露怀、不系领扣、高卷袖筒、挽起裤腿、乱配鞋袜、不打领带、衬衫下摆不束起来等。

工作时制服保持干净、整洁，应该成为每一位客户经理维护自我形象的自觉行为。穿在客户面前，客户经理的制服着装必须做到没有异味和脏物的痕迹。

如果在你接待客户的时候，你的制服肮脏不堪、汗臭扑鼻，这样不仅不能说明着装者勤劳辛苦，反而会给别人留下懒惰散漫的不好印象。由于各制服的面料不同，并非所有的制服都能够线条笔直，悬垂挺括。但是制服外观不该有皱皱巴巴的明显痕迹，对所有的员工来说是必须应该做到的。无论从何角度来说，身穿一套褶皱明显的制服，都很难赢得他人尊敬，只能赢得消极颓废、不修边幅的评价。

脱下来的制服应当挂好或叠好，切勿随手乱扔。洗涤之后的制服，要加以熨烫，或是上浆。穿制服时，不要乱倚、乱靠、乱坐等。最重要的，是要在思想上认识到，满是褶皱的制服是丑的，而不是美的，体现对所从事职业的尊重。

（二）基本社交礼仪

1. 介绍礼仪。介绍有两种：第一种自我介绍；第二种介绍他人。

自我介绍有四个要点需要注意：

（1）先递名片再介绍。交换名片时有个时机的问题，一见面就把名片递过去，再重复一下自己的名字。

（2）时间要简短。一般自我介绍半分钟以内就完全可以结束了，训练有素。

（3）内容要全面。自我介绍一般包括四个内容：单位、部门、职务、姓名。

（4）训练有素，一气呵成。倘若单位和部门头衔较长的话，第一次介绍的时候使用全称，后面才可以改简称。所以在国际交往中，用字母来做简称，或者以中文来做简称，一定要注意，先讲全称，再讲简称，否则容易南辕北辙。

介绍他人比较重要的是谁当介绍人。社交场合的惯例，介绍人一般应该是女主人。在国际交往中介绍人一般是三种人：第一种是专业对口人员，第二种是公关礼宾人员，第三如果对方是贵宾的话，礼仪上讲身份对等，就是在场的人里职务最高的。

2. 握手礼仪。握手是交际的一个部分。握手的力量、姿势与时间的长短往往能够表达出握手对对方的不同礼遇与态度，显露自己的个性，给人留下不同印象，也可通过握手了解对方的个性，从而赢得交际的主动。

（1）握手的要求。和人初次见面，熟人久别重逢，告辞或送行都可以。握手表示自己的善意也是最常见的。

握手时，距对方约一步远，上身稍向前倾，两足立正，伸出右手，四指并拢，虎口相交，拇指张开下滑，向受礼者握手。

掌心向下握住对方的手，显示着一个人强烈的支配欲，应尽量避免这种傲慢无礼的握手方式。相反，掌心向里握手显示出一个人的谦卑和毕恭毕敬。平等而自然的握手姿态是两手的手掌都处于垂直状态。这是一种最普通也最稳妥的握手方式。

除了关系亲近的人可以长久地把手握在一起外，一般握两三下就行。不要太用力，但漫不经心地用手指尖“蜻蜓点水”式去点一下也是无礼的。一般要将时间控制在三五秒钟以内。如果要表示自己的真诚和热烈，也可较长时间握手，并上下摇晃几下。

（2）握手的次序。长辈和晚辈之间，长辈伸手后，晚辈才能伸手相握，上下级之间，上级伸手后，下级才能接握；男女之间，女方伸手后，男方才能伸手相握。如果需要和多人握手，握手时要讲究先后次序，由尊而卑，即先年长者后年幼者，先长辈再晚辈，先女士后男士，先上级后下级。

在公务场合，握手时伸手的先后次序主要取决于职位、身份。而在社交、休闲场合，它主要取决于年龄、性别、婚否。

（3）握手的禁忌。我们在行握手礼时应努力做到合乎规范，避免违犯下述失礼的禁忌。不要用左手相握，要避免两人握手时与另外两人相握的手形成交叉状，不要在握手时另外一只手插在衣袋里或拿着东西，不要在握手时面无表情、不置一词或长篇大论、点头哈腰，过分客套，不要在握手时把对方的手拉过来、推过去，或者上下左右抖个没完。

3. 交换名片的礼仪。

（1）出示名片的顺序。名片的递送先后虽说没有太严格的礼仪讲究，但是，也是有一定的顺序的。一般是地位低的人先向地位高的人递名片，男性先向女性递名片。当对方不止一人时，应先将名片递给职务较高或年龄较大者；或者由近至远处递，依次进行，切勿跳跃式地进行，以免对方误认为有厚此薄彼之感。

（2）出示名片的礼仪。向对方递送名片时，应面带微笑，稍欠身，注视对方，将名片正对着对方，用双手的拇指和食指分别持握名片上端的两角送给对方，如果是坐着的，应当起立或欠身递送，递送时可以说一些“我是××，这是我的名片，请笑纳”、“我的名片，请你收下”、“这是我的名片，请多关照”之类的客气话。在递名片时，切忌目光游移或漫不经心。

出示名片还应把握好时机。当初次相识，自我介绍或别人为你介绍时可出示名片；当双方谈得较融洽，表示愿意建立联系时就应出示名片；当双方告辞时，可顺手取出自己的名片递给对方，以示愿结识对方并希望能再次相见，这样可加深对方对你的印象。

（3）接受名片的礼仪。接受他人递过来的名片时，应尽快起身或欠身，面带微笑，用双手的拇指和食指接住名片的下方两角，态度也要恭敬，使对方感到你对名片很感兴趣，接到名片时要认真地看一下，可以说“谢谢”、“能得到您的名片，真是十分荣幸”等。然后郑重地放入自己的口袋、名片夹或其他稳妥的地方。切忌接过对方的名片一眼不看就随手放在一边，也不要在手中随意玩弄，不要随便拎在手上，不要拿在手中搓来搓去，否则会伤害对方的自尊，影响彼此的交往。

4. 交谈礼仪。

言谈作为一门艺术，也是个人礼仪的一个重要组成部分。

（1）注重礼貌。态度要诚恳、亲切，声音大小要适宜，语调要平和沉稳，尊重他人。

（2）注重用语。交谈使用敬语，表示尊敬和礼貌的词语。如日常使用的“请”、“谢谢”、“对不起”，第二人称中的“您”字等。初次见面为“久仰”，很久不见为“久违”，请人批评为“指教”，麻烦别人称“打扰”，求给方便为“借光”，托人办事为“拜托”，等等。要努力养成使用敬语的习惯。现在，我国提倡的礼貌用语是十个字：您好、请、谢谢、对不起、再见。这十个字体现了说话文明的基本的语言形式。

（3）注重仪态举止、谈话姿势。仪态举止、谈话姿势往往反映出一个人的性格、修养和文明素质。所以，交谈时，首先双方要互相正视、互相倾听、不能东张西望、看书看报、面带倦容、哈欠连天。否则，会给人心不在焉、傲慢无理等不礼貌的印象。

5. 乘车礼仪。

（1）小轿车的座位。如有司机驾驶时，以后排右侧为首位，左侧次之，中间座位再次之，前排右侧殿后，前排中间为末席。

（2）由主人亲自驾驶。以驾驶座右侧为首位，后排右侧次之，左侧再次之，而后排中间座为末席，前排中间座则不宜再安排客人。

（3）主人夫妇驾车。主人夫妇坐前座，客人夫妇坐后座，男士要服务于自己的夫人，宜开车门让夫人先上车，然后自己再上车。

（4）主人夫妇搭载友人夫妇。应邀友人坐前座，友人之妇坐后座，或让友人夫妇都坐前座。

（5）主人亲自驾车，坐客只有一人。应坐在主人旁边。若同坐多人，中途坐前座的客人下车后，在后面坐的客人应改坐前座，此项礼节最易疏忽。

（6）女士上车。女士登车不要一只脚先踏入车内，也不要爬进车里。需先站在座位边上，把身体降低，让臀部坐到位子上，再将双腿一起收进车里，双膝一定保持合并的姿势。

四、客户经理服务礼仪

服务礼仪是一种特殊的礼仪形态，是指服务行业的从业人员应具备的基本素质和应遵守的行为规范。

（一）服务礼仪及基本内容

1. 服务礼仪。**服务礼仪是服务人员在工作岗位上，通过言谈、举止、行为等，对客户表示尊重和友好的行为规范和惯例。**简单地说，就是服务人员在工作场合适用的礼仪规范和工作艺术。服务礼仪的实际内涵是指服务人员在自己的工作岗位上向服务对象提供服务的标准的、正确的做法。

服务礼仪是体现服务的具体过程和手段，使无形的服务有形化、规范化、系统化。有形、规范、系统的服务礼仪，不仅可以树立服务人员和企业良好的形象，更可以塑造受客户欢迎的服务规范和服务技巧，能让服务人员在和客户交往中赢得理解、好感和信任。

2. 基本内容。服务礼仪主要以服务人员的仪容规范、仪态规范、服饰规范、语言规范和岗位规范为基本内容。

【经典案例8－2】

一位企业家的一次投资考察

一位企业家去某地咨询投资事宜，等他赶到该地某银行的时候，还有半个多小时就要下班了。但服务大厅里，五个窗口就剩下一个窗口有人，一个年轻的女工作人员正眉飞色舞地煲着电话粥。

他来在这个窗口前面，对那位小姐连说了三次“您好”，没什么反应。差不多十分钟过去了，终于在一句“讨厌”声中挂了电话，看见自己的窗口前面站了人，头也不抬地说：“明天再来！”“可明天是周六……”“那周一再来，还用我教你。”她终于抬起了头，给了个白眼。

“我大老远来一趟不容易，而且现在还不到下班时间……”“那我容易吗？我还要接孩子、做饭……懒得跟你说。”“啪”的一声，最后一个窗口也关上了。

用这位企业家的话说：连窗口部门的工作人员都这样，那在该地的投资收益保障实在让人担心。

由此可见，作为银行的服务人员来说，学习和运用服务礼仪，已不仅仅是自身形象的需要，更是提高经济效益和社会效益、提升竞争力的需要。

（资料来源：《礼仪的重要性》，http：//www.qswh.cn/，2008－03－26）

（二）客户经理服务礼仪

1. 常用手势。手势是通过手和手指来传递信息，它包括招手、摇手和手指动作等。手势在日常交流中使用的频率很高，范围也很广。

（1）手势的规范标准。手掌自然伸直，掌心向内向斜上方，手掌与地面形成45°。五指伸直并拢，拇指自然稍稍分开，手腕伸直，使手与小臂成一直线，肘关节自然弯曲，大小臂的弯曲以130°至140°左右为宜。

在出手势时，要讲究柔美、流畅，做到欲上先下、欲左先右，避免僵硬死板、缺乏韵味，同时配合眼神、表情和其他姿态，使手势更显协调大方。

（2）服务手势。掌心向上的手势有一种诚恳、尊重他人的含义，掌心向下的手势意味着不够坦率、缺乏诚意，攥紧拳头暗示进攻和自卫，也表示愤怒，双掌摩擦传递着一种积极期待的信息，伸出手指来指点，是要引起他人的注意，含有教训人的意味。因此，在引路、指示方向等时，应注意手指自然并拢，掌心向上，以肘关节为支点，指示目标，切忌伸出食指来指点。

（3）错误的手势。防止在服务过程中滥用以下几种错误的手势：指指点点、随意摆手、端起双臂、双手抱头、摆弄手指、手插口袋、搔首弄姿。

2. 基本站姿礼仪。

（1）基本站姿。**所谓“站如松”，**不是要站得像青松一样笔直挺拔，那样会让人觉得你很拘谨。要求站立的时候要有青松的气宇，而不要东倒西歪。

良好的站姿应该是头摆正，身挺直，胸脯挺起来，肚子往里收，双手自然下垂，脚跟和双膝并拢。这种站姿，给人一种朝气蓬勃、神清气爽、挺拔向上的感觉。

不同的站姿，可以表现出不同的精神状态、不同的思想情绪。例如，挺身直立表现出一个人端庄稳健、精神饱满；昂首而立表现出一个人自信、傲慢；低头而立表现出一个人在沉思；弯腰而立表现出一个人精神不振、情绪不佳，或表现出居人之下、求人之心；坐立不安表现出一个人心中有事、情绪不稳等等。

（2）银行服务站姿。叉手站姿：两手在腹前交叉，右手搭在左手上直立。这种站姿，男子可以两脚分开，距离不超过20厘米。女子可以用小丁字步，即一脚稍微向前，脚跟靠在另一脚内侧。这种站姿端正中略有自由，郑重中略有放松。在站立中身体重心还可以在两脚间转换，以减轻疲劳，这是一种常用的接待站姿。

背手站姿：双手在身后交叉，右手贴在左手外面，贴在两臀中间。两脚可分可并。分开时，不超过肩宽，脚尖展开，两脚夹角成60°挺胸立腰，收颌收腹，双目平视。这种站姿优美中略带威严，易产生距离感，所以常用于门童和保卫人员。如果两脚改为并立，则突出了尊重的意味。

背垂手站姿：一手背在后面，贴在臀部，另一手自然下垂，手自然弯曲，中指对准裤缝，两脚可以并拢也可以分开，也可以成小丁字步。这种站姿，男士多用，显得大方自然、洒脱。以上几种站姿密切地联系着岗位工作，在日常生活中适当地运用会给人们挺拔俊美、庄重大方、舒展优雅、精力充沛的感觉。

3. 基本坐姿礼仪。**所谓“坐如钟”，**并不是要求你坐下后如钟一样纹丝不动，而是要“坐有坐相”，姿态端正，不要左摇右晃。

在正式场合坐时需左入，目视前方，收腹，挺胸，双手轻松地放在膝上，双腿双脚并拢，女士用臀坐占凳三分之二。这种坐姿，给人谦虚、诚实感。在交往场合，坐直，身体微微倾向对方，眼睛注视对方，面带微笑，以示热情和兴趣，双手自然地放在膝盖上或放在沙发、椅子的扶手上。

不同的坐姿，与人的眼神、说话、笑容一样，能看出人的内心世界和文化修养。例如，男性张开两腿而坐，表现出自信、洒脱、豁达；跷起“二郎腿”则表现出悠闲自乐，或无所谓的神态；女性两膝并拢而坐，表现出庄重、矜持、有教养；坐而不安则表现出一个人心神不定、不想久留等。

4. 走姿礼仪。人们常说**“行如风”**，这里并不是指走路飞快，如一阵风刮过，而是指走路时要犹如风行水面，轻快而飘逸。**潇洒优美的走路姿势最能显示人体的动态美。**行走时，应该挺胸抬头，眼睛平视前方，脚尖向前、中心在脚掌上，双手在身体两边自然摆动，走出节奏来。切忌驼背、低头、扭腰、晃肩。多人一起行走时，应避免排成横队、勾肩搭背、边走边大声说笑。男性不应在行走时抽烟，女性不应在行走时吃零食，养成走路时注意自己风度、形象的习惯。常用的服务引导方法有：

在走廊的引导方法：引导人员在客人二三步之前，配合步调，让客人走在内侧。

在楼梯的引导方法：当引导客人上楼时，应该让客人走在前面，引导人员走在后面，若是下楼时，应该由引导人员走在前面，客人在后面。上下楼梯时，引导人员应该注意提醒客人注意安全。

在电梯的引导方法：引导人员应先进入电梯，等客人进入后关闭电梯门，到达时，引导人员请客人先出电梯。

客厅里的引导方法：客人进入客厅，引导人员用手指示，请客人坐下（注意靠近门的一方为下座），看到客人坐下后，才能行点头礼后离开。

出入房门：引领服务对象出入房门要先通报；要以手开关；要反手开关门面向他人；如门是往外拉的，应拉开门后，请客人先进入，如果门是向里推的，应推开门后，自己先进门并按住门后，再请客人进去。

五、客户经理营销礼仪

（一）营销礼仪基本要求

礼仪在营销活动中的运用即为营销礼仪，也就是营销人员在营销活动中为表示尊敬、善意、友好等一系列道德、规范、行为及一系列惯用形式。

1. 遵守时间、一视同仁。商场上最看重的莫过于守信了，而守时即守信的表现。珍惜时间就是珍惜他人和自己的生命，所以与客户相约一定要守时。

商业行为强调精、准、快，但不能因此争先恐后而不讲次序，反而更应注重排队礼貌。尤其在金融业，绝不能因大客户上门，就让等候已久的其他客户忍受别人插队的不公平待遇。

2. 自重与尊重他人。在营销活动中良好的介绍礼仪是尊重他人的第一步。不管介绍任何人，都要完整、清楚地说明对方的姓名、职务或职称及服务单位，以示尊重之意。

名片在现代社会中已被人格化了。名片是一个人的象征，因此收放名片均要合度，才是尊重自己也尊重别人的表现。

无论是指引或介绍，都不可单手指人，正确方式应将掌心朝上，拇指微微张开，指尖向上来做指引或介绍，这才是尊重他人的行为。

3. 多用商量语气。在营销的礼仪中，商量是一门艺术，重点要学习如何彼此尊重，对营销者而言尤其重要。当我们有求于人的时候，不论是上司或部下都宜采用询问商量的口气，如多用“可不可以”或“好不好”让对方有考虑的时间及空间，因为他有权选择说是或否。商量的语气，会使人感到受尊重，也容易获得正面的答复，更能使事情顺利进行，使谈话气氛和谐愉快。

4. 尊重他人隐私。每个人都希望拥有自己的空间和不为人知的秘密。所以，在公共场所不要随意谈论他人隐私，或以爱打听的姿态而自居。有些过于私人的问题还容易造成尴尬的场面，应尽量避免公开谈论，诸如婚姻状况、年龄、体重、三围以及薪水、穿着品牌、使用的化妆品品牌等。

与客户交谈时，如果对方不愿主动提及某事，必有其原因或有难言之隐，此刻最不应该有的态度就是“打破砂锅问到底”。如果你知晓了别人的困难，又没有能力替人分忧解劳，记住千万不要在背后幸灾乐祸。因为这是很不道德的行为。

（二）办公和电话礼仪

1. 办公礼仪。在办公时间应保持旺盛的精力，以饱满的热情为客户服务，全力以赴地努力工作。不可睡眼惺忪，无精打采。

在办公室的坐姿、步态要文雅，举手投足要符合职业身份。迎来送往时要讲文明礼貌，见面时要打招呼问好。进入别人办公室要先敲门，不可不打招呼就随便闯入。

保持办公室窗明几净，整洁有序。桌面要经常收拾，及时整理文件资料，办公用品、用具要摆放整齐。

有事业心和责任感，按照规定的权限和程序认真履行职责，不拖延，不推诿，不马虎应付，不得过且过。

养成专心、细心的工作习惯，不应三心二意，左顾右盼，更不能粗枝大叶、丢三落四。

自觉遵守作息时间和请假制度，做到不迟到，不早退，不无故旷工。因病、因事不能到岗，需提前请示、报告并征得上级批准。

不在工作场所和工作时间办理一些与工作无关的事情或利用职务之便处理个人私事。

在办公楼的过道里，最好不要一边走路一边大声讲话，静悄悄地快步走是一条原则。不能远远地对上司高声呼叫，有事应走近去说。在办公室打电话、商量事情，虽然是办公事也尽量声音低些，免得影响别人。

2. 电话礼仪。要正确有效地使用电话，应该做到亲切文明、简洁准确。

（1）重要的第一声。所有来电，务必在三响之内接洽，以体现我们公司的工作效率。因特别原因超过三次之后才接听电话，应马上致歉：“对不起，让您久等了！”

（2）清晰明朗的声音。打电话过程中绝对不能吸烟、喝茶、吃零食，即使是懒散的姿势对方也能够“听”得出来。如果你打电话的时候，弯着腰躺在椅子上，对方听你的声音就是懒散的，无精打采；若坐姿端正，所发出的声音也会亲切悦耳，充满活力。因此打电话时，即使看不见对方，也要当做对方就在眼前，尽可能注意自己的姿势。

（3）迅速准确地接听。

（4）挂电话前的礼貌。挂电话前为避免错误，应该重复一次电话中的重要事项，再次明确目的之后，向对方说一声“谢谢”、“再见”之类的礼貌语言。为了能给对方留下好的印象，千万不要忽略最后的礼貌。另外我们要等到对方挂上电话后，再放下话筒，放话筒时，一定要轻轻放下，这既是对对方的一种礼貌，也是为了爱护电话和不至影响其他人员工作。

（5）搞好电话咨询。除了电话礼貌用语以外，对客户打来的业务电话，应该用简洁、准确、通俗的语言回答客户，让客户抓住要点。切忌不能随便使用银行的一些术语，让别人莫名其妙；也不要故弄玄虚，让客户摸不着头脑。这就是要求从事这项业务的银行员工，既要有熟练的银行业务知识，还要有一定的语言表达能力和服务技巧。

（6）迟到、请假由自己打电话。

（7）外出办事，随时同单位联系。

（8）早晨外出办事应报告单位领导。

（9）同事家中电话不要轻易告诉别人。

（三）接待与拜访礼仪

1. 接待礼仪。接待是一种常见的礼仪性活动。接待工作体现了主人对客人的重视程度，接待工作的好坏优劣，直接影响接待方的礼仪形象。

应重视接待礼仪，根据不同的接待对象，安排必要的接待活动，最重要的是要按照礼仪规范以礼待客。

应主随客便，待客以礼。

有人敲门，应回答“请进”或到门口相迎。客人进来，应起立热情迎接。如果室内不够干净整齐，显得凌乱，应做些必要的整理，并向客人致歉。

敬茶须用双手端送，放在客人右边。如果是夏天酷热，应递扇子，或开电扇；冬天气温低，应打开空调。

客人来时，如自己恰巧有事不能相陪，应先打招呼，致以歉意，并安排其他人陪着，然后再去干自己的事。

与客人告别一般是在远道而来的客人离去之前，主人专程前去探望对方，并且与对方聚谈一番。在正式的接待工作中，尤其是在规格较高的接待工作中，话别通常是不可不做的一项重要工作。

如果对方是初次来访的贵宾，则还可陪伴对方走得更远一些。主人若当时难以抽身，还可以委托他人代为相送。

2. 拜访的礼仪。到他人的工作单位和住所去拜访时，必须事先要有约定，这不仅反映了个人的修养，也体现了对主人的尊重。随时、随意地不邀而至，会打扰对方工作和生活计划，令人不安、厌烦。

约定时间。要以主人方便为前提，对于主人提出的方案应予以优先考虑，而不能将自己的主观意愿强加于对方，当自己提出方案时要多提几种以供主人选择。当进行家庭拜访时，时间最好安排在节假日的下午或晚上，尽量避开可能的吃饭时间和休息时间，晚上拜访时不宜太晚，以免影响主人休息。进行公务拜访时，时间最好安排在工作时间或在单位进行。

约定地点。要根据拜访的目的来确定拜访的地点。若是公务拜访，可选择在办公室或公共场所；若是私人拜访，可选择在家中或公共场所。

约定人数。约定拜访事宜时，要告知主人拜访具体人数及身份，以使主人做好接待准备。公务拜访时，双方均应将见面的人数和身份互相通告，以避免临时抱佛脚；一经约定之后，计划不能随意增加或减少人数，以免给人不讲信用的感觉。

通常一般性拜访的时间以半小时到一小时为宜，初次拜访不要超过半个小时为好；如果发现主人心不在焉，或有其他事情，客人要见好就收，适可而止；提出告辞后，即使主人有意挽留，也要态度坚决，即刻告退，切不可犹豫不决，迟迟不走；出门时，应与主人握手道别，并表示感谢，不能没完没了，恋恋不舍。

（四）客户经理营销礼仪

客户经理营销主要指上门营销和柜台营销两种方式。这两种营销方式都要求营销人员通过多种努力去说服客户、打动客户、感动客户，最终取得客户信任，让他接受我们的产品。所以在人员营销过程中，客户对营销人员的印象是非常重要的。

1. 上门营销礼仪。**上门营销是指银行组织营销人员到机关、企业、事业单位、大中专院校等大客户单位上门宣传业务，帮助策划定向开发产品，销售产品，或以结合当地举办各类活动组织展销的方式进行产品销售等经营活动。**

上门推销要给客户留下良好的第一印象，就必须注意礼节礼貌。首先应穿戴整洁，注意个人卫生，无论是服装的款式还是色彩的搭配都要大方、协调。如果穿的花里胡哨，就给人一种轻浮感；油渍斑斑、不修边幅，则给人一种不信任的感觉。其次，进门之前应按门铃或轻轻叩门，得到允许后方可入内。有的营销员带着满身的征尘，强行入室，自然会引起客户反感。最后，得体的称谓，礼貌的问候会缩短与客户的心理距离。有一位年轻的女客户经理，每当她出现在客户面前，总是面带微笑，热情地向客户打招呼，很快就赢得了客户的好感。

2. 柜台营销礼仪。柜台营销是银行营销的一种促销手段，从狭义上讲就是利用现有的柜台和人员，为客户办理业务的同时，把客户需要的其他金融产品推销给客户。

柜台营销是体现银行服务形象的窗口岗位，基本要求是举止大方，服饰得体，服务热情，善于沟通。努力塑造一线柜员诚信和可靠职业形象。注意日常的修养和习惯调整，从仪容仪表仪态、柜台形象要素、职业特征等方面，培养礼仪修养。

柜台服务举止方面做到具有正确的站姿、坐姿、走姿、蹲姿。迎接客户时的站姿、办理业务时的坐姿都要严格按照规范完成。

在与客户进行沟通时，注意打招呼的礼节、致歉的礼节，得到客户的理解帮助时说“谢谢”。学会倾听客户需求，为客户排忧。

（五）会议礼仪

首先，会议参加者应穿着整洁，提前一点到达会场，仪表大方，准时入场，不可迟到，服从会议组织人员的安排，讲究礼节。坐在主席台上的人应按要求就座，姿态端正，不要交头接耳，不要擅自离席。当听众鼓掌时也要微笑鼓掌。

其次，开会时应认真听讲，不要私下小声说话或交头接耳，发言人发言结束时，应鼓掌致意，中途退场应轻手轻脚，不影响他人。

最后，在要求发言时，可以举手示意，但也要注意谦让，不要争抢。不管自己有什么高见，都不要打断别人的发言。肯定成绩时，要力戒阿谀奉承。提出批评时，不能讽刺挖苦。切忌当场表示不满，甚至私下里进行人身攻击。

【本章小结】

服务文化的含义，服务文化就是以服务价值观为核心，以创造客户满意、赢得客户忠诚、提升企业核心竞争力为目标，以形成共同的服务价值认知和行为规范为内容的文化。

银行服务文化特征，包括以人为本；以创新服务为手段，树立品牌形象；提升服务水平，建立“顾客至上”的服务文化；与银行经营管理相融合；提炼企业精神，凝聚员工万众一心；实施奖励机制，加大员工培训教育力度；开展各种有益活动，丰富员工文化生活。

银行服务文化理念，客户至上、诚信至上、真情贴心、全员参与。

银行服务文化的传播途径，可以通过品牌传播、企业活动传播、企业媒介传播、企业会议传播、领导行为传播和公共关系传播进行。

银行客户经理的营销礼仪内涵，包括客户经理个人礼仪修养、客户经理营销礼仪及客户经理服务礼仪几个方面。

【重点概念】

服务文化　服务价值理念　传播途径　仪容仪表　服务礼仪　营销礼仪

【复习思考题】

一、思考题

1. 什么是服务文化的含义？
2. 简述银行服务价值理念内涵。
3. 简述银行服务文化传播方式。
4. 简述银行客户经理个人礼仪内容。
5. 简述银行客户经理营销礼仪内容。

二、案例分析题

案情一　　设计填写拜访客户访问表

第一次拜访客户非常关键，客户经理除了要掌握营销礼仪以外，还要掌握营销技巧即优质服务内涵。拜访前的准备工作是否充分，决定了拜访的效果。学员可以自行拟定案情，设计拜访表的内容，并分组模拟案情，提升营销服务的质量。

客户经理首次拜访客户访问表

<table>
<tr><td>客户名称</td><td>时间</td><td colspan="2">地点</td><td colspan="2">成行方式</td><td>拜访级别</td></tr>
<tr><td></td><td></td><td colspan="2"></td><td colspan="2"></td><td></td></tr>
<tr><td>客户的基本情况</td><td colspan="6"></td></tr>
<tr><td rowspan="2">竞争对手的情况</td><td colspan="3">竞争对手一的情况</td><td colspan="3"></td></tr>
<tr><td colspan="3">竞争对手二的情况</td><td colspan="3"></td></tr>
<tr><td>此次拜访准备达到的目的</td><td colspan="6"></td></tr>
<tr><td>客户可能需要的服务</td><td colspan="6"></td></tr>
<tr><td>农村合作金融机构
准备提供的产品</td><td colspan="6"></td></tr>
<tr><td>拟定向客户介绍哪些情况
及提供哪些宣传材料</td><td colspan="6"></td></tr>
<tr><td>需进一步了解的问题</td><td colspan="6"></td></tr>
<tr><td>拜访开始的策略</td><td colspan="6"></td></tr>
<tr><td rowspan="2">客户可能提出哪些
问题及如何解答</td><td colspan="3">可能提出的问题</td><td colspan="3">回答</td></tr>
<tr><td colspan="3"></td><td colspan="3"></td></tr>
<tr><td rowspan="2">可能出现的异议及处理办法</td><td colspan="3">可能出现的异议</td><td colspan="3">处理办法</td></tr>
<tr><td colspan="3"></td><td colspan="3"></td></tr>
<tr><td>客户拒绝时的策略</td><td colspan="6"></td></tr>
<tr><td colspan="7">如果是联合拜访，应该再关注以下问题</td></tr>
<tr><td>带队客户经理姓名</td><td colspan="2"></td><td colspan="2">负责介绍的客户经理</td><td colspan="2"></td></tr>
<tr><td>小组成员及职务</td><td colspan="6"></td></tr>
<tr><td>集体讨论时可能遇到
的问题及解决方法</td><td colspan="6"></td></tr>
</table>

案情二　　服务创新出效益

2010 年 3 月初，一名衣着朴素、气质高雅的中年女客户走进了工商银行定西市分行大同巷分理处。在热情接待的过程中了解到，原来她是定西师专的一名教师，因甘肃省人事厅要求职称考试必须通过工商银行网上银行注册报名，特前来进行业务咨询。客户的金融需求就是业务发展的良机。网点客户经理迅速向她详细介绍了工商银行网上银行业务的功能特点和比较优势，并就网上注册报名流程要点进行了说明。客户边听边点头，但依然对网上银行交易安全性有点担忧。客户经理向她推荐了个人客户证书，并当场进行了演示。看到短短的几分钟内，职称考试注册、缴费便顺利完成，还实现了手机话费缴纳。客户不由得啧啧称奇："真是不接触不知道，这为我节省了多少时间啊！"

几天后，这名客户再次来到分理处，为陪同前来的另外一名教师办理了网上银行业务个人客户证书。看到这名女客户临别时欲言又止的情况，客户经理主动询问："您还有什么需要帮忙的？尽管说，别客气。"细问之下，原来不知什么原因，工商银行个人网上银行证书怎么想办法都安装不上。分理处负责人仔细询问了具体情况，决定在第二天进行一次上门服务。在这位教师家一看才知道，是由于她的电脑操作系统版本太低的缘故。花了两个多小时，个人客户证书成功安装。这位教师深受感动，连声道谢。过了几天，她又来到大同巷分理处，将刚从其他银行取出的30万元在这里办理了定期存款。

分析解答问题：

商业银行的服务文化对经营有多大的助力？

三、实训题

实训题一　　站姿的训练

［实训目的］为客户经理各项礼仪工作打下基础。

［实训要求］掌握规范的站姿，能自纠错误直至形成习惯。站的端正、自然、亲切、稳重，要做到“立如松”。

［实训步骤］

1. 按照标准训练站姿，可以靠墙训练，后脑勺、双肩、臀部、小腿及脚后跟都紧贴墙壁站立；也可两人一组，背靠背站立。

2. 配轻音乐，训练四种站姿。

［操作流程］

1. 实训准备：准备一间形体训练室，四面墙安装长度及地的镜子，能从头到脚照到训练人员。

2. 侧立式站姿

（1）抬起头，面朝正前方，双眼平视，下颚微微内收，颈部挺直，双肩放松，呼吸自然，腰部直立。

（2）脚掌分开呈“V”字形，脚跟靠拢双膝并严，双手放在腿部两侧，手指稍弯曲，呈半握拳状。

3. 前腹式站姿

（1）同“侧立式站姿”操作标准第一条。

（2）脚掌分开呈“V”字形，脚跟靠拢双膝并严，双手交叉轻握放在小腹处。

4. 后背式立姿

（1）同“侧立式站姿”操作标准第一条。

（2）两脚分开呈“V”字形，两脚平行，比肩宽略窄些，双手在后背轻握放在腰处。

5. 丁字式站姿

（1）同“侧立式站姿”操作标准第一条。

（2）一脚在前，将脚尖向外略展开，形成斜写的一个“丁”字，双手在腹前相交，身体重心在两脚上，此式限于女性使用。

站得太累时自行调节：两腿微微分开，将身体重心移向左脚或右脚。

实训题二　　微笑的训练

［实训目的］通过实训使客户经理以真诚、自然、自信的微笑服务，赢得客户的信任。

［实训要求］熟练掌握发自内心的微笑，神态自若，双唇轻合，眉开眼笑，目光有神，热情适度，自然大方，规范得体，让客户感觉到来自农村合作金融机构的欢迎和重视。

［实训步骤］

1. 每人准备一面小镜子。

2. 按三个步骤进行操作：

（1）先做出一个微笑的动作，并保持住。

（2）拿起镜子对照，看微笑是否符合要求。

（3）评价自己的微笑是否能让客户感觉到真诚，尤其是眼睛的微笑。

［操作流程］

1. 端坐镜前，衣着整洁，以轻松愉快的心情，调整呼吸自然顺畅。

2. 双唇轻闭，使嘴角微微翘起，面部肌肉舒展开来；同时注意眼神的配合，使之达到眉目舒展的微笑面容。

3. 第一种微笑：笑不露齿，即嘴角微微上翘，嘴唇略呈弧形，不露出牙齿，目光柔和，眉头自然舒展，让客人感觉到你的微笑。

4. 第二种微笑：当你向客人问候的同时微笑，以露出上下颌八颗牙齿左右为宜，要亲切、自然、优雅。

5. 当你微笑时，用手挡住鼻子以下的部分，重点观察眼睛是否微笑。

【参考文献】

［1］陈华蓉：《商业银行企业文化》，北京，中国金融出版社，2009。

［2］黄强：《草根管理——企业资本，员工，文化的全新认识》，北京，中国水利水电出版社，2008。

［3］姜红：《商务礼仪》，上海，复旦大学出版社，2009。

［4］王华：《金融职业服务礼仪》，北京，中国金融出版社，2009。

［5］陈威：《商务礼仪》，北京，对外经济贸易大学出版社，2009。

第九章　客户经理的管理与培训

【本章概要】

客户经理的管理是实施客户经理制的重要环节，而客户经理的培训则是一项持续的系统工程，银行要想在未来强手如林的市场竞争中取胜，就要将客户经理的管理与培训纳入管理工作的重要内容之中，建设和打造一支高素质的客户经理队伍。通过本章介绍，了解客户经理的选聘条件、任职资格、岗位设置和工作制度；明确对客户经理考核的内容与激励的方法；了解客户经理培训的内容、途径和方法。

【要点提示】

1. 客户经理的选聘条件和任职资格；
2. 客户经理的岗位设置和工作制度；
3. 客户经理考核的内容与激励的方法；
4. 客户经理培训的意义和内容；
5. 客户经理培训的途径与方法。

【本章架构图】

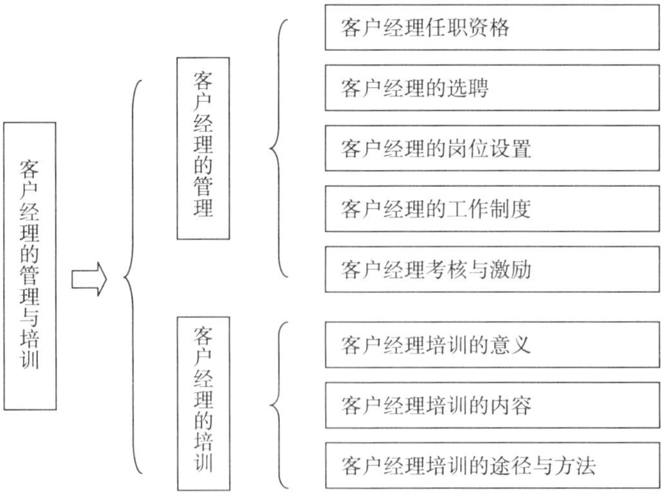

【章前引例及分析】

外资银行纷纷争抢中国农村银行市场“蛋糕”

作为首家获银监会批准的外资银行，汇丰的行动相当迅速。2007 年 12 月，汇丰第一家村镇银行在湖北随州曾都开业。随后，重庆大足、福建永安、北京密云汇丰村镇银行也相继开业。恩平汇丰村镇银行作为其在中国设立的第 5 家村镇银行，是汇丰在中国村镇银行整体网络布局中的重要“棋子”。

与此同时，花旗、渣打等外资银行业巨头也纷纷行动，加快了在中国农村的布局。对于想向中国 9 亿农村居民提供服务的国际银行来说，中国的农村银行市场无疑是个潜力巨大的金矿。根据中国银监会的统计，2008 年底，全国获准开业的新型农村金融机构就已达 105 家（截至 2010 年 11 月末这一数字上升至 138 家），其中村镇银行 89 家。

汇丰集团主席坦言，中国对汇丰来说非常重要。对汇丰而言，没有任何市场比中国更具有战略意义。汇丰在中国的发展策略是长期的，不会受到金融危机的影响。据了解，2009 年，汇丰继续拓展在中国城市地区的银行网点，并继续增设在中国内地的村镇银行。作为广东两家试点的村镇银行之一，恩平汇丰村镇银行目前的服务是提供存款、取款、转账等账户结算和贷款。特色业务是“公司 + 农户”贷款，即在农业公司的推荐和担保下，为相关农户/中间商在生产过程中提供流动贷款。有信用、抵质押和保证贷款等不同模式，农户可根据借款项目生产周期，灵活选择三个月到一年的不同期限贷款。

分析：中国的村镇银行正在成为外资银行觊觎的“蛋糕”，这就意味着农村合作金融机构不仅要面对国内银行的“抢滩”，还必须应对外资银行这个强有力的竞争对手。要想在激烈的竞争中取胜，首要的是培养和造就一支精明强干的客户经理队伍，可见，农村合作金融机构客户经理的管理与培训是何等的重要和紧迫。

（资料来源：黄玫、车晓蕙，http：//www.farmer.com.cn/，2009－04－14）

第一节 客户经理管理概述

一、客户经理的基本任职资格管理

客户经理的任职条件是进入银行客户经理序列的基本条件。客户经理序列对银行所有工作人员都是开放的，只要满足基本的任职条件，经资格审查和认证后均可担任客户经理。

（一）客户经理制对人力资源的要求

实施客户经理制的过程中，银行应该遵循客户经理制对人力资源的要求，以达到人力资源的优化配置。

1. 客户经理制对人力资源的一般要求。依据银行经营与管理的要求，提出人力资源的保证体系运用的内容及其模型，便于管理者在实际工作中加以比较和运用，包括追求服务质量、社会道德、信息沟通、高效率工作、相互信任。

2. 客户经理制对人力资源要求的特殊要求。客户经理制要求现代金融机构专业人才结构除了配置大量的金融财会人才外，还需要随着经济环境、经营环境的变化而进行适时的调整；各部门的高、中、低级三种不同专业能力的人才比例构成在具体配置时应根据银行的机构层次、性质任务、服务对象的规模层次划定合理的比例。

对于一些大型的跨国公司或大型企业集团、特殊行业大型合资项目、基础建设项目而言，若现有的人力资源无法满足客户的服务要求，银行应及时外聘专家担此重任。

（二）客户经理的基本任职资格管理

对于农村合作金融机构客户经理的基本任职资格要求客户经理在学历及专业素质、道德品质、业务素质、工作经验等方面应具备：

其一，学历及专业素质：大专学历以上，金融等相关专业。熟悉经济、金融、财务、管理、法律法规等相关知识和金融产品知识；熟悉农村金融市场和客户。

其二，道德要求：具有良好的思想品德和职业道德。

其三，业务素质：熟悉资产、负债及中间等主要金融业务；具有较强的市场观念、服务意识和开拓创新精神；有一定的独立工作能力、公关协调能力和语言表达能力。

其四，工作经验：2 年以上销售工作经验或有银行、保险、证券等相关行业工作经验；丰富的业务知识，精通金融理论、金融法规及各项金融业务运作；较强的公关能力，能够承担营销金融产品和开发客户市场的使命；强烈的服务意识，积极调动农村合作金融机构的各项资源为客户提供全方位、一体化的服务。

由于目前农村合作金融机构基层单位客观条件所限，人才缺乏，**农村合作金融机构客户经理的任职基本条件为：良好的职业道德；无不良业务记录；身体健康；若干年农村合作金融机构业务工作经历；一定的学历要求。**

【相关链接 9－1】

香港银行业聘用客户经理的资格条件

1. 道德要求：专业操守，廉洁奉公，作风正派，注意保密。

2. 性格素质：热情活跃，积极进取，善于交际，踏实冷静，灵活变通，不感情用事，具有团队精神。

3. 业务素质：熟悉产品知识、法律知识、社会经济知识，掌握营销技能、财务及信用状况分析技巧，具备多种语言能力，仪表举止大方得体。

4. 学历素质：大学商学院本科生（工商管理、市场营销、经济学等）；其他大学的专业要求为会计、财经、CFP（注册金融分析师）或 MBA（工商管理硕士）等。

5. 工作经验：最少具备三年以上银行工作经验，对拥有押汇实务和信贷实务经验者优先录用。

（资料来源：刘旭东：《商业银行客户经理》，北京，中国金融出版社，2006）

二、客户经理的选聘

客户经理的选聘应当制定一套科学合理的公开招聘、竞争上岗的用人制度，广开渠道、不拘一格，博揽众才，让有专业知识、懂市场、会营销的人员走上客户经理岗位。创造能者有其位、人尽其才的“公开、公正、公平”环境，鼓励优秀员工参加竞聘，特别是高素质的年轻员工，大胆让他们转换角色，在客户经理岗位上施展才能。针对农村特殊金融业务的需要，可从非客户经理部门及本单位以外的其他单位，招聘专职、兼职客户经理。要充实专家型客户经理，即熟悉金融产品；关系型客户经理，即社会背景广阔，具有广泛人脉关系；社会型客户经理，即交往、公关能力强；魅力型客户经理，即具有人格魅力的客户经理这四类人才，建立一支精明强干的客户经理队伍。

客户经理选拔招聘的途径和方法一般有两种：内部招聘和外部招聘。

（一）客户经理的内部招聘

客户经理内部招聘是指在本单位内部范围内公开招聘客户经理。一般情况下，其首选的方法是从其内部通过竞选的方式选拔、招聘客户经理。**内部招聘又分为自我推荐、内部竞聘和内部选拔三种方式。**

1. 自我推荐。对于有志于客户经理岗位工作的本单位员工，根据其志向和客户经理的任职要求，可采取自我推荐的方式，经审查、考核认定，经岗位培训上岗。

2. 内部选拔。客户部门可以根据客户经理的任职要求，选拔和举荐符合条件的员工担任客户经理。

3. 竞聘上岗。本着“公平、公正、公开”的原则，根据客户经理的任职资格，制定统一的选拔标准，确定竞聘程序，对内部员工进行公开竞聘选拔。

（二）客户经理的外部招聘

客户经理外部招聘是指从本单位范围以外，包括从其他金融机构招聘选拔客户经理。**常见的外部招聘方式有：广告招聘、猎头公司猎取、本行员工引荐、从高校毕业生中招聘。**

1. 广告招聘。用人单位可利用电视、报刊、网络等媒体，从社会劳动力市场或其他金融机构招聘本单位所需的客户经理。

2. 猎头公司猎取。用人单位可通过专业人才市场的猎头公司猎取海内外优秀人才，充实本单位客户经理队伍。这种方式往往在一些大型商业银行跨地区扩张中，为猎取高级客户经理人才所采用。

3. 本行员工引荐。用人单位可将有关招聘客户经理的信息告知本单位员工，请他们向本单位引荐合适的人选，由人力资源部门或招聘小组考评，择优录取。

外部招聘的客户经理人才一般要求较高，尤其在从业经验方面具有严格的限定。

4. 从高校毕业生中招聘。选聘客户经理的常用方式还有，从高校本专科毕业生、研究生的优秀人才中，选择招聘有志于从事客户经理岗位工作的人才。

（三）客户经理选聘的程序及内容

客户经理制的建立与推广不是简单地将过去的银行信贷人员改称为客户经理，客户经理与传统的银行信贷管理人员无论在工作范围、工作职责、权限，还是素质要求及工作方式上都有明显的区别。客户经理的选聘程序及考评内容也应做到严格、规范、科学合理。**客户经理选聘的程序及内容一般包括报名、笔试、面试、心理测试和压力测试等。**

1. 报名。一般情况下，客户经理外部招聘首先要通过相关媒体发布招聘信息，要求应聘者在规定的时间内，采取个人携带报名表及相关资料报名，或通过发电子邮件报名，或信函报名等方式进行，用人单位人力资源部按照招聘条件进行初次筛选，入围者进入下一步考评。

2. 笔试。笔试通常是考评应聘者学识水平和文字表达能力的重要手段。笔试考评的主要内容一般包括应聘者基本知识、专业知识、管理知识、综合分析能力等。笔试的优点是考试内容广，可以对应聘者的综合素质进行全面、系统、客观的测试和分析，对应聘者的心理压力较小，较易发挥水平，成绩评定比较客观、真实。诸如应聘者的个人品德修养、工作态度、应变能力和社交表达能力等，还必须采用其他测评方式和程序加以补充。

3. 面试。面试在选聘客户经理过程中是必不可少的关键环节，也是选聘客户经理的重要组成部分。面试是通过主试和被试双方面对面地询问、交流、观察等双向交流和沟通方式，了解应试者的素质状况、能力特征及动机的一种招聘技术。

面试的内容主要是了解应聘者的经历、个人品德修养、组织管理能力、口头表达能力、操作技巧及社会关系资源等，是笔试综合素质测试的有效补充。面试的特点是可以根据应聘者对当场所提问题的回答，考察其运用所学知识分析问题的熟练程度、实践经验、思维的敏捷性、语言表达能力；可以考察应聘者在压力环境下的情绪、气质、风度及情绪的控制能力和应变能力；可以考察应聘者的外表、社会关系资源以及适应客户经理的工作能力等。因此，面试在客户经理的选聘过程中被广泛运用。

4. 心理测试。心理测试在西方国家的人才选聘过程中被广泛应用，许多银行不仅用心理测试来选聘客户经理，也经常用心理测试的方法来了解客户经理工作的状况，相应实施管理。通常心理测试的内容主要包括性格测试、才能测试、创造力测试、成就测试以及智力测试等。

在客户经理的心理测试中主要解决的问题是：应聘者个人具有哪些方面的优势？他适合于什么样的工作？他能承受多大的压力、承担多大的责任等。

对客户经理的心理测试，可以考虑邀请心理学家来进行或由心理学家设计问卷内容。如在性格测试中，通常可采取自陈式问卷调查表或提问方式进行，常规的问卷或提问包含行为、态度、感觉、信仰等有关问题的陈述，要求应聘者根据自己的情况一一作答，从而测试应聘者的情绪、气质、性格等特征。

5. 压力测试。一些用人单位对于重要岗位的客户经理的招聘一般采取压力测试方法。压力测试是指模拟实际应用的软件硬件环境及突发事件，来评估被测试者在超越最大压力的情况下将如何反应。压力测试的目的在于发现在高压的条件下被测试者的缺陷，以便让用人单位人力资源部的招聘者，识别应聘者的弱点和在极端情况下，应聘者的应急反应是否符合其要求，为是否录用提供依据。

【相关链接 9－2】

香港商业银行客户经理选拔方法和过程

1. 性格分析测验（汇丰银行已采用）/才能测验（仅部分银行采用）/业务知识测验。上述测验题一般请专业顾问公司设计。

2. 人力资源部面试。

3. 客户经理部门主管面试（最为严格的一关，要求面试者拿出已掌握客户的名单，以决定是否有招聘价值）。

4. 客户经理小组面试（适用于高级职员）。

三、客户经理的资格认证

客户经理的初次资格认证，根据任职条件对报名人员进行资格审查，经严格的考评认证上岗。考评认证的依据包括业务绩效、工作能力与经验、等级考试等，二级以下客户经理的考评以业绩和技能的考评为主，等级考试为辅；二级（含二级）以上客户经理的考评二者兼顾。等级考试结果 2 年内有效，以体现管理的动态性。

客户经理的等级资格标准由各银行总行的人力资源管理部门制定。总行的人力资源管理部门审核认定高级客户经理资格；具体考评认证工作由总行的人力资源部门、公司业务部门组织。客户经理的资格考评认证工作每年 1 月进行，每年进行一次。其他等级客户经理的考评认证工作由各分支机构相关委员会或部门自行组织，认证结果报总行人力资源部门备案，总行人力资源部门、公司业务部门对分行的认证结果可以进行复核。

三级（含三级）客户经理以上等级资格必须进行考评认证，低等级客户经理可以越级申请高等级客户经理资格。不同等级的客户经理资格的有效期为 1 年，每年 1 月完成当年的客户经理等级资格的考评和认证。

客户经理的初次资格认证，根据任职条件对报名人员进行资格审查，通过资格审查后，经严格的考试认证上岗。考评认证的依据包括业务绩效、工作能力与经验、等级考试等，不同等级客户经理的考评，其侧重点应有所不同。等级考试结果在一定年限内有效，以体现客户经理管理的动态性。

四、客户经理的岗位设置与管理

（一）客户经理的岗位设置

根据所从事的工作岗位不同，可将客户经理的岗位设置划分为零售客户经理、对公客户经理、信贷客户经理、理财经理、大堂经理、产品经理。

1. 零售客户经理。零售客户经理是指从事个人客户开发、客户关系管理和维护、产品销售、市场拓展等工作的人员。其人员配备：在农（商）贸市场附近的二级支行或代理网点配备 1 名专职零售客户经理。其他二级支行的零售客户经理原则上由网点人员兼职。零售客户经理隶属二级支行或代理网点管理。

2. 对公客户经理。对公客户经理是指具备相应任职资格和能力，从事对公客户关系管理、营销方案策划与实施，为行政企事业单位、同业等客户提供存款、支付结算、代收代付等金融服务的营销人员。其人员配备：每个开办对公业务的网点至少配备 1 名对公客户经理。对公客户经理隶属二级支行管理。

3. 信贷客户经理。信贷客户经理是指在从事信贷客户开发、客户管理和维护、产品销售、市场拓展等工作的人员。其人员配备：可根据信贷业务开办情况，每增设一个营业部至少增加 3 名信贷客户经理。信贷客户经理原则上配备在县支行和开办贷款业务的二级支行。

4. 理财经理。理财客户经理是指具备相应任职资格和能力，在个人客户经理职务序列中的内勤人员，从事个人客户关系管理、营销方案策划与实施，为个人客户提供各种财务分析、规划或投资建议、销售理财计划及投资性产品的营销人员。主要从事代销基金、国债、保险、本外币理财产品、第三方存管等产品销售工作。其人员配备：按折算后的所属网点大客户数量配备专兼职理财经理。

5. 大堂经理。大堂经理是指在银行网点识别并引导客户、挖掘优质客户资源、推介销售金融产品、提供业务咨询和服务的营销人员。大堂经理是客户进入网点时最先接触到的工作人员，是银行给予客户第一印象的形象代表。为保障大堂经理服务的连续性和服务效率，理财中心可以增设多名大堂经理或者大堂经理助理。其人员配备：营业面积在 200 平方米以上、地理位置优越、交易量较大的网点可配备专职大堂经理 1 人。其他网点原则上配备兼职大堂经理。

6. 产品经理。产品经理是指负责组织（或参与）银行某一金融产品或产品线的创新设计、生产营销、管理服务和应用实施工作的营销人员。主要负责从环境分析、产品策划、产品设计开发到产品营销、推广、维护、改进和市场效果评价的全过程管理和服务支撑工作。其人员配备：在省分行配备公司产品经理 2 名、零售产品经理 2 名、信贷产品经理 1 名。市分行暂各设个人、对公、信贷产品经理 1 人，由各业务部门业务管理岗兼职。产品经理归属各业务部门管理。

（二）客户经理的岗位管理

客户经理的岗位管理包括客户经理的上岗管理、客户经理在岗管理、客户经理的离岗制度、客户经理忠诚度管理。

1. 客户经理的上岗管理。

（1）资格审查制度：对各级客户经理的准入资格及审查认定的方法、步骤进行规定。

（2）竞争上岗制度：通过引入竞争机制，选拔优秀人才，带动人力资源的整体素质的提高。

（3）上岗培训制度：客户经理聘用前必须经过岗前培训，岗前培训的内容应重点放在基本技能的培训上，并对培训的结果进行考核，对于不合格的人员重新培训或实行淘汰。

2. 客户经理在岗管理。

（1）职业道德和行为规范要求：通过不断地提高客户经理的道德修养，加强职业行为规范化管理，树立良好的职业形象和社会形象。

（2）依法对开展的业务进行管理：客户经理代表的是银行的形象，应加强对客户经理业务的合规性、合法性的监督，避免因为个体行为给银行带来负面的影响和损失。同时各级客户经理应在银行的授权范围内开展营销工作，在管理中应避免个人越权行为带来的经营风险。

（3）保密制度：对客户经理在开展业务过程中银行和客户的商业秘密的保管要有明确的规定。

（4）在岗培训制度：根据业务的发展、产品的创新和市场的变化，分阶段对客户经理进行有针对性的培训，提高客户经理的服务和营销水平，以不断满足客户在服务内容和层次上的需求。

（5）业绩考核制度：分阶段对客户经理的业绩情况进行考核，综合评价客户经理的工作绩效，并作为客户经理等级评定的重要依据。

（6）等级评定制度：对客户经理应根据业绩情况定期的对其进行等级评定。

（7）岗位交流制度：在不影响业务正常开展的情况下，按照业务发展的需要及等级评定的情况对客户经理进行适当的交流。

3. 客户经理的离岗制度。

（1）淘汰制度：对经工作绩效综合评价认定不合格的客户经理实行淘汰，取消其客户经理的资格。

（2）离岗审计制度：对调离客户经理岗位的人员进行离岗审计。经审计发现有违法、法规行为的，按有关规定进行处理。

4. 客户经理忠诚度管理。

由于客户经理直接掌握了客户的基本资料，是银行维系客户长期关系的最关键一环，新客户开发、新产品推广大多也是依靠客户经理与客户的业务关系；加之人才流动加大，因此，客户经理的忠诚度直接影响到银行客户的忠诚度。如何提高客户经理的忠诚度进而提升客户的满意度就成为银行对客户经理管理工作的一项核心内容之一，尤其是对那些银行的销售起到核心作用的客户经理、核心员工及管理人员。

对客户经理忠诚度的培养和管理，首先要建立在满足客户经理所需的基本条件上。包括基本工作条件、生活条件、业务培训、考核与激励、职业生涯规划等方面，使其具有归属感。其次，给予客户经理充分的信任，处理好管理层与客户经理之间的关系。管理层应懂得如何去欣赏客户经理，以真诚的心态去嘉许客户经理作出的点滴成绩，以包容的态度去支持客户经理与银行共成长、同进步，使其具有荣誉感和使命感，从而尽心竭力地效忠于本单位。

五、客户经理的工作制度

客户经理工作制度是制定的一系列规范和管理客户经理日常工作及行为的相关规章制度的总和。**客户经理的工作制度包括：授权分责制度、访客报告制度、工作例会制度、客户信息管理制度、大型客户立项报告制度、工作报告制度等。**

（一）授权分责制度

客户经理的工作性质决定了银行对其实行授权分责制度。银行要明确对客户经理的多项授权以及应负的责任等。授权范围根据客户经理的等级管理和专业资格认定，即高级客户经理比一般客户经理拥有更大的授权，对特定业务的授权视客户经理的专业资格而定。授权分责要各项业务逐条细化明确，具体的条款要写入客户经理的聘书内，一年一定。落实授权分责制度关键在于上级的支持和各部门间的合作协调，尤其是后台部门对前台客户部门的配合。

（二）访客报告制度

银行客户经理必须对自己所管辖的客户进行定期或不定期的拜访，以便展业和营销金融产品。拜访客户要根据客户的重要性、忠诚度以及客户开发计划安排。客户经理拜访客户后要及时填写客户访谈记录，并作为重要档案纳入客户资料管理档案。

（三）工作例会制度

客户管理部门要建立客户经理每周、每月、每季以及年度工作例会制度，总结工作、核对成效、分享经验、通报情况、传递信息、安排工作。例会安排可以采取多种形式。

（四）客户信息管理制度

客户信息的收集、处理和归档是客户经理的一项重要的日常工作。客户经理必须对所服务的客户，包括现有客户和潜在客户建立档案，全面掌握客户的情况，以利于了解、跟踪客户的需求变化，切实加强对客户金融需求的开发和客户关系的管理和维护。客户档案要进行定期资料更新，制度的监督执行、检查考评由客户部门主管负责。

（五）大型客户立项报告制度

对计划拓展的大型客户（项目），银行客户经理要及时上报有关的部门立项报批。经相关的部门批准立项后，成立综合营销客户服务小组。小组由客户经理以及有关专业人士组成，客户部门指定组长。

项目立项的内容包括：项目的基本需求、项目的前景预测、项目的效益预测、项目的成本分析、项目的风险分析、项目的发展计划。

（六）工作报告制度

银行客户经理应每月定期向客户部门提交一份书面报告。报告的主要内容有：本月工作业绩，包括完成考核任务情况；所辖客户状况，特别是重点客户的管理情况；新客户的拓展情况；本月工作总结；下月的工作计划等。

【相关链接9-3】

理财中心的日常管理制度

一、工作日志制度

客户经理每天必须填写客户经理日志。每天下班前必须向其直接主管汇报一次。

客户经理日志是反映客户经理日常工作内容的重要手段。理财中心负责人需定期浏览上交的日志，从待跟进处理、接触营销、客户关系维护等方面了解客户经理的工作重点、工作量，以及达成目标的手段和达成率等，并且重点考察客户经理工作中存在的难点和急需解决的问题。

理财中心负责人根据所了解的日志内容，通过与客户经理的沟通、对客户经理的指导等，帮助客户经理提高工作绩效，并且定期作出总结；将需要各部门配合、协调解决的问题或注意事项在网点工作会议上具体布置。同时，理财中心负责人每月/每季度汇总客户经理提出的需上级部门配合、协调解决的问题，向主管部门（支行个人金融业务科/分行个人金融业务部）进行汇报，研究确认解决方案，并帮助客户经理协调各方资源。在汇报后的3天之内，应通过例会或其他形式将结果告知客户经理。

二、例会沟通制度

客户经理小组每日应举行10~15分钟早会，向成员宣布目标、鼓舞士气等；下班前亦应举行10~15分钟的例会，了解全天的销售情况，讨论出现的问题并进行总结。理财中心负责人应不定期列席会议，参与意见、传达精神。

客户经理主管负责准备及保存会议记录表，每次例会责成一名客户经理简要记录例会内容。理财中心负责人应浏览会议记录表，及时了解例会内容并预先就网点的工作重点与客户经理主管进行沟通。

除了例常的通知、安排事项，会议应注重对优质客户开发的研讨和客户分析，以及对营销技巧的训练和营销意识的培养。

三、优质客户推介制度

理财中心负责人督促现金柜、非现金柜、大堂经理向客户经理推介优质客户，扩大优质客户的来源。识别出优质客户，但未引导成功、需事后跟进的，现金柜柜员、非现金柜柜员、大堂经理需填写优质客户推介表（在表中选择“待跟进”），为客户经理联络客户提供线索。对于识别引导成功的，现金柜柜员、非现金柜柜员、大堂经理也要填写优质客户推介表（在表中选择“已推介”）。大堂经理负责汇总各岗位推介情况，填写优质客户推介统计表。理财中心负责人考察汇总信息，并根据各岗位推介的数量和质量，进行绩效考核和监督。

四、信息报告制度

个人客户经理每月必须向其主管部门汇报一次客户和市场状况，每半年撰写一篇客户和市场分析报告。理财中心负责人督促、帮助客户经理拟定分析主题，并且从提供资料、分析思路等方面帮助客户经理落实报告。理财中心负责人要将市场分析作为经营战略决策、营销策略部署的重要依据，同时向上级行提交分析报告，供上级主管部门参考，以实现各网点的经验与信息共享。

五、客户意见反馈制度

个人客户经理通过客户需求卡实现对优质客户的需求调查，理财中心据此填写客户需求汇总表；或者通过客户调研表实现对优质客户的专项调查，理财中心可针对优质客户投资取向，或针对某种产品等不同主题，按月填写调研信息汇总报告。

理财中心负责人应及时收集客户需求汇总表、调研信息汇总报告，进行系统分析。可根据客户需求偏好、投资倾向为客户经理的营销活动提供策略参考，以进行产品的合理配置；或根据对某项产品及服务的专项调研有重点地改善产品和服务组合；同时定期总结分析结果，提交上级行相关部门作为改善服务和改进产品的参考。

对于客户提出的意见和问题，客户经理可以当场回复的须当场给予客户解释与答复，并将答复内容记录在客户需求卡备注栏；无法当场给予回复的问题，客户经理须咨询客户经理主管、业务主管、理财中心负责人或通过信息上报机制/内部网络渠道咨询分支行及总行意见，并将结果及时反馈给客户。理财中心可在网点放置固定的客户需求卡/意见簿，经常性地对客户进行不定期调查。调查项目可以根据产品或业务系列，以及对各岗位服务水平的意见设计。

六、客户走访及关系维护制度

个人理财中心须经常开展小规模、针对性强的定向营销活动，每年不得少于6次；要定期开展大规模的市场营销活动，每年不得少于2次。理财中心负责人事前根据客户需求调查及调研结果的分析，以及客户经理的市场分析报告，对定向营销活动的主题、内容及其针对的目标客户群、预期达到的目标等事项进行指导。理财中心负责人要求定向营销活动的负责人事后进行活动反馈，以掌握活动的目标达成情况、经费使用和人员配置等方面的问题，一方面对此次活动进行评估考核，另一方面为其他营销活动提供参考。

客户经理必须定期或根据预约联系或走访客户。根据客户的层次决定定期联系的次数。对核心优质客户每季度至少联系一次（包括见面或电话联系等），每次联系应及时填写优质客户维护记录表。

七、保密制度

个人客户经理应严格为客户保密，严禁泄露客户的个人资料，不能将客户信息带离银行。支行应与客户经理事先签订协议，对客户信息的保密提出要求。为防止客户资料的遗失散落，理财中心负责人应妥善安排非业务人员作为档案保管员负责客户信息特别是优质客户信息的保管，建立档案管理制度。在客户信息逐渐由系统支持的情况下，理财中心负责人应责成档案保管员分批分期将客户信息录入系统。有关保密制度的具体内容可参见风险管理部分。

八、投诉管理制度

大堂经理、其他客户经理以及接到客户投诉的理财中心人员在进行投诉处理后，都需填写投诉记录表，记录投诉案件信息、接件人以及后续处理情况。大堂经理应每月填写客户投诉月统计表，供理财中心负责人进行分析，作为改进参考，并上报上级部门审阅。理财中心应安排一个直接负责的执行者（如大堂经理），在一定时间内对客户投诉必须给予答复，并且对案件进行综合分析。

（资料来源：《中国工商银行岗位培训系列教材》之《个人客户经理》节选）

第二节 客户经理考核与激励

建立和健全银行客户经理的考核管理制度，是加强客户经理队伍建设，进一步提高客户经理的能力水平并借以激励其更加勤奋努力的一项重要措施。

一、客户经理的考核

银行的内部运行机制一是自我发展机制，二是自我约束机制。客户经理制度的有效实施涉及方方面面，至关重要的是客户经理考核激励机制。通过日常考核、定期考核、晋升考核、新的客户经理的招收考核等制度的建立，发现人才、合理使用人才、优化人才结构，调动客户经理的积极性，激发其创造性，为银行创造更大价值。

建立和健全银行客户经理的考核管理制度，是加强客户经理队伍建设，进一步提高客户经理的能力水平并借以激励其更加勤奋努力的一项重要措施。

（一）客户经理考核的原则

1. 效益性原则。客户经理是银行营销金融产品的主力，是银行管理体系中的利润中心。因此，对客户经理的绩效考核，要充分体现效益性这一核心原则。

效益性原则包含两方面的意思：一方面是指银行实现的效益，即客户经理为银行创造的利润；另一方面是指客户经理的自身效益，即客户经理完成工作任务后，为自己带来的收入。客户经理的收入分配与其为银行实现的效益相联系，按绩效取酬，实行绩效挂钩。

2. 责权利相结合原则。建立科学合理的客户经理考核分配机制，要充分体现客户经理的责、权、利。考核不仅仅是为了利益分配，更重要的是对客户经理激励和约束，使客户经理明确自己的职责和工作目标，明确可以利用的银行资源以及实现目标后所得到的利益；或者不能完成工作任务，所应承担的责任和应受到的处罚。

3. 业绩考核与业务管理相结合的原则。客户经理工作目标实现与否，工作业绩是否突出，对银行实现市场营销目标、完成业务发展计划等方面具有直接的影响。隐含制定的考核机制应有利于促进银行经营目标的实现。因此，银行在给予客户经理一些量化的经营性任务指标的同时，还要制定一些管理性的指标以确保机制的顺利运行，如不良资产管理指标、制度管理指标等，其目的是促使客户经理既重经营又参与管理。

4. 业绩考核与非利润指标相结合的原则。对客户经理工作的考核尽管要坚持以业绩论英雄的原则，但也要参照银行的一些非利润指标，如客户满意度、先进工作者和业务标兵、精神文明奖励、劳动模范、突出社会贡献奖等奖项活动来增强其职业操守和综合素质的考核。尽管这些指标不是作为绝对的考核指标，但要通过其他激励的形式鼓励客户经理参与银行的各方面活动与社会公益活动，树立银行的整体形象，以实现银行的长远发展战略规划。

（二）客户经理考核的内容

银行客户经理考核的内容一般包括品德、能力、勤奋、绩效等。

1. 品德。品德是客户经理的政治思想素质、道德素质和心理素质。品德是一个人的灵魂，它决定一个人的行为。

2. 能力。能力是客户经理认识世界、改造世界的本领，包括客户经理的动手操作能力、认知能力、思维能力、研究能力、创新能力、表达能力等。

3. 勤奋。勤奋是指客户经理的勤奋敬业精神，是客户经理的工作积极性、创造性、主动性、纪律性和出勤率等，客户经理制要求客户经理在工作中投入全部的体力、智力和全部的感情。

4. 绩效。绩效是指客户经理的工作业绩，包括工作完成的数量、质量、经济效益和社会效益。对客户经理的考核过程中应对效益作为考核的重点。

二、客户经理考核的方法

客户经理的考核方法分为定量考核和定性考核。其中银行的管理行以定性考核为主，银行的经营行以定量考核为主，各银行根据实际情况确定考核重点和考核权重。

（一）对客户经理的定量考核

对客户经理的定量考核主要分为三大指标：一是指标考核项；二是加分项；三是减分项。考核项占100分（与任务指标挂钩环比考核）；加分项占10分（以每季度的市场调研分析报告和对优质客户的维护情况为主要依据）；减分项无下限（以规范化服务及规章制度执行情况为依据）。以下以工商银行某支行为例。

1. 指标考核项（用支行分解给网点的任务量与客户经理挂钩，按时间进度进行考核，100分）。

（1）存款净增任务考核（15分）。

$$存款净增分=\frac{新增存款金额}{任务指标}\times考核分$$

（2）理财金账户指标（10分）。

$$理财金账户=\frac{新增理财金账户户数}{任务指标}\times考核分$$

（3）存折代扣协议指标（10分）。

$$存折代扣协议分=\frac{新增存折代扣协议户数}{任务指标}\times考核分$$

（4）营销保险指标（10分）。

$$保险分=\frac{营销代理保险金额}{任务指标}\times考核分$$

（5）银证通指标（5 分）。

$$银证通分=\frac{新增银证通数}{任务指标}\times考核分$$

（6）灵通卡指标（10 分）。

$$灵通卡分=\frac{新增灵通卡户数}{任务指标}\times考核分$$

（7）牡丹信用卡指标（10 分）。

$$信用卡分=\frac{新增信用卡户数}{任务指标}\times考核分$$

（8）基金指标（10 分）。

$$基金分=\frac{营销基金金额}{任务指标}\times考核分$$

（9）离柜业务占比指标（10 分）。

$$离柜业务分=\frac{离柜业务量}{网点总业务量}$$

该指标以上季度离柜业务占比与本季度离柜业务占比环比考核。

（10）电子银行指标（10 分）。

$$电子银行分=\frac{新增电子银行户数}{任务指标}\times考核分$$

2. 加分项（10 分）。

（1）优质客户的维护占 4 分，优质客户的信息采集，以理财金账户档案数量与客户数核对考核；优质客户定期维护，理财金账户每户每季度不得少于一次定期维护，以维护记录为考核依据。

（2）市场分析调研分析报告（6 分）。按照每月上报办公室的市场分析调研分析报告加分，每篇一分，确有价值被支行采纳的每篇加 2 分。

3. 减分项（无下限）。

（1）客户投诉及服务热线投诉一次扣 5 分（无下限）。

（2）岗位职责及风险防范制度执行情况，以支行相关专业检查情况为考核依据（无下限）。

此外，银行还可根据业务考核需要设定考核指标，可供选择的指标包括：资产指标、负债指标以及中间业务指标，以及新增客户数、客户流失数、客户消费额、客户消费频次、客户升降级数、客户投诉次数、客户表扬次数等。

各级银行可根据本行客户任务和工作目标进行细化，如遇到特殊情况可在运行中做适当调整。

【相关链接9-4】

香港商业银行客户经理的业绩考核与激励

商业银行客户经理的业绩考核关键是要做到长期利益与短期利益相结合。

一、考核指标的制定

香港客户经理考核指标的制定遵循五大原则（SMART原则，一般为大银行所用）：一是具有弹性；二是可以度量；三是双方同意，即要向下属就业绩考核指标的制定作一个比较民主的解释，让下属都同意。该原则实行起来有一定困难，可先实行沟通原则；四是可以实现，但要比现有水平略高一点，经过努力才能达到；五是有时限性，即对总目标要分段分解。

二、考核内容

香港银行有一套考核软件系统：客户经理可以随时查询所管理客户带来的收益等指标的完成情况，但不能查询其他客户经理的指标完成情况；客户经理主管也可查询所管辖客户经理的各种指标完成情况，并可查询按各种指标完成情况的客户经理排名。综合香港各银行客户经理考核指标主要有：

1. 收益（硬指标）=利息+手续费-成本

其中，成本包括资金成本、内部服务成本等。但内部服务成本的算法太繁复，一般银行做不到，其客观性也较差。

2. 各项银行业务指标。

3. 客户关系的发展（这是长远指标）。

4. 其他。

综合打分（有电脑软件支持）：（收益×权重）+（存款×权重）

+（信用卡数量×权重）+…=综合得分

其中，收益权重在30%以上，存款权重在25%以上。若地区不同，指标权重也可不同；若目标调整，指标权重也可调整。

三、考核形式

香港银行客户经理考核到人。

四、客户经理的赏罚制度

1. 赏罚原则：最重要的是要与考核结果紧密结合。

2. 赏罚形式：香港银行升级可以不加薪，加薪也可以不升级。其中认股权证方式为东亚银行所采用，让员工用优惠价认购其股票为汇丰所采用。

五、客户经理的监控与管理

1. 可引致银行经济上损失的行为。

2. 监管措施。

（资料来源：http：//www. ccmw. net/article/47440，2009-04-15）

（二）对客户经理的定性考核

定性考核主要是对客户经理的管理业绩考核和拓展业绩考核。主要考核客户经理对现有存量客户的维持与管理业绩，对新客户的拓展及开发新产品的业绩等。

定性考核主要是对客户经理的工作态度和工作能力等方面的考核。要以“双重记账”和“多重利润中心”的方式将客户经理激励考核与各部门的激励考核协调一致。这一点可参照花旗银行的做法：一笔产品收益发生，内部给客户经理、相关内勤部门（包括研发、操作等）同样都记上该笔收益，反映到正规财会账上只作一笔账。而风险损失的发生要扣减收益。通过这种客户经理考核激励机制带动内部相关部门的等额考核，真正实现一线为客户服务，二线为一线服务的经营管理格局，保证同心圆银行组织模式理念下客户与客户经理、客户经理与其他业务及产品部门两个临界面的利益一致，促使其他部门的相关员工积极配合客户经理在控制风险下更好地为客户服务。

银行应建立客户经理退出机制。对于考核不合格的客户经理，视情况进行淘汰和降级。

三、客户经理的激励

竞争激励是金融机构发展机制中最重要的组成部分，竞争本身也是一种激励，甚至是一种生存意义上的激励，其切入点是用人与分配制度的改革与完善。要使客户经理与银行共成长，银行就应对客户经理进行职业生涯管理，进行考核与激励，使客户经理有归属感、成就感，从而产生更强烈的责任感和使命感。**银行客户经理激励的内容包括：目标激励、薪资福利方面的激励、精神文化激励、组织激励、工作环境激励以及负激励等。**

（一）目标激励

目标激励是指银行为客户经理确定适当的目标，诱发其动机和行为，从而达到调动客户经理的积极性之目的。目标作为一种诱引，具有引发、导向和激励的作用。只有不断启发客户经理对更高目标的追求，才能调动其奋发向上的内在动力。当客户经理之目标需要迫切地实现时，就会对所在银行的发展产生热切的期望和关注，则会对客户经理工作产生强大的推动力，达到“马不扬鞭自奋蹄”的理想效果，故目标激励能产生强大的推动力。

（二）薪资福利方面的激励

银行对客户经理薪资福利方面的激励方式有：股权激励、年薪制激励、弹性福利制度、奖励旅游激励等。

1. 股权激励。股份制银行对客户经理的激励可采取市场股、绩效股、素质股、岗位股、股票期权五种激励方式。这种激励方式使客户经理利益的兑现中长期化，使客户经理个人的长远利益与银行的长远利益紧密结合起来。

2. 年薪制激励。年薪制激励分为经营者年薪制和白领阶层年薪制（西方国家普遍实行）。银行客户经理的年薪制是指后者，包括基本薪金和激励薪金两个部分。

3. 弹性福利制度。弹性福利制度对银行客户经理而言有其特殊意义。由于弹性福利制度（或称菜单式福利制度）设计的内容不同，有不同需求的客户经理则可以自行选择不同的福利组合。该福利制度的最大优点是在满足客户经理福利需求的同时，更满足了其精神上的尊重与需求，从而达到激励之目的。

4. 奖励旅游激励。奖励旅游也属于客户经理福利激励范畴，是现代金融企业管理中新的激励手段。在激励客户经理方面，奖励旅游有着其他激励手段无法替代的作用。

(三) 精神文化激励

在客户经理的考核激励中，物质激励是最基本的，但绝不能忽视精神文化激励的作用。这些激励包括培育自主创新和具有团队精神的企业文化、造就学习型组织和学习型个人、对客户经理及时的精神鼓励、授予荣誉称号、提供培训深造的机会以及职务提拔等。

1. 培育自主创新和具有团队精神的企业文化。银行作为客户经理实现自我价值的依托，有责任为客户经理的发展创造条件和机会，培育自主创新和具有团队精神的企业文化，使其在银行中最大限度地体现自身价值，实现理想追求。

2. 造就学习型组织和学习型个人。随着我国银行客户经理制的成熟和发展，客户经理在银行员工构成中的数量和比例会越来越大，他们是银行生存与发展的最重要的资源。造就学习型组织和个人，不仅有利于增强银行的竞争力，而且决定了知识创造、传播和应用的效果，并对提升客户经理的个人素质起到了积极的促进作用。

3. 对客户经理及时的精神鼓励。银行对工作业绩突出的客户经理除了应进行物质奖励外，还应予以精神方面的鼓励。因为，作为自然人来说，不仅有生存方面的物质需求，还有精神层面的、更高层次的尊重的需求和自我价值实现的需求。银行应以人为本，对表现突出、业绩优良、利润贡献大的客户经理予以精神鼓励，如授予其荣誉称号，提供培训深造的机会，职务提拔等，使受到精神鼓励的客户经理得到心理上的满足和慰藉，增强职业自豪感和荣誉感。

(四) 组织激励

银行对客户经理的组织激励可采取实施自我管理和充分授权、委以重任等方式。

1. 实施自我管理。**所谓自我管理，是指客户经理可以在银行共同理想或共同价值观的指引下，在所授权力范围内自我决定工作的内容、工作方式，实施自我激励，不断用共同理想来修正自己的行为，并从工作中获得最大的享受。**自我管理包括个人自我管理与团队自我管理。客户经理的良好素质决定了其自我管理的可行性。

客户经理的工作性质决定了其大量的时间是在单位之外工作，不受上级的直接管理。一个成功的客户经理自我要求的高低，决定其价值的大小，这就要求客户经理要自觉地维护好自己的信誉，忠实于客户，忠实于供职单位、忠实于自己。因此，自我管理对于客户经理的事业成效来说，比任何其他工作都重要。只有当客户经理真正树立了职业意识，对自己接受要求并实施严格的自我管理时，工作才能卓有成效。实行自我管理，客户经理就要为自己明确确定工作目标，并为实现确定的工作目标而设计行动方案并付诸实施。

如果客户经理制定了工作目标，那么只有按照既定的行动策略脚踏实地地定期检查工作进度，不断地评估工作绩效，作出足够的成绩，才能达到客户经理的自我管理之目的。

2. 充分授权，委以重任。**让客户经理参与其分工的业务活动或与其利益直接相关的**

决策，可以充分表达银行对客户经理的信任和尊重。由此激发客户经理更强烈的参与感和更大的自主性，从而进一步激发其对工作的责任感和使命感，出色地完成所承担的工作。

（五）工作激励

因为银行客户经理要经常走访客户，需要比较灵活的时间和宽松的工作环境。**工作环境激励是提供一种自主的工作环境，给客户经理创造有利条件，**太多的限制会阻碍客户经理创造力的发挥。为了鼓励客户经理进行金融创新性活动，银行应该建立一种宽松的工作环境，使客户经理能够在既定的组织目标指导下，自主地完成任务。这就要求银行一方面要根据任务要求对客户经理进行充分授权，充分信任，放手让他们去发挥自己的创造力，自己制定决策，采取他们自己认为最好的工作方法。另一方面，还要为其提供进行创新活动所必需的各种资源，包括资金、物质以及人员的调用等。

银行对客户经理的工作激励可实行弹性工作制、提供挑战性的工作以及工作环境激励等方式。

1. 实行弹性工作制。由于客户经理工作的特殊性——通常接触客户的时间不固定，可能在8小时以外或节假日。因此，银行应为客户经理制定弹性工作制，只要完成有关考核指标，则不必强求必须每天8小时工作制。

2. 提供挑战性的工作。挑战性的工作更能激发客户经理的积极性和创造性，能更好地证明客户经理的价值。

3. 工作环境激励。客户经理的工作有其特殊性，这就要求银行应该创造有利于客户经理开展工作的更为宽松、开放的条件和环境，具体包括自主工作的权力、弹性工作制、自由发表意见的氛围，容忍客户经理工作有失误，充满乐趣和关爱的氛围等，充分发挥客户经理想象力和创造力，为客户提供超值的服务。

【经典案例9-1】

美国花旗银行的员工激励机制

一、开放式考核

1. 每年年初，员工都要设定自己的年度工作目标，年底对一年的工作进行评估。对员工业绩的考核实行“四方认可”制，即员工本人、员工的直接主管、员工主管的上级、人力资源部主管四方必须签字认可最终的考核报告，实行完全开放、透明的考核机制。首先员工对目标进行描述，并由上级进行审核，给出综合的评分，经员工与直接主管双方签字认可之后，再将考核报告呈交给直接主管的上级，签字认定后最后呈报给人力资源部签字并存档。

2. 花旗对员工的考核和评定都是公开、透明的，四方签字认可确保了评定考核过程与结果的公正与客观性，有效避免了主观性所带来的不公平现象，保证了员工的利益。员工有权力查看自己的档案和了解相关考核记录，所有有关员工的考核和评价必须由员工本人签字才能生效。

3. 一般情况下，花旗集团员工的考核结果分为优异、称职、不称职三种情况。对员工的考核与评定将直接影响到花旗员工的加薪晋升机会，花旗将根据考核结果对员工采取赏罚分明的激励措施，为表现突出的优秀员工加薪、升职，给予他们更多的培训机会以及海外工作机会；同时，对于不称职的员工，公司也将给予必要的提醒，显然，他们得到诸如加薪、晋升、培训等的机会将大大少于优秀员工。

二、花旗的激励手段

在对员工科学考核的基础上，花旗集团通过各种手段与方式对员工进行激励，肯定员工成绩，鞭策员工改善工作中的不足。作为全球最大的金融机构，花旗集团建立了完善、科学的激励体系，并随市场与公司的发展情况进行及时调整。花旗的激励手段有：

1. 红包。每年底，根据员工的不同业绩表现，每一名员工都会得到花旗颁发的红包，奖励的金额不等，奖励员工一年的辛勤贡献。

2. 海外旅行。花旗银行中国区表现突出的员工，还将被奖励赴澳大利亚等海外旅游，并可以携带一名家属。这种激励方式不但对员工起到了有效的激励作用，增加了员工的忠诚度，更赢得了员工家属的理解和支持，让他们感到自己的亲人在一个人性化的氛围中工作，也增强了家属对员工的自豪感。

3. 期权。花旗银行有着完善的员工激励机制。花旗银行除了对工作业绩出色的员工给予奖励外，还给予他们花旗银行的期权，使银行利益与员工个人利益紧密联系在一起。

4. 职位晋升。激励还包括对员工职位的晋升。在花旗，鼓励员工承担更大的责任，让他们稳步成长为优秀的金融专业人才。每一次职位的晋升，每一次给员工设定更大的目标，每一次对员工的挑战，都激励着花旗员工奋勇向前，为给花旗创造更优秀的业绩，为实现自己的职业梦想而努力。

5. 培训。形形色色的培训机会当然也是花旗集团重要的激励手段。在花旗集团，表现突出的员工将得到更多的培训机会，将被派往马尼拉的花旗亚太区金融管理学院甚至美国总部进行培训，全面提高各种技能，锻炼领导力，开拓国际化视野，为担当更大责任做准备。

（资料来源：http：//wenku. baidu. com/view/，2010－09－03）

（六）负激励

激励并不全是鼓励，也包括许多负激励措施，如淘汰激励、罚款、降职和开除激励。

淘汰激励是一种惩罚性控制手段。按照激励中的强化理论，激励可采用处罚方式，即利用带有强制性、威胁性的控制技术，如批评、降级、罚款、降薪、淘汰等来创造一种令人不快或带有压力的条件，以否定某些不符合要求的行为。

现代管理理论和实践都指出，在员工激励中，正面的激励远大于负面的激励。越是素质较高的人员，淘汰激励对其产生的负面作用就越大。如果用双因素理论来说明这一问题可能更易让人理解。淘汰激励一般采用了单一考核指标，给员工造成工作不安定感，同时也很难让员工有总结经验教训的机会。同时还会使员工与上级主管之间的关系紧张，同事间关系复杂，员工很难有一个长期工作的打算。

【相关链接9－5】

农村信用社客户经理考核办法

目前，金融市场竞争日趋激烈，金融业务的竞争已由传统的业务规模的竞争，转化为对优质客户、黄金客户资源的竞争，信用社的发展更需要我们针对每个客户不同的情况制订不同的服务计划。而农村信用社赖以生存的基础是信贷业务，为更好地做好信用社信贷资产管理和贷款营销工作，促进当地“三农”经济健康发展，建立以客户为中心的服务宗旨，促进信用社信贷资产的安全性、流动性、效益性，特制定本办法。

一、客户经理的基本条件

1. 要有强烈的敬业精神。客户经理必须有强烈的事业心和高度的责任感，有吃苦耐劳的能力，有一股开拓进取、积极向上的劲头，过千山万水，进千家万户，尝千辛万苦，讲千言万语，想千方百计以此来联络客户，争夺黄金客户资源。

2. 要有良好的服务态度。客户经理不仅只为客户办理有关业务，同时也是客户的私人顾问，应真正树立“客户第一”、“客户至上”的思想。想客户所想，急客户所急，积极为客户服务。

3. 要有较强的业务技能和宽阔的知识面。作为客户经理，会遇到各种各样的问题，如果业务能力不强就不能为客户解决实际问题。而宽阔的知识面，能够为客户提供一些针对当时经济形势的信息和建议，与客户建立一种和谐友好的合作氛围。

4. 要具有较强的职业水准和技能。具备一定的理财常识，努力成为客户的理财顾问。对金融、营销、法律等知识有较深地了解，熟悉信用社各方面业务。

二、客户经理的工作职责

1. 客户的选择和分析。在保证资金安全的前提下，为更好地实现信用社效益以及业务规模的最大化，客户经理有权对所辖区域内的优质客户择优扶持，支持当地区域经济快速发展，以促使广大员工树立客户至上的服务宗旨和服务理念，激发广大员工的竞争意识，发挥农信职工的主动性和积极性，保证信用社各项业务的快速、健康、高效发展。

2. 客户的需求调查和研究。客户经理应负责对客户的金融服务和调查，对客户提供信息的真实性、合法性、安全性、盈利性进行详细分析。以便为客户提供更优质的服务，更快捷的信息，及时了解客户的金融需求，努力使客户的个人资产得以保值、增值，以实现客户和信用社的利益达到共赢的局面。

三、客户经理的职级设置

客户经理的职级共分为三个级别：客户经理、中级客户经理和高级客户经理。为体现公平、公正的原则，本办法实行时所有客户经理均为一般客户经理。

四、客户经理的工作制度

1. 客户经理要严格为客户及信用社的有关信息保密，防止随意泄露客户的商业机密。

2. 客户经理要严格遵守信用社各项规章制度及内控制度，严禁发生各类违规违章事件。

3. 客户经理应具有良好的职业道德。在为客户办理各项业务时严格禁止发生“吃、拿、卡、要”等有损单位形象和信誉的事件。

五、客户经理的营销范围

客户经理有权对所辖范围的优质客户择优扶持和发展各项业务关系，除传统的存款和贷款外，积极办理中间业务，扩大信用社的收入范围。并能够为客户提供相关的理财建议，促使客户资产得以保值、增值。

六、客户经理的收入与奖励

客户经理的薪酬共包括两部分：基础工资和奖励工资。对客户经理的收入考核实行双百分制，年薪考核。其中，基础工资为年薪 2 万元，奖励工资为年薪 3 万元，分别按百分考核。上不封顶，下不保底。具体考核办法如下：

（一）奖励工资

贷款营销 20 分；贷款质量 30 分；利息收入 40 分；客户综合评价 10 分。

1. 贷款营销。完成贷款营销计划，得满分；超额部分按比例加分；没有完成贷款营销计划或只完成部分计划的，按完成比例计分。

2. 贷款质量。为保证信贷资金的安全性、流动性和效益性，在发放贷款的过程中要坚持贷款的贷前调查制度，针对客户不同情况择优扶持。对在发放贷款过程中存在下列现象之一的，分别扣 5 分直至扣完为止。

（1）发放贷款不符合国家有关信贷政策、利率政策和信用社服务宗旨的；

（2）在发放贷款的过程中存在“吃、拿、卡、要”现象的；

（3）为了骗取工资和荣誉而发放贷款的；

（4）经上级有关部门检查存在违规违章现象的；

（5）当年发放的贷款形成不良的；

（6）贷后管理不规范，没有履行三查制度的。

以上事项的确认以县联社有关处理决定为准。

3. 利息收入。完成当年收息计划，且经检查无以贷收息等违规现象的，此项得满分；超额部分按比例计分；完不成任务的，按比例计分。

4. 客户综合评价。每年由信用社抽取一定比例的客户群体作为客户评价的对象，对客户经理的工作状况进行检验，共分为五个等级。较好，10 分；好，8 分；一般，5 分；差，-5 分；较差，-10 分。

（二）基础工资

以上年末贷款余额为基数分两项考核。其中，贷款规模 50 分，不良贷款 50 分。

1. 贷款规模考核（50 分）

客户经理本年度贷款余额较上年贷款余额不下降的得满分，较上年贷款规模有所下降，按下降比例扣减分值，每下降一个百分点，扣一分，直至扣完为止。

2. 不良贷款考核（50 分）

以上年末不良贷款余额占比为基数，本年度不良贷款余额比例没有上升的得满分。较上年末不良贷款余额比例有所增加，按上升的比例扣减此项分值，上升一个百分点，扣一分，直至扣完为止。

七、客户经理的考核与管理

1. 客户经理的晋升。经年终考核两项得分达到 180 分以上的客户经理晋升为中级客户经理，在原基础工资的标准上提高 100% 进行考核；连续两年达到 180 分以上的客户经理晋升为高级客户经理，在原基础工资的标准上提高 200% 进行考核。

2. 客户经理的降职。对在工作中存在违法违规现象，为信用社造成恶劣后果现象的或年终其两项考核得分在 100 分以下的客户经理，其基础工资和奖励工作分别按原标准的 50% 进行考核，对已达到中级或高级的客户经理分别降一级进行考核。

3. 客户经理的调动。因工作需要客户经理调动后，其所辖客户由信用社指派的客户经理接替，调出人员应积极协助调入人员熟悉客户群体积极开展各项工作，调出客户经理薪酬的 10% 参与调出信用社的考核，直至全部贷款收回为止。

（资料来源：http：//www. cgove. cn/nongxin/，2009 - 12 - 28）

第三节　客户经理的培训

客户经理制的实施，要求各级银行加强领导，精心研究，周密组织，并结合本地区实际情况逐步实施，切实做好实施客户经理制的前期组织准备，特别要对上岗前的客户经理严格进行培训，并检查其是否真正达到标准，是否名副其实，是否能够经得起实践的检验和市场的考验。客户经理培训是一项持续的系统工程，是提高理论水平和工作技能的重要途径，也是知识更新的主要方式。

一、客户经理培训的意义

客户经理的培训是系统的培训，是综合的培训，是连续不断的严格培训。它不可能仅靠几周的业务学习，几次专题讲座就能解决问题，否则，客户经理就难以达到标准。客户经理培训的意义体现在：

（一）培训是银行最有价值的投资

对于银行而言，培训是一种投资，而且是最有价值的投资。据美国教育机构统计，企业对培训投入 1 美元，回报达 3 美元。培训还是一种双赢投资，即培训不仅通过员工自觉性、积极性、创造性的提高而增加银行产出的效率和价值使其受益，而且增强员工本人的素质和能力，使员工受益。可见，培训是银行送给员工的最佳礼物。

（二）培训可使银行独得先机

通过培训，客户经理的先进理念和操作方法的掌握可独得先机，并可在同业竞争中获得优势的价值。

（三）培训可使银行提升价值

由适合本银行的培训方案所得到的整体利益扩大化的价值，因而获得银行整体生产力提升的价值。

客户经理制的建立和实施对于银行来说具有特别重要的意义。客户经理的核心理念的建立，经营思想和作风的转变，绝非一朝一夕之功；而从银行的员工转变为肩负市场开发，竞争优质客户，管理与协调客户关系，营销金融产品和服务，为客户提供全方位金融服务的专职营销人员——客户经理，亦并非一蹴而就之力。

为建立面向市场、面向客户的金融服务体系和稳定高效的营销队伍，发展和巩固客户群体，扩大市场份额，提高银行的综合竞争力、整体效益和风险控制能力，客户经理的综合素质的提高是关键。因此，客户经理的培训是银行提升品牌价值的一项长期任务。

二、客户经理培训的内容

银行客户经理培训的内容包括服务营销培训、对公客户经理培训、客户经理必备技能培训等。

（一）服务营销培训

针对银行网点、柜面人员进行窗口形象塑造培训、临柜业务法律风险识别与防范培训；针对银行客服人员进行服务技能技巧培训；针对大堂经理进行接待引导客户、主动服务沟通礼仪与产品营销技巧、了解客户特殊需求、满足重点客户特殊需求、处理客户不满以及为客户办理离柜业务等培训；针对银行呼叫中心客服人员进行电话受理与抱怨投诉处理礼仪与技巧的培训；征信制度与金融隐私权保护培训；针对银行网点转型时期进行现场管理与主动服务营销技巧的培训；等等。

（二）对公客户经理培训

银行客户经理商务礼仪与待客技巧的培训，客户经理财务报表分析实务培训，客户经理营销实战技能培训，现金管理产品培训，投资银行业务培训，信贷产品——票据、保函、贷款、保理业务培训，客户经理营销中法律风险防范培训，等等。

（三）客户经理必备技能培训

市场调研与预测培训，细分市场与确定目标客户培训，客户需求分析培训，客户访问前的准备培训，说服客户的技巧培训，金融产品与服务方案设计培训，授信调查报告撰写培训，授信方案的制作、组织实施培训以及银行客户经理压力调节与情绪管理培训，等等。

三、客户经理培训的途径与方法

银行业属于知识、技术和信息密集型行业。要提高客户经理素质，防止知识老化，就应增加客户经理的学习机会，加强梯次培训力度。**银行应制订适合自身特点的客户经理中长期培训方案，采取讲座、报告、业务研讨、案例分析、情景模拟和角色扮演等切实可行的方法，采用集中培训、交流式培训、考察式学习培训、跟班式培训、内部岗位**

轮训等方式提升客户经理的综合素质。

(一) 集中培训

集中培训是对客户经理进行培训的主要方式，其组织形式可以采取封闭式军事化培训，方法可以以传统课堂式教学为主。当然，也可以采取灵活多变的组织形式和方法。

1. 封闭式军事化培训。选择较封闭的、可提供各种设施的场所对客户经理进行高强度管理的半军事化扩展培训。可以通过外请部队教官或警务人员，制定军营式的作息时间表、体能训练和专业授课计划，严格按照各项制度执行。

2. 高校课堂轮训。突出教学内容的针对性、实效性，聘请知名专家、学者或大学教授，讲授有关专业知识；邀请相关行业及部门专家做专题讲座。输送客户经理到大专院校，进行短、中期轮训，使业务骨干丰富理论知识，以造就一大批素质较高的客户经理。

(二) 交流式培训

交流式培训可以贯穿于客户经理的日常工作和生活，主要可以通过客户经理工作例会、实证案例分析、样板教学等方式开展客户经理间的工作交流，以达到培训的要求和目标。

(三) 考察式学习培训

选送不同级别的客户经理和业务骨干到国内外领先的商业银行和其他金融机构进行实践培训，使其具备先进经营管理经验和知识，开拓视野，更新理念，提高客户经理的综合素质，激励客户经理积极向上。

(四) 跟班式培训

对新进入客户经理队伍、业务素质较弱的客户经理，可由经验丰富、水平较高的客户经理对其进行跟班式培训。与优秀的客户经理一起，一边工作，一边学习，逐渐提高其工作能力和业务素质。

(五) 内部岗位轮训

邀请本系统的业务能手、高级管理人员（如银行产品经理、高级客户经理）讲解本系统各种金融产品和金融服务的功能、特点及操作流程。

邀请知名专家学者到本行讲座、派人员参与其他金融机构举办的培训和讲座、到其他业务部门接受短期培训、新产品推介培训等。

此外，还要有针对性地对客户经理及后备人员进行金融产品和服务综合运用方法策略、关系艺术和技巧等方面的培训。在此基础上，还应让客户经理多实践，不断提高营销技能和技巧。

【相关链接9－6】

香港商业银行客户经理的培训

香港商业银行十分注重客户经理的持续培训，以保持客户经理可持续发展，保障客户经理工作能力和业务素质的不断提高。

1. 培训的方式。其中新客户经理需由资深客户经理带领，实行在职岗位培训1~2年。

2. 培训内容。其中谈判技巧很重要。

其他类包括情商（EQ）训练，战争游戏（培养团队精神）、信任下属游戏等，一般为1天课程。

3. 专业考试。其中试后课程是先考试后上课，考试不及格的客户经理才上课，避免一刀切。

4. 实习行政主任培训课程。

其中外展训练是将客户经理放到一个小岛上独立生活两天，以冷静思考人生的路向等问题。

【本章小结】

在实施客户经理制的过程中，银行应该遵循客户经理制对人力资源的要求，以达到人力资源的优化配置。

客户经理的基本任职资格要求客户经理有相关学历及专业素质、道德品质、业务素质、工作经验等。

银行客户经理的任职基本条件为：良好的职业道德；无不良业务记录；身体健康；若干年银行业务工作经历；一定的学历要求。

客户经理的选拔招聘的途径和方法一般有两种：内部招聘和外部招聘。内部招聘又分为自我推荐、内部竞聘和内部选拔三种方式。外部招聘方式有广告招聘、猎头公司猎取、本行员工引荐、从高校毕业生中招聘。

客户经理选聘的程序及内容一般包括报名、笔试、面试、心理测试和压力测试等。

根据所从事的工作岗位不同，可将客户经理的岗位设置划分为零售客户经理、对公客户经理、信贷客户经理、理财经理、大堂经理、产品经理。

客户经理的岗位管理包括客户经理的上岗管理、客户经理在岗管理、客户经理的离岗制度、客户经理忠诚度管理。

客户经理的工作制度包括授权分责制度、访客报告制度、工作例会制度、客户信息管理制度、大型客户立项报告制度、工作报告制度等。

客户经理考核的原则有效益性原则、责权利相结合原则、业绩考核与业务管理相结合的原则、业绩考核与非利润指标相结合的原则。

客户经理考核的内容一般包括品德、能力、勤奋、绩效等。

客户经理的考核方法分为定量考核和定性考核。

银行客户经理激励的内容包括目标激励、薪资福利方面的激励、精神文化激励、组织激励、工作环境激励以及负激励等。

客户经理培训的意义体现在培训是银行最有价值的投资，培训可使银行独得先机，培训可使银行提升价值。

银行客户经理培训的内容包括服务营销培训、对公客户经理培训、客户经理必备技能培训等。

银行应制订适合自身特点的客户经理中长期培训方案，采取讲座、报告、业务研讨、案例分析、情景模拟和角色扮演等切实可行的方法，采用集中培训、交流式培训、考察式学习培训、跟班式培训、内部岗位轮训等方式提升客户经理的综合素质。

【重点概念】

客户经理工作制度　目标激励　薪资福利激励　精神文化激励　组织激励　工作环境激励

【复习思考题】

一、思考题

1. 怎样理解银行客户经理的任职基本条件？
2. 简述客户经理的选拔招聘的途径、方法和程序。
3. 试述客户经理的工作制度。
4. 简述客户经理考核的内容和方法。
5. 怎样理解银行客户经理激励的内容？
6. 简述客户经理培训的意义及内容。

二、案例分析题

案情　　业绩股票——激励上市银行高管和核心骨干员工

这是一家上市银行，其业绩较为平稳，现金流量也较为充裕。正值公司对内部管理机制和行业及产品业务结构进行大刀阔斧地改革和重组创新，银行结构发生了较大的调整。为了保持业绩稳定和银行在核心人力资源方面的优势，该银行董事会考虑对公司高级管理人员和核心骨干员工实行业绩股票激励计划，既是对管理层为银行的贡献作出补偿，同时也有利于银行吸引和留住业务骨干，有利于银行管理制度的整体设计及与其他管理制度之间的协调和融合，降低制度安排和运行的成本。计划内容：

（1）授予对象：银行高级管理人员和核心骨干员工。

（2）授予条件：根据年度业绩考核结果实施奖罚。考核合格，银行将提取年度净利润的2%作为对高管的激励基金，购买本银行的流通股票并锁定；达不到考核标准的要给予相应的处罚，并要求受罚人员以现金在6个月之内清偿处罚资金。

分析解答问题：

（1）该激励计划是否能使银行的激励成本得到有效控制？激励范围合适否？

（2）该激励计划是否可以强化短期、长期激励效果？为什么？应怎样改进激励计划？

三、实训题

实训题一　　设计农村合作金融机构《客户经理激励方案》

［实训目的］根据学员所在单位的实际情况，设计农村合作金融机构《客户经理激

励方案》。通过本案实训使学员了解和掌握农村合作金融机构《客户经理激励方案》的写作技能与技巧，熟悉和掌握农村合作金融机构客户经理考核与激励的内容。

[实训要求] 通过上网查找资料并结合学员所在单位的实际情况，以及农村合作金融机构同业竞争环境等，选择切实可行的客户经理激励措施，完成《客户经理激励方案》的设计。

[实训步骤]

1. 做好设计《客户经理激励方案》的准备工作；
2. 拟定《客户经理激励方案》写作提纲。

[操作流程]

1. 收集并查找有关农村合作金融机构《客户经理激励方案》的素材和资料；
2. 对所有的素材和资料进行归纳、整理并加以分析，拟定写作提纲；
3. 按照规范的格式，完成《客户经理激励方案》的设计。

实训题二　设计留住农村合作金融机构人才的激励方案

某农村合作金融机构基层员工 2 500 名，该农村合作金融机构分布在本省 10 个市、县，总部设在省城。其他村镇银行的设立吸引了部分骨干员工想离开，因为这部分员工对本单位的激励制度不满意。按照实训题一的实训步骤和操作流程，设计一个员工激励方案。

[实训要求]

1. 可以希望员工能长时间留在该农村合作金融机构；
2. 能够提升员工的工作积极性和创造性；
3. 让员工觉得作为该农村合作金融机构的一员有荣誉感和责任感。

【参考文献】

[1] 杨明生:《商业银行客户经理必读》，北京，中国金融出版社，2003。
[2] 满玉华、赵书海:《商业银行客户经理》，北京，中国人民大学出版社，2009。
[3] 刘旭东:《商业银行客户经理》，北京，中国金融出版社，2006。
[4] 杨小珍:《商业银行客户经理教程》，北京，高等教育出版社，2008。

第十章　营销团队建设与管理

【本章概要】

本章从银行营销团队建设的意义入手，详细介绍银行营销团队建设的途径和方法、银行营销团队精神培育、银行营销团队领导力训练、银行营销团队冲突管理，以及银行营销团队激励策略的选择等内容。使银行在营销团队建设和管理方面，突出自身特点，提升银行业务发展整体实力。

【要点提示】

1. 银行营销团队建设的意义；
2. 银行营销团队精神培育内涵；
3. 银行营销团队建设的途径和方法；
4. 银行营销团队领导力训练；
5. 银行营销团队冲突管理内容。

【本章架构图】

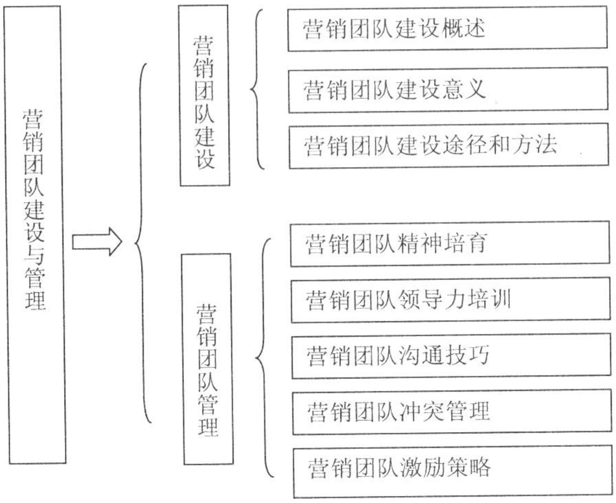

【章前引例及分析】

强化团队建设 提升银行网点综合竞争力

近年来，工商银行江西吉安广场分理处以科学发展观为指导，坚持以人为本，立足网点实际情况，通过强化网点团队精神建设，着力构筑和谐向上的良好氛围，较好地激发了员工奋勇争先、开拓发展的积极性，提升网点综合竞争力促进业务经营良性发展的轨道。

网点虽然地处吉州中心城区的中心广场，但由于网点空间狭小、硬件环境落后，严重影响了网点的业务经营。如何化被动为主动，提升网点综合竞争力？该分理处将打造一流营销团队纳入网点建设的重中之重。生活上关心员工，工作上帮助员工，深入了解员工的生活、工作方面存在的问题，制定相应的帮扶措施，切实把送温暖工作落到实处，凝聚力和向心力加强，员工心往一处想、劲往一处使，今年旺季“群雄争锋”活动开展得红红火火，推动了银行网点各项业务上了一个新台阶。

分析：可见，对于硬件条件不是很理想的银行营业机构来讲，可以通过重视营销团队建设，打造一支过硬的营销团队，弥补硬件的不足，同样能起到提高网点综合竞争力之目的。

（资料来源：蒋新华：《强化团队建设提升网点综合竞争力》，中国金融网，2009－04－15）

第一节 营销团队建设概述

一、营销团队建设概述

（一）团队的含义和特征

1. 团队的含义。**“团队”这一概念，源于现代管理。团队是由具有共同利益和信念，并控制不同决策和基于不同信息制定决策的众多决策者组成的群体。**

团队是相对部门或小组而言的。部门和小组的一个共同特点是：存在明确内部分工的同时，缺乏成员之间的紧密协作。团队则不同，团队的队员之间没有明确的分工，彼此之间的工作内容交叉程度高，相互间的协作性强。

团队所依赖的不仅是集体讨论和决策以及信息共享和标准强化，它更强调通过成员的共同贡献，能够得到实实在在的集体成果，这个集体成果超过成员个人业绩的总和，即团队大于各部分之和。团队的核心是共同奉献，这种共同奉献需要一个成员能够为之信服的目标。只有切实可行而又具有挑战意义的目标，才能激发团队的工作动力和奉献精神，为工作注入无穷无尽的能量。

团队在组织中的出现，根本原因是组织适应快速变化环境要求的结果。为了适应环境变化，企业必须简化组织结构层级和提供客户服务的程序，将不同层级中提供同一服务的人员或服务于同一顾客的不同部门、不同工序人员结合在一起，从而在组织内形成各类跨部门的团队。

2. 团队必备的三个条件。**作为一个团队，必备的三个条件是：自主性、思考性和协作性**。如果不具备这三个条件，只能说它是一个群体。

（1）自主性。作为一个团队给予员工适当的放权，让他们能自主做事，正常运作。可以这么说，员工找领导的次数越多，表明团队的自主性就越差，要让员工在日常工作中，形成主动汇报、主动沟通的习惯。第一，厘清你的授权范围，掌握他的“有效操作空间”。第二，重申他可以自主处理的权限并记录下来。第三，按各项工作的重要性排列先后顺序。第四，和他共同讨论授权范围的扩张和缩减。第五，提醒他没能自动自发之处，列出档案细化。

（2）思考性。许多企业都存在这样一种现象，即领导作出决策，下达指示，都是员工依照领导的指挥做事。长期下去就会导致领导一人思考，一人决策，这就是一个没有思考意识的团队，也容易养成员工的惰性。作为领导者，要经常思考问题的关键点以及对自己的工作定期提出流程改善建议。第一，扩大新知摄取量，通过阅读和整理相关产业信息做成信息通报。第二，要求各个员工检讨现有工作状况的缺失，并提出他的改进意见。第三，模仿他人 + 优化改良 = 创新。第四，打破没有必要的习惯和规定（创意思维）。

（3）合作性。如果没有员工、部门之间的合作，再聪明的点子也没有用，这就是协作。要形成同部门、同水平部门之间的相互沟通和配合，这就是成为一个团队的重要特征。

3. 团队的特征。高效的团队一般具有以下八个基本特征：

（1）明确的目标。团队成员清楚地了解所要达到的目标，以及目标所包含的重大现实意义。

（2）相关的技能。团队成员具备实现目标所需要的基本技能，并能够良好合作。

（3）相互间信任。每个人对团队内其他人的品行和能力都确信不疑。

（4）共同的诺言。这是团队成员对完成目标的奉献精神。

（5）良好的沟通。团队成员间拥有畅通的信息交流。

（6）谈判的技能。高效的团队内部成员间角色是经常发生变化的，这要求团队成员具有高超的谈判技能。

（7）合适的领导。高效团队的领导往往担任的是教练或后盾的作用，他们对团队提供指导和支持，而不是试图去控制下属。

（8）内部与外部的支持。既包括内部合理的基础结构，也包括外部给予必要的资源条件。

（二）团队的构成要素

团队的构成要素总结为5P，分别为目标（Purpose）、人（Person）、定位（Position）、权限（Power）、计划（Plan）。在经典著作和畅销书《团队的智慧》中，麦肯锡公司的两位资深专家指出，**真正的团队是由少数有互补技能、愿意为了使他们走到一起来的共同目的、目标和工作方法而彼此负责的人们组成的群体。**

高绩效团队的目的感更加深切，业绩目标更加雄心勃勃，工作方法更加完善，相互信任更加充分。

1. 团队目标。在团队建设中，有人做过一个调查，问团队成员最需要团队领导做什么，70%以上的人回答，希望团队领导指明目标或方向；而问团队领导最需要团队成员做什么，几乎80%的人回答，希望团队成员朝着目标前进。从这里可以看出，目标在团队建设中的重要性，它是团队所有人都非常关心的事情。有人说："没有行动的远见只能是一种梦想，没有远见的行动只能是一种苦役，远见和行动才是世界的希望。"

"团队目标是一个有意识地选择并能表达出来的方向，它运用团队成员的才能，促进组织的发展，使团队成员有一种成就感。"因此，团队目标表明了团队存在的理由，能够为团队运行过程中的决策提供参照物，同时能成为判断团队进步的可行标准，而且为团队成员提供一个合作和共担责任的交点。

例如，如果企业希望一个团队完成产品设计工作，那么该团队的构成可能就是80%的技术人员和20%的业务人员；而如果企业的目标是以技术推广为主的话，那么这个构成的比例可能就会对调。

要形成团队目标，须参考以下几方面内容：

（1）对团队进行摸底。对团队进行摸底就是向团队成员咨询对团队整体目标的意见。一方面让成员参与进来，使他们觉得这是自己的目标，而不是别人的目标；另一方面可以获取成员对目标的认识，即团队目标能为组织作出什么别人不能作出的贡献，团队成员在未来应重点关注什么事情，团队成员能够从团队中得到什么，以及团队成员个人的特长是否在团队目标达成过程中得到有利发挥等，通过这些广泛地获取成员对团队目标的相关信息。

（2）对获取的信息进行深入加工。在对团队进行摸底收集到相关信息以后，不要马上就确定团队目标，应就成员提出的各种观点进行思考，回头考虑这些提出的观点，以缓解匆忙决定带来的不利影响。

（3）与团队成员讨论目标表述。树立团队目标与其他目标一样也需要满足SMART原则：具体的（Specific）、可以衡量的（Measurable）、可以达到的（Attainable）、具有相关性（Relevant）、具有明确的截止期限（Time - based）。

与团队成员讨论目标表述是将其作为一个起点，以成员的参与而形成最终的定稿，以使获得团队成员对目标的承诺。虽然很难，但这一步却是不能省略，确保成员的所有观点都讲出来；找出不同意见的共同之处；辨识出隐藏在争议背后的合理性建议；从而达成团队目标共享的双赢局面。

（4）确定团队目标。通过对团队摸底和讨论，修改团队目标表述内容以反映团队的目标责任感。虽然很难让百分之百的成员都同意目标表述的内容，但求同存异地形成一个成员认可的、可接受的目标是重要的，这样才能获得成员对团队目标的真实承诺。

（5）树立对目标的信心。由于团队在运行过程中难免会遇到一些障碍，比如，组织大环境对团队运行缺乏信任、成员对团队目标缺乏足够的信心等。在决定团队目标以后，尽可能地对团队目标进行阶段性的分解，树立一些过程中的里程碑式的目标，使团队每前进一步都能给组织以及成员带来惊喜，从而增强团队成员的成就感，为一步一步完成整体性团队目标奠定坚实的基础。

2. 团队人员。**人员是构成团队最核心的要素。**团队目标是通过人员实现的，所以人员的选择是团队中非常重要的一项工作。在团队中可能需要有人出谋划策，有人制订计划，有人负责具体实施，有人协调不同的人员一起工作，还有人去监督团队工作的进展，评价团队成员最终的贡献。不同的人员只有通过合理的分工才能完成团队的目标，在人员选择方面要考虑人员的能力、资源、经验等的独当一面与互相配合。

【相关链接 10 - 1】

林格尔曼著名的“拉绳子”实验

经常被称之为“林格尔曼效应”。林格尔曼分析了在拉绳过程中，单个人在群体中的表现，然后测量拉力大小。当他让越来越多的人参与拉绳时，林格尔曼发现尽管总体拉力增加，但每个成员施加的平均拉力减少，这与团队合作时成员更卖力的传统理论相悖。林格尔曼将其归因于当时所谓的“社会惰性”，即一个群体或团队往往会“隐藏着”缺少个人努力的现象。

通过测试得出的数据如下：

级别	实际测得拉力（公斤）	平均 1 人单向拉力
1 对 1	63	63
2 对 2	118	59
3 对 3	160	53. 3
8 对 8	256	32

结果表明，人数愈多，内耗则愈大。8 对 8 时，每个人的平均拉力只有 1 对 1 的一半。

（资料来源：《团队管理：你的团队最佳人数是多少》，http：//www. qncye. com，2010 - 04 - 20）

3. 团队定位。定位是依据外部环境而确定自身的标识，团队的定位，是用来确定团队本身在企业内部的身份。之所以要给团队定位，因为不同类型的团队有着极大的差异，它们在工作周期、一体化程度、工作方式、授权大小、决策方式上都有很大的不同。团队的定位明确以后，接下来就可以制定一些规范，规定团队任务、确定团队应如何融入组织结构中。

团队的定位包括两层含义，一种是团队的定位，另一种是个体的定位。团队定位是指团队在企业中处于什么位置，由谁选择和决定团队成员，团队最终应对谁负责，团队应采取什么方式激励下属等。个体定位是指作为成员在团队中扮演什么角色？是订计划还是具体实施或评估？

团队定位一般不是由团队成员确立的，但作为团队的一员，你必须清楚团队的定位是什么，这样对明确团队构成的其他要素是十分有帮助的。

4. 权限。在团队中，领导人权力的大小与团队的发展的阶段有关。一般而言，团队越成熟领导者所拥有的权力相应越小，在团队发展的初期阶段领导权一般是相对比较集中的。

现代组织管理中要求权责对等。团队要完成特定的工作和任务，具有一定的职责，就会有一个相应的权利。工作的成效大部分取决于团队的积极性和主动性，而影响这些的就是权责配置问题。

团队的权限范围必须和它的定位和目标要求相一致，如果不一致（这种不一致一般是权小而责大），团队就可能无法获得完成目标所需要的资源，也可能无法同其他团队进行协调。团队权限是由目标和定位决定的，而个人权限是由你所扮演的团队角色决定的，同时又与你个人的岗位性质有关。明确权限，你才会知道什么事情可以做，什么事情不可以做。

团队权限关系的两个方面：

（1）整个团队在组织中拥有什么样的决定权？比方说财务决定权、人事决定权、信息决定权。

（2）组织的基本特征。比方说组织的规模多大，团队的数量是否足够多，组织对于团队的授权有多大，它的业务是什么类型。

5. 计划。计划一般可分为两个层次的含义：

（1）目标最终的实现，需要一系列具体的行动方案，可以把计划理解成目标的具体工作程序。

（2）提前按计划进行可以保证团队的顺利进度。

计划在团队管理中处于首要的位置，团队只有在计划的指导下才可以一步步地走近目标，进而实现目标。

团队不是个体，也不是群体，而是由员工和管理者共同组成，有着共同目标的有机共同体。所以，对于领导者来说，搞清楚团队的含义和构成要素是十分重要的。

（三）团队的类型

根据团队存在的目的和拥有自主权的大小，在组织中，有三种类型的团队比较常见：**问题解决型团队、自我管理型团队、多功能型团队。**

1. 问题解决型团队。**问题解决型团队是指组织成员就如何改进工作程序、方法等问题交换看法，对如何提高生产效率和产品质量等问题提出建议。**

在问题解决型团队中，管理者并不需要很强的管理意识，因为在这种类型的团队中，人们更关注领导者的权威、协调能力和决断力，所以他们通常对组织中领导与成员的关系并不很在意，他们更乐意把领导与成员之间友好的关系看成是一种纯私人的交往，因为他们知道自己不会在这个团队待得很久，今天的领导关系可能转眼就不存在了。所以，这种团队的领导与成员的关系通常可远可近。

2. 自我管理型团队。**自我管理型团队，也称自我指导团队，一般由 5 到 30 名员工组成。这些员工拥有不同的技能，轮换工作，生产整个产品或提供整个服务，接管管理**

的任务，比如工作和假期安排、订购原材料、雇用新成员等。到目前为止，数以百计的美国和加拿大公司都曾经设立过自我管理型团队。

自我管理型团队，顾名思义它是工作团队的一种，保留了工作团队的基本性质，但运行模式方面增加了自我管理、自我负责、自我领导的特点。

3. 多功能型团队。**多功能型团队也叫跨职能团队，由来自同一等级、不同工作领域的员工组成，他们走到一起的目的就是完成某项任务。**

多功能型团队是一种有效的团队治理方式，它能使组织内（甚至组织之间）不同领域员工之间交换信息，激发产生新的观点，解决面临的问题，协调复杂的项目。但是多功能型团队在形成的早期阶段需要耗费大量的时间，因为团队成员需要学会处理复杂多样的工作任务。在成员之间，尤其是那些背景、经历和观点不同的成员之间，建立起信任并能真正的合作也需要一定的时间。

二、营销团队建设的意义

建立具有团队精神的集体，可以使团队更具凝聚力，有效地完成工作任务。团队的每个成员都应以团队目标为导向，面对银行发展管理工作中不断出现的新问题，以合作的态度来处理这些问题，并商议解决这些问题的途径与方法。

银行营销团队建设的意义主要体现在以下几个方面：

（一）保证完成工作任务

团队是完成工作任务的重要力量，它承担了银行营销分配的职责和任务；便于研究探索营销工作中出现的问题，能够集思广益，有利于作出更好的决策并不断创新；营销团队可以充当媒介，促进沟通；协助集体，约束个人。

（二）管理层有时间进行战略性的思考

银行采用营销团队工作形式，管理者可以脱身去做更多的战略规划。当工作以个体为基础时，管理者往往要花去大量时间监督其下属和解决下属出现的问题，而很少有时间进行企业发展的战略思考。运用团队工作形式，发挥团队精神，则能让管理者指导精力主要集中在长期发展计划等重大的问题上。

（三）提高决策速度

领导层把工作中一些具体问题的决策权下放给团队，使企业在决策方面具有更大的灵活性。与领导层相比，团队成员对工作相关的问题往往更实际。因此，采用团队形式，决策常常更迅速。

（四）增加决策准确性

由不同背景不同经历的个体组成的团队，看问题的角度要比单一的个体更开阔。同样，由各种来源的个体组成的团队所作出的决策，往往要比单一个体的决策更正确并接近实际。

（五）提高工作绩效

在实践中，与传统的以个体为中心的形式相比，采用营销团队工作方式可以减少工作中不必要的经费支出，减轻工作中的官僚主义作风，提高工作绩效。

三、营销团队建设的途径和方法

（一）银行营销团队建设的途径

团队建设大致有四种途径：角色界定途径、价值观途径以及任务导向途径、人际关系途径。每一种途径都有其特征，都在不同的时间表现出有效性，它们的有效性取决于正在建立的团队所处的环境、人员的特点、团队准备完成的组织任务的类型三个因素。

1. 角色界定途径。团队角色是一套深受团队建设者喜爱的一种方法。英国管理学家剑桥产业培训研究部前主任贝尔宾（Belbin）博士1981年提出了一组八个重要角色，在后来的修订中，他把“主席”换成了“协调者”，把“公司工人”换成了“实施者”，但是这些角色本身的意义基本没变。

贝尔宾是通过一系列模拟练习得出上述角色的。贝尔宾证明说，成功的团队是通过不同性格的人结合在一起的方式组成的，另外，成功的团队中必须包括担任不同角色的人。在此基础上，贝尔宾提出了团队建设的五个原则：

（1）每个团队既承担一种功能，又承担一种团队角色。

（2）一个团队需要在功能及团队角色之间找到一种令人满意的平衡，这取决于团队的任务。

（3）团队的效能取决于团队成员内的各种相关力量，以及按照各种力量进行调整的程度。

（4）有一些团队成员比另一些更适合某些团队角色，这取决于他们的个性和智力。

（5）一个团队只有在具备了范围适当、平衡的团队角色时，才能充分发挥其技术资源优势。

2. 价值观途径。许多人认为，团队建设的核心是，在团队成员之间就共同价值观和某些原则达成共识，因此，建设团队的主要任务是建立上述共识。魏斯特提出了形成共识的五个方面，并以此作为指导团队建设的原则。团队共识的五个方面有：

（1）明确。必须明确建立团队的目标、价值观及指导方针，而且经过多次讨论。

（2）鼓动性价值观。这些观点必须是团队成员相信并且愿意努力工作去实现的。

（3）力所能及。团队共识必须是团队确实能够实现的—确定不现实或无法达到的目标是没有用的，因为这只会使人更想放弃。

（4）共识。所有团队成员都支持这一观点是至关重要的，否则他们可能发现各自的目标彼此相反或无法调和根本冲突。

（5）未来潜力。团队共识必须具有在未来进一步发展的潜力。拥有固定的、无法改变的团队共识是没有意义的，因为人员在变、组织在变，工作的性质也在变，需要经常重新审视团队共识，以确保它们仍然能够适应新的情况和新的环境。

3. 任务导向途径。以任务为导向的建设途径，强调团队要完成的任务。按照这一途径，团队必须清楚地认识到某项任务的挑战，然后在已有的团队知识基础上研究完成此项任务所需要的技能，并发展成具体的目标和工作程序，以保证任务的完成。

美国著名管理学家卡特森伯奇（Katzenbach）及史密斯（Smith）强调，在表现出色的团队中，这一途径尤显重要。为此他们在现实组织环境中找出了建设高效团队的八条基本原则，建设以任务为导向的团队：

（1）确定事情的轻重缓急，并确定指导方针。

（2）按照技能和技能潜力，而不是个人性格选拔团队成员。

（3）对第一次集会和行动予以特别关注。

（4）确立一些明确的行为准则。

（5）确定并且把握几次紧急的、以任务为导向的目标。

（6）定期用一些新的事实和信息对团队成员加以考验。

（7）尽可能多地共度时光。

（8）利用积极的反馈、承认和奖励所带来的力量。

4. 人际关系途径。这种途径指在团队成员间形成较高程度的社会意识及个人意识，它会促使人们把其他团队成员看成是“我们”，而不是仅仅看成不得不与之工作的一群人。人们能够充分地互相理解，有效地共同工作，通过发展密切的人际关系达到团队建设的目的。

上述四种途径虽各有偏重，如价值观途径强调的是长期团队的培养，任务导向途径则适用于短期团队的培养，但它们的一个共同之处在于均是孤立的对团队建设进行研究，抛开团队环境研究团队建设。

团队运行时必然是处在一定的组织（或群集）之中，团队建设不仅仅是团队自身的事情，作为组织间协调的参与者，它还要从组织（或群集）的角度考虑其建设问题，否则，其建设的结果未必适应组织（群集）的需要，从而也就失去其合作的最大价值且失去合作机会，这同样是团队建设的重大失败。

（二）银行营销团队建设的方法

团队建设是事业发展的根本保障，团队运作是业内人士长期实践的经验总结。团队的发展取决于团队的建设。团队建设应从以下几个方面入手：

1. 团队的任务和目标。团队目标来自于企业的发展方向和团队成员的共同追求。它是成员奋斗的方向和动力，也是感召全体成员精诚合作的一面旗帜。核心层成员在制定团队目标时，需要明确本团队目前的实际情况，例如，团队处在哪个发展阶段？组建阶段，上升阶段，还是稳固阶段？团队成员存在哪些不足，需要什么帮助，斗志如何等。制定目标时，要遵循目标的 SMART 原则：S——明确性，M——可衡量性，A——可接受性，R——实际性，T——时限性。

团队目标必须以银行目标、市场特征和其在这些市场的预期定位为前提。

（1）建立共识。团队成立初期，会议是增进团队精神及适应团队工作的一个好方法。安排一系列的热身会议，让团队成员能彼此了解，并对团队目标达成共识。要确定每位成员对团队所交付的任务和即将面对的问题都有清楚的认识，最后，讨论和决定完成每个阶段性任务的期限。

（2）分析目标。目标会随团队是否要推选一套行动方案、是否要从事或推动某件事而有所不同。推动改善方案的小组，可依据来自机构内部的回馈测量自己的成功率；一支作实事的团队，如产品小组团队，就要向降低成本和提升客户满意度的目标努力；一支负责创造销售业绩的团队，则必须严控开支预算，并按日程表来推动工作。

（3）目标激励。有野心的、具挑战性的目标比起较小而明确的目标更具激发力。例如，在小额金融服务方面要达到最大最好的目标，就远比将抵押贷款的申请时间缩短为两天这个目标的激发力要大。如果可能，同时设定概括的和特定的目标，不过目标虽高，但仍要考量实际情形。因此，要确定每个人皆参与设定自己的目标，同时亦了解团队的共同目标。另外，对团队的任何需求不可妥协。要找出兼具适合团队工作和优良专业技能两项条件的最佳团队组合。

2. 营销团队的成员。组建核心层。团队建设的重点是培养团队的核心成员。俗话说“一个好汉三个帮”，领导人是团队的建设者，应通过组建智囊团或执行团，形成团队的核心层，充分发挥核心成员的作用，使团队的目标变成行动计划，团队的业绩得以快速增长。

团队核心层成员应具备领导者的基本素质和能力，不仅要知道团队发展的规划，还要参与团队目标的制定与实施，使团队成员既了解团队发展的方向，又能在行动上与团队发展方向保持一致。

3. 训练团队精英。训练精英的工作是团队建设中非常重要的一个环节。建立一支训练有素的营销队伍，能给团队带来很多益处，如提升个人能力、提高整体素质、改进服务质量、提升销售业绩。一个没有精英的团队，犹如无本之木，一支未经训练的队伍，犹如散兵游勇，难以维持长久的繁荣。

训练团队精英的重点在于建立学习型组织。让团队的每一个人认识学习的重要性，尽力为他们创造学习机会，提供学习场地，表扬学习进步快的人，并通过一对一沟通、讨论会、培训课、共同工作的方式营造学习氛围，使团队成员在学习中成为精英。银行要善于搭建成长平台。团队精英的产生和成长与他们所在的平台有直接关系，一个好的平台，能够营造良好的成长环境，提供更多的锻炼和施展才华的机会。

4. 培育团队精神。**团队精神是指团队的成员为了实现团队的利益和目标而相互协作、尽心尽力的意愿和作风，它包括团队的凝聚力、合作意识及士气，团队精神强调的是团队成员的紧密合作。**

要培育这种精神，领导人首先要以身作则，做一个团队精神极强的楷模；其次，在团队培训中加强团队精神的理念教育；最重要的，要将这种理念落实到团队工作的实践中去。团队精神是优秀团队的灵魂、成功团队的特质。

5. 做好团队激励。激励是指通过一定手段使团队成员的需要和愿望得到满足，以调动他们的积极性，使其主动自发地把个人的潜力能发挥出来，从而确保既定目标的实现。

客户经理的营销是一种与拒绝打交道的行为，会面临很大压力，而团队成员对压力的承受能力各有不同；再者，长期从事某一项工作也会使人产生厌倦感，团队建设就是要缓释团队成员的压力，用团队的力量去战胜困难，解决问题。用各种激励手段去激发和调动每个人的积极性，去实现每个成员职业生涯规划的阶段性目标，振奋团队的士气，从而实现团队目标。

第二节　营销团队管理

一、营销团队精神培育

团队精神的培育不是一句口号，一个形式，而是一项系统工程。

（一）团队精神的内涵

1. 什么是团队精神。**团队精神是指团队的成员为了团队的利益和目标而相互协作、尽心尽力的意愿和作风。**团队精神是高绩效团队中的灵魂，是成功团队的特质，没有多少人能清楚地描述团队的精神，但每一个团队成员都能感受到团队精神的存在。

团队精神有两层含义：一是与别人沟通、交流的能力；二是与人合作的能力。员工个人的工作能力和团队精神对银行而言是同等重要的，如果说个人工作能力是推动银行发展的纵向动力，那么团队精神则是横向动力。

一支优秀的团队，其成员应该有共同的集体荣誉感和自豪感，应该有为这个集体，为这个团队发挥个人作用的主观意识，事事处处从团队着眼，时时刻刻为团队着想。这才是一支优秀的团队所应具备的优秀品质。

2. 团队精神的内容。团队精神包含三方面内容：

（1）团队与成员之间的关系。团队精神表现为团队成员对团队的强烈归属感，团队成员把团队当成“家”，把自己的前途与团队的命运联系在一起，愿意为团队的利益与目标奋斗。如果团队成员极具团队荣誉感，在处理个人利益与团队利益的关系时，团队成员就能采取团队利益优先的原则，个人服从团队。团队与其成员结成牢固的命运共同体，共存共荣。

（2）团队成员之间的关系。团队精神表现为团队成员之间的相互协作。团队成员彼此间利益共享，相互宽容，彼此信任。在工作上互相协作，在生活上彼此关心。团队成员和谐相处，凝聚力强，追求团队的整体绩效。

（3）团队成员对团队事务的态度。团队精神表现为团队成员对团队事务的全力以赴。团队应充分调动成员的积极性，发挥其主动性和创造性，让成员参与管理、决策，团队成员就会在处理团队事务时尽心尽力，尽职尽责。

3. 团队精神在营销团队中的作用。就营销团队而言，团队精神尤为重要，可以说是衡量一个营销团队战斗力的重要尺度。一个团队没有团队精神就会像一盘散沙，即使它的成员个人能力都非常强，这个团队也会业绩平平。团队精神在营销团队中的作用表现为：

（1）励志作用。团队精神归根结底是意识领域的范畴，而人的行动是由其思想支配的，有什么样的思想就会有什么样的行动，就会导致什么样的结果。团队精神就是用以统一营销人员的思想，增强营销人员荣誉感和使命感，激励营销人员坚定必胜的信念，实现职业志向，培育客户经理健康成长。

（2）增强向心力和凝聚力。一个团队如果没有团队精神，就难以实现目标。因此，我们讲团队精神其实质就是增强向心力和凝聚力，提高战斗力，营销团队尤其如此。

（3）团队文化建设的基础。团队精神本身就是一种文化，更重要的它是团队文化建设的基础，并能保证团队文化价值得到迅速提升。

（4）实现团队目标的重要保证。每个团队都有一个非常明确的目标，这个目标能否完美的实现，除了个人能力、业务素质等一些因素的作用外，团队精神也是一个不可忽视的重要保证，它能够保证团队目标一致，形成合力，充分发挥团队的优势，保证目标的顺利实现。

（二）团队精神的影响要素

1. 外部因素。外部环境直接影响团队的凝聚力。在外部压力较小时，团队成员可能对团队充满信心并乐于为团队作贡献；同时，成员之间也可能存在矛盾和分歧。在团队遭受外部威胁或市场压力明显增大时，成员可能会暂时摒弃前嫌，为实现团队目标而同心协力。如果成员对所在团队失去了信心，则可能会放弃努力，各谋出路，团队就会人心涣散。

2. 内部因素。

（1）团队领导的类型。领导是进行团队营销活动的导向和核心，领导类型和方式直接影响营销活动的团队精神。在民主的领导方式下，团队成员愿意表达自己的意见，参与经营决策，市场信息来源也因此相对丰富。在专制的领导方式下，成员参与经营决策的机会比较少，其满意度也相对较低，甚至会产生较多相左意见，领导孤军奋战，不利于营销活动的开展。在放任的领导方式下，成员像一盘散沙，谈不上集体主义，所谓“团队精神”也无从谈起。

（2）团队的目标。如果团队目标和成员目标一致，有吸引力和号召力，成员就愿意合作完成任务，团队意识也相应增强。反之若成员目标和团队目标不一致，比如个人想多挣钱，而团队想获得荣誉，并没有把业绩与成员薪酬关联起来，或者只顾发掘银行的现有价值，却不考虑自身的可持续发展时，默契就会减少，团队目标也很难实现。

（3）团队的激励机制。对成员的激励能在团队内部形成一种竞争力，在充满竞争的营销活动中进一步促进企业的战斗力。对集体的激励能使成员意识到自身利益与荣誉和团队的业绩是分不开的。

（4）团队以往的业绩。如果银行一贯业绩不错，成员就有理由相信现在和未来都能像过去一样，成为一支优秀的团队。在这样的团队里就有荣誉感，就会激发成员继续做得更好。所以，成功的团队比不成功的团队更能吸引新成员的加入，也更能激发老成员的团队精神。

（三）团队精神培育

1. 确立一个目标。一个有想象力的目标，是团队成功的基石，而目标也使得团队具有存在的价值。因此要有导向明确、科学合理的目标。例如，成为百姓最喜爱的银行，进入世界500强等，使全体成员在目标的认同上凝聚在一起，形成坚强的团队，团结协作，为实现目标奋斗。

2. 树立我为人人，人人为我的思想。组织内部，部门之间、上下级之间、前台与后台之间的关系都是金融产品供应链之间的联结，只有通过相互协作、群策群力才能圆满完成各项任务。一个好的团队往往是通过自我调节把摩擦问题降到最低点的。对一些处于边界的问题避免采取“踢皮球”、“守球门”的态度，要识大体，顾大局，尽量在自己部门里加以解决，为其他部门创造良好的工作条件。

3. 树立主动服务思想。团队的作用在于相互补台，日常工作中，许多事不能十全十美，而一些容易被人们忽视的环节往往是很关键的，这就要求我们发扬团队精神，主动为其他部门提供优质服务，尽心尽力帮助他人解决难题，使组织内部各方面都做到领先一步。

4. 增强领导者自身影响力。领导是团队的核心。作为领导者，应了解和理解团队成员的心理，尊重他们的要求，以“服务管理心态”，而不是监管、控制心态，通过自己的组织协调以及令人拥戴的领袖魅力去影响和引导团队成员按既定的方向去完成组织目标。领导者要注意倾听不同意见和建议，集思广益，博采众长，利用好团队的合力。这样既有利于防范决策风险，又能赢得下属的尊敬。领导者还要引导团队成员使其个人目标与组织目标保持一致，因为只有当个人的奋斗目标和职业生涯道路与团队的组织目标高度融合时，个人才可能为之奋斗终生。

5. 建立系统科学的管理制度。使管理工作和人的行为制度化、规范化、程序化，保证组织协调、有序、高效运行。

6. 经常沟通和协调。沟通主要是通过信息和思想上的交流达到认识上的一致，协调是取得行动的一致，两者都是形成团队精神的必要条件。管理沟通与团队精神养成之间存在着因果关系，而良好的沟通是建立在双方相互了解和理解的基础之上的，因此，要多了解和理解沟通对象，要积极地向别人推销自己的主张，认真地倾听别人所提出的与自己不同的意见和主张，用“双赢”的沟通方式去求同存异，达到良好的沟通目的。

7. 强化激励，形成利益共同体。激励可以激发人的动机，使其内心渴求成功，朝着期望目标不断努力。激励员工的方法有很多，比如为员工提供一份挑战性的工作，为员工提供学习新技能的机会，以及确保员工得到相应的工作条件等。此外，认真听取员工意见也能激励员工。员工提拔、晋升的标准也是激励员工的最好方式之一。但是单凭资历提拔不能鼓励员工争创佳绩，只会使他们养成坐等观望的态度。要以工作业绩为主制定一整套内部提拔员工的标准，激励员工作出更多贡献。

8. 引导全体员工参与管理。要让员工了解组织的发展目标，吸引每一个员工都能直接参与各种管理活动，可以使全体员工不仅贡献劳动，而且贡献智慧，直接为组织发展服务。

在培养团队精神时，对于团队精神的理解要注意以下几点：

第一，**团队精神不等于集体主义。**在中国，更多的是宣扬集体主义，更注重的是集体利益高于个人利益、个人利益服从集体利益，追求趋同，埋没个性与特长。团队精神却是尊重个性与特长，使个人兴趣与成就得到发展，因此仔细区分团队精神与集体主义，这是成功团队的关键。

第二，**挥洒个性是团队精神的基础**。团队精神的形成，其基础是个人的兴趣和成就。设置不同的岗位，选拔不同的人才，给予不同的待遇、培养和肯定，让每一个成员都拥有特长，都表现特长。

第三，**协同合作是团队精神的核心**。团队的根本功能或作用在于提高组织整体的业务表现。强化个人的工作标准也好，帮助每一个成员更好地实现成就也好，目的就是为了使团队的工作业绩超过成员个人的业绩，让团队业绩由各部分组成而又大于各部分之和。团队的所有工作成效最终会在一个点上得到检验，这就是协作精神。

第四，**凝聚力是团队精神的境界**。向心力、凝聚力是从松散的个人集合走向团队最重要的标志。在这里，有着一个共同的目标并鼓励所有成员为之奋斗固然重要，但是，向心力、凝聚力一定是来自团队成员的内心动力，来自共识的价值观。我们很难想象在没有展示自我机会的集团里有这样的向心力；同样我们也很难想象，在没有明确的协作意愿和协作方式下能形成真正的凝聚力。除此以外，建立团队精神还必须建立相互信任的基础，培育良好的文化氛围，鼓励成员协同进步，并倡导整体大于个体之和的精神。

二、营销团队领导力训练

管理专家说，领导力可以而且应该在一个组织的各级员工中存在并发挥作用。这样，才能使团队所有成员的能力都得到最大限度发挥，从而达到企业战略目标，满足员工的个人职业理想，发现并培养未来的领导者，其中一些人最终可能上升到最高领导层。

（一）团队领导力含义

所谓领导能力，是指“领导者组成的组织能力”。如果说领导及其领导能力指的是激励、动员、规范、促进别人、共同持续发展，那么组织中的每个人都有潜在的、明显的领导能力，能在他们适合的职位上，以自身所具有的能力，通过不同的方式领导别人。

团队领导力是指领导者和下属通过变革实现组织目标的影响过程。领导力可以被形容为一系列行为的组合，而这些行为将会激励人们跟随领导去要去的地方，不是简单的服从。美国前国务卿基辛格曾经说过：“领导就是要让他的人们，从他们现在的地方，带领他们去还没有去过的地方。”因此，团队领导力确实是一种艺术。

（二）团队领导力的构成要素

现代领导力理论认为，从领导力的构成要素来看，团队领导力包括领导者—下属、影响、组织目标、人、变革五个方面的基本构成要素。

1. 领导者—下属。团队领导力要解决领导者与下属的关系。一般而言，领导者是应该去影响下属的，但优秀的下属在需要的时候也必须执行领导角色，并可以影响领导者，即所谓的反向领导力，从这一角度来审视，领导者并非一定要有正式的职位。

在实际工作中，我们可能既是一名领导者，同时又是一名下属。例如，作为营销项目负责人，对于该项目的组织实施来说是领导者，负责业务的承接、计划、实施等，但同时又接受银行的指导，此时就应该正确处理好领导者—下属的关系，及时做好角色转换，该发出工作指令、影响下属的时候就应该行使领导者的职责，该接受上级指示时就应该认真地行使作为下属的职责。

2. 影响。作为领导者应该通过传达想法、获得认同并激励下属支持和通过变革来执行这些想法。一般的领导者不应该通过强迫的方式来影响下属员工的行为，如在工作分派上，对于难易程度不同的业务，在分派工作时，可以通过不同的激励方式来解决。另外，企业领导者的工作作风、敬业精神，甚至是待人接物的方式也会影响到下属员工的行为。

3. 组织目标。作为领导者应从整个组织的利益出发来执行领导行为，即为达到组织目标的行为。为了自身利益而利用下属不属于领导力的范畴。

4. 人。事业的成功需要所有人的共同努力，领导力的发挥离不开人的因素，高效领导者和下属往往喜欢同其他人一起工作，并帮助他们获得成功。

5. 变革。一个企业要想获得成功，必须要顺应国内外环境的变化，实施相应的变革，因此作为领导者，其领导力的发挥亦不能脱离变革思想的指导，当企业的发展处于与现实需要不相符合时，必须考虑如何对目标进行变革。领导者主要负责影响下属为实现组织目标而提出变革。就会计师事务所的发展而言，由于目标定位不同，其变革的要求也不尽一致。如果其发展的方向是集团化、规模化，那么实施合并、多元业务发展就是一种可行的考虑。

（三）团队领导力培养原则

团队领导力的培养应遵循以身作则、把握方向、整合体系、充分授权原则。

1. 以身作则。所谓以身作则，是指高层管理者要在企业价值观、公司制度规定、流程运作等方面做员工的表率，为员工树立坚持原则，按原则办事的榜样。

2. 把握方向。管理上有一个著名的说法，就是管理者要做应该做的事情，而非感兴趣的事情。什么叫感兴趣的事，就是在自己提升高层自己做的事情，就是本质职责之外的事情，比如原来是业务经理，由于业务开展的好，被提拔为营销副总，但是由于角色没有转换到位，仍然喜欢抓具体的业务，而对于营销规划的制订，营销政策的调整，市场的预测则置之不顾，这就叫做感兴趣的事情，而没有做应该做的事情。

3. 整合体系。战略方向明确了，高层领导还要规划支撑战略发展的管理体系，比如如何有效地表达战略定位，让每个人都能清晰地认识战略目标，认识自己和战略的关系，这就会用到战略地图和平衡计分卡，使战略变成可执行的语言。

4. 充分授权。战略方向明确了，管理体系整合了，领导要做的事情是什么？就是授权。如何高效地授权，如何保障授权之后不乱，也是高层领导要认真研究的课题之一。

（四）团队领导力培训

要想在现今企业中获取成功，领导力的培训很重要，任何一个管理层都必须专注于建立信任、团队合作、有效授权以及让员工负起责任。领导力的提升可以帮助你用实际具体的方法去指导员工、监督绩效、带动团队激起达成公司目标的决心；创造开放的沟通气氛、相互信任与合作，并能激励员工积极接受公司内部变革。

团队领导力培训应从协调、沟通、指导、管理冲突、激励等五方面入手。

1. 协调。如果把一支团队比喻为一部机器，那么团队的领导者就应该是润滑剂。润滑剂的功用是尽量减少齿轮间的摩擦。因此，作为一支团队的领导者首先应对人性有充分的了解，对待团队成员应宽厚大度，非不得已不用非常手段。

2. 沟通。沟通是传递信息和意思的过程。沟通是领导者的重要能力，因为高效沟通是领导战略的组成部分，良好的沟通技巧可以推动高效的领导。领导沟通的两个重要部分是发送信息和接收信息。

（1）发送信息。可以通过口头或书面形式。在我们的日常工作中，经常采用书面和口头结合的形式。在采用口头信息传递过程中，应该做好如下方面的工作：营造和谐气氛；陈述自己的沟通目标；传送自己的信息；检查接收者的理解情况；得到承诺和后续行动。比如，我们承接了一项以前没有做过的业务，除了制发一些文件（标准、底稿、报告模板等）外，还要召开项目组会议、进行业务培训，以便将营销指令正确地贯彻下去。此时在发送项目组成员有关文件、实施了培训时，就应该首先对本次营销的目标、注意事项予以强调，然后检查项目成员是否已经正确理解了这些文件，而在该项目实施过程中最好实施跟踪检查，提供技术支持，以保证这些文件在营销过程中得到正确执行。

（2）接收信息。也就是领导者接收下属的反馈信息。在口头沟通过程中，接收信息包括聆听、分析、检查理解。首先，聆听是关键，往往疏忽聆听是领导者失败的常见原因，因此领导者应该努力成为一名合格的聆听者；其次，领导者要对接收的信息进行分析、审查，评价其合理性并得出自己的结论。

3. 指导。在现代领导力理论中，指导被称为是最新的领导力时尚。指导是建立在反馈和沟通基础上的，主要是用于增加员工的力量和减少工作失误，可以帮助领导者关注目标、提高灵活性和培养员工之间的相互理解。领导者在指导下属员工时，应该遵循一些基本的指导规则，主要包括：建立支持型的工作关系，即领导者要表达对下属的关心和支持，领导应经常到部门去了解员工的工作生活情况，努力帮助他们解决实际困难。尽管可能无法完全满足员工的要求，但可以提高他们的工作积极性，表扬和认可可以激励员工维持和继续提高绩效。避免责备和尴尬，允许员工犯错，但应该尽量避免犯同样的错误。关注行为而不是个人，让员工评估自己的绩效表现，例如，为了使业务人员的绩效评价更接近实际，可以考虑对业务人员完成的每一个项目逐项作出自我评价，然后由人力资源部门和营销部门定期作出综合评价。

4. 管理冲突。冲突是人与人之间最为常见的问题，人们在不同意对方观点和相互对立的情况下就会出现冲突。在工作场所，冲突是不可避免的，因为人们看问题的观点不可能完全一致。因此，作为领导者，如何管理冲突，尽量避免消极的冲突发生，从而促进企业工作目标的实现，这是发挥团队领导力要解决的一个重要问题。

在实际工作中，领导者管理冲突的风格有五种，即回避型解决风格、调和型解决风格、强制型解决风格、谈判型解决风格、合作型解决风格，不同类型的冲突解决风格分别适用于不同情形的冲突管理，领导者要根据具体情况选择使用。几种解决风格各有特点，一般来讲，回避型解决风格可以维持双方关系，但无法解决冲突；调和型解决风格可以维持双方关系但可能会达不到预期目标；使用强制型解决风格时，如果强制者的观点正确的话可以制定更合理的决策，但可能会导致他人对领导者的不满和敌视；谈判型风格可以迅速解决冲突，而且可能维持工作关系，但相互让步可能会影响工作效率；合作型解决风格可以找到解决冲突的最佳方法，但往往需要花费更多的时间和精力。

5. 激励。大凡成功的团队，保持团队高昂士气的秘诀都是具有一套科学的激励体系。激励体系以维系团队为目标而不断地投入积极进取的心态，达到鼓舞士气的目标。

三、营销团队沟通技巧

沟通是意义的传递与理解。有效的沟通能够消除各种人际冲突，实现团队成员间的交流行为。使团队成员在情感上相互依靠，价值观念高度统一，在事实问题上清晰明朗，达到信息畅通无阻，改变团队成员之间的信息阻隔现象。增强团队之间的向心力和凝聚力，为团队建设打下良好的人际基础，同时提高营销工作效率，降低经营成本。

（一）组成有效沟通的要素

1. 团队领导者的责任。领导者要认识到沟通的重要性，并把这种思想付诸行动。企业的领导者必须真正地认识到与员工进行沟通对实现组织目标十分重要。如果领导者通过自己的言行认可了沟通，这种观念会逐渐渗透到组织的各个环节中去。

2. 团队成员提高沟通的心理水平。团队成员要克服沟通的障碍必须注意以下心理因素的作用：

（1）在沟通过程中要认真感知，集中注意力，以便使信息准确而又及时地传递和接收，避免信息错传和接收时减少信息的损失。

（2）增强记忆的准确性是消除沟通障碍的有效心理措施，记忆准确性水平高的人，传递信息可靠，接收信息也准确。

（3）提高思维能力和水平是提高沟通效果的重要心理因素，高的思维能力和水平对于正确地传递、接收和理解信息起着重要的作用。

（4）培养镇定情绪和良好的心理气氛，创造一个相互信任、有利于沟通的小环境，有助于人们真实地传递信息和正确地判断信息，避免因偏激而歪曲信息。

3. 正确地使用语言文字。语言文字运用得是否恰当直接影响沟通的效果。使用语言文字时要简洁、明确，叙事说理要言之有据，条理清楚，富于逻辑性；措辞得当，通俗易懂，不要滥用辞藻，不要讲空话、套话。非专业性沟通时，少用专业性术语。可以借助手势语言和表情动作，以增强沟通的生动性和形象性，使对方容易接受。

4. 学会有效地倾听。有效的倾听能增加信息交流双方的信任感，是克服沟通障碍的重要条件。要提高倾听的技能，可以从以下几方面去努力：使用目光接触；展现赞许性的点头和恰当的面部表情；避免分心的举动或手势；要提出意见，以显示自己不仅在充分聆听，而且在思考；复述，用自己的话重述对方所说的内容；要有耐心，不要随意插话；不要妄加批评和争论；使听者与说者的角色顺利转换。

5. 缩短信息传递链，保证信息的双向沟通。信息传递链过长，会减慢流通速度并造成信息失真。因此，要减少组织机构重叠，拓宽信息渠道。另一方面，团队管理者应激发团队成员自下而上地沟通。例如，运用领导者信箱，允许下属提出问题，并得到高层领导者的解答。此外，在利用正式沟通渠道的同时，可以开辟非正式的沟通渠道，让领导者走出办公室，亲自和员工们交流信息。坦诚、开放、面对面的沟通会使员工觉得领导者理解并关注自己，取得事半功倍的效果。

（二）团队沟通技巧

1. 通过培训、学习，转变思想观念，让团队中的每个成员都对团队之间的沟通进行重新的认识，这是营销团队良好沟通的预热和基础。

在整个团队沟通过程中，有一个非常关键的要素，那就是团队负责人的带头示范作用。营销工作每个阶段都依赖于组织成员良好的沟通，而成员良好的沟通又依赖于领导者的能力。领导能力是实现有效沟通的基础，同时也是保障工作高效率的关键条件，团队负责人在团队沟通中起到举足轻重的作用。

2. “制度重于一切”，团队负责人应该积极组织团队成员建立各种规章制度，按照计划步骤来办事情，切忌无的放矢。

首先，必须形成制度。由团队负责人或指定的人（原则上是团队负责人）牵头，组织下面的员工，通过集思广益，形成规范化、条文式的团队沟通规章制度，这些规章制度必须具有可行性及灵活性，同时应该非常明确，要在整个团队内形成沟通的良好氛围。

其次，沟通的主题要明确。团队成员之间的沟通内容大致包含国家宏观政策、行业发展趋势、公司总部动态、当地市场的实际现况，面临的挑战和机遇，团队成员的士气，以及其他一些值得沟通和探讨的东西。

最后，关于团队沟通形成的制度要含考核细则，尤其是对沟通的内容、效果必须细化、量化，要有总结报告，实行直接领导责任制。“员工不会做领导想做的事情，而是做领导要考核的事情”，这就是制度的好处，也是团队进行有效沟通的必要保障。

3. 从细节入手。许多营销团队抱怨良好的沟通实在太难实现了，为什么呢？就因为他们没有注意到细节，在沟通的过程中，粗心大意，马马虎虎，最终空有完善的规章制度，却形同虚设。

从细节入手，这就要求我们的营销团队在进行沟通过程中，尽量不要将自己的个人情绪带入沟通中，要克制感情，保持冷静，因为情绪的波动容易造成对信息的接收与理解产生偏见。同时还需要注意非语言提示，比如，眼色、脸部表情、身体动作示意等等，这些细微处是团队负责人和组织者必须加以关注的重点。

4. 在沟通的过程中，注意引导他人。在营销团队进行沟通之前，要求事先设计好沟通脚本，然后沿着原定方案进行沟通。只有对这些步骤了然于心，组织者才能更好地引导成员。

5. 让员工自我总结，最终得到一个赞美或表态式的结论。每个人都愿意按照自己的想法做事，找到做事情的成就感，而不是听从别人的建议，在别人的指引下做事。所以，组织者一定要在沟通过程中引导对方，让对方自己做出结论，而这个结论事实上就是组织者希望通过沟通得到的结论。由于这是对方自己想做的事情，而不是团队领导强令他们做的事情，团队中的成员一定会非常投入。

6. 将沟通得到的结论落实下来，并严格监督执行。许多营销团队的沟通之所以无果而终，根源在于有令不行、执行不力、缺乏监督。在营销领域，“行胜于言”，执行是基础，持续是关键。所以，营销团队必须制定非常明细的制度，并长期严格执行下去，直至最后所有成员都对沟通习以为常并满怀热情。

7. 团队领导带头，将沟通得出的结论应用到实际营销工作中去。真正有效的沟通是在实现销售技术资源共享的同时，通过整合信息有效的指导市场行为，降低市场经营风险，这才是沟通的最核心目的。

四、营销团队冲突管理

（一）团队冲突含义及性质

团队冲突指的是两个或两个以上的团队在目标、利益、认识等方面互不相容或互相排斥，从而产生心理或行为上的矛盾，导致抵触、争执或攻击事件。

从冲突的性质来看，团队之间的冲突可以分为两类：建设性冲突与破坏性冲突。**建设性冲突的特点主要有：**冲突双方对实现共同的目标都十分关心；彼此乐意了解对方的观点、意见；大家以争论问题为中心；互相交换情况不断增加。**破坏性冲突的特点主要有：**双方对赢得自己观点的胜利十分关心；不愿听取对方的观点、意见；由问题的争论转为人身攻击；互相交换情况不断减少，甚至完全停止。一般来说，组织内部的团队之间需要适当的建设性冲突，破坏性冲突则应该被降到最小程度。

（二）管理团队冲突的原则

欲有效管理团队之间的冲突，需要遵循以下三条原则：

1. 分清冲突的性质。建设性冲突要适当鼓励，破坏性冲突则应该降到最小程度。

2. 对不同类型的冲突采取不同的措施。个人与个人之间、个人与团队之间、个人与组织之间、团队与团队之间、团队与组织之间都可能产生冲突，要分别采用不同的管理对策。

3. 充满冲突的团队等于一座火山，没有任何冲突的团队等于一潭死水，因此既要预防团队之间的冲突，也要激发团队之间的冲突。

（三）管理团队冲突的方法

1. 先制定一些基本规则。管理团队冲突的关键之一就是事先制定基本规则。最重要的规则是：冲突应该公开解决。既然放弃冲突说起来容易做起来难，大部分情况下冲突应该被直接提出来。每一个团队都是独特的，个体的人格特征会决定团队的一些冲突管理规则。

2. 建立凝聚力和信任。制定得很好的程序规则不仅会帮助团队应付特殊情况，还帮他们建立信任。当团队中的每个人清楚谁有权在何种情况下为团队作出决定时，如果出现非常规情况，一些人感到被削弱影响力或被忽视的可能性就会更小。当团队成员在个人层面相互了解时，冲突管理会更容易。

3. 坚持用事实说话。使冲突富有成效和不针对个人的一个好办法就是关注事实。所以，要帮助冲突中的团队成员弄清究竟发生了什么。有太多的这种情况，人们认为他们理解其他人的立场。不要继续想当然，而是要阐释每个人在说什么。这个简单的行为能够清除误解，并且能使交谈双方对对方的意见有着更开放的态度。

4. 用榜样来领导。树立一个榜样，展示你希望团队其他成员面对冲突应表现出的行为，实行冲突完全公开。在争论或讨论中，团队成员应该讲出所有的观点，并且使人们明白他们为何选择这种立场。这种行为应该自上而下。

要将冲突看成是一种学习经历。当事情出错时，将情况看成是一种学习的经历而非指责的机会。你的榜样会影响团队的成员采取同样的行为。

让人们多看到你做，少听你说。不要作出决定，而要促成决定的产生。当你需要发言时，重述团队成员的争论和立场，并且鼓励不同意见的人也这么做。这种做法指出了潜在的假设或解释与人们本意之间的差别，而这可能会使争论升级为人际冲突。

5. 当冲突变成个人之间的冲突时进行调解。当团队成员间的冲突变得针对人时，就需要介入了。如果这样不行，最好的选择或许是找个调解者，或找个跟结果没有利害关系的其他部门的人。

五、营销团队激励策略

（一）团队激励概述

所谓激励，就是创设满足员工各种需要的条件激发员工的动机，使之产生实现组织目标的特定行为的过程。

激励的作用，体现在它对于特定行为的强化上，而行为的强化则能够提高实现更好结果的概率。据管理学家研究发现一个人保住饭碗只要发挥其20% ~30% 的能力即可，但通过恰当的激励调动其积极性，他可发挥其80% ~90% 的能力。显然激励可以调动人的主观能动性，强化期望行为，从而显著地提高效率。

团队激励的思想最早出现在 1938 年，它源于约瑟夫・P. 斯坎伦针对团队激励提出的薪酬计划，核心是建议以计划和生产委员会为主体，寻求节省劳动成本的方法和手段，不对提出建议的个人付给报酬，整个计划的首要原则是以团队为目标，强调的是协作与合作而不是竞争，任何一个人的建议都能使大家得到好处。**从斯坎伦计划的思想可以看出，团队激励是以团体整体作为对象来进行激励的，目的是通过合作实现组织目标。**

（二）团队有效激励理论模型

1. 马斯洛需求层次论模型。美国著名心理学家马斯洛在 20 世纪 40 年代提出了人类形形色色的需求，按它所发生的前后次序分为 5 个层次，分别为生理需求、安全需求、社会需求、尊重需求和自我实现的需求，形成一个从低级需求向高级需求发展的阶梯。

马斯洛认为，人的需求构成了一个从低级向高级发展的阶梯，当一切需求都未满足，那么最低需求更为突出。当一种需求得到满足之后，更高层次的需求就会占据主要地位，成为人行为的激励因素。不同的人在同一时间内需求是不同的，同一个人在不同的时间需求也是不同的，因此要施用不同的激励因素。人的自我实现的需求是无止境的，因此，它是人的行为最强大、最持久的激励因素。

从激励的角度来看，任何人对各需求层次都无法得到完全的满足，需求的满足是相对的，只要得到部分的满足，个体就会转向追求其他方面的需求。因此，如果要激励某一个人，就必须了解此人目前所处的需求层次，然后基本满足这一层次或在此层次之上的需求即可。

2. 激励——保健双因素理论。传统理论认为，满意的对立面是不满意，而据双因素理论，满意的对立面是没有满意，不满意的对立面是没有不满意。因此，影响职工工作积极性的因素可分为两类：保健因素和激励因素，这两种因素是彼此独立的并且以不同的方式影响人们的工作行为。

双因素理论又叫激励保健因素理论，是美国的行为科学家弗雷德里克·赫茨伯格提出的，也叫“双因素激励理论”。

所谓保健因素，就是那些造成职工不满的因素，它们的改善能够解除职工的不满，但不能使职工感到满意并激发起职工的积极性。它们主要有企业的政策、行政管理、工资发放、劳动保护、工作监督以及各种人事关系处理等。如果取消已有的保健因素，就会产生极大的不良影响，会极大地打击员工的工作积极性。比如取消实行多年的企业年假制度。由于它们只带有预防性，只起维持工作现状的作用，也被称为“维持因素”。

所谓激励因素，就是那些使职工感到满意的因素，唯有它们的改善才能让职工感到满意，给职工以较高的激励，调动积极性，提高劳动生产效率。它们主要有工作表现机会、工作本身的乐趣、工作上的成就感、对未来发展的期望、职务上的责任感等。

前者为间接满足，可以使人受到内在激励；后者为直接满足，可以使人受到外在激励。因此，双因素理论认为，要调动人的积极性，就要在“满足”二字上下工夫，而不是让员工产生更多的不满。

3. 公平理论。亚当斯的公平理论又称社会比较理论，由美国心理学家约翰·斯塔希·亚当斯（John Stacey Adams）于1965年提出。该理论是研究人的动机和知觉关系的一种激励理论，员工的激励程度来源于对自己和参照对象的报酬和投入的比例的主观比较感觉。

当员工发现组织不公正时，会有以下六种主要的反应：改变自己的投入、改变自己的所得、扭曲对自己的认知、扭曲对他人的认知、改变参考对象、改变目前的工作。

（三）团队激励策略

1. 激励需针对团队成员需求。激励就是给团队成员想要的，在这一点上管理者若不能醒悟，激励这项工作是不能做好的。激励为什么要满足团队成员需要，要让团队成员满意？道理很简单，激励的“受者”是团队成员，对于“施者”赠送的东西，团队成员若认为不是他想要的，或比他想要的要少，团队成员自然不会领情，也自然起不到激励的作用。所以，管理者不能凭一时的心血来潮和一相情愿去激励，而要细微地体察团队成员的不同需要，对所有的团队成员采用同一种激励是起不到作用的。

需求引起动机，动机决定行为。团队成员的需求使成员产生了动机，行为是动机的行为表现和结果。也就是说，激励政策是否对团队成员产生了真正激励，取决于激励政策是否能满足团队成员的需求，所以说，激励来自于团队成员的需求，也就是内因。为了有的放矢地制定激励政策，要对团队成员的所有需求做认真的调查，并制定一份详细的清单。然后将银行可以满足和不能满足的部分分开，对可以满足的那部分进行认真研究，找出满足的途径，并将这些途径可操作化。这些工作完成后，激励政策就有了基础性平台，为将来具体的激励策略实施提供了环境。

2. 认可团队成员的价值和能力。认可作为一种有效的激励方式，和钱一样重要。设想，当一个团队成员获得高绩效时，如果银行没有公开获得肯定，无论是对该团队成员还是其他团队成员，都会认为不公平的。而通过哪怕是口头上的认可，在通常情况下都会被团队成员认为是公平的、可接受的，而且没有获得这种认可的团队成员也会认为那些获认可的团队成员是当之无愧的。同时，认可还可增加团队成员的工作自信心和创造欲望。因此，认可与团队成员满意度紧密相连。

3. 激励要及时。激励的有效性往往在于及时，当团队成员做得很好或需要加倍努力才能完成时，给予一些激励是必要的。管理者应在团队成员需要激励的时候及时提供，这样，组织、管理者、团队成员三者都能受益。太早的激励会让团队成员忘了他的责任和他必须努力的目标，有时甚至会带来一种误解，以为激励是很轻易即可获得的，团队成员不需做太多的努力和花太多的时间。这不仅破坏了激励的初衷，也会误导团队成员，是不可取的。太晚的激励，会让团队成员受到伤害，对组织失去信心，容易导致团队成员认为自己的努力工作、额外付出，竟然得不到领导的重视和应有的激励，从而产生消极心理，在组织中形成负面影响。

4. 激励要真实。有一个骑骡子的人，一只手拿着胡萝卜，另一只手提着棒子往前赶路。首先他让骡子清楚地看到，胡萝卜就在你眼前，只要你往前走就可吃到，如果不走我就用棒子打。于是骡子只得往前走，眼睛盯着胡萝卜，总以为再走两步就可吃到，可是愈走愈不对劲。因为自己在走，胡萝卜好像也在走……所以，管理者对激励目标的设定要明确具体，做到言必信，行必果，这也是最起码的做人的准则。只要团队成员一旦完成工作目标，就应马上兑现事先确定的奖励。

5. 激励的范围应限制。激励目标应是明确的，而且是少数的，不是囊括所有团队成员和所有工作。若组织对所有团队成员采取同一种激励，就超出了激励应有的范围，实际上是既加大了企业经营成本，又难以取得预期的激励效果，与激励机制的初衷相悖。

6. 激励不可能平均。有人认为公司之所以赚钱，是全体员工的功劳，既然是发奖金或其他奖励，就应一视同仁，不应厚此薄彼。激励要起到应有的作用，不是人人有份，因为团队成员的业绩不是都能量化的，尤其是能力、潜力和成长的可能性。组织应运用激励去挖掘团队成员潜在的能力，对于个别优秀团队成员应在私下给予奖赏，这定能使人受宠若惊，日后自当加倍卖力，这种方法外企老板常常采用。

7. 激励面前人人平等。虽然激励不可能做到绝对的平均，但必须让团队成员感到平等，平等即无差别地对待每一个人，不论是什么人，只要作出了贡献，就应该奖励。同样，不论是什么人出了差错，给组织带来了损失，就必须处罚。不然，当奖不奖，当罚不罚，激励也就失去了其作用。

8. 团队成员积极参与决策。“倒金字塔”管理法作为一种创新的管理方法，旨在鼓励团队成员积极参与银行决策，通过参与激发团队成员对决策项目的兴趣和动力。此时，团队成员觉得他们正在成为一个计划或项目不可分割的一部分，那他们的积极性会空前高涨。这一点也使我们充分意识到没有人愿意长期受管理者的任意摆布，因为人都想积极实现自身的价值，如果不让他们参与到决策的过程中，没有人听取他们的意见，没有人重视他们的话，将会出现一个令所有高明的管理者都不免头疼的不得不面对的局面：团队成员就失去做事的兴趣和动力。

9. 让团队成员认可企业文化。企业文化就是主张运用文化特点和规律，以提高人的素质为最基本途径，以尊重人的主体地位为最基本原则，以清晰企业使命为基础，培养企业经营哲学、企业价值观和企业精神等为核心内容，以争取企业最佳社会效益和经济效益为目的的管理理论、管理思想、管理方式。具体来说，企业文化能够满足团队成员的精神需要，调动团队成员的精神力量，使他们产生归属感、自尊感和成就感，从而充分发挥他们的巨大潜力。关键是团队成员对企业文化的理解和认同程度，一旦团队成员对企业文化产生了强烈的共鸣，那么企业文化的激励功能就具有了持久性、整体性和全员性的特点和优势。

【本章小结】

作为一个团队，必备的三个条件是自主性、思考性和合作性，构成要素包括目标、人、定位、权限、计划五个方面。根据团队存在的目的和拥有自主权的大小，团队分为三种类型：问题解决型团队、自我管理型团队和多功能型团队。

银行团队建设的意义在于保证完成工作任务，管理层有时间进行战略性的思考，提高决策速度，增加决策准确性，提高工作绩效。

团队精神是指团队的成员为了实现团队的利益和目标而相互协作、尽心尽力的意愿和作风。团队精神包含三方面内容：团队与成员之间的关系，团队成员之间的关系，团队成员对团队事务的态度。

团队领导力培养原则体现在以身作则、把握方向、整合体系、充分授权四个方面。团队进行有效沟通的要素包括团队领导者的责任，团队成员提高沟通的心理水平，正确地使用语言文字，学会有效地倾听，缩短信息传递链，保证信息的双向沟通。

解决银行团队冲突的方法是先制定一些基本规则，建立凝聚力和信任，坚持用事实说话，用榜样来领导，当冲突变成个人之间的冲突时进行调解。

银行团队激励策略包括激励需针对团队成员需求，认可团队成员的价值和能力，激励要及时，激励要真实，激励的范围应限制，激励不可能平均，激励面前人人平等，团队成员积极参与决策，让团队成员认可企业文化。

【重点概念】

团队　团队精神　团队领导　团队冲突　激励

【复习思考题】

一、思考题

1. 简述银行团队建设的意义。

2. 团队的构成要素有哪些?

3. 简述团队的三种典型类型。

4. 简述银行团队建设的途径和方法。

5. 简述团队精神的影响要素。

二、案例分析题

案情一　　从优秀个人到卓越团队

过去，由于我国对金融业的保护很强，商业银行某城市支行在当地的一些企业客户当中建立了较好的信誉，一批业绩突出的客户经理也脱颖而出。2006 年 12 月 11 日后，大量外地银行乃至外国银行迅速在当地落户，银行业竞争加剧，营销模式也逐渐发生了变化，越来越多的项目需要靠营销人员、技术人员和研发人员通力配合，才能获得成功。伴随银行销售业绩出现波动，过去在客户经理队伍中不太明显的各种弊端，随着业绩的下滑逐步显现出来，各部门之间、新老客户经理之间无法形成高效协作。业绩好的老客户经理故步自封，不愿开拓新客户，同时担心新人抢走自己的资源；新的客户经理无法得到足够的支持和帮助，客户经理队伍士气低落。如何摆脱眼前的困境，重新打造一支具有战斗力的队伍，成为困扰着该银行高层的难题。

[资料来源：中华英才网《人力资源》(HR 经理人版)，2008 - 12 - 28]

分析解答问题：

(1) 说明该银行为什么业绩下降? 团队在银行的发展有什么作用?

(2) 一个卓越的团队应该具有什么特征?

(3) 您认为应如何建设一个卓越的团队?

案情二　　团队冲突的处理方式

张航是深圳某外资企业创业时期的老员工，在公司领导一个研发团队。尽管还不到 36 岁，却由于软件行业激烈的竞争，已经不能胜任目前的工作。为此，公司在两年前就招聘了王力协助他的工作。在这两年多时间里，多数国际性工作都是由王力完成的，而张航为了保全自己的地位和权威，经常会与王力抢功。年轻气盛的王力不甘示弱，两人的“恶斗”在公司内部几乎成了公开的“秘密”。

最终，王力感到无法忍受而提出了辞职，不顾上司和总裁的挽留离开了公司。他的离职引起了连锁反应，使许多与张航不合的职工都离开了公司，使企业蒙受了巨大的经济损失。

案例分析：团队冲突不可避免，身为一名领导，必须及时处理团队冲突，保持团队的和谐，否则便会造成个人和企业两败俱伤的局面。

(资料来源：臧道祥：《团结就是力量》，北京，中国工人出版社，2009)

分析解答问题：

(1) 从该案例中应吸取哪些经验教训？

(2) 您认为应怎样处理团队冲突？

三、实训题

实训题一　　如何构建农村合作金融机构核心竞争力

[实训目的] 通过实训使学员了解和掌握如何构建农村合作金融机构的核心竞争力。

[实训要求] 通过走访你熟悉的农村合作金融机构结合上网查资料，调查了解农村合作金融机构的核心竞争力构成状况，写出实训报告。

[实训步骤]

1. 选择一家你熟悉的农村合作金融机构进行采访；
2. 上网查找一些资料；
3. 总结并写出一篇关于如何构建农村合作金融机构核心竞争力的实训报告。

实训题二　　如何建设高绩效的农村合作金融机构客户经理团队

[实训目的] 通过实训使学员了解和掌握建设高效的农村合作金融机构客户经理团队的做法。

[实训要求] 通过走访熟悉的农村合作金融机构并结合上网查资料，了解建设农村合作金融机构客户经理团队的经验与做法，结合学员切身感受，写出实训报告。

[实训步骤]

1. 选择一家你熟悉的农村合作金融机构进行采访；
2. 上网查找相关资料；
3. 总结并写出一篇关于如何建设高效的农村合作金融机构客户经理团队的实训报告。

[操作流程]

1. 根据资料确定建设农村合作金融机构客户经理团队的工作目标；
2. 确定为实现建设农村合作金融机构客户经理团队目标的计划；
3. 确定实施各种规划的行动和步骤；
4. 写出一篇关于如何建设高效的农村合作金融机构客户经理团队的实训报告。

【参考文献】

[1]（美）罗伯特·罗瑟尔、克里斯托夫·阿川：《领导力教程——理论、应用与技能培养》，北京，清华大学出版社，2008。

[2]（英）戈菲·琼斯：《你凭什么领导别人》，北京，商务印书馆，2008。

[3] 姜宝均：《实用组织行为学》，北京，高等教育出版社，2008。

[4] 臧道祥：《团结就是力量》，北京，中国工人出版社，2009。

[5] 淘金：《团队建设与管理》，广州，暨南大学出版社，2010。

主编简介

满玉华，现任哈尔滨金融学院金融系教授，兼任黑龙江省科技经济顾问委员会财政金融专家委员。从事金融专业教学近三十年，主要讲授“商业银行业务与经营”、“商业银行客户经理”、“理财原理”、“公司金融”、“金融风险管理”、“合作金融”、“农村信贷”、“市场营销学”等课程；负责主持省部级重点科研课题六项、“商业银行客户经理”精品课一项；2010 年在《新金融》、《黑龙江高教研究》等期刊上发表论文 10 篇；主编《商业银行客户经理》（中国金融出版社）、《商业银行客户经理》和《金融创新》（中国人民大学出版社）、《商业银行业务经营与管理》（大连出版社）等多部教材。主要研究方向为商业银行管理、风险管理。